그리스도인은 어떻게 성장하는가

HOW PEOPLE GROW
by Henry Cloud and John Townsend

Originally published in the U.S.A. under the title: How People Grow
Copyright ⓒ 2001 by Henry Cloud and John Townsend
Translation copyright ⓒ 2011 by Henry Cloud and John Townsend

Translated by Gae Kwang Cho

Published by permission of Zondervan, Grand Rapids, Michigan USA
through arrangement of rMaeng2, Seoul, Republic of Korea.
All rights reserved.

This Korean Edition Copyright ⓒ 2012 by Word of Life Press, Seoul, Republic of Korea

본 저작물의 한국어판 저작권은 rMaeng2 에이전시를 통하여
Zondervan과 독점 계약한 생명의말씀사에 있습니다.
신저작권법에 의하여 한국 내에서 보호받는 저작물이므로 무단 전재와 무단 복제를 금합니다.

그리스도인은
어떻게
성장하는가

ⓒ 생명의말씀사 2012

2012년 1월 11일 1판 1쇄 발행

펴 낸 이	김창영
펴 낸 곳	생명의말씀사
등 록	1962. 1. 10. No.300-1962-1
주 소	110-101 서울 종로구 송월동 32-43
전 화	(02)738-6555(본사), (02)3159-7979(영업부)
팩 스	(02)739-3824(본사), 080-022-8585(영업부)
기획편집	구자섭, 장주연
디 자 인	박소정, 김혜진
인 쇄	영진문원
제 본	정문바인텍

ISBN 978-89-04-15965-9 (03230)

저작권자의 허락없이 이 책의 일부 또는 전체를
무단 복제, 전재, 발췌하면 저작권법에 의해 처벌을 받습니다.

How People Grow

그리스도인은 어떻게 성장하는가

목차

머리글 ... 6

1_ 잃어버린 낙원
01 생각보다 어려운 일 ... 12
02 큰 그림을 보라 ... 24
03 회복과 치유의 시간 ... 47

2_ 위대한 농부: 자라게 하시는 하나님
04 하나님: 은혜로 경작하심 ... 80
05 예수님: 우리가 따라야 할 삶의 본보기 ... 106
06 성령님: 회복과 변화의 숨은 주인공 ... 132

3_ 하나님의 경작 계획
07 하나님의 A안 : 사람들 ... 168
08 열린 공간 : 받아들임의 힘 ... 215
09 용서의 힘 ... 237

HOW PEOPLE GROW

4_ 하나님의 경작 노트

10 경작 매뉴얼 : 성경 ... 278
11 고통이 없으면 얻는 것도 없다 : 고난과 슬픔의 역할 ... 304
12 성장의 열매를 기대하라 : 의로운 사람으로 거듭나기 ... 348
13 가지를 쳐라 : 가지치기 훈련 ... 368
14 더 깊은 우물에서 물을 길어 올려라 : 영적 빈곤 ... 391
15 농부의 지시에 따르라 : 복종 ... 413
16 잡초를 제거하라 : 죄와 유혹의 문제 ... 437
17 현실을 직시하라: 진리가 성장을 심화시키는 과정 ... 472
18 행동을 개시하라 : 활동의 중요성 ... 495
19 추수를 기다리라 : 성장의 시간 ... 514

결론 : 삶을 위한 성장 ... 539

머리글 HOW PEOPLE GROW

이 책을 집어들었다면 성장에 관심이 많다는 증거일 것이다. 그 관심의 폭은 성장이라는 주제에 단순히 호기심을 느끼는 단계에서부터 다른 사람의 성장을 돕는 일에 깊이 관여하는 단계에 이르기까지 저마다 다를 수 있다. 아무튼 어떤 이유에서건 이 책을 읽게 된 것을 진심으로 환영한다.

이 책의 목적을 간단히 설명하면 다음과 같다.

첫째, 대다수의 그리스도인들은 성장하기를 원한다. 어떤 사람은 하나님과 그분의 길을 더 잘 알고 싶은 갈망과 욕구 때문에 성장하기 원하고, 또 어떤 사람은 삶의 위기나 문제에 부딪쳐 하나님의 길을 알고 싶은 마음에서 성장을 갈구한다.

우리는 하나님을 더욱 깊이 알아가는 지식, 감정의 성숙, 더 나은 관계의 발전, 이 모두가 영적 성장에 해당한다고 믿는다. 하나님은 우리를 그분께로 이끄시고, 그분이 원하시는 길을 추구하게 하시려고 성장의 길을 계획하셨다. 우리는 그 길을 알고 경험하면서 그분의 생명에 참여한다. 그 과정에서 우리의 존재, 감정 상태, 태도, 관계, 경력 등 삶의 모든 분야에 변화가 일어난다. 우리는 사람들이 스스로를 위해 그 길을 발견할 수 있기를 바란다.

둘째, 성장의 원리가 성경과 그 가르침에 있다는 점을 보여주는 데 있다. 성경이 성장에 있어서 어떤 역할을 하는지 잘 이해하지 못하는 사람들이 많다. 그들은 신앙의 원리나 신학은 성경에서 배우고, 성장이나 상담은 심리학에서 배우려고 한다. 우리는 성경과 그 안에 담긴 위대한 교리가 사람들의 성장에 필요한 진리와 원리를 가르친다고 확신한다. 성경 안에 진리가 없어서가 아니라 성장에 관한 성경의 가르침을 이해하지 못하는 것이 문제다. 이 책은 성경이 성장과 치유를 가르치는 원천이라는 사실을 다시금 일깨워준다.

셋째, 성장에 대한 종합적인 접근 방식을 제시하는 데 있다. 많은 사람이 성장을 지향하는 교회에 참여하거나 성장을 주제로 다룬 책을 읽는다. 그러나 성장 과정을 포괄적으로 다루는 자료는 거의 없다. 우리는 오랫동안 성경과 신학을 연구하면서 다음과 같은 다양한 환경 속에서 그 연구 결과를 사람들에게 적용하며 나름대로 경험을 쌓아왔다.

- 상담
- 교회
- 교파
- 준교회 단체
- 경제 활동 분야

- 정신병원
- 리더십 분야

우리의 상담, 조언, 글, 강연은 모두 다 성경적 성장 체계를 근거로 하고 있다. 우리가 써온 책들은 제각기 그런 접근 방식을 통해 삶이나 성장과 관련된 여러 측면을 다룬다. 이를테면 그 책들은 각각의 건물을 구성하는 벽돌 한 장 한 장에 해당한다. 그처럼 수년 동안 이 문제를 다루어오다 보니 주위에서 성장 체계를 전반적으로 다룬 책을 펴냈으면 좋겠다는 말이 들려오기 시작했다. 사람들은 건물의 전체 구조가 어떤 모습인지 보고 싶어 했다. 우리는 그러한 관심에 부응했고, 이 책은 바로 그 결과물이다.

넷째, 다른 사람들의 성장을 돕는 이들에게 도움을 주는 데 있다. 우리는 사람들이 영적 성장을 더 잘 이해하기를 바랄 뿐 아니라 다른 사람들의 성장을 돕는 이들에게 유익한 도구를 제공하기 원한다. 그 대상은 다음과 같다.

- 소그룹 지도자
- 성경공부 교사
- 제자훈련 지도자와 멘토

- 교회 성장과 회복을 이끄는 지도자
- 상담사
- 목회자

간단히 말해 다른 사람들을 도와 하나님의 길을 걷도록 이끄는 사람은 누구나 포함된다. 각 장의 말미마다 그들이 유익하게 활용할 수 있는 조언을 간단히 정리해 놓았다.

이 책을 펴내는 데 도움을 준 모든 사람들, 곧 편집자 샌디 밴더 지크트, 에이전트 실리 예이츠, 존더반 출판사 출판인 스콧 볼린더를 비롯해 지난 수년에 걸쳐 이 문제에 관해 우리의 생각을 도와준 모두에게 감사한다.

어떤 분야에 관심이 있든 하나님을 바라보며 사는 동안 각자의 삶에 그분의 축복이 충만하게 임하기를 기도한다.

"오직 우리 주 곧 구주 예수 그리스도의 은혜와 그를 아는 지식에서 자라가라 영광이 이제와 영원한 날까지 그에게 있을지어다"(벧후 3:18).

헨리 클라우드 박사
존 타운센드 박사

"나는 심었고 아볼로는 물을 주었으되

오직 하나님께서 자라나게 하셨나니

그런즉 심는 이나 물 주는 이는 아무 것도 아니로되

오직 자라게 하시는 이는 하나님뿐이니라…

우리는 하나님의 동역자들이요

너희는 하나님의 밭이요 하나님의 집이니라"

_ 고전 3:6-9

1

HOW PEOPLE GROW

잃어버린 낙원

01. 생각보다 어려운 일
02. 큰 그림을 보라
03. 회복과 치유의 시간

생각보다 어려운 일

"사람들의 성장을 돕는 원리 중 지금까지 배웠던 모든 것들이
성경에 다 들어 있다는 사실을 깨달았다."

어느 기독교 정신병원에서 일을 시작한 첫날이었다. 나(헨리)는 성탄절 아침을 맞이한 어린아이 같은 기분이었다. 대학과 신학원에서 공부를 마치고 약 4년 동안 기독교 상담과 관련해 구할 수 있는 책이란 책을 모조리 섭렵한 나는 그동안 쌓은 지식을 실행에 옮길 만반의 준비가 되어 있었다. 그날 아침, 나는 환자들에게 삶을 회복시키는 방법을 가르쳐주리라 마음먹고 달라스의 한 병원에 모습을 드러냈다. 나는 환자들이 내가 전해 주는 지식을 접하면 곧 그런 삶을 살게 될 것이라고 자신만만했다.

간호사 대기실에 올라가 수간호사가 차트 기록을 마칠 때를 기다렸다. 이른 아침 병동은 북적거렸다. 환자들은 의사들과 대화를 나누기도 하고 서로를 돌아보기도 했다. 간호사들이 환자들의 활력 징후를 점검하는 동안 다른 사람들은 그룹 모임을 시작하고, 과제를 끝내고, 약을 복용하고, 치료를 받는 등 분주한 정신병동의 일상 활동이 이루어지고 있었다.

나는 고개를 돌려 복도 쪽을 바라보았다. 분홍색 목욕 가운을 걸친 한 여성이 병실에서 걸어나와 양팔을 쭉 펼치더니 "나는 마리아, 하나님의 어머니다!"라고 소리치는 모습이 보였다.

생각해 보라. 나는 기독교 상담사로서 그곳에 처음 발을 들여놓았고 마음속으로 "하나님은 당신을 사랑하십니다. 하나님의 말씀을 더 많이 이해한다면 건강을 되찾을 것입니다"라고 말하는 것이 나의 임무라고 생각하던 중이었다.

그러나 그녀의 외침을 듣는 순간, '생각보다 어려울 것 같다'는 생각이 번쩍 떠올랐다. 그 후 세월이 지나는 동안 그렇게 생각한 적이 수도 없이 많았다.

성장에 관한 네 가지 모델

내가 상담 훈련을 시작할 무렵 기독교에서는 개인의 성장을 다루는 방식이 죄 모델(sin model), 진리 모델(truth model), 경험 모델(experiential model), 초자연 모델(supernatural model) 등 크게 네 가지로 나뉘어 있었다.

죄 모델은 모든 문제를 죄의 결과로 간주한다. 결혼 관계가 원만하지 못하거나 우울증과 같은 감정상의 문제가 있다면 죄를 찾아내 지적하면서 고백과 회개를 권유하고 더 이상 죄를 짓지 말라고 당부하는 것이 상담사의 역할이었다. 한마디로 죄를 극복하면 더 나은 삶이 주어진다는 것이었다. 이 모델은 내가 성경을 강조하는 교회에서 흔히 듣던 설교의 논리와 비슷했다.

- 하나님은 선하시다.
- 당신은 악하다.
- 죄를 버려라.

진리 모델은 진리가 우리를 자유케 한다고 주장한다. 자유롭지 못하다면, 즉 삶의 일부가 제 기능을 발휘하지 못한다면 그 이유는 우리의 삶 속에 진리가 없기 때문이다. 따라서 상담사의 역할은 성경을 더 많이 배우고, 성경 구절을 더 많이 암기하고, 교리(특히 "그리스도 안에서 새롭게 획득한 신분")를 더 많이 배우면 진리가 머리에서 가슴을 거쳐 행동과 감정에까지 영향을 미칠 것이라는 점을 주지시키는 데 있었다.

경험 모델은 삶이 고통스럽거나 학대나 상처를 받은 경험이 있다면 솔직하게 털어놔야 한다고 주장한다. 이를 좀 더 영적인 차원에서 바라보는 사람들은 그 고통을 예수님 앞에 가지고 나가든지, 그분을 고통 속으로 모셔 들이든지 해야 한다고 주장했다.

이 모델에 따르면 마치 고고학적 발굴을 하듯 지난날의 삶에서 상처 받은 일을 찾아내 기도나 심리적 상상을 통해 고통의 기억을 지움으로써 상처를 치유할 수 있다고 생각한다. 이 모델의 지지자들은 시간을 초월하는 예수님의 능력을 강조했다. 그들은 예수님이 우리가 고통이나 학대를 당하는 순간에 함께 계셨기 때문에 그 상황을 변화시키실 수 있다고 생각했다.

초자연 모델은 그 형태가 매우 다양하다. 은사주의자들은 즉각적인 치유와 구원을 강조했다. 어떤 이들은 성령께서 우리 안에 들어와 거하실 때 우리 안에 즉각적인 초자연적 변화가 일어난다고 믿고 그분을 의지한다. 어떤 이들은 우리의 삶을 그리스도께 내어드리면 그분이 우리 안에서 대리적인 삶을 사시며 신비로운 방법으로 변화를 이끌어내신다고 확신한다.

이들 네 가지 모델은 제각기 장점이 있다. 나는 이 모두를 실험해 보면서 그중에 가장 괜찮다고 생각되는 것을 쉽게 찾아낼 수 있었다. 나는 신학과 성경을 연구하고, 교리를 배우며, 주어진 역량 안에서 하나님과 믿음에 관한 지식을 쌓는 일에 관심을 집중했다.

항상 성경의 권위를 굳게 확신해 왔기 때문에 진리 모델이 가장 적합하다고 생각했다. 삶을 향한 하나님의 계획, 그분의 주권, 그분 안에서의 나의 위치, 칭의, 신자의 견인과 같은 진리를 배우면서 큰 위안을 느꼈다.

나는 성경 지식이 사람들의 삶을 변화시킬 수 있다고 확신했다. 다른 사람들에게 똑같은 것을 가르치고, 내가 진리를 배우듯 진리를 아는 데 힘쓰라고 권유하면 나와 똑같은 성장을 이룰 것이라고 굳게 믿었다.

그러나 나는 정신병원에서 오랫동안 일하면서 나보다 진리에 대해 더 많이 알고 있는 사람들을 발견했다. 그들 가운데는 평신도도 있었고 목회자도 있었다. 그들은 모두 기도와 성경공부 등 여러 가지 영적 훈련에 깊은 관심을 기울였다. 그런데도 그들은 깊은 상처를 떠안고 제각기 다른 이유로 삶의 질곡에서 헤어나지 못하고 있었다.

분홍색 목욕 가운을 입은 그 여성은 현실 감각을 잃어버린 탓에 선교 현장을 떠나야 했던 전직 선교사였다. 그녀는 자신이 누구인지, 지금 어디에 있는지조차 알지 못했다.

물론 그녀를 통한 깨달음은 극단적인 상황에서 이루어졌지만, 그동안 나는 정신상태가 지극히 정상인 내담자들을 상대하면서도 그와 비슷한 사실을 거듭 확인할 수 있었다.

그들은 결혼, 자녀 양육, 고통스런 감정, 일로 인한 문제 등을 처리하기 위해 자신들이 배운 방법을 시도하다가 결국 아무런 소득도 얻지 못한 채 실망하는 경우가 많았다. 나 역시 그들과 똑같은 심정을 느끼기 시작했다. '생각보다 어려울 것 같다'는 생각이 다시 나의 뇌리를 스쳐 지나갔다.

새로운 깨달음

나는 사람들에게 하나님의 사랑을 가르쳤지만 그들의 우울증은 쉽게 사라지지 않았다. 십자가에 못 박힌 삶을 가르쳤지만 그들의 중독 현상은 그대로였다.

그들은 그리스도 안에 있는 안전함을 기대했지만 그들을 공격하는 공포감은 사라질 기미를 보이지 않았다. 나는 내가 선택한 직업에 실망을 느꼈을 뿐 아니라 영적 권고의 능력조차 의심하지 않을 수 없었다. 나는 향후 40년 동안 내 삶을 헌신해도 좋다고 생각되는 일을 좀처럼 찾을 수가 없었다.

물론 이들 모델을 통해 위안을 얻거나 삶이 개선된 사람이 아무도 없다는 뜻으로 오해해서는 안 된다. 그런 사람들도 있었다. 나는 기도, 성경공부, 회개와 같은 방법을 통해 병적인 상태에서 벗어나 건강을 되찾은 사람들을 보았다. 그러나 무엇인가 빠진 듯한 느낌이 들었다.

그렇게 4-5년이 지나자 나의 삶을 완전히 뒤집어놓은 일이 발생했다. 사람들이 막다른 상황을 극복하고 성장하는 모습을 보게 된 것이다. 상담을 통해 기대했던 모습들이 나타나기 시작했다. 그것은 진정한 변화였다.

우울증에 시달리던 사람들이 우울증에 더 잘 대처하는 모습이 아니라 우울증에서 완전히 해방되는 모습, 섭식 장애를 앓던 사람들이 섭식 장애에 더 잘 대처하는 모습이 아니라 섭식 장애를 완전히 극복하는 모습, 관계의 문제로 고민하던 사람들이 관계의 문제에 더 잘 대처하는 모습이 아니라 친밀한 관계를 형성하는 능력을 갖추는 모습이 눈에 띄기 시작했다. 한마디로 사람들의 삶이 실제로 변화되는 과정이 목격되었다. 나는 비로소 바라고 원했던 "더 필요한 무엇"을 발견했다. 사람들은 막다른 상황을 극복하고 성장했다.

사실 자신의 일이 열매 맺는 것을 보면 즐거울 수밖에 없다. 어떤 점에서는 그랬다. 나는 사람들의 성장을 돕는 방법을 알게 된 것이 무척이나 행복했다.

그러나 거기에는 한 가지 큰 문제가 있었다. 내가 배웠던 기존의 "성장 방법"과 일치하지 않은 듯 보였던 것이다. 전에 한 번도 보지 못했던 영혼의 깊은 변화를 목격했는데 말이다.

따라서 나는 그 문제에 대한 해답을 구하기 위해 다시 성경을 연구하기 시작했다. "어떻게 영적 성장이 삶의 문제를 해결하는가?" 당시에 일어났던 일을 묘사하는 데 가장 적절한 표현을 찾는다면 "거듭나고, 또 거듭나는 경험"이라고 말할 수 있다.

사람들의 삶을 변화시키는 모든 과정이 성경에 있었다. 성경은 영적인 영역에서만이 아니라 감정과 관계의 영역에서도 성장을 돕는 원리를 가르쳤다. 나는 뛸 듯이 기뻤다. 하나님은 우리의 문제를 풀 수 있는 해답을 성경을 통해 우리에게 주셨다. 그것은 사실이었다. 나는 내가 배운 내용을 전하는 것을 사명으로 인식했다. 그 후 여러 기독교 단체에서 다양한 워크숍을 이끌었다.

그즈음 존 타운센드도 나와 비슷한 생각을 하기 시작했다. 우리는 대학원에서 처음 만났으며, 그도 나와 비슷한 탐구 과정을 밟고 있었다.

우리는 사람들이 상담하기 원하는 모든 문제를 영적 성장의 범주 안으로 다시 되돌려놓기를 원했다(왜냐하면 그 문제들은 모두 영적 성장의 영역에 속하기 때문이다). 물론 상담의 중요성을 도외시하지는 않았다. 누군가 자신의 문제를 깊이 있게 논의하려면 숙련된 상담사의 도움이 반드시 필요하다. 그러나 우리는 두 가지를 강조해야 했다.

첫째, 사람들이 안고 있는 문제가 인격의 성장이나 상담의 문제가 아니라 영적 성장의 문제라는 점을 이해하기를 원했다. 우리는 영적 성장에 모든 문제의 해답이 있다고 믿었다.

둘째, 우리는 관계나 감정의 문제를 다루는 방법을 다시 영적 성장의 범주 안으로 되돌리기를 원했다(이것은 이 책의 핵심이자 강조점이다). 영적 성장은 관계 및 감정의 문제를 비롯해 삶의 모든 영역에 영향을 미친다. "영적인 삶"이 따로 있고, "실제적인 삶"이 따로 있다는 생각은 옳지 않다. 둘은 하나다.

우리는 성경과 영적 삶이 사람들의 성장 방법과 관련되어 있음을 보여주는 자료들을 개발하기 시작했다. 그리고 영적 성장 과정을 삶의 구체적인 문제에 적용하는 방법을 다루는 책들을 집필했다.

존과 나는 서로 깨달음을 주고받으면서 기독교의 관점 안에서 우리가 말하고 싶었던 원리들을 발견했다.

우리는 우리의 생각을 세 가지 차원에서 실천에 옮기기로 결정했다.

첫째, 다른 사람들의 성장을 돕는 이들이 영적인 방법과 실질적인 방법이 서로 어떤 관련을 맺고 있는지 이해하기를 원했다. 예를 들어 사람들의 감정 문제를 다루는 소그룹 사역이 단지 세상의 인본주의에서 빌려온 좋은 아이디어가 아니라 기독교 교리를 적용해 만든 중요한 사역 원리라는 점을 목회자들이 깨닫기를 원했다. 또한 이혼자들의 회복을 돕는 이들이 그들이 따르는 신학적 원리가 그들의 실천을 뒷받침하고 있다는 사실을 깨닫기를 원했다. 다시 말해 우리는 그들의 활동이 성경에 근거한다는 사실을 그들이 깨닫고 그런 활동을 안심하고 수행해 나갈 수 있기를 원했다.

둘째, 사람들을 상대로 일하는 이들이 사람들의 삶에 큰 영향을 미치는 요소들을 분명히 파악할 수 있기를 원했다. 그들에게 필요한 과정을 세밀히 파악해 단지 몇 사람이 아니라 모두 다 적절한 상담 기술을 습득하는 것이 우리의 바람이었다. 성장을 돕는 사람들 가운데는 나름대로 임무를 잘 수행하고 있으면서도 우리처럼 성장에 관한 성경의 가르침을 더 많이 배우고 싶어 하는 이들이 많다.

셋째, 사람들이 성장하는 방법을 알 뿐 아니라 그들의 성장이 성경적인 성장이 되기를 원했다. 우리는 "당신이 더 나아진다면 그것은 당신이 영적으로 성장하고 있기 때문이며, 당신은 성경이 가르치는 일을 행하고 있다"라는 사실을 사람들이 이해하기 원했다. 사람들은 성장해야 할 뿐 아니라 그 성장이 자신을 향한 하나님의 목적 및 그분의 구원 계획과 어디에서 서로 일치하는가를 이해해야 할 필요가 있다. 우리의 성장이 하나님께로부터 비롯한다는 사실을 깨닫는 것은 매우 중요하다.

영적 성장의 길

우리는 이 책에서 성경의 위대한 교리들을 사람들의 영적, 감정적, 관계적 성장 방법에 적용하기 위해 최선을 다할 생각이다. 성장을 돕는 사람들, 곧 목회자, 평신도 지도자, 소그룹 지도자, 교사, 상담사는 영적인 사역만이 아니라 매우 실질적인 사역을 행하고 있다. 그들은 대부분 그 일을 성경적으로 처리해 나가기를 원한다. 이미 그렇게 하고 있는 사람들이 많다. 그러나 믿음의 위대한 교리들과 성장이라는 현실을 서로 연결하는 방법을 찾으려고 고심하는 사람들도 적지 않다. 따라서 이 책은 다음 두 가지 질문들에 답하고자 한다.

- 사람들의 성장을 돕는 것은 무엇인가?
- 그 과정은 영적 성장과 정통 신학의 입장과 어떻게 일치하는가?

우리는 이 두 가지 질문들에 대답할 수 있다면 나름대로 훌륭한 일을 하고 있다고 생각했다. 그런데 문득 중요한 문제가 하나 더 있다는 생각이 들었다. 성장을 돕는 이들은 물론 성장하기 원하는 사람들도 이 책을 읽을 수 있다. 그렇다면 그들은 각자 자신들이 감당해야 할 역할을 분명히 이해할 필요가 있다. 따라서 우리는 다음 질문에 대한 답도 찾기로 결정했다.

- 성장을 돕는 사람들(목회자, 상담사, 소그룹 지도자)의 책임은 무엇이고, 성장하기 원하는 사람들의 책임은 무엇인가?

우리는 이 책이 실용적이기를 바란다. 사람들의 성장을 돕는 방법을 이해하고, 더 중요하게는 성장 과정이 본질상 신학적 차원을 지닌다는 사실을 깨닫는 데 도움을 줄 수 있기를 희망한다.

우리는 이 책을 저술하기 위한 가장 좋은 방법을 궁리하던 중 신학교에서 신학을 공부하던 초창기에 조직신학을 배운 것이 매우 유익했다는 사실을 떠올렸다. 잘 알다시피 조직신학은 성경을 기독교 신앙의 주요 교리로 나누어 설명한다. 하나님, 그리스도, 성령, 죄, 구원, 교회를 비롯해 여러 가지 신학적 주제에 대해 가르쳐준다.

개인의 성장 방법도 그런 식으로 접근하는 것이 최선인 듯하다. 우리는 기독교 교리의 주요 주제를 다룰 예정이지만 그 방식을 약간 달리할 생각이다. 즉 모든 교리를 다 다루기보다 각각의 교리를 개인의 성장에 적용하는 방법에 초점을 맞출 것이다. 게다가 항상 교리라는 명칭을 사용할 생각도 없다. 그러나 이 책의 뼈대를 구성하는 것은 기독교 신앙의 주요 교리다. 우리가 성장에 적용하게 될 주요 교리와 원리와 주제를 간단히 소개하면 다음과 같다.

- 성경
- 신론

- 그리스도의 인격
- 성령
- 진리의 역할
- 은혜의 역할
- 죄와 유혹의 역할
- 창조 질서
- 교회(그리스도의 몸)의 역할
- 가난한 심령과 애통하는 마음
- 죄책과 용서
- 고백
- 견책과 교정
- 복종과 회개
- 고난과 시련
- 시간의 역할

이 책을 다 읽고 난 뒤에 당신 자신은 물론 당신이 돕는 이들이 크게 용기를 얻어 더욱 깊고 의미 있는 성장이 이루어지기를 간절히 바란다. 또한 그런 방법들이 성경이 우리에게 가르치는 영적 성장의 길이라는 사실을 깨닫기를 원한다. 우리에게는 이 여정이 참으로 흥미진진하다. 따라서 이 여정을 날마다 즐기고 있다. 우리 모두 성경이 가르치는 성장의 방법을 배우면서 즐거움에 함께 참여했으면 좋겠다.

성장하기 원하는 사람을 위한 조언

- 성장에 관한 선입견과 자신의 성장 모델을 점검하라. 그동안 배운 것들을 점검하고 그 안에 성경의 가르침이나 자신이 삶에서 원하는 것이 모두 포함되어 있는지 살펴보라.

- 영적 성장과 실제적인 삶의 연관성에 대해 어떻게 생각하고 있는지 점검하라. 하나님의 삶과 자신의 현실적 삶이 서로 괴리되어 있는가? 혹시 영적 성장이 영향을 미치지 않기를 바라는 삶의 영역이 있는가? 하나님이 더 많은 것을 허락하실 수 있도록 그분께 헌신하라.

성장을 돕는 사람을 위한 조언

- 성장하기 원하는 사람이 삶의 현실과 영적 성장의 상호관계에 대한 선입견을 잘 점검할 수 있도록 도우라. 그들이 느끼는 실망을 비롯해 그들의 과거와 그들이 가진 지식을 파악하라. 앞서 말한 이원적 사고에 대비하고 영적 성장이 삶의 전반에 영향을 미칠 수 있다는 기대감을 조성하라.

- 성장하기 원하는 사람이 영적 성장을 도모하기 원하는 삶의 현실과 문제를 구체적으로 파악하고, 그것에 초점을 맞춰 다음 장들에서 논의될 내용과 관련지어라.

- 필요할 경우에는 성장하기 원하는 사람들의 성장 모델을 하나하나 점검해 보고 그것들이 교리와 주제를 정리한 내용과 얼마나 일치하는지 살펴보라. 그러면 그들의 경험과 지식을 파악할 수 있고, 그들이 과거에 비해 얼마나 성장했는지 알려주는 기준을 마련할 수 있다.

큰 그림을 보라

"영적 성장을 추구하는 사람들을 진정으로 돕고 싶다면
그들이 어디에서 시작해 어디까지 왔고,
또 어디를 향해 가고 있는지 알아야 한다."

"자, 여러분 가운데 신학교에 다녀본 사람이 얼마나 되나요?"

나(헨리)는 세미나에 참석해 훈련을 받고 있는 전문 사역자들과 평신도 지도자들에게 물었다. 청중 가운데 3분의 1가량이 손을 들어 표시했다. 청중이 공식적인 신학 교육을 얼마나 받았는지 궁금했던 이유는 내가 가르치는 내용이 그들에게 너무 단순하게 느껴지지 않게 하고 싶었기 때문이었다. 그러나 그 순간 바로 그 때문에 지금 내가 그들을 가르치고 있다는 생각이 들었다. 나는 신학 교육의 유무와 상관없이 모두에게 복음이 얼마나 단순한지, 또 복음이 인간의 성장을 어떻게 촉진시키는지 깨우쳐주고 싶었다. 물론 나 자신도 항상 그런 깨우침이 필요하기는 마찬가지다.

우리는 사람들을 돕는 과정에서 하나님이 인류 안에서 행하고 계시는 일을 큰 그림으로 바라보는 것을 잊을 때가 많다. 다시 말해 개인의 감정이나 영혼의 건강을 회복하도록 돕고, 상처 난 결혼 관계를 치유하고, 삶이 제 기능을 찾도록 이끄는 일에 몰두하다가 더 큰 그림을 놓치는 경우가 적지 않다.

그러나 큰 그림을 봐야 한다. 큰 그림이란 하나님과 타락한 창조 세계와 그것을 다시 회복하시는 그분의 사역에 관한 이야기를 말한다. 사람들의 삶에 구체적으로 개입할 의도를 가지고 있다면 큰 그림을 염두에 두는 것이 매우 중요하다. 우리는 하나님이 세상에서 하고 계시는 일을 잊어서는 안 된다. 바울 사도는 이렇게 말했다.

> "모든 것이 하나님께로서 났으며 그가 그리스도로 말미암아 우리를 자기와 화목하게 하시고 또 우리에게 화목하게 하는 직분을 주셨으니 곧 하나님께서 그리스도 안에 계시사 세상을 자기와 화목하게 하시며 그들의 죄를 그들에게 돌리지 아니하시고 화목하게 하는 말씀을 우리에게 부탁하셨느니라" (고후 5:18-19).

"화목하게 하는 말씀"이 복음의 핵심이다. 하나님은 구원과 성장을 통해 모든 것을 화해시키시어 본래의 자리로 되돌리신다.

우리는 모든 것이 본래의 자리에 있어야 한다는 사실을 잊을 때가 많다. 또한 사람들의 성장을 돕기 위해 어떤 노력을 기울여야 하는지 잘 알지 못한다. 한마디로 우리는 잘못된 문제에만 초점을 맞춘다. 우리는 누군가가 도움을 요청하면 그 문제를 가장 중요한 문제인 양 착각하고 그 문제에만 관심을 집중하거나 아니면 특정한 행동이 그 문제의 배후에 도사리고 있는 죄라는 점을 깨우쳐주는 데만 노력을 기울이는 경향이 있다. 우리는 누군가를 충분히 선하게 만들 수만 있다면 그에게 도움을 베풀 수 있을 것이라고 믿는다.

우리는 상담을 통해 개인의 문제를 도와주려고 할 때는 물론, 사람들에게 말씀을 전하고, 가르치고, 제자훈련을 실시하고, 그들을 격려해 영적 훈련에 열심을 내게 할 때도 이런 사고방식에서 크게 벗어나지 못한다.

우리는 문제나 징후만을 다루거나 다양한 종교적인 공식을 적용하는 데만 관심을 기울이는 탓에 "화해의 사역"이 삶의 변화를 이끄는 원동력이라는 점을 쉽게 망각한다. 사실 타락의 결과가 개인의 삶에 어떠한 영향을 미치고 있는지를 파악해 그의 삶을 화해시켜줄 구원의 길을 모색하기보다 특정한 문제에 초점을 맞추거나 그가 저지른 실패만을 겨냥하는 것이 훨씬 더 쉽다. 우리는 징후에만 관심을 기울일 뿐 근본 원인은 다루지 않는다.

그러나 우리의 임무는 근본 원인을 다루는 데 있다. 우리의 역할은 누군가가 더 좋은 기분을 느끼게 하거나, 더 나은 행동을 하게 하거나, 더 나은 관계를 맺도록 돕는 데 국한되지 않는다. 사람들이 더 잘하도록 돕는 것에만 노력을 기울여서는 곤란하다. 그런 노력은 율법주의를 부추길 뿐이다. 바울이 말한 대로 우리에게는 화목하게 하는 직분이 주어졌다. 우리는 만물을 그분과 화목하게 하시는 하나님의 사역에 동참해야 한다.

그렇다면 이제는 "무엇을 화해시키고자 노력해야 하는가?"라는 문제가 대두된다. 첫째, 사람들이 하나님과의 관계를 회복하도록 도와야 한다. 그리스도인으로서 성장하기 원하는 사람은 거의 누구나 이 점을 중시한다. 그러나 그 밖에도 우리가 염두에 두어야 할 점이 두 가지 더 있다. 하나는 사람들이 서로 화해하게 하는 것이고, 다른 하나는 사람들이 거룩하고 순결한 삶을 살도록 돕는 것이다. 화목하게 하는 사역은 대개 이 세 가지 요소들로 구성된다. 이들 요소가 함께 결합할 때 삶을 변화시키는 놀라운 치유 역사가 일어난다.

여기에 한 가지 요소를 더 첨가하면, 영적 성장은 하나님과의 관계와 사람들과의 관계를 회복하고 순결한 삶을 추구하는 일일 뿐 아니라, 나아가 본래의 삶(하나님이 인간을 창조하시면서 허락하셨던 삶)을 되찾는 일이기도 하다.

보다 깊은 관계, 만족스런 노동, 여러 가지 축제로 이루어진 삶은 우리의 문제를 해결해 우리가 원하는 삶을 가능하게 한다. 바울이 말한 대로 우리는 "하나님의 생명에서 떠나 있다"(엡 4:18 참조). 우리는 하나님이 본래 창조하셨던 삶으로 되돌아가야 한다.

우리는 이 책에서 그 과정이 어떻게 이루어지는지를 설명할 생각이다. 그러나 그전에 하나님이 본래 창조하셨던 삶을 살펴보고, 그 삶에 어떤 문제가 발생했으며, 또 그 삶을 되찾는 방법에 관해 하나님이 어떻게 말씀하셨는지를 먼저 생각해 보려고 한다.

우리는 이 우주적인 드라마를 창조, 타락, 구원이라는 3막으로 나눠 생각하고자 한다. 영적 성장을 추구하는 사람들을 진정으로 돕고 싶다면 그들이 어디에서 시작해 어디까지 왔고, 또 어디를 향해 가고 있는지 알아야 한다.

- 삶은 본래 어떻게 계획되었는가? 삶의 본래 모습은 어떠했는가?
- 타락은 본래 계획된 삶을 어떻게 바꾸어놓았는가? 우리가 해결하고

자 노력하는 문제는 무엇인가?
- 구원은 무엇이고 어떤 결과를 낳는가? 우리는 어떻게 구원을 얻는가?

■ 1막: 창조 ■

첫째 원리: 하나님은 만물의 근원이시다

태초에 하나님이 계셨다. 하나님은 천지를 창조하셨다. 모든 것이 만물의 근원이신 하나님께로부터 나왔다. 이것이 성경의 첫째 원리다. 우리의 성장 신학도 이것을 첫째 원리로 삼는다. 하나님의 창조 사역 이전에는 아무것도 존재하지 않았다. 존재하는 모든 것은 그분에게서 비롯했다. 그 안에는 물질, 원리, 목적, 의미 등 삶을 구성하는 모든 요소가 포함된다. 하나님은 만물의 근원이시다.

하나님은 만물을 창조하신 뒤 인류를 지으셨다. 아담과 하와를 창조하시고 그들에게 생기를 불어넣으셨다(창 2:7 참조). 따라서 생명의 회복을 원한다면 생명이 하나님께로부터 나왔다는 사실을 기억해야 한다. 우리는 그 사실을 잘 알고 있다고 생각하지만 단지 하나님이 아무것도 없는 상태에서 생명을 창조하셨다는 의미에만 국한시키는 경향이 있다.

우리는 모든 생명체가 하나님께로부터 나왔다는 사실을 알고 있다. 그러나 다른 사람의 성장을 도우려면 단순한 창조의 의미를 뛰어넘는 깊은 깨달음이 필요하다. 우리는 삶 속에 죽어 있는 무언가가 있다면 그것에 생명을 불어넣는 사역도 하나님의 창조 사역에 속한다는 사실을 잊어서는 안 된다. 다른 사람들을 돕는 사역은 곧 그들이 창조하려고 노력하는 생명과 하나님이 그들 안에서 창조하려고 애쓰시는 생명을 곁에서 거드는 일을 의미한다. 다시 말해 성장 사역은 우울증을 이겨내고, 결혼 관계를 치유하고, 사업의 실패를 극복하는 방법을 제시할 수 있는 신학이어야 한다. 즉 "이 결혼 관계나 이 직업 생활에 어떻게 다시 생명을 불어넣을 수 있을까?"라고 물어야 한다.

이 질문에 대한 성경의 대답은 "하나님"이다. 모든 문제의 배후에는 우리를 새롭게 창조하시고 우리에게 생명과 성장을 허락해 주시는 하나님이 계신다. 이 점에 대해서는 나중에 좀 더 자세히 살펴볼 예정이다. 여기서 지적하고 싶은 것은 많은 기독교의 성장 이론들 중에는 하나님에 관한 원리(심지어는 성경적 원리)에 근거하고 있지만 실제로는 하나님을 거의, 또는 완전히 배제한 이론이 많다는 사실이다. 기억하라. 하나님은 삶의 근원이시다. 그분은 또한 성장의 근원이 되신다.

둘째 원리: 관계 속에 인간을 창조하셨다

둘째 원리는 하나님이 인간을 창조하실 때 서로 관계를 맺게 하셨다는 것이다. 하나님은 인간으로 하여금 먼저 그분과 관계를 맺게 하시고, 그다음에 사람들끼리 관계를 맺게 하셨다. 하나님이 인간을 창조하신 목적은 그분만을 위해서가 아니라 사람들끼리 서로 관계를 맺게 하시기 위해서였다. 앞서 말한 대로 아담은 생명을 위해 하나님과의 관계에 의존해야 했다. 그러나 그는 하나님을 의존하면서 또한 다른 인간과의 관계를 필요로 했다. 하나님은 "사람이 혼자 사는 것이 좋지 아니하니"(창 2:18)라고 말씀하셨다. 인간은 하나님과의 관계만으로는 불충분하다. 따라서 우리는 인간 상호 간의 관계가 만물이 창조된 목적 가운데 중요한 비중을 차지하고 있었다는 사실을 간과해서는 안 된다.

이 관계에 있어서 중요한 점은 아담과 하와가 하나님과 관계를 맺을 때나 서로 관계를 맺을 때 본래는 그 어떤 단절도 존재하지 않았다는 것이다. 성경은 "아담과 그의 아내 두 사람이 벌거벗었으나 부끄러워하지 아니하니라"(창 2:25)고 말씀한다. 그들은 서로의 눈앞에서 벌거벗었지만 수치심을 느끼거나 숨지 않았다. 물론 싸움이나 다툼도 존재하지 않았다. 남자와 여자는 무방비 상태에서도 서로 조화를 이루었다. 관계 전문가들은 이런 상태를 "친밀한 관계"라고 일컫는다. 친밀한 관계란 서로 깊이 알고 있는 관계를 뜻한다. 나중에 은폐와 수치심에 대해 좀 더 자세히 다룰 생각이다.

건강하고 참된 관계의 특성 가운데 하나는 서로의 약점을 숨기지 않고 서로의 눈앞에서 있는 그대로의 모습을 보여도 수치심을 느끼지 않는 것이다. 일단 여기서 우리가 생각해야 할 점은 인간의 상호관계가 위선이나 단절 없이 서로의 연약한 모습을 고스란히 드러내며 열린 태도를 취하게끔 계획되었다는 것이다.

셋째 원리: 하나님이 주인이시다

관계는 샐러드처럼 그릇에 담고 아무렇게나 휘휘 젓는 것과는 거리가 멀었다. 관계에는 질서가 존재했다. 무엇보다 하나님과 인간의 관계에 있어서 권위와 주도권을 쥐고 있는 주인은 하나님이셨다. 하나님은 세상에 남자와 여자를 지으신 창조주이실 뿐 아니라 그들을 주장하시는 주인이셨다. 그분은 해야 할 일과 하지 말아야 할 일을 지시하셨다. 또한 사람들이 할 수 있고 즐길 수 있는 일과 해서는 안 되는 일, 곧 그들이 실행에 옮긴다면 기쁨을 잃게 될 일을 명시하셨다. 그분은 아담과 하와가 에덴동산을 다스리며 행복하게 살기를 원하셨다. 따라서 그들에게 주어진 한계를 넘지 말라고 경고하셨다.

> "여호와 하나님이 그 사람을 이끌어 에덴동산에 두어 그것을 경작하며 지키게 하시고 여호와 하나님이 그 사람에게 명하여 이르시되 동산 각종 나무의 열매는 네가 임의로 먹되 선악을 알게 하는 나무의 열매는 먹지 말라 네가 먹는 날에는 반드시 죽으리라 하시니라"(창 2:15-17).

아담과 하와가 창조에서 차지하는 역할과 지위는 에덴동산을 관리하며 하나님께 복종하는 데 있었다. 그들은 상당히 높은 직책을 맡았지만 거기에는 뚜렷한 한계가 있었다. 그들은 하나님이 주신 땅에서 일하며 삶을 즐기고, 하나님과 그분의 계명에 복종해야 했다. 처음부터 창조의 원리 가운데는 "선한 삶"과 "금지된 삶"이 존재했다(여기서 금지된 삶은 모순어법이 아니다. 왜냐하면 금지된 삶은 사실 삶이 아니라 삶이 없는 삶, 곧 죽음으로 귀결되기 때문이다).

우리는 삶을 누릴 수 있지만 그 안에서 하나님께 복종해야 한다. 그렇지 않으면 진정한 삶을 영위할 수 없다. 삶과 하나님께 대한 복종은 서로 똑같다.

이처럼 성경은 하나님이 근원자이시고, 관계가 가장 중요하며, 모든 주권이 하나님께 있다는 진리에서부터 출발한다. 이 책을 통해 알게 될 테지만 이러한 신학적 진리가 사람들의 성장에 미치는 영향은 참으로 막대하다.

넷째 원리: 하나님의 역할과 인간의 역할을 구별하셨다

하나님은 주인이시다. 우리는 그분께 복종해야 한다. 그러나 이 문제는 "누가 우위에 있는가?"의 의미를 뛰어넘는다. 하나님과 인간은 창조 질서 안에서 서로 다른 역할을 수행한다.

1. **하나님의 역할은 근원자이자 공급자가 되시는 것이고, 우리의 역할은 근원자이신 하나님께 의존하는 것이다.**

하나님은 생명을 창조하셨고, 우리는 생명을 부여받았다. 따라서 우리는 생명을 비롯해 필요한 모든 것을 하나님께 의존해야 한다. 하나님의 역할은 공급하시는 것이고, 우리의 역할은 받는 것이다. 하나님은 생명의 숨결을 주셨고, 우리는 그것을 받아 마셨다. 하나님은 동산을 주셨고, 우리는 그 안에 살며 그 열매를 먹었다.

하나님은 관계를 허락하셨고, 우리는 친밀한 관계를 부여받았다. 한마디로 우리는 의존자로 창조되었다. 하나님이 공급하시고, 우리는 의존하고 신뢰한다.

그렇다면 우리는 생명과 양식을 위해 그분께 의존해야 한다. 독립은 우리의 선택 사안이 아니다. 하나님은 우리 없이 존재하시지만, 우리는 그분 없이 존재할 수 없다. 따라서 우리가 삶에서 감당해야 할 역할은 하나님을 의존하는 것뿐 아니라 자기 만족에 치우치지 않는 것이다. 우리의 역할은 우리의 한계를 인정하고 삶을 위해 우리가 아니라 하나님을 의존하는 것이다. 우리는 유한한 피조물일 뿐 창조주가 아니다. 따라서 하나님처럼 독자적으로 삶을 유지할 수 없다. 우리는 하나님을 떠나 혼자 살 수 없다.

이와 동일한 한계가 인간 상호 간의 관계에도 똑같이 적용된다. 우리는 서로 관계를 맺는 다른 사람의 도움 없이 스스로 필요한 것을 공급할 능력이 없다. 하나님으로부터 독립해 자기 만족에 치우치지 않는 것뿐만 아니라 우리는 또한 다른 사람들을 필요로 한다. 우리는 서로서로 떨어져 살 수 없다. 다른 사람들과 관계를 맺지 않고 살려고 노력하다가는 심각한 불행이 초래된다. 그런 삶은 제 기능을 발휘하지 못한다. 우리는 사랑을 위해 다른 사람을 의지해야 한다.

2. 하나님의 역할은 다스리시는 것이고, 우리의 역할은 하나님의 통치에 복종하고 스스로를 다스리는 것이다.

하나님은 창조 사역을 행하셨다. 아담과 하와는 창조 사역에 관여할 수 없었다. 동물을 비롯해 각종 나무와 열매를 창조하신 분은 하나님이시지 인간이 아니었다. 한마디로 하나님이 우주와 그 안에서 일어나는 모든 것을 다스리신다.

사람들의 문제는 자신의 통제 범위 밖에 있는 것을 통제하려고 노력하는 데서 비롯한다. 그런 노력을 기울이는 순간, 스스로에 대한 통제력을 상실하고 만다.

따라서 우리가 할 수 있는 것과 할 수 없는 것의 차이를 의식하고 "평온을 비는 기도"를 드리면 삶을 통제할 수 있는 능력을 다시 회복할 수 있다. ("평온을 비는 기도"가 어디에서 기원했는지는 불확실하다. 프리드리히 외팅거라는 이름의 18세기 신학자와 저명한 20세기 신학자 라인홀드 니버를 비롯해 여러 사람이 이 기도를 창안했다고 추정할 뿐이다. 기도의 내용은 다음과 같다. "하나님이여, 바꿀 수 없는 것은 받아들이는 평온을, 바꿀 수 있는 것은 바꾸는 용기를, 또한 그 차이를 구별하는 지혜를 주옵소서")

우리는 모든 일에 하나님을 의지해야 한다. 우리는 우주를 다스릴 수 있는 위치에 있지 않다. 하나님은 욥에게 이렇게 말씀하셨다.

"내가 땅의 기초를 놓을 때에 네가 어디 있었느냐 네가 깨달아 알았거든 말할지니라"(욥 38:4).

우리는 모든 것을 통제할 수 없다. 사실 우리는 다스리는 권한이 없다. 그러나 스스로의 행동을 통제할 수 있는 힘은 있다. 우리는 그 힘을 책임 있게 사용해야 한다. 하나님의 역할은 모든 것을 다스리시는 것이고, 우리의 역할은 자아를 다스려 책임 있는 삶을 사는 것이다. 간단히 말해 우리는 "자제력"을 발휘해야 한다.

3. 하나님은 삶의 심판자이시고, 우리는 삶을 경험할 뿐이다.

하나님께 속하는 또 하나의 역할은 선악을 구별하는 것이다. 그분은 그 역할을 친히 담당하시고 인간에게 넘겨주지 않으셨다. 그분은 심판자의 자리에 앉아 계시고, 옳고 그름에 대한 판단을 친히 하신다. 따라서 우주의 심판자 역할을 수행하시는 하나님은 아담과 하와에게 선악을 알게 하는 나무의 열매를 먹지 말고 자신을 하나님으로 존중하라고 명령하셨다.

우리는 하나님이 말씀하신 순결한 삶을 추구할 뿐이다. 오직 하나님만이 심판하신다. 그분은 우리에게 "그 역할을 떠맡으려고 하지 말라"고 말씀하신다.

4. 하나님은 규칙을 정하셨고, 우리는 규칙에 따라야 한다.

인간과 하나님의 역할은 분명하다. 하나님은 삶의 정당한 방식을 설계하셨고 삶을 사는 방법에 관한 규칙을 마련하셨다. 우리는 거기에 따라야 한다. 하나님은 삶의 규칙과 계획을 설계하시면서 우리에게 자문을 구하지 않으셨다. 동물들을 다스리는 것이 좋은 생각인지 나쁜 생각인지 묻지 않으셨다. 먹을 수 있는 나무의 열매와 먹을 수 없는 나무의 열매를 결정하실 때 우리의 의견을 구하지 않으셨고, 인간을 남자와 여자로 만드는 것이 좋은 생각인지 아닌지도 묻지 않으셨다. 단지 하나님은 그런 현실을 만드시고 우리에게 따르라고 명령하셨다.

완전한 삶

살기에 가장 적합한 장소, 배우자와의 완전한 관계, 온갖 종류의 선한 일들이 우리에게 구비되어 있었다.

이 모든 것이 제자리를 지켰더라면 이 책이 필요하지 않았을 것이다. 또한 사람들이 성장하는 방법이나 삶의 문제를 극복하는 방법을 고민하지 않아도 되었을 것이다. 우리는 에덴동산에서 본래 계획된 삶을 살며, 또 다른 삶을 갈구하지 않아도 되었을 것이다. 그러나 그런 일은 이루어지지 않았다.

우리는 가장 탁월한 피조물로서 순결한 삶을 유지하지 못한 채 큰 실패를 자초하고 말았다. 이제 2막은 이 실패를 다룬다. 우리는 독립을 원했고, 통치자가 되고 싶어 했으며, 스스로 심판자가 되어 규칙을 만들려고 했다.

■ **2막: 타락** ■

뒤집어진 창조 질서

우주적인 드라마의 2막은 창조 사역이 끝난 뒤에 시작되었다. 아담과 하와는 앞서 살펴본 하나님의 계획에 충실하지 않았다. 그들은 그분의 계획이 자신들을 위한 것이 아니라고 생각하고 자기 방식대로 일을 처리하기로 결정했다. 그러고는 단번에 창조 질서를 거꾸로 뒤집었다.

유혹자가 다가와 하나님의 명령을 무시하고 창조 질서를 뒤집어엎으라고 부추겼다. 그는 하나님이 말씀하신 진리를 의문시하면서 선악을 알게 하는 나무의 열매를 먹더라도 죽지 않을 것이라고 말했다. 사실 유혹자는 하나님을 거역하면 오히려 잘될 것이라고 말했다. 그는 아담과 하와가 하나님처럼 되어 주권자의 자리에 오를 수 있고, 스스로의 삶을 통제할 수 있으며, 자기 마음대로 할 수 있다고 말했다. 한마디로 하나님의 역할을 다 할 수 있다는 뜻이었다.

그러나 잘 알다시피 유혹자의 말은 새빨간 거짓이었다. 아담과 하와는 하나님처럼 되지 못했다. 오히려 본래보다 훨씬 더 못한 상태로 전락하고 말았다. 성장이 필요한 이유가 바로 여기에 있다. 우리는 본래 창조된 상태보다 더 못한 상태로 떨어졌다.

아담과 하와는 인간의 차원에서는 본래 완전한 상태로 창조되었다. 그런데 이제는 더 이상 완전하지 않았다. 그들은 성경이 "죄" 또는 "죽음"(엡 2:1 참조)으로 일컫는 낯선 상태에 처하게 되었다. 죄는 "과녁을 빗나가다"라는 뜻이고, 죽음은 생명과 분리된 상태, 구체적으로는 "하나님의 생명에서 떠나"(엡 4:18) 있는 상태를 가리킨다. 아담과 하와는 타락을 통해 생명이신 하나님을 떠났으며, 본래 창조된 모든 삶에서 벗어나고 말았다.

간단히 말해 그들은 모든 것을 잃었다. 자아를 포함해 상호관계, 본래 가졌던 생명을 모두 상실했다. 그들은 모든 질서와 계획을 뒤집어엎었다.

1. 그들은 근원자이신 하나님과 분리되었다.

아담과 하와는 선악을 알게 하는 나무의 열매를 먹은 뒤 하나님을 떠나 그분과 아무 상관없이 스스로 생명을 얻으려고 했다. 그들은 하나님처럼 신성을 지닌 존재가 되어 그분과의 관계 밖에서 생명을 얻으려고 시도했다. 더 이상 하나님을 필요로 하지 않았고, 그분을 의존해야 하는 인간의 역할을 도외시했다.

2. 그들은 서로의 관계를 상실했다.

아담과 하와는 하나님으로부터 독립함으로써 그분과의 관계는 물론 서로의 관계까지 잃고 말았다. 이것이 죽음의 본질이다. 반드시 죽으리라는 하나님의 말씀은 그들이 생명의 근원이신 하나님과 분리된다는 뜻이었다. 그들은 하나님과의 관계를 잃어버리고, 성경이 "떠났다"고 표현하는 상태, 곧 하나님의 "원수"로 전락했다. 바울은 "전에 악한 행실로 멀리 떠나 마음으로 원수가 되었던 너희를"(골 1:21)이라고 말했다. 아담과 하와가 창조주와 나누었던 친밀한 관계는 사라지고 말았다. 그들은 하나님과 분리되었다.

또한 그들은 다른 중요한 관계, 곧 상호 간의 관계를 상실했다. 그들은 타락 후 즉시 자기들이 벗은 줄을 알고 부끄럽게 여겨 무화과나무 잎을 엮어 몸을 가렸다. 서로를 무방비 상태로 스스럼없이 내보이던 친밀함은 사라졌고, 서로를 온전히 신뢰하며 선한 관계를 맺을 수 있는 능력도 사라졌다. 그때부터 우리 인간들 사이에서는 서로에 대한 신뢰와 공정함과 사랑과 정직함이 사라지고 소외, 부당함, 적대적 관계, 부정직함이 생겨났다. 한마디로 사랑을 찾고 지키는 일이 훨씬 더 어렵게 변하고 말았다.

3. 그들은 창조의 구조와 질서를 변화시켰다.

창조된 본래의 질서 안에서는 하나님이 주권자이셨고, 아담과 하와는 그분의 권위에 복종해야 했다. 하나님은 주권자요 통치자이셨다. 그러나 인간은 그분의 지위를 빼앗아 스스로 주권자가 되려고 했다. 하나님처럼 되기를 원했다. 그들은 보좌에 앉고 싶어서 자신들을 다스리시는 그분의 권위를 거역했다. 간단히 말해 자기 만족을 추구하며, 누구의 심판도 받지 않고 오히려 다른 사람들을 심판하며, 스스로 세운 규칙에 따라 살기를 원했다.

4. 그들은 역할을 변화시켰다.

하나님	인간
하나님은 근원자이시다.	우리는 하나님께 의존한다.
하나님은 창조주이시다.	우리는 피조물이며 스스로 존재할 수 없다.
하나님은 세상을 다스리신다.	우리는 스스로를 통제할 뿐이다.
하나님은 삶의 심판자이시다.	우리는 삶을 경험할 뿐이다.
하나님은 삶을 계획하셨고 규칙을 정하셨다.	우리는 규칙에 복종하며 하나님이 설계하신 삶을 산다.

하나님이 인간을 창조하셨을 때의 역할을 표로 정리하면 앞의 표와 같다.

인간은 하나님처럼 되기 위해 본래의 질서를 뒤엎으려고 했다. 아담과 하와의 후손인 우리는 하나님을 의존하기를 중단하고 스스로 생명의 근원이 되려고 했다. 우리는 자신을 더 이상 피조물로 생각하지 않고 창조주 하나님과 동떨어져 독립된 삶을 살 수 있는 것처럼 행동했다. 우리는 다스릴 수 없는 것을 다스리려 했고, 그로 인해 서로의 관계는 물론 자기 자신에 대한 통제력마저 잃고 말았다. 우리는 심판자가 되려고 했다가 남을 판단하기 좋아하는 습성을 지니게 되었다. 판단을 일삼는 습성은 삶을 경험하며 서로 진실한 관계를 누릴 수 있는 능력을 앗아갔다. 우리는 하나님이 정하신 질서와 규칙을 거부하고 우리 자신의 질서와 규칙을 만들었다.

아담과 하와는 하나님이 되려다가 결국에는 자기 자신을 잃고 말았다. 그들은 결코 될 수 없는 것(하나님)을 꿈꾸다가 그들이 될 수 있는 것(진정한 자신)조차 잃고 말았다. 그때부터 인간은 늘 자아를 찾아 헤맨다.

타락 후에 역할이 어떻게 바뀌었는지 간단히 정리하면 다음과 같다.

욕망	결과
"우리는 근원자다."	우리는 자기 자신을 의존하게 되었다.
"우리는 창조주다."	우리는 독립된 삶을 살게 되었다.
"우리는 세상을 다스린다."	우리는 세상과 서로를 통제하려고 애쓰다가 결국 자신에 대한 통제력마저 잃었다.
"우리는 삶의 심판자다."	우리는 판단을 일삼음으로써 자신과 서로를 경험하는 능력을 잃었다.
"우리는 삶을 계획하고 규칙을 정한다."	우리는 각자 원하는 대로 아무렇게나 산다.

인간의 삶은 특별한 계획과 함께 시작되었으나 하나님께 대한 반역으로 인해 무참히 무너졌다. 삶은 상실되었다.

그러나 하나님은 상황을 그대로 방치하지 않으셨다. 그분은 또 다른 계획을 가지고 계셨다.

■ 3막: 구원 ■

하나님은 그리스도 안에서 모든 것을 화해시키신다. 그분은 지금까지 줄곧 모든 것을 본래의 상태로 되돌리는 일을 해오셨다. 피조 세계를 구속하시고 모든 것을 제자리로 되돌리고 계신다. 그렇다면 하나님은 어떻게 그 일을 해오셨을까?

하나님은 모든 것을 회복하기 위해 대가를 치르셨다. 거룩하신 하나님은 인류의 죄에 대해 죽음의 형벌을 요구하셨다. 성경은 하나님이 우리의 모든 죄를 예수님께 짊어지우셨다고 말씀한다(사 53:5-6 참조). 그 결과 하나님이 모든 것을 제자리로 돌리시고, 본래의 질서를 회복하실 수 있는 길이 열렸다. 이 구원을 자신의 삶에 적용하는 사람은 모두 회복을 경험하게 된다.

사실 구원을 적용하는 것이 곧 성장 과정이라고 할 수 있다. 성장이란 모든 것을 하나님이 보시기에 정당하고 의로운 자리로 되돌리는 것을 뜻한다. 우리가 삶의 문제를 해결하는 것과 영적 성장이 똑같은 것이라고 생각하는 이유가 바로 여기에 있다. 그렇다면 올바른 자리로 되돌아가는 것이 무슨 의미인지, 또 성장 과정이 무엇을 뜻하는지 좀 더 자세히 살펴보기로 하자.

근원자이신 하나님과의 관계 회복

우리는 구원을 통해 생명의 근원자이신 하나님께로 돌아간다. 우리는 하나님으로부터 독립된 삶을 청산하고 자신의 힘으로 살려는 의도를 포기한다. 삶을 제대로 살아가려면 생명을 주시는 하나님께 돌아가야 한다. "먼저 하나님의 나라를 구하면" 삶에 필요한 모든 것이 "더해진다"(마 6:33 참조). 하나님은 삶을 풍성하게 해주신다.

또한 하나님은 성장과 치유의 근원이시기도 하다. 자기 계발을 위해 노력하다가 절망에 빠져 마침내 하나님을 발견하는 사람이 얼마나 많은가? 우리는 구원을 통해 하나님께 돌아가면 그분이 치유와 성장의 근원이 되신다는 사실을 깨닫는다. 참된 성장은 우리가 "심령이 가난한 자"라는 사실을 의식하고, 그런 겸손한 태도로 하나님을 구하며, 그분이 우리를 위해 준비하고 계시는 모든 것을 받아 누릴 때 비로소 이루어진다(마 5:3 참조). 하나님이 근원자이시라는 사실을 깨달으면 우리가 파산자라는 사실을 아울러 깨닫게 된다. 그 순간 우리는 하나님으로부터 모든 것을 받아 누리는 본래의 자리로 돌아갈 수 있다.

이처럼 구원은 우리 스스로 공급자가 되려는 시도를 포기하도록 도와준다. 그 대신 우리는 하나님께 능력과 진리와 치유와 보호와 훈계를 비롯해 필요한 모든 것을 구한다. 스스로 자신의 필요를 채우려고 애쓰는 사람들은 하나님께로부터 아무것도 받을 수 없다.

인간 상호 간의 관계 회복

창조된 본래의 질서로 돌아간다는 것은 하나님과의 관계 및 인간 상호 간의 관계를 회복하는 것을 의미한다. 예수님은 모든 계명을 두 가지 큰 계명, 곧 하나님을 사랑하라는 것과 다른 사람들을 사랑하라는 것으로 요약하셨다(마 22:37-40 참조). 삶의 모든 것은 이 두 가지 관계에 달려 있다.

구원은 이 두 가지 관계를 되찾아준다. 첫째, 우리는 믿음과 용서 및 관계의 재설정을 통해 하나님과의 관계를 회복한다. 둘째, 구원은 다른 사람들과의 관계를 올바로 회복시킨다. 즉 우리는 구원을 통해 서로를 사랑하고, 황금률에 따라 서로를 극진히 존중하고, 보호하고, 용서하고, 치유하고, 교훈을 주고받고, 서로를 올바로 교정해 준다. 인간의 상호관계가 회복되지 않으면 여전히 소외의 상태에 머물러 우리가 삶을 살아가며 성장하는 데 필요한 것들을 공급하는 관계를 유지할 능력을 지닐 수 없다. 구원은 소외와 고립에서 벗어나 서로 올바른 관계를 맺을 수 있게 해준다.

질서의 회복

구원은 하나님의 주권에 복종하는 것을 의미한다. 예수님은 하나님을 사랑하는 것이 가장 크고 첫째 되는 계명이라고 말씀하셨다. 이는 다른 모든 계명을 가능케 하는 계명이다. 왜냐하면 모든 일을 하나님의 뜻대로 하겠다는 생각을 갖게 해주기 때문이다. 하나님의 뜻대로 살면 삶이 개선된다. 타락의 결과를 뒤집는다는 것은 곧 하나님께 복종하고, 우리의 삶을 지배하는 그분의 주권을 거스르는 행위를 포기한다는 뜻이다. 그렇게 되면 파괴적인 일을 하고 싶은 충동을 느낄 때 그렇게 해서는 안 된다는 하나님의 말씀에 귀를 기울일 수 있다.

구원받은 사람은 하나님의 말씀을 듣고 따른다. 우리 자신의 힘으로는 그렇게 하기가 어렵지만 구원은 두 가지 능력의 원천을 제공함으로써 복종의 길을 걷게 이끈다. 두 가지 능력의 원천이란 곧 하나님과 우리를 도와주는 다른 사람들을 가리킨다.

우리는 더 이상 자아를 주장하는 강퍅하고 반항적인 본성을 지니지 않는다. 우리 안에는 새로운 본성이 존재한다. 하나님은 그 본성을 움직이시어 복종하고 따르게 하신다. 또한 우리에게는 그렇게 할 수 있도록 도와주는 사람들이 있다. 타락 이후 우리는 처음으로 하나님께 복종하고 순종할 수 있는 자리에 서게 된다.

그 덕분에 우리는 스스로 독립해 살아가려는 습성을 버릴 수 있는 힘을 지니게 된다. 하나님께 복종하지 않는 것은 우리의 삶을 파괴한다. 왜냐하면 그분께 불순종하는 것은 곧 우리가 파괴적인 일을 하고 있다는 의미이기 때문이다. 다른 사람들에게 친절을 베풀라는 하나님의 명령에 순종하지 않으면 관계가 깨지는 결과가 나타나고, 정직하고 책임 있는 사람이 되라는 하나님의 말씀을 거역하면 거짓말쟁이와 협잡꾼이 되어 스스로 쌓아올린 모든 것이 무너지는 결과가 나타난다. 그러나 구원받은 뒤에는 하나님의 뜻과 다른 일을 행함으로써 우리의 삶을 파괴하는 일이 더 이상 존재하지 않는다. 즉 우리는 영적 성장을 통해 "사망에 이르는 행위"를 포기하고 "생명에 이르는 행위"를 하기 시작한다.

역할의 회복

타락은 인간의 역할과 하나님의 역할을 뒤집어엎는 결과를 낳았다. 우리는 하나님의 역할을 빼앗으려다가 우리에게 본래 주어진 역할을 감당하는 능력마저 잃고 말았다. 구원은 그런 상황을 본래의 위치로 되돌린다.

- 우리는 의존자가 되고 하나님과 다른 사람들 앞에서 독립적인 태도를 취하지 않는다.
- 우리는 우리가 다스릴 수 없는 일을 통제하려 하지 않고 하나님의 통치에 기꺼이 복종한다. 아울러 본래 통제할 수 있었던 것, 곧 자기 자신에 대한 통제력을 회복한다. 즉 자제력의 열매를 되찾는다.
- 우리는 자기 자신과 다른 사람을 심판하는 역할을 포기하고, 서로를 판단하고 단죄하고 부끄럽게 하고 분노를 표출하는 행위를 중단함으로써 스스로와 다른 사람들을 있는 그대로 대할 수 있는 자유를 얻는다. 우리는 하나님이 되기를 포기함으로써 우리의 참 모습을 회복하고, 다른 사람들도 그들의 참 모습을 되찾을 수 있도록 기회를 제공한다.
- 우리는 삶을 재설계하고 새로운 규칙을 정하는 행위를 그만두고 하나님이 본래 계획하셨던 삶을 살아간다. 예를 들어 하나님은 결혼을 계획하셨지만 인간은 그 규칙을 바꿔 동거나 연속 결혼(일평생 한 사람의 배우자와 살지 않고 배우자를 바꿔가며 결혼하는 것-역주)과 같이 파괴적인 결과를 낳는 새로운 풍습을 만들었다. 그러나 구원은 하나님이 본래 계획하셨던 제도에 충실하게 이끈다.

우리의 삶은 어떤 모습일까?

하나님이 제시하신 구원과 성장은 매우 단순하다. 그러나 동시에 복잡하고 심원한 특성도 지닌다. 더욱이 우리는 그런 단순한 문제가 우리의 삶과 관계에 영향을 미칠 때 그 실체를 의식조차 하지 못한다. 현실 속에서 우리 스스로가 구원자가 되려고 노력하는 삶은 과연 어떤 모습일까? 우리가 모든 것을 다스리고, 심판자가 되고, 규칙을 정하고, 역할을 전도시키는 삶은 과연 어떤 모습일까? 그런 삶은 우리의 결혼 관계나 일상을 어떤 식으로 파괴할까? 타락의 결과는 과연 상황을 어떻게 변화시켰을까?

  이는 우리가 대답을 찾고자 하는 질문들이다. 우리의 문제는 인간의 타락에서 어떻게 비롯했을까? 하나님이 계획하신 구원의 과정은 삶의 문제를 어떻게 해결하고, 또 우리의 성장을 어떻게 이끌어주는가? 다음 장에서 이 점을 보여줄 사례들을 구체적으로 살펴볼 생각이다.

성장하기 원하는 사람을 위한 조언

- 자신과 자신의 삶의 문제가 성경의 전체 이야기와 하나님이 세상에서 행하시는 사역과 어디에서 서로 일치하는지 파악하라. 오늘 하루 동안 고민했던 문제를 돌아보며 우리 모두가 각자의 역할을 담당하고 있는 더 큰 삶의 이야기와 관련시켜보라.

- 자신이 감당해야 할 책임을 신학적 관점에서 조명해 보라. 성경의 전체적인 가르침과 하나님이 행하시는 사역을 이해하는 것이 얼마나 중요한지 생각해 보라.

- 근원자이신 하나님, 관계, 주권자이신 하나님, 서로 다른 역할 등 앞서 논의한 구체적인 논점들과 자신의 삶이 어떻게 연관되어 있는지 하나하나 살펴보라. 그런 전반적인 개념들이 자신의 삶과 신앙체계와 어떤 관계를 맺고 있는지 생각해 보라.

성장을 돕는 사람을 위한 조언

- 영적 성장을 어떻게 정의할지 생각해 보라. 그 견해가 하나님이 우주 안에서 행하시는 일과 어떻게 조화를 이루는지 생각해 보라. 앞서 논의한 원리들을 살펴보고 "큰 그림"을 간과한 경우가 있는지 생각해 보라.

- 자신이 하고 있는 일을 구체적으로 살펴보고 소그룹을 가르칠 때나 성장의 경험에 대해 설명할 때 모든 원리를 빠뜨리지 않고 전하는지 생각해 보라. 성장하기 원하는 사람들을 도울 때 하나님을 근원자로 바라보고 경험하는 일, 관계를 가장 중요하게 생각하는 태도, 하나님을 주권자로 인정하는 믿음, 그분과 우리의 역할 차이를 구별하는 지혜 등 논의된 모든 원리를 언급하는가? 하나님이 창조하신 질서가 자신이 가르치는 성장의 경험 속에 모두 포함되어 전달되고 있는지를 점검하려면 어떻게 해야 할지 생각해 보라.

회복과 치유의 시간

"우리가 온전해질 때 삶은 비로소 올바르게 기능하기 시작한다.
그러나 기초가 없으면 온전함은 이루어지지 않는다."

리치는 자신이 속한 교단에서 가장 큰 교회 가운데 한 곳을 담임한 목회자였다. 그는 10년 동안 열정적인 목양 사역을 통해 교회를 크게 성장시켰다. 그는 사람들이 "그곳에서는 교회가 성장할 수 없어"라고 말하는 도시에 뛰어들어 작은 교회를 수천 명의 신자를 거느린 대형교회로 탈바꿈시켰다. 그의 사역은 무엇이든 성공을 거두었다. 사람들은 성공의 비결을 배우기 위해 리치를 바라보았다. 겉으로는 아무 문제가 없어 보였다.

따라서 나(헨리)는 리치가 속한 교단의 대표로부터 전화를 받고 깜짝 놀라지 않을 수 없었다. 그는 리치와 그의 아내 스테파니의 가정 상담을 맡아줄 수 없느냐고 물었다. 나는 리치가 쓴 결혼생활에 관한 글을 읽어본 터라 그들의 결혼생활이 안고 있는 문제를 알고는 참으로 놀랍기만 했다.

그 문제는 결코 작지 않았다. 리치는 빡빡한 설교 일정을 비롯해 다른 일들을 하면서 틈틈이 성적 유희를 즐기다가 점차 성 중독에 빠져들었다. 그 바람에 아내와의 관계는 더욱 소원해졌다. 그들을 이어주는 끈은 세 자녀들뿐이었다. 둘 다 자녀들에게만큼은 매우 헌신적이었기 때문이다.

그러나 자녀들에 대한 헌신도 스테파니에게는 더 이상 결혼생활을 지탱할 힘이 되지 못했다. 둘 다 상대방에게 문제가 있다고 생각했기 때문에 책임을 전가하려는 경향이 강했다.

스테파니는 리치의 외도를 알고는 더 이상은 견딜 수 없다고 생각했다. (리치의 표현대로) 그녀가 "잔소리가 심한 여자"일지는 몰라도 불륜은 한도를 넘는 행위다. 결국 그녀는 리치와 갈라서기로 결심했다.

나는 그들을 직접 만나보고 상황을 자세히 파악한 뒤 상담 계획을 논의하겠다고 대답했다. 당시는 새로운 부부와의 상담을 시작할 시간적 여유가 없었기 때문에 몇 차례의 면담으로 일을 마무리할 생각이었다. 더욱이 겉으로는 많은 인기를 누리면서도 인간 관계를 맺는 능력이 없거나 턱없이 부족한 관계로 결혼생활을 제대로 이끌지 못하는 지도자들을 상당히 많이 접해 본 터라 그런 지도자를 또다시 상대할 여력이 남아 있지 않았다. 그런 일은 많은 노력을 요했다. 나는 최소한 다른 상담사를 소개해 줄 수 있을 것이라고 생각하고 일단 요청에 응했다.

그러나 몇 차례의 면담 후 생각이 바뀌었다. 내가 예상했던 상황과는 사뭇 달랐다. 나는 그들 부부와 그들의 불행한 삶에 깊은 연민을 느꼈다. 그들 모두 자신들의 삶을 함께 이끌어가기 위해 참으로 많은 노력을 기울였다는 사실을 알게 되자 그런 감정을 품지 않을 수 없었다. 그들은 수많은 사람을 제자훈련과 영적 성장의 길로 이끌었지만 정작 자신들은 그런 삶을 살지 못했다. 그렇다고 노력하지 않았던 것은 결코 아니었다.

그들은 20대 초반에 신자가 되었고, 교회에서 만나 사역에 함께 헌신했으며, 나중에는 부부가 되어 자신들이 열정을 갖고 있던 일을 함께 시작했다. 초창기에 하나님과 영적 성장에 관해 불타는 열정을 가졌던 그들은 다른 사람들도 자신들과 같은 길을 걷도록 돕는 일에 평생을 바치기로 결심했다. 그들의 미래는 매우 밝아 보였다.

그러나 사역에 온전히 헌신하기 시작하면서 상황은 점차 암울해졌다. 그들은 수년 동안 전력을 다해 일했다. 여러 가지 사역 프로그램을 만들어 많은 사람을 도왔다. 그러나 시간이 흐를수록 자신들이 다른 사람들에게 전했던 삶을 스스로는 발견하지 못했다. 곧 점차 환멸을 느끼고 서로에게서 멀어졌다. 그들은 결코 행복하지 않았다. 모든 것이 위선이라는 감정을 느끼기 시작했다.

그들의 신앙생활은 기도, 성경공부, 영적 싸움, 예배 등 복음주의의 전형적인 요소를 모두 갖추었다. 믿음과 죄를 피하는 삶과 성경의 중요성을 강조해 온 그들은 25년 동안 부지런히 영적 성장의 길을 걸어왔다. 만일 그들이 그리스도인의 기본 생활에 관해 시험을 치른다면 여유롭게 통과할 수 있는 수준이었다.

나는 오랜 세월 동안 다른 사람들의 영적 성장을 도왔던 그들이 그 지경에 이른 것이 몹시 안타까웠다. 그 부부는 서로에 대한 애정이나 사랑을 거의 표현하지 않았다. 관계는 갈등과 대립에서 서로에게 무관심한 상태로 바뀌었다. 그저 서로의 편의를 위한 동거에 불과했다. 거기에다 리치의 무절제한 생활까지 가중되었다.

그 부부를 좀 더 깊이 알게 되면서 나는 그들이 그동안 전문적으로 종사해 온 기독교 사역에 점차 환멸을 느끼고 있다는 사실을 알게 되었다. 그들은 하나님께 대해 더 이상 긍정적인 감정을 느끼지 않았을 뿐 아니라 그분이 자신들의 문제를 해결해 주실 것이라는 믿음이 거의 없었다. 그들은 영적 생활이 해결할 수 없는 문제를 심리적인 상담이 해결해 주기를 바라는 눈치였다. 하나님을 열심히 섬겨온 사람들이 마치 그분이 원하시는 삶의 방식이 자신들의 인생에 더 이상 아무런 영향도 미치지 못한다고 생각하는 것을 보니 마음이 몹시 아팠다. 그들은 그동안 하나님을 열심히 추구하다가 처참한 상태로 전락하고 말았다.

당시 그들은 하나님과 인격적으로 아무 관계가 없는 상태나 다름없었다. 리치는 자신의 행동에 대한 죄책감 때문에 하나님이 자신을 받아주실 리 없다고 생각하고 그분을 애써 피하려 했고, 스테파니는 고통과 절망감이 너무 깊은 탓에 그분이 아득하게만 느껴졌다. 그녀는 아무리 기도해도 하나님이 전혀 도와주시지 않는다고 생각했다.

상담을 처음 시작하면서 나는 그들에게 물었다.

"이 모든 상황 가운데 하나님은 과연 어디에 계실까요?"

리치는 고개를 내저으며 "모르겠습니다"라고 대답했다. 스테파니는 고개를 끄덕였다. "그게 무슨 뜻인가요?" 하고 묻자 스테파니가 말했다.

"하나님이 어디에 계신지 모르겠어요. 우리는 여전히 교회에 나가고 신앙생활도 하는 등 그동안 해온 일을 모두 하고 있어요. 우리는 신자로서 충실하지만 엉망진창이 된 우리의 삶 가운데 과연 하나님이 어디에 계신지 알 수가 없어요. 기도를 하고 안 하고를 떠나 아무리 생각해도 그분이 어디 계신지 도통 모르겠어요."

나는 그들이 상담을 원하게 된 것 자체가 하나님의 사역인 것 같다고 말하면서 "하나님이 앞으로 꼭 필요한 일에 대해 무엇인가 하실 말씀이 있다는 것을 알게 될 것입니다"라고 덧붙였다. "솔직히 이 모든 기독교적 수단들이 조금 의심스럽습니다. 그동안 이런 일들을 너무 많이 보고 들어왔어요." 리치는 다소 미덥지 않은 태도를 보이며 답했다.

이 상담은 오래전에 있었던 일이다. 당시의 일을 자세히 말하기에는 너무 길다. 결론적으로 리치와 스테파니는 다시 화합했고 지금은 그들이 늘 원했던 삶을 누리고 있다.

창조 질서의 회복

처음 리치와 스테파니를 만났을 때 타락의 원리가 그들의 삶을 장악하고 있었다. 물론 그들은 노골적으로 반역을 일삼는 죄인이 아니었다. 오히려 정반대였다. 그러나 그들이 관심을 기울였던 성경공부, 기도, 주일 성수 등은 삶을 지배하는 타락의 원리를 뒤집기에는 역부족이었다. 그들은 본래 계획된 삶의 방식과 화합을 이루지 못했다. 성경적인 성장 원리가 대부분 빠져 있었다. 그들의 삶에서 빠져 있던 원리를 구체적으로 살펴보면 무엇이 효과적인 화합을 이끌어내는지 알 수 있다.

삶의 근원자

리치와 스테파니는 하나님을 삶의 근원자로 받아들임으로써 영적 여정을 시작했다. 처음에는 매순간 믿음으로 살며 하나님께 모든 것을 의지했다. 그들은 겸손한 신자로서 하나님께 모든 것을 구했다. 그러나 서서히 문제가 발생하기 시작했다. 그들은 그 징후를 눈치 채지 못하고 자신들이 필요로 하는 모든 것의 근원이신 하나님을 의지하는 데서 벗어나 스스로를 의지하기 시작했다. 바꾸어 말해 삶에서 성령을 배제시키기 시작했다.

그들은 사역을 하면서 하나님의 초자연적인 사역을 강조했고, 많은 사람을 위해 기도를 드렸다. 그러나 어느 순간엔가 하나님을 바라보며 매순간 모든 것을 그분께 의지하던 믿음이 자취를 감추고 말았다. 그들은 상황을 옳게 파악해 문제의 해결책을 찾게 해달라고 열심히 간구하지 않았다.

리치와 스테파니는 그 밖의 다른 문제에서도 하나님을 찾지 않았다. 리치는 교단으로부터 훌륭한 지도자가 되어야 한다는 강한 압박감을 느꼈다. 바라는 만큼 훌륭한 사역자가 되지 못할까 늘 두려워했다. 그는 비전 있는 지도자였지만 리더십에서 드러난 몇 가지 약점 때문에 스스로의 힘으로 감당하기 벅찬 상황이 발생하곤 했다.

그러나 그때마다 임기응변을 발휘했을 뿐 하나님을 의지하지 않았다. 그는 전체적인 사역을 위해서는 기도를 드렸지만 날마다 갈등을 겪는 작은 문제들에 대해서는 기도하지 않았다. 그런 압박감 속에서 하나님께 힘과 위로와 해답을 찾으려고 하지 않고 오히려 성적 만족에서 위안을 얻고자 했다.

리치는 성적인 문제에서도 하나님을 의지하지 않았다. 그는 자신의 행위가 잘못이라는 사실을 알면서도 하나님이 그 그릇된 행위를 바로잡는 데 도움을 주실 것이라고 생각하지 않았다. 그분이 자신의 그릇된 행위를 지켜보고 계시며 거기에서 벗어나는 길을 제시해 주실 것이라고 믿지 않았다. 그가 그런 깨달음을 얻기까지는 많은 시간이 흘러야 했다.

리치와 스테파니는 하나님의 일을 열심히 수행했지만 그분을 매일의 삶을 살아가게 하시는 근원자로 의식하지는 못했다. 그들은 자신들의 큰 문제(즉 악화일로로 치닫는 결혼생활)를 극복하게 해달라고 그분께 간구하지 않았다. 그들이 스스로 할 수 있었던 최선은 스테파니의 기도뿐이었다. 스테파니는 자신들이 깊은 수렁에 빠져 있다는 사실을 의식했다. 그녀는 비록 매일의 삶을 하나님께 전적으로 의지하지는 않았지만 자신의 결혼생활을 새롭게 회복시켜달라고 기도했다. 그러나 그 부부는 하나님께 관계를 회복시키시는 능력이 있을 뿐 아니라 그분이 그런 의지를 가지고 계시다는 것을 믿으며 함께 무릎을 맞대고 머리를 조아린 적은 한 번도 없었다.

관계의 중요성

나는 리치와 스테파니의 삶 속에서 기독교 진영 안에서 늘 일어나는 현상을 발견할 수 있었다. 그들은 많은 사람과 관계를 맺고 있었지만 그 관계가 그들을 변화시키거나 성장을 돕지는 못했다. 그들이 다른 사람들과 함께 보내는 시간은 대부분 성경공부나 기도에 치중되어 있었다. 그런 활동도 중요하지만 두 사람이 성장하는 데 필요한 관계의 원리가 빠져 있었다. 그들은 다른 사람들과의 우정을 성장 과정의 핵심 요소로 생각하지 않았다. 단지 사역을 위한 정황으로 이해했을 뿐이다.

리치와 스테파니의 삶 속에서 작용했던 성장 모델은 진리를 더 배우고 사역에 더 열심을 내는 방법이었다. 이 모델은 사람들이 봉사활동에 더 많이 참여하고, 성경공부 모임이나 세미나에 출석하고, 사람들을 가르치면 그들이 영적으로 성장하고 있다고 단정한다. 다시 말해 봉사의 양이 곧 영적 성숙을 측정하는 잣대로 활용된다.

그러나 이런 성장 모델은 근본적인 요소를 결여하고 있다. 리치와 스테파니는 단지 영적 교제와 활동만이 아니라 성장과 치유를 위해 사람들과 관계를 맺는 것이 필요했다. 우리는 이 점을 그리스도의 몸인 교회의 역할을 다룰 7장에서 좀 더 자세히 설명할 생각이다. 여기서는 이들 부부가 신약 성경의 가르침과는 달리 서로로부터 얻어야 할 것들을 얻지 못했다는 사실을 언급하는 것으로 족하다.

그 부부가 서로 갈등을 빚게 된 원인은 대부분 어린 시절에 경험한 불안감에서 비롯했다. 특히 리치는 매우 엄격한 환경에서 성장했기 때문에 비난받는 것을 몹시 두려워했다. 스테파니가 비난을 퍼부을 때마다 그는 항상 방어적인 태도를 취했기 때문에 그 어떤 긍정적인 결과도 기대하기가 어려웠다. 만일 그가 그리스도의 몸에 속한 다른 신자들에게서 깊은 사랑을 경험했더라면 그런 불안감을 극복할 수 있었을 뿐 아니라 그의 리더십이 지닌 약점이나 성적 유혹과 관련해 죄책감에 시달리지 않았을 것이다. 다른 신자들과 자신의 그런 측면들을 솔직히 논의했더라면 치유를 받고(약 5:16 참조) 결혼생활도 위기로 치닫지 않았을 것이다.

스테파니는 혼란스런 가정환경에서 성장했다. 그녀는 통제력을 잃을까봐 두려워했다. 그녀는 모든 일이 통제를 벗어나 제멋대로 구는 듯 느껴질 때마다 주위 사람들을 통제하려 들었다. 특히 리치가 주된 희생양이었다. 만일 그녀가 다른 사람들과 깊은 관계를 맺고 그런 두려움을 솔직히 털어놓았더라면 리치를 그렇게 심하게 대하지 않았을 것이다. 그러나 그녀는 불안감 때문에 그를 진정으로 사랑할 수가 없었고, 결국 리치는 위안을 찾기 위해 다른 여성들에게 달려갔다. 리치는 스테파니를 동반자가 아니라 고통의 원인자로 생각했다.

그들의 성장 모델은 관계를 치유하는 데 있어 깊고 지속적인 효력을 나타내지 못했다. 그들의 관계는 성경공부와 사역을 함께하는 것에 국한되었다. 그들에게 필요한 것은 관계에서 비롯하는 깊은 치유, 곧 하나님의 은혜를 전하는 다른 사람들과 사랑의 교제를 나눌 때 얻어지는 치유의 힘이었다(벧전 4:10 참조). 치유의 공동체는 개인과 그의 관계를 회복시킨다.

삶의 진정한 주인

전체적으로 보면 리치와 스테파니는 하나님을 삶의 주인으로 알고 그분께 헌신했다. 삶을 그분께 바쳤고 최선을 다해 부르심에 응했다. 그들은 자신들이 누구에게 책임을 다해야 하는지 잘 알고 있었다.

그들의 문제는 매일의 삶을 살면서 내부에서 일어나는 일들을 하나님께 솔직히 고백하지 못한 데 있었다. 그들은 서로의 관계 단절이나 서로를 향한 태도나 서로의 스트레스를 다루는 방식과 관련해 문제의 해결책을 스스로에게서 찾으려고 했다. 아무리 절실했더라도 스스로 잘못이라고 알고 있는 태도와 행동에 깊이 빠져든 것은 옳지 못했다.

그러나 그들의 결혼생활을 다시 회복시킨 원동력은 하나님이 주권자이시라는 믿음이었다.

나는 그들과 처음에 몇 번 면담을 가진 뒤 상황이 얼마나 악화되었는지를 파악하고 이렇게 말했다. "이제는 솔직해지셔야 합니다. 두 분은 서로 관계를 지속할 만큼 사랑이 충분하지 않은 것 같습니다. 제 말을 어떻게 생각하십니까?"

둘 다 놀란 눈치였다. 그러나 마침내 고개를 끄덕였다. 그들은 이제 자신들의 결혼생활이 끝났고 각자 변호사를 찾는 수밖에 없다는 사실을 인정하는 듯했다.

나는 계속 말을 이어갔다. "두 분은 관계를 지속할 만큼 사랑이 충분하지 않은 것 같습니다. 그러나 저는 두 분이 하나님을 사랑하신다고 생각합니다. 두 분은 서로에게 등을 돌릴 수는 있을지언정 하나님께 등을 돌리려는 의도는 없으신 듯합니다. 어떤가요? 두 분은 여전히 서로에게는 아니지만 하나님께는 헌신하고 계시지요?"

"물론입니다." 그들은 한목소리로 대답했다.

"저도 그 말이 사실이라고 생각합니다. 그렇다면 저는 하나님을 몸과 마음과 뜻을 다해 사랑하는 것이 곧 그분께 복종하고, 그분이 원하시는 내면의 변화를 이끌어내는 방법이라고 믿습니다. 저는 두 분이 서로를 충분히 사랑하시지 않기 때문에 서로를 위해 그런 변화를 이룰 수는 없다고 해도 하나님을 위해서는 하실 수 있다고 생각합니다. 약속하지요. 만일 두 분이 하나님이 원하시는 일을 행하신다면 서로에 대한 사랑을 되찾으시게 될 것이고 결혼생활도 회복될 것입니다. 그러나 그러려면 믿음으로 복종하셔야 합니다. 다시 말해 하나님을 주권자로 받아들이시고 그분이 하시는 말씀에 복종하셔야 합니다."

내가 리치와 스테파니에게 요구한 것은 하나님이 에덴동산에서 아담과 하와에게 요구하셨던 것과 크게 다르지 않았다. 하나님은 아담과 하와에게 복종의 이유는 물론 복종이 어떻게 그들의 삶에 중요한 영향을 미치는지를 알지 못하더라도 기꺼이 복종하라고 요구하셨다. 리치와 스테파니도 하나님께 복종하는 것이 결혼생활에 어떻게 중요한 영향을 미치는지 알지 못했다. 그들은 단지 믿음으로 그 일을 행해야 했다.

나는 그때부터 그들에게 강력한 변화를 주문했고, 그들은 변화를 시도할 수 있는 동기를 갖게 되었다. 그들은 하나님을 위해 변화를 시도했다. 하나님을 다시 삶의 주권자로 모셨고 그분께 복종했다. 그 결과 결혼생활이 회복되었고 그들의 삶도 아울러 새로워졌다. 하나님을 주권자로 받아들이면 모든 문제가 해결된다.

역할의 회복

의존자의 자리

리치와 스테파니는 삶의 근원자이신 하나님을 떠나 인간의 의지를 믿는 삶의 방식을 채택했다. 그들은 하나님을 의지하지 않고 모든 상황을 스스로 통제하려고 노력했다. 그 밖에도 그들은 삶의 또 다른 측면에서 독립된 역할을 시도했다. 우리는 스스로 살 수 있는 존재가 아니라 유한한 피조물로 창조되었다. 이 사실을 잊어서는 안 된다. 우리는 필요한 것들을 우리 밖에서 찾아야 한다. 하나님께 모든 것을 의지해야 하고, 우리 스스로 얻을 수 없는 것들을 다른 사람들을 통해 얻어야 한다.

신앙생활을 처음 시작했을 때만 해도 리치와 스테파니는 다른 사람들을 의지하며 성장했다. 나이와 지혜가 더 많은 신자들이 그들의 조언자가 되어 신앙생활을 가르쳤다. 그들은 새신자였기 때문에 다른 사람들에게 도움을 구하는 것을 당연하게 여겼다.

그러나 지도자의 위치에 서게 되자 의존하기보다는 다른 사람들을 섬기거나 베푸는 일이 더 많아졌다. 그들은 자신들이 보살펴야 할 사람들에게 속마음을 털어놓기보다 그들의 문제에 더 많이 귀를 기울여야 했다. 그러다 보니 자신들이 처리해야 할 일에 몰두하게 되었고 결국 다른 사람을 의지하고 스스로의 필요를 채우는 일에 시간을 할애하지 못했다.

그들은 둘 다 필요한 것이 많았다. 지도자의 경우에는 재능과 능력을 영적 성숙도와 혼동하는 경향이 있다. 리치와 스테파니 역시 부족한 면이 없지 않았기에 치유와 성장을 몹시 필요로 하는 상태였다. 그들은 나름대로 "지원 시스템"을 구축하고 있었지만 그것은 대부분 사역과 관련되어 있었다. 그들의 영혼에 자양분을 공급하고 삶에 힘을 보태줄 사람은 없었다. 두려움을 느끼거나 유혹을 받거나 마음에 상처를 입을 때 선뜻 전화를 걸어 도움을 요청할 만한 사람이 없었다.

우리는 그 부부의 위기가 극에 달한 상황을 더 이상 방치할 수가 없었다. 따라서 그들에게 의존자로서의 인간의 역할을 일깨워줄 수 있는 체계를 구축했다. 그들 모두 자신들의 필요를 채워줄 소그룹과 관계를 맺는 것이 필요했다. 물론 우리가 구성한 소그룹은 사교 모임이 아니라 서로의 깊은 두려움과 상처와 유혹을 공유할 수 있는 지지 그룹을 뜻한다. 그들은 그곳에서 자신들의 삶과 영혼 안에서 치유가 필요한 부분을 스스럼없이 내보일 수 있었다. 나로서도 그들을 충분히 도울 수 있었지만 그들의 영적 변화를 도와줄 수 있는 다른 상담사들을 추천했다. 특히 리치는 중독증을 치유하기 위한 그룹에 합류했다.

그룹에 합류하면서 리치는 다시 의존자의 위치로 회복하는 전기를 맞이했다. 그는 외부의 도움을 겸손히 받아들이지 않는 한 순결한 삶을 유지할 수 없다는 사실을 깨달았다. 이것이 그가 성 중독에서 벗어날 수 있었던 이유다. 더욱이 그는 의존자의 입장에서 자기 부인의 단계에까지 나아가는 법을 터득했을 뿐 아니라 유혹을 받을 때마다 그룹 동료들의 도움을 구하는 습관을 새롭게 발전시켰다. 그는 한때 자신이 생각했던 것과 달리 혼자서 유혹에 맞설 필요가 없었다. 유혹을 느끼는 순간에 전화를 걸어 도움을 요청할 수 있었고, 동료들은 필요한 조언을 아끼지 않았다. 주중에 규칙적으로 모임을 가지면서 그는 스스로에게서는 찾을 수 없었던 안정감과 영적 자양분을 얻을 수 있었다.

마찬가지로 스테파니도 지지 그룹에 합류해 다른 사람들을 의지하는 법을 배움으로써 자신의 불안감을 결혼생활에 끌어들여 남편을 비난하지 않고서도 능히 어려움을 이겨낼 수 있었다.

그들이 외부에서 얻는 도움은 그들의 삶과 결혼생활에 필요한 힘을 공급해 주기 시작했다. 간단히 말해 리치와 스테파니의 결혼생활을 회복시킨 요소는 다른 사람들에 대한 의존이었다.

처음에 리치와 스테파니는 하나님을 의지하는 데 그치지 않고 지지 그룹을 의지해야 한다는 점을 이해하기가 어려웠다. 그들은 그것이 신약 성경에 근거한 변화의 신학이라는 사실을 의식하지 못했다. 그러나 점차 그리스도의 몸이 하나님이 우리를 위해 준비하신 성장과 치유의 체계 안에서 큰 비중을 차지한다는 사실을 알게 되었다. 우리는 이 점을 뒤에서 좀 더 자세히 살펴볼 예정이다. 여기서는 그리스도의 몸 안에 있는 생명이 치유의 효력을 발휘해 인간을 본래 창조된 의존자로서의 위치로 되돌리는 데 결정적인 역할을 한다는 점을 강조하는 것으로 만족하고자 한다.

다른 사람들을 그저 베풀어야 할 대상이나 섬겨야 할 대상으로 생각하는 사람들이 많다. 그들은 다른 사람들을 의존해야 할 존재나 자신을 도와주는 존재로 여기지 않는다. 그리스도의 몸은 주고받는 관계에 근거한다. 우리는 섬기고 베풀어야 할 뿐 아니라 또한 의존자로서 도움을 받아야 한다. 그리스도의 몸이 치유의 능력을 발휘하려면 섬겨야 할 뿐 아니라 의존하는 자리로 되돌아가야 한다. 우리는 하나님과 서로를 의지하도록 창조되었다.

자기 통제력의 회복

처음 리치와 스테파니를 만났을 때 그들은 스스로를 상처받고 있는 선량한 사람으로 생각하고 있었다. 어느 날 내가 "두 분은 선량하신지는 몰라도 사실은 지배욕이 강한 분들이십니다"라고 말하자 그들은 몹시 놀란 표정을 지었다.

그들은 나를 똑바로 쳐다보며 "뭐라고요?"라고 물었다.

"두 분이 지배욕이 강한 분들이시라고요. 두 분은 서로를 통제하려고 애쓰고 계세요."

"그 말이 무슨 뜻이지요?" 그들은 방어적인 태도를 취하기보다는 호기심을 내비쳤다. 전에 한 번도 스스로를 그런 관점에서 생각해 본 적이 없었기 때문이다.

"남편 분이 아무 일도 하지 않을 때 부인께서는 자신이 필요하다고 생각하는 일을 시키려고 온갖 잔소리를 해대십니다. 또 남편 분은 부인을 달래 기분을 좋게 해 화내지 않게 하려고 여러 가지 노력을 기울이고 계세요. 그런 식으로 남편 분은 부인의 감정을 통제하려고 노력하시지요. 그러나 상황은 더 악화될 뿐입니다."

"그러나 그를 다그치지 않으면 아무 일도 처리할 수가 없어요."

"남편을 통제하려는 태도가 제대로 효과를 발휘했나요? 그런 방식에서 행복을 느끼시나요? 그리고 남편 분은 부인을 통제해 행복한 아내로 만들려고 했지만 결국에는 파경을 선언할 지경에 이르고 말았습니다. 두 분 다 잘하셨네요."

다행히도 그들은 유머감각이 있었다. 둘 다 겸연쩍은 미소를 지어 보였다. 그 순간 솔직한 대화를 이어갈 수 있겠다는 느낌이 들었다.

앞서 말한 대로 스테파니는 혼란스런 환경, 곧 통제력을 잃은 탓에 규모와 질서 있는 삶이 절실히 필요했던 부모 밑에서 성장했다. 리치는 창조적인 비전을 가졌지만 질서와 규모 있는 성격은 아니었다. (아내가 질서와 규모 있는 삶을 원하는 부부들 사이에서는 대개 그런 경우가 많다.) 그는 꼭 해야 할 필요가 있다는 생각이 들기까지는 덜 중요해 보이는 일들을 잠시 제쳐두고 실제로 중요한 일들을 먼저 처리하곤 했다. 그러나 스테파니는 리치가 스스로 필요성을 느끼기 한참 전부터 불안감에 사로잡혀 그를 통제하려 들었다. 그녀는 남편에게 화를 내며 자신을 배려하는 마음이 없기 때문에 서둘러 처리해 주었으면 하는 일을 해주지 않는다고 잔소리를 퍼부었다.

리치도 나름대로 그녀를 통제하기는 마찬가지였다. 그는 스테파니가 자신을 부정적으로 생각하는 것을 견딜 수 없었기 때문에 자신에 대한 그녀의 생각을 통제할 필요가 있다고 느꼈다. 자신을 못마땅하게 생각하도록 놔둘 수가 없었다. 그는 그녀의 생각을 고쳐주어야겠다고 생각하고는 약속으로 달래거나 말다툼을 벌이거나 변명을 둘러대는 방법 등을 사용했다. 물론 처음에는 그런 방법이 아내를 통제하는 행위라고 생각하지 못했다. 통제를 일삼는 쪽은 아내라고 여겼다. 그러나 그는 점차 상대방이 항상 행복을 느끼도록 만들려고 하는 것도 통제 행위에 해당한다는 사실을 깨닫게 되었다.

스테파니는 스스로의 힘으로 질서와 규모 있는 삶을 유지하겠다는 생각을 버려야 했다. 그녀는 하나님이 모든 혼란을 다스려주시기를 바라야 했다. 다시 말해 자신이 리치를 통제할 수 없다는 사실을 자연스레 받아들이는 한편, 스스로의 행위가 창조 질서를 거부하는 것이라는 사실을 깨달아야 했다. 그녀는 리치를 통제하려고 애쓰는 사이 스스로에 대한 통제력을 상실하고 말았다는 사실을 깨우쳐야 했다.

어느 날 스테파니는 내 사무실에서 리치를 호되게 비난했다.

"그래요, 당신에게 화를 낼 수밖에 없었어요. 당신은 너무 무책임해요. 참을 수가 없어요. 당신은 철부지 어린아이예요. 당신은 아이들을 키우는 일이 얼마나 힘든지 알아야 했어요. …당신은 그것도 알아야 했어요. …당신은 저것도 알아야 했어요."

그녀는 분노와 원망이 가득한 표정으로 남편이 얼마나 못된 사람인지를 입증해 줄 일들을 길게 나열했다.

나는 중간에 말을 끊었다. "누군가가 제게 그런 식으로 말한다면 응급 정신과 치료사들을 부를 겁니다. 부인의 말은 정신병자의 말처럼 들려요."

"뭐라고요?" 그녀는 소스라쳤다.

"자신이 하는 소리, 자신의 음성에 귀를 기울여보세요. 부인의 얼굴 표정을 좀 보셨으면 좋겠어요. 마치 마녀처럼 보여요. 아주 흉측합니다. 자신의 모습을 비디오로 찍어 보면 몹시 당혹스러우실 겁니다."

나는 리치를 흘끔 쳐다보았다. 그는 약간 당혹스러우면서도 고소하다는 듯한 미소를 지어 보였다. "그런 웃음 짓지 마세요. 다음은 그쪽 차례입니다. 부인, 정신상태가 올바른 사람은 아무도 부인처럼 말하지 않을 겁니다. 부인의 분노가 얼마나 격렬한지 한번 잘 생각해 보세요."

그녀는 "흠" 하는 소리를 내더니 입을 꾹 다물었다. 잠시 침묵이 흘렀다. 스테파니는 앉은 채로 방 안에 메아리치는 자신의 독설에 가만히 귀를 기울였다. 우리 모두 그 소리를 들을 수 있었다. 그녀는 처음으로 자신이 얼마나 자제력을 잃고 살았는지 깨달았다. 내가 말하는 태도와 소리를 생각해 보라고 권고하는 순간, 그녀는 마치 정신병자와 다를 바 없는 자신의 모습을 의식하고 깜짝 놀라지 않을 수 없었다. 남편을 통제하려고 하다가 그만 자신에 대한 통제력을 잃고 만 것이었다.

스테파니가 리치를 통제하려는 태도를 자제하고, 불안한 마음을 지지 그룹에게 털어놓고 하나님께 모든 것을 맡기자 스스로를 통제하는 힘과 침착한 태도가 다시 회복되었다.

그러나 회복은 그것으로 그치지 않았다. 그녀는 상대방을 통제하려는 충동을 느끼게 만드는 원인을 몇 가지 더 찾아냈고, 덕분에 생각했던 것보다 더 깊은 치유를 경험했다. 마침내 그녀는 불안감을 거의 모두 극복하기에 이르렀다.

리치도 자신의 방식대로 상대방을 통제하려고 했다. 앞서 말한 대로 그는 항상 아내를 행복하게 하려고 노력했다. 아내가 자신을 좋게 생각하게 만들려고 했던 그의 행동은 그녀가 자신을 떠날지도 모른다는 두려움에서 비롯했다. 그는 그녀를 붙잡기 위해 그녀를 조종해 모든 것이 잘되고 있다고 생각하게 만들려고 노력했다.

우리는 이 문제를 함께 해결해 나갔고, 곧 리치는 하나님이 자신의 결혼생활은 물론 삶에서 일어나는 모든 일을 다스리신다는 믿음을 회복하기 시작했다. 그는 자신이 아내를 조종해 곁에 머물게 할 수 없다는 사실을 깨달았다. 만약 그녀가 떠나기를 원한다면 그렇게 할 것이었다. 그녀를 붙잡기 위해 할 수 있는 일은 아무것도 없었다. 그는 스스로 상황을 통제하겠다는 생각을 버리고 모든 것을 하나님의 손에 맡겨야 했다.

하나님이 창조하신 질서로 돌이킬 때마다 으레 그렇듯 이번에도 믿기 어려운 일이 일어났다. 리치가 스테파니를 통제하려는 생각을 포기하자 그는 스스로를 다스리는 능력을 되찾게 되었다. 자신이 통제할 수 없는 것을 포기하자 자신이 통제할 수 있는 것을 통제할 수 있는 힘이 회복된 것이었다. 자제력은 하나님의 역할을 포기하고 인간의 역할(즉 복종)로 돌아갈 때 생겨나는 열매다.

리치는 스스로 모든 것을 통제하려는 생각을 버리자 성적인 충동을 비롯해 다른 중요한 삶의 영역에서 처음으로 자제력을 발휘하는 성취감을 맛보았다. 그는 스테파니에게 감정을 폭발하는 일을 멈추고 좀 더 절도 있게 행동하기 시작했다. 또한 항상 그래야 한다고 생각했던 방식대로 삶의 질서를 회복시키는 자유를 누리기 시작했다.

리치가 자율성과 자제력을 회복하고 있다는 것을 점차 의식하게 되자 스테파니도 그를 더욱 신뢰하며 그를 통제하려는 태도를 자제하기에 이르렀다. 두 사람이 상대방을 통제하려는 태도를 버리고 스스로를 다스리는 능력을 다시 회복하면서 점차 자유가 커지자 그들의 관계는 획기적으로 달라졌다.

비판하지 말라

때로 우리는 변화의 과정을 평가하면서 치유와 관련된 요소들 가운데 하나를 나머지 다른 것들보다 더 중요하게 생각하려는 유혹을 느끼곤 한다. 나도 리치와 스테파니를 도우면서 그런 유혹을 느꼈다. 그러다가 결국 변화의 과정과 관련해 우리가 지금까지 논의해 온 원리가 모두 다 강력한 효력을 지닌다는 사실을 다시금 기억하게 되었다.

타락의 원리는 삶의 모든 영역에 침투되어 있다. 따라서 변화의 과정을 필요로 하는 요소들은 모든 상황에 동시에 존재한다.

창세기는 "선과 악을 알게 하는 나무"가 무엇을 의미하는지 자세히 설명하지 않는다. 다만 죄의 결과를 직접 식별할 수 있는 능력과 관련된 것은 분명하다. 물론 이것은 유일한 심판자이신 하나님의 역할을 대신하려는 시도와도 관련이 있다.

예수님은 서로 비판하지 말라고 가르치셨다. 그것은 대체 무엇을 뜻하는 것일까? "비판을 받지 아니하려거든 비판하지 말라"(마 7:1)는 예수님의 명령에 대해 혼란을 느끼는 신자들이 많다. 사실 우리는 하나님의 기준에 입각해 우리 자신과 서로를 평가하고, 시험하고, 측량함으로써 항상 더 낫게 행동하려고 노력해야 한다. 바울은 우리가 신자로서 서로를 판단해야 한다고 가르쳤다. 예수님도 서로의 죄를 지적하고 허물을 드러내 바로잡으라고 말씀하셨다(고전 5:12; 갈 6:1; 마 18:15 참조). 그렇다면 "비판하지 말라"는 것은 무슨 의미일까? 비판과 평가는 무슨 차이가 있을까?

궁극적으로 비판은 하나님의 역할을 대신하는 것과 관련이 있다. 누군가를 비판하는 순간 우리는 세 가지 일을 행하는 셈이 된다. 첫째, 자신을 상대방보다 높은 위치에 두고 마치 자신이 그 사람의 하나님인 양 행동한다. 둘째, 상대방을 단죄한다. 셋째, 상대방이 지켜야 할 기준을 설정한다.

반면 누군가를 평가할 경우, 이 세 가지 일은 아무 상관이 없다. 첫째, 자신을 상대방보다 높은 위치에 두지 않는다. 오히려 스스로 똑같은 죄인이자 함께 고난받는 자로서 상대방을 긍휼히 여기고, 자신도 얼마든지 유혹에 굴복할 수 있다는 점을 의식하며 겸손한 태도를 취한다(갈 6:1 참조). 둘째, 상대방을 단죄하지 않는다. 즉 죄책감과 수치심과 율법의 진노로 그 사람을 정죄하지 않는다. 죄인으로서 똑같은 죄책을 짊어지고 있기 때문에 그런 특권을 누릴 수가 없다(롬 2:3 참조). 셋째, 기준을 설정하지 않는다. 서로를 평가할 때 하나님의 기준에 겸손히 복종하며 서로에게 회개를 권유한다. 따라서 평가의 세 가지 요소는 겸손, 용서, 교정이다. 이들 요소는 하나님의 역할을 대신하지 않는다.

우리가 하나님의 역할을 대신하려고 할 때는 비판으로 인해 삶을 누리고 경험하는 능력이 크게 제약을 받는다. 죄책감과 수치심과 비난에 대한 두려움 때문에 보다 자유롭게 우리의 참 모습에 충실할 수 없고, 자신의 경험을 인정할 수 없다. 우리는 자신의 참 모습을 부인하고 무화과나무 잎으로 은폐한다. 이 문제는 사랑과 죄책감을 다룰 때(8장과 9

장) 좀 더 자세히 살펴볼 예정이다. 여기서는 비판이 우리의 경험과 우리가 실제로 겪는 일의 진실을 은폐하게 만드는 원인이라는 사실을 지적하는 것으로 충분하다고 본다.

비판을 앞세우는 한 우리는 서로를 온전히 경험할 수 없다. 서로를 비판하면 상대방을 알 수 있는 기회가 사라진다. 리치와 스테파니의 경우가 그랬다. 그들은 처음 관계를 맺을 때만 해도 서로에게 솔직하고 열려 있었다. 서로를 기꺼이 인정함으로써 깊은 사랑을 느꼈다. 그들은 자유롭게 실패와 상처를 공유했다. 서로를 깊이 알아가는 과정은 그들이 서로에게서 느끼는 사랑의 일부였다.

그러나 마치 하나님처럼 서로를 비판하기 시작하는 순간, 그들은 더이상 서로를 온전히 경험할 수 없었다. 리치는 자신의 행위를 비판하는 아내의 태도 때문에 그녀에게 자신의 내면을 솔직하게 털어놓을 수가 없었다. 비판을 피하려는 태도가 계속 반복되면서 리치는 더욱 궁지에 몰렸고, 자신의 진실한 감정을 경험하고 그것을 솔직하게 공유하는 능력을 상실하고 말았다.

어떤 관계에서든 상대방이 우리와 상관없이 저지른 잘못을 인정하는 것과 우리에게 저지른 잘못을 인정하는 것에는 큰 차이가 있다. 다시 말해 우리 자신에게 저지른 잘못보다는 우리와 상관없이 저지른 잘못을 용납하기가 훨씬 더 쉽다.

스테파니는 리치의 결혼 전 약점은 용납할 수 있었지만 결혼 후 그가 저지르는 잘못에 대해서는 갈수록 비판을 일삼는 경향을 보였다. 처음 관계를 맺을 때는 은혜가 넘쳤지만 서로에게 잘못을 저지르면서 점차 비판이 은혜를 밀어내고 말았다.

리치가 삶의 큰 측면에만 신경을 쓰면서 스테파니가 중요하게 생각하는 세세한 일들을 잊어버리자, 그녀는 마치 하나님처럼 격한 진노를 그에게 쏟아냈다. 그녀는 앞서 언급한 세 가지 일을 행했다. 마치 잘못을 저지르는 리치보다 자신이 월등하다고 생각하며 그를 경시했고, 그를 정죄함으로써 진노와 수치심과 죄책감에 시달리게 만들었으며, 성경에도 없는 기준을 설정했다. 곧 그녀의 기대가 리치를 비판하는 기준이 되었다.

그런 식으로 행동하자 그녀의 진정한 모습은 물론 리치의 진정한 모습을 경험하는 삶이 갈수록 축소되었다. 스테파니는 남편의 잘못만을 보았을 뿐 그의 마음을 읽지 못했다. 그의 결점만을 보았을 뿐 그의 두려움, 연약함, 열정 등을 이해하지 못했다.

아내가 비판할수록 그는 더욱더 무화과나무 잎 뒤로 몸을 숨겼다. 그는 자신의 삶을 아내와 공유하는 능력을 서서히 상실했다. 그리고 마침내는 더 이상 그녀에 대한 필요성과 사랑은 물론 자신을 솔직히 드러내고 싶은 감정까지도 느끼지 못했다.

그는 아내의 비판과 단죄를 피하는 데 급급한 나머지 그것을 그녀와 함께 나눌(이는 친밀한 관계를 구성하는 필수 요소다) 엄두를 내지 못했다.

아울러 리치는 자신의 성적 범죄를 비롯해 다른 죄들 때문에 스스로를 비판하느라 자신의 진정한 모습을 경험하는 능력을 점차 잃어갔다. 죄책감과 양심의 가책이 너무 심해 그는 자신의 내면에서 일어나고 있는 상황을 의식하거나 알 수가 없었다. 그는 자신이 너무나도 나쁜 잘못을 저지르고 있다는 생각에 사로잡힌 탓에 그런 행동을 부추기는 원인이 무엇인지조차 솔직하게 드러내놓고 찾을 수가 없었다.

성장의 필수 요소 가운데 하나는 은혜다. 자신을 활짝 열어놓고 모든 것을 솔직히 드러낼 수 있는 은혜가 있어야만 치유가 가능하다. 수치심에 모든 것을 숨기고 싶은 충동을 느낀 리치는 자신의 감정, 약점, 잘못 등 모든 문제를 어둠 속에 은폐했다. 그 결과 삶이 더욱더 죄에 속박되었다.

비판은 그가 스스로를 알고 자신의 참 모습 그대로를 관계 속으로 가져가는 일을 방해했다. 비판은 그의 삶에서 율법과 같은 역할을 했다. 율법의 지배를 받을 때마다 죄는 더욱 증가한다(롬 5:20 참조).

물론 리치도 스테파니를 비판했다. 그것이 그가 무의식중에 성적 충동을 느낀 원인이었다. 그는 스테파니를 내조하는 아내가 아니라 잔소리꾼으로 생각했다. 아내가 자신이 중요하게 생각하는 일에 관심을 기울이지 않는다고 생각하고 올바른 평가와 치유를 가져다주는 남편이 아니라 모든 것을 심판하는 신처럼 행동했다.

그는 자신의 기준으로 아내를 심판하고 정죄하면서 다른 곳에서 관계를 맺고 성적 만족을 얻는 행위를 정당화했다. 그는 스테파니가 몹시 나쁜 아내이기 때문에 자신이 그런 행위를 저지를 권리가 있다고 생각했다. 그는 점차 아내에게서 멀어져갔고, 그 결과 그녀를 더욱 이해할 수 없게 되었다.

심판자이신 하나님의 역할을 대신하려는 태도는 그들의 관계는 물론 그들 자신을 파괴했다. 치유는 비판을 중단할 때 비로소 이루어진다. 나는 그들의 관계에서 이 점을 다른 무엇보다 강조했다. 그러자 그들은 회복되기 시작했다.

어느 날, 스테파니는 리치를 통제하려 들고 리치는 그녀의 그런 태도에 맞서려고 했다. 그 순간 내가 끼어들어 리치에게 말했다.

"대체 무엇을 하고 계시나요? 너무 비판하는 듯한 말투군요."

"무슨 뜻입니까? 저는 단지 그녀의 공격에 대항하고 있을 뿐입니다. 공평한 처사지요."

"공평한 처사일 수는 있지만 마치 법정에서 판사가 누군가를 감옥에 보낼 때의 공평한 판결을 보는 듯하군요. 조언하건대, 아내에게 은혜를 베풀어 그녀의 행동을 눈감아주어야 하지 않을까요?"

"대체 무슨 말입니까?"

"아내가 통제하려고 들더라도 그녀를 그런 식으로 비판하는 행위를 당장 중단해야 합니다. 아내가 그런 태도를 보일 때는 마음속으로 두려워하기 때문이라고 생각하세요. 그때는 하나님의 방법대로 해보세요. 하나님은 그녀를 단죄하지 않으십니다. 그녀의 마음을 들여다 보시지요."

리치는 스테파니가 자신이 원하는 사랑 많은 내조자처럼 보이지 않을 때조차 그녀를 더 이상 비판해서는 안 되었다. (사실 그의 기대감은 어린아이 같은 유치한 의존 심리에서 비롯했다.) 그는 아내가 사랑스럽지 않게 반응하는 것을 두려움과 연약함을 호소하는 뜻으로 받아들이는 법을 배워야 했다. 그는 그녀가 혼란을 두려워할 때마다 공격적인 태도를 취한다는 사실을 깨달았다.

겉으로는 강한 힘을 가지고 있는 듯 비판을 일삼았지만 실제로는 연약함과 두려움을 느끼고 있었던 것이다. 리치는 그 사실을 깨닫게 되자 아내를 비판하며 소원한 관계를 유지하는 대신 그녀에게 점차 가까이 다가가기 시작했다.

스테파니도 리치가 그녀의 잘못을 비판하는 행위를 중단하자 자신의 연약함과 두려움을 솔직하게 표현하기 시작했다. 그녀가 그런 태도를 보이자 리치는 그녀를 위로하고 더욱 의지하게 되었다. 그와 같은 놀라운 변화가 일어난 이유는 서로를 통제하려는 태도를 버렸기 때문이다. 이러한 자유는 자율성과 자제력(책임 있는 삶에 반드시 필요한 요소)을 향상시킨다.

연약한 인간

리치와 스테파니의 경우, 그들은 하나님을 그들의 삶에서 완전히 배제하지는 않았다. 그들은 아담과 하와가 뱀의 유혹에 넘어갔을 때처럼 성경을 무시한 채 자신들의 뜻대로 하나님의 말씀을 고쳐 말하지는 않았다. 그러나 스스로의 삶을 엉망진창으로 만든 것이 하나님의 규칙을 어기는 행위때문이었다는 점을 깨닫지는 못했다.

또한 하나님의 규칙을 문제의 해결책으로 받아들이지도 않았다. 아담과 하와는 대놓고 하나님의 규칙을 의심하고, "하나님이 정말로 그렇게 말씀하시더냐?", "너희가 결코 죽지 아니하리라"(창 3:1, 4 참조)는 뱀의 말을 믿었다. 리치와 스테파니는 그렇게까지 노골적으로 행동하지는 않았다.

그들의 의심은 우리와 마찬가지로 은밀하고 무의식적인 속성을 지녔다. 그러나 그럼에도 불구하고 치명적인 결과를 낳았다.

예를 들어 하나님은 "서로 친절하게 하며 불쌍히 여기며 서로 용서하기를 하나님이 그리스도 안에서 너희를 용서하심과 같이 하라"(엡 4:32)고 명령하셨다. 리치와 스테파니는 하나님이 그런 말씀을 하지 않으셨다거나 그 말씀이 사실이 아니라고 부인하지 않았다. 그 대신 그들은 두 가지 잘못을 저질렀다.

먼저, 그 말씀에 복종하지 않으면 관계가 파괴된다는 사실에 무관심했다. 또한 관계가 파괴되기 시작했는데도 하나님의 규칙과 원리를 지켜 결혼생활을 회복하려고 노력하지 않았다. 그들은 "우리의 결혼생활에 문제가 생긴 이유는 하나님의 뜻에 진심으로 복종하지 않았기 때문이 아닐까?"라고 묻지 않았다.

하나님은 삶이 일정한 규칙에 따라 기능하도록 설계하셨다. 또한 그분은 성장과 치유 역시 매우 구체적인 계명을 통해 일정한 규칙에 따라 이루어지도록 설계하셨다. 삶이 제대로 기능하지 않는 이유는 하나님의 뜻을 어기고 우리 자신의 뜻을 고집하거나 죄를 짓는 데 있다. 우리는 하나님의 뜻을 깨닫고 거기에 복종할 때 고통에서 벗어날 수 있다는 사실을 종종 잊어버리고 산다.

리치와 스테파니는 관계와 치유를 위한 하나님의 계명과 관련해 마치 "하나님이 정말로 그렇게 말씀하시더냐?", "너희가 결코 죽지 아니하리라"는 식으로 말하는 것처럼 살았다. 그들은 자신의 고통과 필요와 상처를 하나님과 다른 사람들 앞에 솔직히 고백하지 않았다. 서로에게 친절과 긍휼과 용서를 베풀지 않았다. 사실 하나님의 계명을 대부분 무시했다.

그들은 건강한 삶을 되찾기 위해서는 하나님의 계획과 뜻이 삶을 올바로 기능하게 하는 원동력이라는 사실을 재발견해야 했다. 모세는 이렇게 말했다.

"여호와께서 우리에게 이 모든 규례를 지키라 명령하셨으니 이는 우리가 우리 하나님 여호와를 경외하여 항상 복을 누리게 하기 위하심이며 또 여호와께서 우리를 오늘과 같이 살게 하려 하심이라 우리가 그 명령하신 대로 이 모든 명령을 우리 하나님 여호와 앞에서 삼가 지키면 그것이 곧 우리의 의로움이니라 할지니라"(신 6:24-25).

리치는 우선 인간의 연약함을 인정해야 한다는 성경의 가르침에 복종하는 것이 필요했다. "심령이 가난한 자는 복이 있나니"(마 5:3)라는 말씀은 그가 붙잡아야 할 새로운 삶의 방식이 되었다. 그는 연약함과 무력함의 능력을 되찾았다. 또한 바울이 연약한 것을 힘으로 여겼던 이유를 깨달았다(고후 12:9-10 참조).

그는 자신의 연약함을 되찾고 그것을 하나님의 계획으로 간주하기 시작했고, 곧 자신의 실패를 다른 각도에서 바라보며 도움을 구할 수 있는 자리로 나아갔다. 이것은 그를 성 중독에서 벗어나게 만든 요인 가운데 하나였다.

스테파니는 심판은 하나님께 속한 것이기에 자신이 리치의 삶 속에서 심판자의 역할을 해서는 안 된다는 사실을 깨달은 후 전혀 새로운 방식으로 그와 관계를 맺기 시작했다. 그녀는 그를 이해하게 되었고 그의 치유에 유익한 도움을 줄 수 있었다. 그리고 자신이 원했던 남편을 되찾았다.

그리스도인들 가운데 하나님의 뜻에 복종하지 않겠다는 의사를 노골적으로 드러내는 사람은 거의 없다. 그러나 실제로 자신의 계획을 포기하고 매일매일 하나님의 뜻을 구하며 사는 이들은 그리 많지 않다. 하나님의 계획이 아니라 우리의 계획에 따라 살아갈 때는 온갖 불행이 찾아온다. 우리는 우리를 빛으로 인도해 줄 하나님의 원리를 찾기보다 자신의 방식으로 인생과 인생의 문제를 극복해 나가려고 노력한다. 리치와 스테파니는 하나님이 계획하신 관계와 치유를 깊이 이해함으로써 그렇게 찾고 찾았던 삶을 발견했다.

성장의 길

히브리서 6장 1-3절에는 다음의 말씀이 기록되어 있다.

> "그러므로 우리가 그리스도의 도의 초보를 버리고 죽은 행실을 회개함과 하나님께 대한 신앙과 세례들과 안수와 죽은 자의 부활과 영원한 심판에 관한 교훈의 터를 다시 닦지 말고 완전한[온전한] 데로 나아갈지니라 하나님께서 허락하시면 우리가 이것을 하리라" (히 6:1-3).

히브리서 저자는 하나님에 관한 초보적인 지식을 가르치기 위해 많은 노력을 기울였다. 그는 사람들이 초보적인 지식을 버리고 "완전한 데", 곧 성장의 길로 나아가기를 원했다. 우리가 온전해질 때 삶은 비로소 올바르게 기능하기 시작한다. 그러나 기초가 없으면 온전함은 이루어지지 않는다.

이 말씀은 회개, 신앙, 교리적인 교훈, 영생, 심판 등을 초보적인 지식으로 제시한다. 우리가 지금까지 언급한 것들은 어느 정도 영적 생활의 "기초적인 원리"에 해당한다. (이것이 우리가 하나님이 계획하신 삶을 비롯해 믿음과 회개와 복종으로 그 삶을 새롭게 회복하는 방법을 가르치는 성경의 진리를 토대로 생명이 어떤 식으로 역사하는지를 설명하는 데서부터 논의를 시작했던 이유다.)

그러나 생명이 역사하게 만들고, 사람들이 생명을 향해 나아가게 하려면 두 가지를 기억해야 한다.

첫째, 기초적인 원리가 필요하다. 기초적인 원리란 그것 없이는 아무것도 성립될 수 없는 원리를 말한다. 믿음의 기초 원리에 따라 살지 않으면 우리는 아무것도 안전하게 건설할 수 없다. 그 기초 원리에 따라 자신의 성장과 섬기는 사람들의 성장을 추구하지 않으면 곧 모래 위에 집을 짓는 것이나 다름없다.

둘째, 기초적인 원리가 성장의 목표는 아니다. 기초적인 것에서 성숙한 상태, 곧 "온전한 데"로 나아가는 과정이 필요하다. 우리는 믿음의 기초적인 원리를 뛰어넘어 더 많은 것을 배우고 행해야 한다.

우리는 (리치와 스테파니의 경우처럼) 기초적인 것을 배웠다가 시간이 흐르면서 다 잊어버릴 수도 있고, 기초적인 것을 성장의 모든 것으로 간주하려고 애쓰는 경향도 있다.

삶을 올바르게 기능하게 만드는 성장이 이루어지고 사람들이 온전한 데로 나아가려면 두 가지가 필요하다. 하나는 굳건한 기초 원리에 따라 성장을 추구하는 것이고, 다른 하나는 그 기초 위에 하나님이 공급하신 나머지 것을 건설하는 것이다. 즉 기초적인 것을 굳게 지키면서 동시에 그것을 뛰어넘어야 한다.

우리는 온전한 체계 안에서 성장해야 한다. 하나님은 강건한 믿음과 경험을 통해 그런 성장을 이루게 하신다. 성장은 기초적인 요소와 진보된 과정을 동시에 요구한다. 이 둘을 하나로 합친 상태에서 다른 모든 요소를 활용할 때 사람들은 성장한다. 그때 깊이 있는 성장이 이루어진다. 삶이 변화되고 창조된 만물이 서로 화합하게 된다.

제2부에서는 하나님이 정하신 기초와 그것을 활용하는 방법을 비롯해 기초를 넘어서 성장의 길로 나아가는 방법을 살펴볼 예정이다.

성장하기 원하는 사람을 위한 조언

- 리치와 스테파니의 이야기와 자신의 삶이 어떤 상관관계를 지니고 있는지 생각해 보라. 삶의 큰 그림이 깨져 다른 사람의 도움으로 회복이 필요한 곳을 찾아내라. 이제 앞서 언급한 원리들이 삶과 관계에 어떤 영향을 미치는지 알게 되었다. 다시 한 번 그 원리들을 주의 깊게 살펴보라.

- 하나님을 삶의 회복을 허락하시는 근원자로 생각하고 있는지 점검하라.

- 자신의 성장 체계와 그 실행 방법이 관계를 우선시하는지 생각해 보라. 종교적인 봉사 활동이나 원리보다 하나님과 다른 사람들과의 관계를 더 중시하는지 점검하라. 공동체와 관계가 하나님이 공급하시는 것을 원활하게 전달하고 있는지 살펴보라.

- 자신의 삶 속에서 하나님이 주권자, 즉 삶의 주인으로서 어떤 역할을 하고 계시는지 스스로와 다른 사람들에게 물어보라. 하나님을 주인으로 섬기는 일에 어떤 문제가 발생했는지 점검하라.

- 하나님이 아니라 인간의 역할에 얼마나 충실하고 있는지 살펴보라.
    - 의존자로 살아가는가?
    - 다른 사람과 삶을 통제하지 않고 스스로를 통제하는가?
    - 다른 사람과 자기 자신을 비판하기보다 삶과 다른 사람을 있는 그대로 경험하는가?
    - 스스로 규칙을 정하기보다 하나님의 규칙에 복종하는가?

성장을 돕는 사람을 위한 조언

- 큰 그림을 이해해 그것을 사람들의 삶에서 발견되는 성장의 세세한 문제들과 연결할 수 있는 방법을 생각하라. 신학을 가르치는 일은 중요하지만 그것을 실생활과 연결하는 것이 이 책의 목표이자 성화 과정의 핵심이다.

- 시간과 노력을 기울여 하나님과 다른 사람을 의존하는 것, 자제력을 기르는 것, 비판을 중단하는 것, 하나님의 뜻에 복종하는 것과 같은 중요한 문제에 사람들이 관심을 기울이게 할 수 있는 방법을 생각해 보라. 경험적이고 실용적인 방법을 찾아야 한다. 사람들이 그런 실생활의 문제들을 파악해 하나님과의 관계와 영적 성장을 추구하도록 이끌 수 있는 방법을 찾아라.

"나는 심었고 아볼로는 물을 주었으되

오직 하나님께서 자라나게 하셨나니

그런즉 심는 이나 물 주는 이는 아무 것도 아니로되

오직 자라게 하시는 이는 하나님뿐이니라…

우리는 하나님의 동역자들이요

너희는 하나님의 밭이요 하나님의 집이니라"

_ 고전 3:6-9

2

HOW PEOPLE GROW

위대한 농부 :
자라게 하시는
하나님

04. 하나님 : 은혜로 경작하심

05. 예수님 : 우리가 따라야 할 삶의 본보기

06. 성령님 : 회복과 변화의 숨은 주인공

하나님: 은혜로 경작하심

"사람들은 하나님이 우리를 위하실 뿐
적대하지 않으신다는 사실을 깨달아야 한다."

남부감리교대학에서 2학년에 재학 중이던 봄철이었다. 나(헨리)는 그 주일 오후를 마치 어제 일처럼 생생히 기억한다. 당시는 나의 한계에 다다른 상태였다.

나는 NCAA 골프 대회 선수 명단에 올랐다. 대회에 나가는 것은 나의 오랜 꿈이었다. 나는 대학에서 골프 경력을 쌓은 뒤 전문 골퍼가 되겠다는 희망과 기대감에 부풀었다. 그러나 1학년 때부터 왼쪽 손의 힘줄에서 심한 통증이 느껴졌다 사라지는 현상이 시작되었다. 통증의 원인을 찾기 위해 많은 의사들을 찾았지만 모두 쩔쩔매기만 했다.

그 후 2년 동안 통증을 참고 골프를 쳤지만 경기는 예전 같지 않았다. 내 실력의 절반밖에 발휘하지 못해 몹시 실망스러웠다. 그러나 실망스런 경기 결과와 다소 희망적인 경기 결과가 반복되자 나는 묵묵히 참고 운동을 계속했다. 물론 힘줄이 완전히 치유되지 않으면 운동을 계속할 수 없을 것은 분명했다. 그렇게 2년 동안 고통 속에 운동을 지속하다가 결국에는 그만두기로 결정했다.

인생에서 마치 문이 쾅 하고 닫히는 듯한 시기 중 하나였다. 어디에도 출구가 보이지 않았다. 앞으로 무엇을 해야 할지 막막하기만 했다. 이것저것 관심을 기울일 만한 일이나 전공을 살펴봤지만 그때마다 공허감만 깊어가고 미래는 암울하기만 했다.

친구들은 많았지만 이성과의 데이트가 몇 차례나 실패로 돌아가자 앞으로 누군가와 다시 관계를 맺을 수 있을지 자신이 서지 않았다. '어떻게 해야 올바른 관계를 맺을 수 있을까? 올바른 관계란 대체 무엇일까? 나는 그런 관계를 잘 유지해 나갈 수 있는 사람인가?' 여러모로 생각해 보아도 앞으로의 관계 역시 앞으로의 직업만큼이나 희망적이지 않아 보였다.

그 주일 오후, 나는 내 방에서 우울한 마음으로 그렇게 시간을 보냈다. 제대로 되고 있지 않은 여러 가지 삶의 측면들이 떠오르며 마치 회오리바람처럼 뇌리를 스쳐 지나갔다. '나는 무엇을 해야 할까? 나는 결국 누구와 인연을 맺게 될까? 앞으로의 직업과 인간관계를 어떻게 이끌어나가야 할까? 우울한 마음을 떨쳐버리고 모든 상황을 올바로 헤쳐 나가기 위해서는 어떻게 해야 할까?' 아무리 생각해도 해답이 떠오르지 않았다.

나는 침대에 앉아 이런저런 생각을 하면서 무심코 책꽂이를 올려다보았다. 성경책이 눈에 띄었다. 대학에 진학한 뒤로는 성경책을 한 번도 읽은 적이 없었다. 그전에는 성경책을 제법 많이 읽었다. 어렸을 때는 믿음이 강했지만 절망의 도가니 속에서 시험을 당한 적이 한 번도 없었다. 왠지 성경책에 마음이 끌렸다. 나는 책꽂이에서 성경책을 꺼내 아무데나 펼쳤다. 그 순간 마치 조명이 켜지듯 성경 구절 하나가 눈에 들어왔다.

> "그런즉 너희는 먼저 그의 나라와 그의 의를 구하라 그리하면 이 모든 것을 너희에게 더하시리라"(마 6:33).

머릿속이 온통 밝은 빛으로 환해지는 느낌이었다. "이 모든 것"은 정확히 내가 걱정하던 문제였다. 그 위에 있는 성경 구절 하나가 또 눈에 들어왔다.

> "그러므로 내가 너희에게 이르노니 목숨을 위하여 무엇을 먹을까 무엇을 마실까 몸을 위하여 무엇을 입을까 염려하지 말라 목숨이 음식보다 중하지 아니하며 몸이 의복보다 중하지 아니하냐"(마 6:25).

마지막으로 또 한 구절이 눈에 띄었다.

> "그러므로 내일 일을 위하여 염려하지 말라 내일 일은 내일이 염려할 것이요 한 날의 괴로움은 그날로 족하니라"(마 6:34).

당시에는 이해할 수 없는 현실, 곧 오랜 세월이 지난 뒤에야 비로소 이해할 수 있는 현실이었지만 마치 머리를 세게 얻어맞은 듯한 느낌이었다. 그 성경 구절들이 나를 향해 말하고 있는 듯했다. 하나님을 찾으면 "이 모든 것"이 내게 주어진다는 말씀은 과연 사실일까? 대체 어떤 의미일까? 나는 하나님이 사람들에게 필요한 것을 공급해 주신다는 사실을 알지 못했다. 그때만 해도 하나님을 내가 말씀도 드리고, 또 나를 미워하시지 않도록 항상 즐겁게 해드리려고 노력해야 하는 존재로만 생각했다. 그러나 말씀이 주는 충격이 너무 컸기 때문에 한번 그 말씀을 시험해 보고 싶은 생각이 들었다. 이미 내가 알고 있는 것은 모두 시도해 본 상태였기 때문에 달리 선택의 여지가 없었다.

나는 산책에 나섰다. 조금 전에 읽은 말씀을 생각하고는 마음을 정했다. 하나님의 의를 구하면 어떤 결과가 나타날지 보기로 했다. 나는 하나님을 구하기로 작정했다. 그러나 방법을 몰랐기 때문에 내가 생각할 수 있는 한 가지 일을 시도했다. 그냥 예배당으로 걸어 들어간 것이다. 남부감리교대학교의 하일랜드 파크 예배당에는 아무도 없었다. 나는 앞쪽으로 걸어가 간단히 기도를 드렸다.

"하나님, 지금 하나님이 여기에 계신지 저는 잘 모르겠습니다. 그러나 하나님이 여기에 계시고, 또 무엇인가를 하실 수 있으면 제게 보여 주옵소서. 주님이 명령하시는 것은 무엇이든 행하겠습니다."

그러나 아무 일도 일어나지 않았다. 무거운 정적만이 흘렀다. 나는 내가 갈림길에 서 있다는 사실을 의식했다. 하나님이 응답하시지 않으면 어디로 가야 할지 도무지 알 수 없었다. 나는 하나님께 기도한 결과가 어떻게 될지 궁금해하며 다시 방으로 돌아왔다.

전화벨이 울렸다. 동아리 친구였다. 그의 말은 나를 놀라게 했다. "왜 네 생각이 났는지는 모르겠지만 내 아파트에서 성경공부를 시작할 예정이야. 네가 참석할 수 있는지 알고 싶어."

나는 일언지하에 "그래, 갈게"라고 대답했다.

나는 동아리 친구가 전화를 했다는 사실을 믿을 수가 없었다. 그것이 단지 내 기도에 대한 응답이기를 바랄 뿐이었다. 나는 하나님이 사람들의 필요를 채워주기를 기뻐하신다는 사실을 처음 느꼈다. 물론 그 사실을 온전히 믿은 것은 아니었다. 그런 믿음을 갖기까지는 상당한 시간이 필요했다. 그러나 당시에는 희망의 빛줄기를 본 듯한 느낌이었다. 어쩌면 하나님이 나의 기도를 들으시고 도움을 베푸실지도 모른다는 생각이 들었다.

나는 성경공부에 참여했다. 성경공부는 한참 동안 계속되었다. 나는 그곳에서 도움을 베푸실 수 있고, 또 기꺼이 베풀기를 원하시는 하나님이 실제로 존재하신다는 사실을 깨달았다.

또한 그 주일 오후, 성경책에서 읽었던 말씀이 내가 상상했던 것보다 훨씬 더 완전한 진리라는 사실을 알게 되었다. 하나님과 그분의 의를 구하면 삶과 그와 관련된 모든 문제가 해결된다. 당시에 내가 깨닫지 못했던 한 가지는 하나님과 그분의 의를 구하는 것이 일생의 과정이라는 사실이었다. 그럼에도 불구하고 그분은 항상 계시고 우리의 기도에 실제로 응답하신다.

이 장에서는 하나님과의 관계가 어떻게 삶을 자라게 하는지 살펴볼 생각이다. 어떤 사람들에게는 매우 초보적인 개념처럼 보일지 모르지만, 항상 기억할 필요가 있는 개념과 그런 개념들이 어떻게 성장을 돕는지 생각해 볼 예정이다.

이 내용을 활용해 자기 자신과 다른 사람들을 위해 추구해야 할 성장의 내용을 하나하나 살펴보기 바란다. 그 요건들을 갖춘다면 성장은 반드시 이루어질 것이다.

하나님에 관한 올바른 이해

성장을 가로막는 가장 큰 장애 요소 가운데 하나는 하나님을 바라보는 관점이다. 하나님과의 관계를 통해 성장하려면 하나님이 누구시며, 어떤 성품을 지니고 계시는지를 알아야 한다. 다른 사람들의 삶에서는 물론 자신의 삶에서조차 하나님의 참 모습을 터무니없는 관점에서 생각할 때가 많다. 예수님은 하나님에 대한 사람들의 이해가 그릇되었다는 사실을 보여주시기 위해 많은 노력을 기울이셨다. 제자 빌립의 요청을 듣고 그분이 취하신 태도를 보더라도 그런 사실을 분명히 알 수 있다.

> "빌립이 이르되 주여 아버지를 우리에게 보여주옵소서 그리하면 족하겠나이다 예수께서 이르시되 빌립아 내가 이렇게 오래 너희와 함께 있으되 네가 나를 알지 못하느냐 나를 본 자는 아버지를 보았거늘 어찌하여 아버지를 보이라 하느냐"(요 14:8-9).

예수님의 사명은 사람들에게 하나님의 참 모습을 보여주시는 데 있었다. 예수님의 호칭 가운데 하나인 "임마누엘"은 "우리와 함께 계시는 하나님"을 의미한다. 예수님은 세상에 계시는 동안 사람들이 기대했던 것과는 사뭇 다른 하나님을 보여주셨다.

인간의 관점에서 생각하는 하나님을 버리고 성경이 가르치는 진정한 하나님을 발견해야만 비로소 성장할 수 있다. 그런 결과가 나타나려면 율법의 하나님 대신에 은혜의 하나님을 발견해야 한다. 즉 하나님이 우리를 위하실 뿐 적대하지 않으신다는 사실을 깨달아야 한다. 은혜의 하나님을 발견한다는 것은 바로 이런 의미를 지닌다.

일반 신자들은 물론 심지어 다른 사람의 성장을 돕는 사역자들 가운데도 은혜를 잘못 이해하는 이들이 많다. 그들은 대개 은혜가 용서, 또는 정죄가 없는 상태를 뜻한다고 생각한다. 그들에게 은혜의 하나님은 곧 용서를 베푸시는 하나님이시다. 물론 용서는 하나님의 은혜를 반영한다. 그러나 은혜는 용서의 의미를 훨씬 뛰어넘는다. 신학적으로 말하면 은혜는 "조건 없는 호의"를 뜻한다. 이 정의에는 두 가지 의미가 함축되어 있다.

- 앞서 말한 대로 호의는 하나님이 우리를 위하실 뿐 적대하지 않으신다는 것을 의미한다. 그분은 우리 편에 서 계시고, 우리를 악의가 아닌 선의로 대하신다.
- 하나님의 호의는 노력해서 얻을 수 없다. 하나님의 호의를 끌어낼 수 있는 수단은 존재하지 않는다. 우리의 공로로 그분의 호의를 살 수는 없다. 하나님은 우리 스스로 공급할 수 없는 것들을 값없이 베풀어주신다.

실천적인 측면에서도 은혜의 이 두 가지 의미가 성장 과정 전체를 지배한다. 성장하기 위해서는 우리가 가지고 있지 않은 것과 스스로 공급할 수 없는 것이 필요하다. 다시 말해 우리를 호의적으로 대하고, 우리를 유익하게 하는 것을 제공해 줄 원천이 필요하다.

성경은 하나님을 믿으면 은혜 아래 있는 삶을 살아갈 수 있다고 가르친다. 율법 아래 있는 삶과는 크게 대조되는 삶이다. 이는 깨어진 결혼

관계를 치유하거나 우울증에 시달리는 대학생을 돕는 것처럼 실질적인 차원에서 사람들의 성장을 돕는 우리 같은 사람들에게는 다소 어려운 신학적 진리가 아닐 수 없다. 그러나 잠시 인내심을 발휘해 내 말에 귀를 기울여주기 바란다. 은혜의 신학이 삶에 어떤 영향을 미치는지 함께 살펴보자.

바울은 "율법 아래"라는 표현과 "은혜 아래"라는 표현을 대조했다(롬 6:14-15; 갈 4:4-5, 5:18 참조). 율법은 우리를 위하시고 우리에게 필요한 것을 공급해 주시는 하나님과는 달리 우리를 대적하고 행위로 공로를 세워 필요한 것을 얻으라고 요구한다. 이는 바꾸어 말해 우리가 받을 자격을 갖춘 것만 받을 수 있고, 또한 하나님을 두려워해야 한다는 뜻이다(골 1:21; 롬 6:23 참조). 무엇이든 얻고 싶으면 스스로 노력해야 한다. 율법은 하나님이 노하기를 잘하시며 "네 스스로 하라"고 말씀하신다고 가르친다. 그러나 은혜는 하나님이 우리를 위하시며 "네가 그 일을 할 수 있도록 도와주마"라고 말씀하신다고 가르친다. 한마디로 은혜는 율법과 정반대다.

우리는 율법 아래, 즉 자연 상태에 있을 때는 하나님을 원수로 알고 자격을 갖춘 것만을 얻을 수 있다고 믿는다. 우리의 본성은 노력으로 생명을 얻으려고 한다. 율법 아래 있는 한 우리는 하나님이 우리를 좋아하시게 만들 수 있다고 생각하는 것이면 무엇이든 다 행하고, 일상생활의 문제를 해결할 수 있다고 생각하는 것이면 무엇이든 다 시도한다. 다시 말해 우리는 "제 목숨을 구원하고자"(마 16:25) 노력한다. 우리는 하나님이 화를 내시지 않도록 애쓰며, 스스로의 노력으로 성장을 도모하고, 문제를 해결하려고 한다. 그러나 바울은 그런 식의 삶의 방식이 믿음과 은혜를 따라 사는 삶과 정면으로 배치된다고 말한다. 율법을 선택하는 한 우리는 실생활에서 율법 안에서 살 수밖에 없다(갈 3:12 참조). 이것은 단지 신학이 아니다. 사람들은 은혜의 현실을 깨닫기 전에는 죽을 때까지 현실 속에서 문제를 안고 살아갈 수밖에 없다. 결말은 실패로 끝난다. 이 점을 보여주는 사례 하나를 소개하면 다음과 같다.

최근에 목회를 하는 친구와 대화를 나눈 적이 있다. 그는 다른 친구의 비만을 해결하는 일을 돕고 있었다. 그 친구의 이름을 더크라고 부르기로 하자. 더크는 체중을 약 45kg 정도 줄일 필요가 있었다. 그는 체중을 줄이기 위해 하나님과 친구 앞에서 책임을 다하기로 결심했다. 그리고 다이어트에 돌입했다. 더크는 내 친구에게 몇 달마다 한 번씩 자신이 계획을 잘 이행하고 있는지 확인해 달라고 요청했다. 몇 달이 지나 더크의 체중을 달아보았다. 체중이 줄기는커녕 더 늘어 있었다.

내 친구가 상황의 심각성을 일깨워주자 더크는 율법 아래 사는 사람처럼 반응했다. "나도 아네. 다이어트에 실패했어. 죄를 지었어. 하나님이 나를 기쁘시게 생각하지 않으실 거야. 참으로 참담하네. 나는 큰 죄인이야. 정말 비참해. 나는 큰 죄인이야. 하나님께 용서를 구하겠네. 그리고 좀 더 노력하겠네. 다이어트를 포기하지 않고 운동을 열심히 하겠네. 잘못했어. 하나님과 자네를 실망시켰어. 앞으로는 더 노력하지. 약속해."

나는 친구에게 더크가 그의 신앙 체계를 바꾸지 않으면 또다시 실패할 것이 불을 보듯 빤하다고 말했다. 그는 여전히 은혜가 아니라 율법 아래 살고 있었다. 첫째, 더크는 하나님이 자신의 실패에 대해 화를 내고 계신다고 생각하고 깊은 죄책감을 느꼈다. 그는 하나님이 자기를 위하시고 값없는 은혜를 베푸신다는 생각을 꿈에도 하지 못했다. 오히려 정반대의 결과를 생각했다. 둘째, 그는 여전히 더 열심히 노력해 자신의 문제를 해결할 방법을 스스로 찾겠다고 생각했다. 예수님의 표현을 빌리면 그는 "스스로를 구원하고자" 했다.

만약 더크가 은혜 아래 사는 사람이었다면 어떻게 반응했을까? 첫째, 비록 실패를 했더라도 하나님이 화를 내지 않으시고 그가 전보다 더 건강해지는 일에 더 많은 관심을 기울이신다고 믿었을 것이다. 그는 스스로를 죄인이라고 생각하지 않고 죄책감에 사로잡히지 않았을 것이다. 또한 하나님이 필요한 때 도움을 베푸실 것이라고 확신했을 것이다. "그러므로 우리는 긍휼하심을 받고 때를 따라 돕는 은혜를 얻기 위하여 은혜의 보좌 앞에 담대히 나아갈 것이니라"(히 4:16)는 말씀을 믿고 더욱 하나님을 의지했을 것이다. 은혜는 하나님이 실패한 우리를 기꺼이 도와주시고, 우리의 무능력함을 어쩔 수 없는 삶의 현실로 여기시며, 우리의 연약함을 꾸짖지 않으신다고 가르친다. 오히려 하나님은 그런 상태(곧 필요한 것을 스스로 해결하지 못하는 상태)를 "복된" 상태로 여기신다(마 5:3; 고후 12:9-10 참조).

둘째, 더크는 자신의 노력으로 체중을 줄일 수 없다는 사실을 깨닫고 스스로의 한계를 느꼈을 것이다. 그리고 생각이 거기에 미치는 순간, 이제는 외부의 도움을 구해야 한다는 사실을 깨닫게 되었을 것이다.

나는 내 친구에게 값없는 은혜를 다이어트에 어떻게 적용할 수 있는지를 설명했다. 더크는 외부로 눈을 돌려야 한다. 그가 체중을 줄이는 데 필요한 도움과 지원과 치유는 자신의 노력이 아니라 그의 외부로부터 온다. 그에게는 지원과 격려가 필요하다. 그는 필요한 도움을 줄 수 있는 그룹이나 사람을 의지해야 한다. 필요하다면 그런 도움을 매일 구해야 한다. 그는 식욕을 자극하는 고통과 스트레스를 처리해야 한다. 즉 고통을 솔직히 표현할 수 있는 장소가 필요하다. 음식 섭취를 제한하고 통제하려면 효과적인 계획을 세우는 한편 음식에 대한 유혹을 느낄 때마다 전화를 걸어 도움을 요청할 수 있는 사람들을 확보해야 한다. 그는 스스로의 노력만으로는 체중을 줄일 수 없다.

은혜는 하나님이 우리의 성장을 도우시기 위해 다양한 수단과 도구를 공급하신다는 것을 의미한다. 우리는 의지력이나 자기 노력을 통해 성장할 수 없다. 하나님이 공급해 주시는 것을 받아들여야만 성장이 이루어진다. 하나님은 우리가 필요로 하는 도움(즉 은혜)을 제공하신다. 우리는 그분의 도움에 적절히 반응해야 한다.

은혜의 의미

은혜를 이해하는 것은 단지 신학적인 활동이 아니라 성장 체계를 구축하는 데 반드시 필요한 요건이다. 예를 들어 교회에서 소그룹을 인도할 때 혹시 용서와 수용의 차원에서만 은혜를 생각하는 잘못을 범하고 있지는 않은가? 일부 소그룹 지도자들은 그런 잘못을 저지르곤 한다. 그들은 다음의 세 가지 일을 수행함으로 책임 있는 소그룹을 만들어간다. 즉 당사자에게 "기준에 맞는 삶을 살고 있는가?"라고 묻고, "그렇지 않다"고 대답하면 용서를 베풀고, "다시 가서 더 열심히 하라"고 독려한다.

이런 식의 소그룹 사역은 율법 아래 사는 삶을 보여주는 좋은 예다. 기준을 제시하고, 실패하면 용서를 베풀고, 더 열심히 노력해 상황을 개선하도록 최선을 다하라는 것은 다분히 율법적이다.

그와는 달리 사람들을 은혜 아래 있는 상태로 간주하고 소그룹을 운영하는 방식도 있다. 이 경우에는 당사자가 실패를 했더라도 단죄하지 않고, 아무리 열심히 해도 스스로는 할 수 없다는 사실을 깨닫게 한다. 이런 식의 소그룹 사역은 문제를 안고 있는 사람을 지원, 계획, 치유, 도움, 동기 부여, 하나님의 성령 의지 등 스스로의 힘으로 공급할 수 없는 것을 받을 수 있는 자리로 안내한다.

따라서 첫째, 사람들에게 하나님이 그들의 원수가 아니라 돕는 분이시라는 사실을 일깨워주는 데 사역의 초점을 맞춰야 한다. 이는 심지어 실패에 부딪쳤더라도 "결코 정죄함이 없고"(롬 8:1 참조), 여전히 "은혜 안에 있다"(롬 5:2 참조)는 사실을 깨우쳐주어야 한다는 뜻이다. 또한 이는 하나님을 규칙의 근원이 아니라 생명의 근원으로 이해한다는 것을 의미한다.

실패를 경험한 신자들은 종종 하나님이 자신들을 증오하신다고 생각한다. 그들은 그분을 힘써 찾아야 할 분으로서가 아니라 피해 숨어야 할 분으로 생각한다. 그들의 깊은 감정은 여전히 율법 아래 속박되어 있다.

실패를 경험한 신자들은 다른 신자들을 피한다. 실패의 와중에서 쓰라린 고통과 죄책감을 느낄 때는 더욱 그렇다. "12단계 회복 프로그램"을 통해 재활을 추구하는 그룹(Twelve Step Groups)의 경우, 사람들이 실패했을 때 가장 먼저 그룹에 있는 누군가에게 전화를 걸어 만남을 요청하라고 가르친다. 그들은 은혜를 얻기 위해 나아가는 법, 곧 더 많은 능력을 갖춘 지원 체계에 도움을 구하는 법을 배운다. 그러나 기독교 신앙 단체들 가운데는 실패한 사람들로 하여금 하나님과 사람들의 도움을 구하게 하지 않고 오히려 더 멀리 달아나게 만드는 곳이 많다. 참으로 안타까운 현실이다.

둘째, 사람들의 안목을 열어 그들이 스스로 노력하지 않은 은혜를 경험하고 있다는 사실을 깨우쳐주어야 한다. 그래야만 은혜의 의미를 이해할 수 있다. 그들 스스로 자신을 도울 수 없다는 사실을 일깨워주어야 한다. 더크의 사례에서 제안했던 것들을 시도하도록 이끌어라. 더크는 호의와 은혜, 곧 외부에서 오는 도움을 발견해야 했다. 그 도움은 그가 노력해서 얻는 것도 아니고 스스로 만들어내는 것도 아니었다. 그가 받을 것은 값없는 은혜였다.

성장 사역에는 두 가지 요소가 반드시 필요하다. 첫째, 율법을 강조해서는 안 된다. 율법은 상황을 개선하는 것이 아니라 더욱 악화시킬 뿐이다(롬 5:20, 7:10 참조).

우리는 율법에 대해 죽어야 한다(롬 7:4; 갈 2:19 참조). 율법의 실체를 목격할 때마다 최선을 다해 율법에 대해 죽어야 한다고 가르쳐야 한다. 율법은 하나님이 우리의 삶 속에서 시작하신 성장 사역을 방해한다. 율법으로 하나님 앞에서 의롭다 하심을 받으려는 노력이 사람들을 그리스도에게서 멀어지게 만들고 "은혜에서 떨어지게" 만드는 것같이(갈 5:4 참조) 진노와 정죄라는 율법의 원리에 따라 더 잘하기 위해 노력하는 것도 그와 똑같은 결과를 낳는다. 둘째, 사람들을 도와 그들로 하여금 은혜의 필요성을 깨닫게 해야 한다.

은혜의 필요성을 의식하게 하라

은혜는 필요로 할 때만 효력을 발휘한다. 앞서 율법과 은혜를 대조했는데, 그렇다고 율법이 무가치하다는 뜻은 아니다. 율법의 가치와 은혜의 가치를 혼동하지 않도록 주의해야 한다. 율법은 사람을 변화시킬 수도 없고 성장하게 할 수도 없다. 바울의 말대로 율법은 "연약하여"(롬 8:3) 그런 일을 할 수 없다. 그러나 율법은 "영적 죽음"을 의식하게 만든다. 우리를 구원하기 원하시는 하나님을 찾으려면 그런 의식이 필요하다. 율법은 하나님의 필요성을 의식하게 만든다(롬 3:20; 갈 3:24 참조).

구원은 물론 성장에 있어서도 은혜의 자리로 나아가려면 그와 같은 필요성을 느껴야만 한다. 말하자면 죽음을 의식해야 한다. 이 장 서두에서 말한 대로 나는 나의 모든 꿈이 좌절되고 스스로 삶의 활로를 찾을 수 있는 능력을 모두 상실한 죽음을 경험했다. 나는 삶의 율법을 지키며 살아갈 능력이 없다는 사실을 깨닫는 순간 한계에 도달했다. 은혜, 곧 값없는 호의를 받을 만한 준비가 된 셈이었다. 나는 나를 위하시는 하나님, 곧 내가 가지지 못한 것을 허락하시는 하나님의 호의를 받아들일 수 있는 자리에 이르렀다. "심령이 가난한 자"가 되어 하나님의 필요성을 의식했다.

은혜가 효력을 발휘하고 성장이 시작되려면 사람들이 죽음을 경험하도록 도와야 한다. 그들이 한계에 도달했으며 상황이 몹시 절박하다는 사실을 일깨워주어야 한다. 상담사나 그룹 회원들이나 교사들 가운데는 이와 반대로 행동하는 이들이 많다. 우리는 모두가 기분 좋게 느끼고 고통을 피하고 싶어 하는 시대에 살고 있는 관계로, 사역을 행할 때 종종 사람들이 스스로를 좋게 생각하게 만들려는 전략을 구사한다.

한 남성은 "이제 알겠군요. 제가 과거에 경험했던 사역이 사람의 환심을 사는 데 초점을 맞춘 데 비해 두 분의 사역 방식은 사람의 실상을 깨우치는 데 초점을 맞추고 있군요"라고 말했다. 그 말을 들으니 그가 존과 나의 의도를 잘 파악했을 뿐 아니라 우리의 의견에 동의하고 있다는 생각이 들었다. 우리는 그가 무엇을 깨달았는지 알 수 있었다. 우리는 그에게 성공과 자긍심을 추구하려는 시도가 문제 해결을 더욱 어렵게 만든다는 사실을 일깨워주려고 노력했다. 그는 마침내 자신의 상황이 매우 절박하다는 사실을 이해하기에 이르렀다. 그가 현실을 직시하기 전에는 상황이 더 나아질 가능성이 없었다. 중독증 환자들은 이런 경우를 "바닥을 치다"라고 표현한다. 이는 자신의 한계에 도달했다는 뜻이다. 어떤 사람들은 이를 "자아의 죽음"으로 일컫기도 한다.

내가 리치와 스테파니에게 "결혼생활을 회복할 수 있는 사랑이 충분히 있다는 착각에서 벗어나십시오"라고 말했던 이유도 바로 그들의 참된 실상을 깨닫게 하기 위해서였다. 그들은 서로의 사랑이 모두 사라졌고, 그 사랑을 되찾을 능력이 없다는 사실을 깨달아야 했다. 그들에게는 서로에 대한 사랑이 없었다. 나는 하나님이 유일한 희망이시라는 사실을 깨닫게 하기 위해 그들을 죽음을 경험할 수 있는 자리로 이끌었다. 그 사실을 깨달았을 때 그들은 비로소 은혜를 받아들일 준비가 되었다. 그리고 하나님께로 돌이켜 그분이 주시는 것들, 곧 그들이 전에 알지도 못했고 본 적도 없는 것들을 받아들일 수 있는 위치에 이르렀다.

사람들의 성장을 도와줄 생각이라면 장의사가 되어야 한다. 즉 율법은 물론 자기 자신에 대해 죽어야 한다는 사실을 깨우쳐주어야 한다. 스스로의 노력이 모두 좌절되었기 때문에 더 이상 그런 노력을 시도해서는 안 된다는 점을 깨닫게 해주어야 한다. 스스로의 노력을 포기하게 만드는 일은 매우 어렵다. 그러나 하나님을 바라보게 하려면 반드시 그렇게 해야 한다.

은혜의 필요성을 일깨워주는 방법

견책

율법은 변화의 수단으로서는 무력하지만 그 나름대로 긍정적인 가치를 지닌다. 율법의 가치는 은혜의 필요성을 일깨워주는 데 있다(롬 3:20; 갈 3:24 참조).

이것이 성장을 돕는 과정에 율법을 포함시켜야 하는 이유다. 율법을 행동을 개선하기 위한 수단이 아니라 절박한 상황을 일깨워주는 수단으로 활용해야 한다.

자신의 절박한 상황을 의식하지 못하는 사람에게는 그가 은혜의 필요성을 부인하고 있다는 사실을 깨우쳐주어야 한다. 앞서 말한 더크의 경우에도 은혜의 필요성을 부인했다. 그는 스스로의 힘으로 체중을 줄일 수 있다고 생각했다. 그는 자신이 지니고 있는 능력의 한계를 의식하지 못했다.

나는 내 친구에게, "더크에게 율법을 제시하는 것이 좋겠어"라고 조언했다. 그 말은 "가서 체중을 줄이기 위해 노력하게"라고 말하라는 뜻이 아니었다. 이는 "변화를 시도하려는 자네의 노력은 실패로 끝났네. 더 열심히 노력한다고 해도 체중을 줄일 수는 없을 걸세. 그 점을 깨닫고 도움을 구해야 하네"라고 말하라는 뜻이었다. 다시 말해 더크에게 그의 절박한 상황을 일깨워주어 스스로의 한계를 의식하게 만들라는 뜻이었다.

스스로의 힘으로는 변화할 수 없기 때문에 도움이 필요하다는 사실을 일깨워주려면 견책이 필요하다. 사람들은 대개 너무 인정이 많은 관계로 절망이 필요한 사람에게 용기를 주는 잘못을 범한다. 무기력한 사람에게 "더 열심히 해봐" 하고 격려하는 것은 최악의 조언이 아닐 수 없다. 가장 좋은 방법은 상대방을 절망시켜 스스로의 힘으로 할 수 있다는 신념을 무너뜨리는 것이다.

율법은 또한 기준에 미치지 못하는 삶을 살고 있다는 사실을 깨우쳐주는 기능을 한다. 17장에서 진리와 견책이 무슨 역할을 하는지 자세히 살펴볼 예정이다. 여기서는 단지 스스로의 절박한 상황을 의식하지 못하면 자신의 한계를 느낄 수 없다는 점을 짚고 넘어가는 것으로 충분하다고 본다.

어느 날 저녁 사람들과 함께 저녁 식사를 하는 자리에서 한 독신 여성이 이성과 데이트를 했던 이야기를 꺼내면서 하나님이 아직까지 자신에게 배우자를 허락하지 않으셨다고 말했다. 그녀는 내 친구였기에 나는 그녀에 대해 잘 알고 있었다. 나는 그녀가 아직 독신으로 지내는 이유가 하나님이 배우자를 허락하지 않으셨기 때문이 아니라 그녀가 사람들과 관계를 맺는 방식에 문제가 있기 때문이라는 생각이 들었다. 나는 그녀가 그 책임을 하나님께 돌리고 있는 것을 보고 그분의 명예를 옹호할 생각으로 말을 가로막으며 이렇게 물었다.

"하나님이 자매를 독신으로 지내게 하신다고 생각하시는 이유가 무엇인가요?"

"그분은 아직 제게 배우자를 허락하지 않으셨어요. 그분이 지금까지 허락하신 데이트 상대자들 가운데 결혼하고 싶은 마음이 든 사람은 아무도 없었어요. 하나님은 제게 그런 감정을 허락하지 않으셨어요."

나는 그녀의 말에 발끈해 "'그런 감정'이라는 말이 대체 무슨 뜻인가요? 그게 누구의 감정이지요? 자매의 감정인가요, 하나님의 감정인가요?"라고 다그쳤다.

"무슨 말씀이세요?"

"그 감정은 하나님이 아니라 자매의 감정이지요. 그런 감정이 일어나지 않는 책임을 하나님께 돌리지 말고 자기 자신이 그런 감정을 느끼지 못한다고 말하는 것이 옳지 않나요? 자매가 그런 감정을 느끼지 못하거나, 또는 스스로의 문제 때문에 그런 감정을 갖는 것이 어렵거나 둘 중 하나일 거예요. 어쩌면 그동안 만난 남성들 가운데 자매가 좋아하는 스타일이 없었기 때문일 수도 있고요. 자신의 감정을 하나님 탓으로 돌려서는 안 됩니다."

"하나님이 저의 삶을 주관하신다고 믿어요. 만일 그분이 그런 감정을 갖기를 원하셨다면 제가 그렇게 느꼈겠지요."

"저는 하나님이 자매의 삶을 통제할 수 있게 도와주고 계신다고 믿어요. 남성들에 대한 자매의 감정은 통제를 벗어났어요. 더 이상 하나님을 탓하지 말고 자신에게 문제가 있다고 생각한다면 하나님이 자매의 감정을 변화시킬 수 있게 도와주실 거예요."

"대체 무슨 말씀이세요?" 그녀는 화가 난 목소리로 말했다. 식탁에 앉아 있는 다른 여섯 사람은 다소 불편해하면서도 우리가 주고받는 대화에 관심을 기울였다.

"제가 보기에 자매는 처리해야 할 성장의 문제를 안고 있는 것 같습니다. 자매가 남자친구도 없고 결혼도 하지 못하는 이유는 하나님이 그런 상황에 처하게 하셨다기보다 오히려 그런 문제 때문일 가능성이 높아요. 저는 그런 문제가 무엇인지 알고 있어요. 그리고 자매를 도와 1년 안에 진지하게 이성교제를 하도록 만들 수 있습니다."

"대체 무슨 말씀이신가요?" 그녀는 미친 사람을 대하는 듯한 표정으로 나를 바라보았다.

"자매가 제가 시키는 대로만 하면 1년 안에 이성교제를 가능하게 할 수 있다는 뜻입니다. 확실히 장담하지요. 그러나 제가 시키는 대로 해야 합니다. 그렇지 않으면 그만둘 거예요. 물론 부도덕하거나 불법적인 일은 요구하지 않을 겁니다. 그러나 꼭 제가 말하는 대로만 해야 해요."

그녀는 친구들이 보는 앞에서 도전을 피하려 한다는 인상을 주고 싶지 않았기 때문에 "좋아요. 잘난척하는 아저씨, 한번 해봅시다"라고 말했다.

이 이야기는 3년 동안 이성을 만나본 적이 없었던 그녀가 1년이 아니라 단 6개월 만에 진지한 연애를 시작한 것으로 끝을 맺는다.

그녀의 성장을 도운 요소는 모두 세 가지였다. 이 요소들은 모두 율법과 관련 있었다. 첫째, 나는 그녀에게 자신의 실패를 솔직히 인정하라고 요구했다. 그녀는 자신이 기준에 못 미치는 삶을 살고 있다는 사실을 깨닫지 못하고 실패의 책임을 하나님께 돌렸다. 하나님이 진지한 이성교제를 허락하지 않으셨다고만 생각한 것이다. 그러나 실제로 진지한 이성교제가 불가능했던 이유는 바로 그녀가 관계를 맺는 방식에 있었다. 나는 그녀가 관계를 맺는 방식이 왜 잘못되었는지 깨우쳐주었다. 그것이 곧 성장의 출발점이었다. 그녀는 하나님이 아니라 자신에게 문제가 있다는 사실을 깨달아야 했다. 그녀는 "과녁을 제대로 맞히지 못하고" 있었다.

나는 그녀에게 매번 같은 사람들만 만나는 장소가 아니라 새로운 사람을 만날 수 있는 장소에 한 달에 몇 번이나 찾아가는지 기록해 보라고 했다. 결과는 단 한 차례도 없었다. 나는 그녀의 인간관계에 관한 문제를 다루면서 남성들을 만나는 일에 좀 더 적극적으로 노력하라고 조언했다. 그녀는 자신이 생각했던 것보다 훨씬 더 잘못되었다는 사실을 깨달았다. 그러면서 하나님께 책임을 돌려 외부의 도움을 요청하지 못하는 자신의 문제를 은폐해 왔다는 사실을 알게 되었다. 그녀는 남성들에게 가까이 다가가려다가도 혹시나 거절당할지도 모른다는 두려움 때문에 곧 데이트를 포기했고, 그런 실패를 하나님의 뜻에 복종하는 "경건한" 신앙으로 위장했다. 상담을 나눌수록 기준에 미치지 못했던 그녀의 현실이 속속들이 드러났다. 나는 율법(즉 기준)으로 그녀를 판단해 실패의 책임이 하나님이 아니라 그녀에게 있다는 사실을 깨닫게 해주었다. 이는 언뜻 나쁜 소식 같지만 사실은 그녀가 들어야 할 가장 좋은 소식이었다. 왜냐하면 관계를 맺을 때마다 수동적인 태도를 취하는 그녀의 문제를 해결할 수 있는 방법을 생각하도록 도와주었기 때문이다.

둘째, 그녀는 자신이 상황을 개선하는 방법을 모르고 있다는 사실을 깨달아야 했다. 함께 대화를 나누는 동안 그녀는 하나님을 탓하는 것으로는 해결책을 찾을 수 없다는 사실을 알게 되었다. 또한 문제의 해결책을 찾기는 고사하고 문제가 무엇인지조차 파악하지 못하고 있었다는 사실을 깨달았다. 그녀는 외부의 도움이 필요했다. 하나님을 탓하는 일을 중단하자 그녀는 자신의 이성교제 방식이 크게 잘못되었다는 사실을 알게 되었다. 그러자 곧 절망에 빠졌다. 그녀는 자신에게서 아무 희망도 발견할 수 없었다. 어떻게 해야 할지 몰랐다. 그제야 그녀는 자신에게 은혜가 필요하다는 사실을 깨달았다. 이것이 바로 율법이 주는 가장 중요한 가르침 가운데 하나다. 우리의 잘못을 의식하고 우리의 실상을 깨달아야만 비로소 구원의 필요성을 의식할 수 있다.

셋째, 그녀는 그러한 깨달음을 토대로 무엇을 해야 할지 알아야 했다. 그녀가 놓친 것은 무엇이었을까? 그녀가 배우고 따라야 할 진리는 무엇이었을까? 어떤 관계의 원리를 지향해야만 그녀가 "항상 복을 누릴 수"(신 6:24 참조) 있을까? 율법의 중요한 역할 가운데 하나는 진리를 보여주는 것이다. 그녀는 하나님의 진리와 그 진리를 실천하는 방법을 알아야 했다. 데이트에 대해 구체적으로 다루는 성경 구절은 거의 없다. 그러나 성경에는 아무런 진전이 없는 데이트 상황에서 벗어나는 데 도움이 되는 원리들이 많다.

고통

삶의 결과를 통해 고통을 느끼게 하는 것도 은혜의 필요성을 일깨우는 또 다른 방법이다. 조금 전에 말한 자매의 경우처럼, 누군가의 현실을 지적하는 것만으로도 은혜의 필요성을 일깨워줄 수 있다면 그보다 더 이상적인 것은 없다. 내가 그녀의 현실을 일깨워주자 그녀는 자신의 이성교제가 안고 있는 문제를 곧바로 직시했다. 그러나 어떤 사람들의 경우에는 현실을 지적하는 것만으로는 문제를 의식하지 못한다. 그런 경우에는 삶의 결과를 직접 경험하게 만드는 방법이 필요하다.

성경은 이와 관련해 공식과도 같은 원리를 제시한다. 하나님은 이스라엘 백성을 도와주시고, 말씀하시고, 필요한 것들을 허락하시고, 약속을 주시는 등 그들로 하여금 돌이키게 하려고 노력하셨다. 그리고 그들이 돌이키지 않을 때는 선지자들을 보내시어 엄중히 경고하셨다. 이런 식의 견책이 효과를 발휘하는 경우에는 상황이 개선되었다. 그러나 이스라엘 백성은 때로 선지자의 말에 귀를 기울이지 않았다. 그런 경우에는 그에 합당한 결과가 나타났다. 즉 하나님은 홍수, 질병, 이웃나라의 군대 등을 통해 이스라엘을 징계하셨다.

오늘날의 교회는 삶의 결과로서 주어지는 혹독한 현실로부터 사람들을 보호하려고 지나치게 애쓰는 경향이 있다. 그런 현실이야말로 은혜의 필요성을 의식하게 하고, 은혜를 통해 무엇을 얻을 수 있는지 깨닫게 만드는 계기가 될 수 있는데도 사람들을 불쌍하게만 여기면서 그들을 도와주려고 노력한다. 심지어는 사람들을 두려워하거나 그들의 비위를 맞추려고 애쓴다. 성경은 그런 태도에 대해 이렇게 경고한다.

> "너희는 재판할 때에 불의를 행하지 말며 가난한 자의 편을 들지 말며 세력 있는 자라고 두둔하지 말고 공의로 사람을 재판할지며" (레 19:15).

사람들이 어떤 불행을 겪고 있든 우리는 진실을 직시하도록 이끌어야 한다. 그러려면 때로는 혹독한 현실을 감내하도록 놔둘 필요가 있다.

4장의 주제는 징계나 교정이 아니다. 이 문제는 13장에서 자세히 다룰 것이다. 이 장의 주제는 은혜의 하나님이지만, 우리의 도움이 때로 은혜의 필요성을 일깨워줄 가혹한 현실로부터 사람들을 보호함으로써 오히려 역효과를 낼 수도 있다는 점을 기억해야 한다. 바닥을 치도록 놔두는 것은 오래된 개념이다. 직업을 잃거나 관계가 단절되거나 그룹이나 모임에서 자격을 박탈당하는 경우를 예로 들 수 있다. 하나님의 방법 가운데 하나는 삶의 결과를 이용해 그분을 바라보고, 그분이 주시는 은혜를 기대하게 만드시는 것이다. 성장을 돕는 사람들은 그런 결과를 경험하도록 내버려둘 수 있는 단호한 의지가 있어야 한다. 그렇지 않으면 사람들을 은혜로부터 멀어지게 만들 수 있다(11장을 참조하라).

누가복음 15장에 나오는 탕자의 비유가 대표적인 경우다. 탕자는 아버지에게 재산 상속을 요구했다. 아마도 아버지는 아들을 설득하기 위해 훈계도 하고, 제안도 하고, 화도 냈을 것이다. 물론 성경에 그러한 기록은 없다. 우리는 단지 아버지가 아들에게 선택권을 주어 삶의 결과를 직접 경험하게 했다는 사실만을 알고 있을 뿐이다. 탕자는 자신의 몫을 받은 뒤 먼 나라로 떠났다. 그리고 그곳에서 무절제한 삶을 살면서 재산을 모두 탕진했다. 돈이 다 떨어지자 그는 어쩔 수 없이 목숨을 부지하기 위해 돼지치기로 나섰다.

탕자의 선택에서 비롯한 결과는 그의 정신을 깨우쳐 자신의 실상을 보게끔 만들었다. 덕분에 그는 아버지가 제공하는 것을 받아들일 수 있는 마음자세를 갖게 되었다. 은혜를 깨닫게 만드는 삶의 결과는 그 자체로 은혜의 행위다(히 12:4-11; 약 1:2-4 참조). 돼지우리는 그 자체로 깨우침을 가져다준 은혜의 선물이다.

이처럼 성장을 생각할 때는 실패의 여지를 두어야 한다. 때로는 그룹에서 쫓아내거나 직원을 해고하는 등 우리 스스로가 실패의 원인을 제공할 수도 있다. 그러나 삶의 결과는 결코 나쁘지만은 않다. 그것도 하나님의 계획의 일부다.

지금까지 우리는 하나님과의 관계가 성장에 어떤 영향을 미치는지 살펴보았다. 첫째, 삶이 제 기능을 발휘하게 만드는 성장을 지향하려면 하나님을 구해야 한다. 예수님은 하나님의 나라와 그분의 의를 먼저 구하면 삶의 모든 것이 더해질 것이라고 말씀하셨다. 영적 성장은 어떤 종류의 삶을 건설하든 그 토대로 작용한다.

둘째, 하나님이 은혜의 하나님이시라는 사실을 깨달아야 한다. 우리는 하나님을 구하고 싶어 하면서도 그분을 올바로 이해하지 못할 때가 많다. 때로는 하나님을 우리가 지켜야 할 종교적인 기준으로 생각하는 탓에 그분이 우리를 있는 모습 그대로 받아주신다는 사실을 이해하지 못한다. 또한 복음주의 신자들은 하나님을 은혜의 하나님으로 알면서도 은혜의 의미를 용서에만 국한시키는 경향이 있다. 참된 삶의 변화로 이끄는 은혜는 값없는 호의를 뜻한다. 이는 하나님이 우리를 위하시고, 우리 스스로 공급할 수 없는 것들을 베풀어주신다는 사실을 이해하는 것을 뜻한다. 은혜는 성장에 필요한 선물을 받아들이는 것이다. 우리의 의지력만으로는 성장할 수 없다.

셋째, 은혜는 저절로 주어지지 않는다. 우리는 본질상 은혜를 쉽사리 알아보지 못한다. 은혜는 하나님의 율법이 주는 교훈을 통해 온다. 하나님의 율법은 우리가 그분의 기준에 미치지 못한다는 사실을 일깨워주거나, 그러한 삶의 결과를 경험하게 함으로써 은혜의 필요성을 의식하게 만든다. 어느 경우가 되었든 우리는 자아에 대해 죽어야 한다. 우리가 실패했기 때문에 스스로의 힘으로는 원하는 삶에 도달할 희망이 없다는 사실을 깨달아야 한다. 이처럼 하나님의 율법을 통해 깨우침을 얻은 후에야 비로소 은혜의 능력을 통해 우리의 삶을 본래 창조된 형태로 구축해 나갈 수 있다. 하나님의 원리는 "우리 발에 등불"(시 119:105 참조)이다.

성장하기 원하는 사람을 위한 조언

- 하나님을 어떻게 이해하고 있는지 생각해 보라. 그분이 당신을 위하신다고 생각하는가, 적대하신다고 생각하는가?

- 어디에서 "값없는 호의"를 받고 있는지, 또 그런 호의를 받기 위해 어디로 가고 있는지 생각해 보라.

- 하나님이 어떤 호의를 베풀어주시기를 원하는가?

- 자신의 참된 실상을 깨닫게 하는 한편, 하나님의 은혜와 성장이 필요하다는 사실을 깨우쳐주는 기준은 무엇인가? 그 기준을 생각할 때는 솔직한 태도를 취하라.

- 견책이 필요한 일이 있다면 무엇인가? 당신에게 삶의 결과를 통해 깨우침을 줄 수 있는 위치에 있는 사람은 누구인가? 이미 겪은 삶의 결과가 있다면 나열해 보라.

성장을 돕는 사람을 위한 조언

- 당신이 하는 모든 일에서 은혜를 나타내라. 사람들에게 하나님이 그들을 위하실 뿐 적대하지 않으신다는 사실을 깨우쳐주라. 율법이 아니라 은혜가 필요하다는 것이 무슨 의미인지 설명하라.

- 스스로의 한계에 도달하는 것이 좋은 징후라는 사실을 깨우쳐주라. 그래야만 하나님이 역사하실 기회가 생겨난다. 공로나 노력을 통해 성장에 필요한 것을 스스로 공급할 수 있는 사람은 아무도 없다는 사실을 깨닫게 하라.

- 당신이 베푸는 성장 경험에 어떤 은혜가 적절할지 생각해 보고, 그런 은혜가 주어지고 있는지 점검하라. 목회자나 조언자가 반드시 필요한 은혜를 모두 베풀어야 할 필요는 없다. 오히려 은혜가 잘 공급되도록 감독하는 것으로 족하다. 그리스도의 몸을 잘 활용하라.

- 성장을 돕는 다양한 환경에서 어떤 기준과 견책과 삶의 결과가 가장 적절한지 파악하고 필요한 것을 제공하라. 필요한 것을 은혜롭게 전달하라. 사람들을 삶의 결과나 그들이 지켜야 할 기준으로부터 무작정 보호하려고 한다면 공동체는 아무 도움도 될 수 없다는 사실을 기억하라. 기준을 제시할 때는 사람들을 은혜로부터 멀어지게 만드는 것이 아니라 가까이 다가갈 수 있게 하는 방식을 취해야 한다.

05

예수님 : 우리가 따라야 할 삶의 본보기

"예수님의 삶과 죽음은 영적 성장 과정을 위한
중요한 교훈을 제공한다."

나(존)는 인생을 살면서 오랫동안 예수님을 어떤 분으로 생각해야 할지 잘 몰랐다. 어렸을 때는 하나님 아버지를 나를 도와주시는 분으로 이해했다. 그래서 그분께 학교 시험을 잘 치르게 해주시고, 부모님과의 관계에서 발생하는 어려움에서 건져주시고, 우리 야구팀이 승리하게 해달라는 등 여러 가지 도움을 구하곤 했다. 그때마다 나는 교회에서 배운 대로 "예수님의 이름으로 기도합니다"라고 끝을 맺었다. 그것이 내가 예수님을 생각하는 전부였다.

대학에 다니는 동안 나의 신앙은 크게 성장했다. 특히 하나님의 은혜와 섭리를 믿는 믿음이 강해졌다. 나는 성령께서 내 마음속에서 항상 일하고 계신다는 사실을 알게 되었고, 그리스도께서 나의 죄를 위해 희생하신 덕분에 내가 하나님 앞에서 의롭다 하심을 얻었다는 사실을 배웠다.

그러나 성부 하나님과 성령 하나님이 나의 영적 성장을 위해 늘 일하고 계신다는 사실은 알고 있었지만, 성자 하나님이 구원 외에 어떤 일을 하시는지는 깨닫지 못했다.

물론 나는 그리스도 안에 거하는 진리를 배웠다(요 14-15장 참조). 그 진리는 예수님과 늘 관계를 맺어야 할 필요성을 깨우쳐주었다. 그러나 그것이 전부였다.

예수님과 동행하는 삶이 너무 기쁘고 의미 있다고 말하는 사람들, 그분의 지극히 큰 능력을 경험했다는 사람들, 또 "예수님의 이름으로" 영혼이 눈처럼 깨끗해졌다고 말하는 사람들이 있었다. 나도 그들처럼 예수님과의 관계를 좀 더 깊이 탐구해 보고 싶었다. 물론 그들이 예수님의 사역으로 생각하는 것과 내가 성부와 성령 하나님의 사역으로 생각하는 것은 개념상 별반 다르지 않았다.

나는 없는 사실을 꾸며내고 싶지 않았다. 다시 말해 예수님이 나의 삶에서 행하시는 사역을 일부러 과장해 내가 더욱 온전한 신앙생활을 하고 있다고 생각하고 싶은 마음이 조금도 없었다. 만일 그렇게 한다면 예수님이 정말로 나의 삶에 모습을 드러내실 때 그분의 참 모습을 알아볼 수 없을 것이라는 생각이 들었다. 아무튼 나는 예수님이 어떤 분이신지 확실하게 알지 못했다.

그러던 중 대학원에서 신학과 심리학을 공부하는 동안 예수님이 영적 성장 과정에서 행하시는 독특한 역할에 관심을 기울이게 되었다. 그 결과 나는 예수님의 역할이 없으면 참된 영적 성장은 상상조차 할 수 없는 일이라는 사실을 깨달았다. 이것이 이 장의 주제다. 우리는 예수님이 어떤 부분에서, 어떻게 사람들의 영적 성장을 도와주시는지를 구체적으로 생각해 보려고 한다.

계속되는 관계

예수님은 우리와 함께 계신다. 예수님은 성부 하나님께로 올라가셨지만 항상 모든 신자의 마음속에 살아 계신다.

"볼지어다 내가 세상 끝날까지 너희와 항상 함께 있으리라"(마 28:20).
"믿음으로 말미암아 그리스도께서 너희 마음에 계시게 하시옵고"(엡 3:17).

말씀대로 그분은 믿음을 통해 우리 안에 거하신다. 이는 우리가 예수님과 계속적인 관계를 맺고 영적 생명을 공급받는다는 것을 의미한다. 예수님과 성령께서는 신비로운 방식으로 우리 안에 거하신다.

구약 시대에는 하나님이 성전에 거하셨다. 지금은 신자가 곧 성전이다(고전 3:16 참조). 우리는 예수님 안에서 하나님과 인격적인 관계를 맺는다. 이것이 영적 성장에 필요한 모든 좋은 것의 원천이다. 이를 간단히 열거하면 다음과 같다.

- 생명(요 15:4 참조)
- 선한 열매(요 15:5 참조)
- 기도 응답(요 15:7 참조)
- 능력(고후 12:9 참조)
- 평화(골 3:15 참조)

사람들이 성장하려면 두 가지 관계(즉 하나님과의 관계와 인간과의 관계)가 필요하다. 다른 사람들의 성장을 도우려면 그들이 내주하시는 그리스도와 관계를 맺도록 해야 한다. 어떤 문제나 어려움이든 항상 관계가 최우선이어야 한다. 이는 자동차 여행을 떠날 때 가장 먼저 연료 상태를 점검해야 하는 이치와 같다.

이 과정에서 가장 큰 비중을 차지하는 것은 예수님의 임재를 의식하는 법을 배우는 것이다. 우리는 이 세상과 그 현실을 오감을 통해서만 경험하려는 성향이 있다. 그러나 성경은 영적 현실이 개념이나 관념을 훨씬 뛰어넘는다고 가르친다. 영적 현실은 물리적인 현실만큼 확실하다. 성장하기 원하는 사람들은 매일매일 예수님을 의식하고, 그분께 반응하며, 복종하는 삶을 살아야 한다. 나는 지금까지 "그[예수님] 안에 뿌리를 박으며 세움을"(골 2:7) 받는 과정을 거치면서 여러 상황에 부딪칠 때마다 종종 그분께 도움과 지혜를 구하곤 했다. 그때마다 나의 반응은 다양했다. 때로는 어떤 일을 해야 한다고 느꼈고, 때로는 어떤 일을 중단해야 한다는 충동을 느꼈으며, 또 어떤 때는 복음서의 구절이 뇌리에서 떠나지 않아 내가 하는 일과 관련해 예수님의 인도하심을 가르쳐주기도 했다.

성장을 돕는 사람들이 종종 경험하듯 관계의 상처를 받은 사람들은 대개 하나님이나 다른 누군가를 쉽게 믿지 못하는 경향이 있다. 어떤 이들은 모든 감정을 닫아버린 채 스스로 고립되어 자아에 매몰되기도 한다. 그들에게 하나님의 내주하심은 아무런 의미가 없다. 그들은 예수님이 계신다는 사실은 기쁘게 인정할지 몰라도 그분과 어떻게 관계를 맺어야 하는지는 알지 못한다. 더욱이 모든 관계가 위험하다는 생각에 사로잡혀 예수님과의 관계까지 그런 식으로 여기곤 한다.

따라서 우리는 성장하기 원하는 사람들에게 하나님이 선하시고, 예수님이 신자의 마음속에 살아 계시며, 그분과 신뢰의 관계를 맺으면 온갖 좋은 결과가 나타난다는 사실을 깨우쳐주어야 한다.

일체화

예수님이 영적 성장에서 행하시는 또 하나의 역할은 이른바 "일체화"라고 부르는 과정이다. 그분은 다양한 성장의 상황에서 우리를 가르치시고 위로하시는 본보기가 되신다. 성경의 원리는 성장의 원리를 가르친다. 예수님은 우리에게 본을 보이셨다. 그분은 우리가 보고 마음속에 내면화시킬 수 있는 인간적이고 인격적인 본을 보여주셨다. 다시 말해 우리는 예수님을 통해 하나님이 우리에게 기대하시는 삶을 생생하게 들여다보는 실물 교육을 받는 셈이다. 우리는 이 장에서 예수님과의 일체화 과정을 여러 측면에서 바라보고, 그것들이 영적 성장에 어떻게 적용되는지를 살펴보는 데 많은 지면을 할애할 생각이다.

고난에 대한 반응

영적 성장의 가장 중요한 과제 가운데 하나는 고난에 반응하는 법을 이해하는 것이다. 고난은 좋은 것은 아니지만 삶의 일부다. 특히 성장 과정에 반드시 필요하다. 고난을 이해하지 못하는 사람은 성숙한 인간으로 거듭날 수 없다. (우리는 11장에서 고난에 대해 좀 더 자세히 다룰 생각이다.) 예를 들어 우리와 다른 사람들과의 관계에서 비롯하는 상처와 죄와 실패를 다룰 때는 고통이 수반되기 마련이다.

고난을 피하기 위해 예수님을 찾는 이들이 많다. 그런 사람들은 그분의 능력과 영광과 권위, 즉 만왕의 왕으로서의 역할에 초점을 맞춘다(계 19:16 참조). 그들은 죄와 어둠에 대한 그분의 승리에 자신을 일치시키려고 노력한다.

그러나 우리가 그리스도 안에 있고, 궁극적으로는 만사가 잘 해결될 것이라는 확신을 가지고 있다고 해도 이 세상에서의 일들은 그렇게 순탄하지 못하다. 이스라엘 민족에게 약속의 땅이 주어졌지만 그들은 그 땅을 소유하기까지 40년을 기다려야 했다. 마찬가지로 우리도 최후의 승리를 축하하기까지 해야 할 일이 많다.

고난을 당연하게 생각하라

예수님은 고난에 반응하는 법을 가르쳐주셨다. 가장 중요한 사실은 그분이 고난을 피하지 않으시고 그것을 성장 과정의 일부로 간주하셨다는 것이다.

> "그가 아들이시면서도 받으신 고난으로 순종함을 배워서"(히 5:8).

고통과 불편을 피하려는 것은 인간의 본성이다. 그러나 성장을 돕는 사람들은 성장 과정의 진통을 정상으로 생각하도록 이끌어야 한다. 예를 들어 과거의 상처를 애써 외면하는 사람은 자신의 인격 형성에 영향을 미친 원인을 찾는 과정에서 많은 고통을 느낄 수밖에 없다. 상처를 안겨준 관계와 경험을 다시 떠올려 솔직하게 털어놓는 일에도 고통이 수반된다. 그런 고통은 종종 매우 강렬하다. 그런 경우 그는 대화의 주제를 바꾸거나 자신이 겪은 일을 최소화하려는 태도를 보일 수 있다. 그때는 예수님이 눈앞의 고난을 어떻게 감당하려고 하셨는지를 설명하는 과정이 필요하다(눅 9:51 참조).

예수님은 우리의 자연적 성향을 거스르신다. 세상의 관점에서 보면 영광에 이르는 길은 "맨 꼭대기에 서는 것", 또는 "모든 것을 다 가지는 것"을 의미한다. 그러나 예수님의 관점에서 그 길은 고통과 고난을 경험하는 것을 가리킨다. 바울은 이렇게 말했다.

> "자녀이면 또한 상속자 곧 하나님의 상속자요 그리스도와 함께한 상속자니 우리가 그와 함께 영광을 받기 위하여 고난도 함께 받아야 할 것이니라"(롬 8:17).

경건한 고난을 선택하라

사람들은 언제 고난을 받아들여야 하고, 언제 고난을 피해야 하는지를 이해하는 데 많은 어려움을 느낀다. 힘든 관계를 맺고 있는 사람의 경우 학대를 받을 때 그 고난이 자신의 영혼을 해치고 가해자를 미성숙한 상태로 방치하는 일인데도 그저 스스로 감당해야 할 고난의 일부라고 생각하고 묵묵히 참는 경향이 있다. 그러나 그런 고난은 피해야 한다[잠 22:3 참조, 또한 존 타운센드의 『사랑하라, 숨지 말고』(*Hiding From Love*), 8장을 참조하라].

반면에 어떤 사람들은 좋은 고난을 피하려고 한다. 앞서 말한 사람의 경우에는 다툼이 일어나거나 버림을 받을까 두려워 자신에게 상처를 주는 사람에게 단호히 맞서는 일을 회피했다. 그는 두려움 때문에 좁은 길이 아닌 넓은 길을 선택했다(마 7:13-14 참조). 예를 들어 그는 가해자에게 전화를 걸어 서로의 문제를 솔직히 논의해 보자고 제안하기보다 단지 상대방을 피하기에 급급했다. 왜냐하면 문제를 적극적으로 해결하러 나서기보다 대립을 피하고 다른 사람의 뜻에 순응하는 것이 더 편하기 때문이다.

예수님은 필요한 고난은 받아들이고, 필요하지 않은 고난은 거절하는 지혜를 발휘하셨다. 그분은 고통에는 반드시 목적이 있어야 한다는 사실을 누구보다 잘 알고 계셨다. 예수님이 십자가의 길을 선택하신 이유는 그것이 인류를 구원하는 일이었기 때문이다. 그와 달리 예수님은 그분의 목적에 부합하지 않는 고난은 자처하신 적이 없다. 예를 들어 그분은 자신의 때가 아직 이르지 않았다는 사실을 의식하시고 가르침을 거부하는 이들의 박해를 지혜롭게 피하셨다(요 10:39 참조).

겸손하라

성장하기 원하는 사람은 고난을 통해 교훈을 얻는 법을 배워야 할 뿐 아니라 경건한 고난과 경건하지 못한 고난을 구별하는 법을 이해해야 한다. 이 밖에도 고난을 감내하는 방법을 배우는 것이 필요하다. 필요한 고난을 감당하는 방법 가운데 하나는 겸손한 태도를 지니는 것이다. 겸손한 사람은 비록 불편한 일이 닥치더라도 그것이 올바른 고난이라고 생각하며 묵묵히 감내한다. 겸손이란 우리가 가질 수 없는 권리나 특권을 원하지 않는 것을 의미한다. 물론 고난을 애써 즐기는 척할 필요는 없다. 그저 필요한 고통을 잘 감내함으로써 다른 사람들이 그런 우리를 보고 마음에서 절로 우러난 위로를 건넬 수 있게 하면 된다. 그런 식으로 고난을 잘 견디려면 겸손한 태도가 꼭 필요하다.

겸손의 반대는 자기 과장이다. 이는 고난을 올바로 감당하지 못하게 방해하는 자기 방어기제를 뜻한다. 자기 과장의 유형은 매우 다양하다. 어떤 사람은 스스로 강한 척하며 "나는 아무래도 상처받지 않아" 하며 고통을 애써 부인한다. 또 어떤 사람은 정의가 살아 있다면 자신이 고통을 받아서는 안 된다고 주장한다. 그는 "왜 내가 고난을 받아야 해? 지금까지 늘 착하게 살아왔는데"라고 말한다. 그 밖에도 "이것은 정말 불편한 일이야. 그러니까 절대 경험하고 싶지 않아"라고 말하면서 고난을 피하려고 시도한다. 그런 사람은 고난이 성장에 미치는 좋은 영향을 결코 경험할 수 없다.

예수님은 이 경우에도 좋은 본을 보여주셨다. 그분은 자신의 신성을 주장하시며 모든 고난을 피하실 수 있었다. 그러나 그분은 "하나님과 동등됨을 취할 것으로 여기지 아니하시고 오히려 자기를 비워 종의 형체를 가지사 사람들과 같이"(빌 2:6-7) 되셨다. 그분은 자신을 낮추시고 자신이 아닌 다른 사람들의 고난을 감당하셨다. 이는 성장하기 원하는 사람들에게 참으로 놀라운 본보기가 아닐 수 없다. 성장을 돕는 사람들은 그들에게 겸손의 가치를 가르쳐 고난을 올바로 감당하도록 이끌어야 한다.

하나님과 다른 사람들을 의지하라

우리는 성장을 추구해야 하지만 혼자서는 그 일을 감당하기 어렵다. 위로와 이해와 격려를 받으려면 하나님과 다른 사람들의 도움이 반드시 필요하다. 예수님도 하나님과 사람들을 의지하셨다. 그분은 자신을 본받으라고 말씀하시며 하나님께 일용할 양식을 구하라고 가르치셨다

(마 6:11 참조). 또한 고난의 때에 제자들에게 함께 있어달라고 부탁하셨다(마 26:38 참조). 우리는 혼자서 살 수 없다. 그렇게 살도록 창조되지 않았다. 예수님은 독립된 삶이 아니라 의존하는 삶의 본을 보여주셨다.

내가 알고 있는 한 여성은 과식으로 인해 고통을 받았다. 그녀는 스스로 아무리 노력해도 음식을 먹는 일을 멈출 수가 없었다. 그런 그녀에게 가장 큰 도움이 된 것은 그녀가 신뢰하는 몇몇 사람들과 약속을 맺은 것이었다. 그녀는 일터에서 고된 하루를 보냈거나, 자녀들과 갈등이 생겼거나, 남편과 심한 다툼을 벌인 뒤에는 음식을 먹고 싶은 충동에 사로잡혔다. 그녀는 그때마다 친구들에게 전화를 걸었다. 이유가 무엇이든, 한낮이든 한밤중이든 그녀는 그들과 연락을 취할 수 있었다. 그녀는 몇 달 동안 하루에도 수차례 전화를 걸었다. 때로는 간단히 몇 마디를 주고받았고, 때로는 한참 동안 대화를 나눴다. 그들은 그녀에게 깊은 관심을 보이며 그녀의 말에 귀를 기울였고, 서로 긴밀한 관계를 맺고 용기를 북돋아주었다. 마침내 그녀는 도움에 힘입어 자제력을 기름으로써 점차 과식의 충동에서 벗어났다. 그녀는 그런 식으로 의존의 중요성을 가르쳐주신 그리스도와 하나 되었다.

다른 사람의 잘못으로 인한 상처에 반응하는 법

성장하기 원하는 사람이 감내해야 할 고난의 유형 가운데 하나는 다른 사람의 잘못으로 인한 상처다. 우리는 스스로 저지른 잘못으로 인해 삶의 고통을 많이 경험하지만 그와 동시에 다른 사람들의 잘못으로 상처를 입고 고통받을 때도 있다. 다른 사람의 영적 성장을 도우려면 성장하기 원하는 사람이 다른 누군가의 잘못으로 인해 얼마나 큰 고통을 느끼고 있는지를 이해해야 한다. 이는 매우 중요한 성장 과정의 일부다. 예수님의 삶은 이와 관련해서도 유익한 본을 보여준다.

다른 사람의 잘못으로 인해 상처를 받았을 때 우리는 대개 타락한 본성이 이끄는 대로 행동하는 경향이 있다. 아담처럼 우리도 외부에서 오는 스트레스에 항상 옳게 반응하지 못한다. 잘 아는 대로 아담은 유혹에 굴복했을 뿐 아니라 그 책임을 회피하려고 노력했다(창 3:8-12 참조). 우리의 본성도 그런 식의 반응을 보인다. 그러나 그런 반응은 우리의 성장을 돕지 못한다. 하나님은 마지막 아담이신 예수님을 통해 더 나은 길을 보여주셨다. 그분은 우리에게 생명을 주신다.

"기록된 바 첫 사람 아담은 생령이 되었다 함과 같이 마지막 아담은 살려주는 영이 되었나니"(고전 15:45).

새 아담이신 예수님은 상처를 오히려 기회로 삼으시어 하나님께 더 가까이 나아갈 뿐 아니라 인격을 도야할 수 있는 길을 보여주셨다. 다른 사람의 잘못으로 고난을 당하는 경우에 대처하는 방법을 몇 가지 소개하면 다음과 같다.

상처를 부인하지 말고 인정하라

우리는 감정에 상처를 받았을 때 그것을 부인하려는 경향이 있다. 예를 들어 사랑이 없는 아내는 남편의 마음에 상처를 준다. 그때 남편은 겉으로 연약하거나 나약한 모습을 보이지 않으려 하거나 스스로가 지나치게 예민하다고 생각한다. 또한 상처를 인정하는 것이 아내에게 불충실하거나 천박하게 보일 수 있다고 판단한다. 그는 그런저런 이유를 들어 상처를 부인한다. 그러나 그것은 자신을 속이는 행위다. 상처를 받지 않았다고 말하는 것만으로는 상처를 극복할 수 없다. 상처받은 마음은 상처받은 그대로 남아 있다.

예수님은 다른 본을 보이셨다. 그분은 상처를 주는 일을 상처를 주지 않는 일이라고 생각하지 않으셨다. 그분은 제자들에게 앞으로 있을 고난에 관해 말씀하시며 크게 번뇌하셨다. 제자들은 예수님이 그처럼 부정적인 반응을 보이시자 깜짝 놀랐다(마 16:21-22 참조). 그러나 예수님은 제자들이 자신이 겪어야 할 고난을 이해해 주기를 원하셨다. 만일 그분이 자신의 고통을 부인하셨다면 제자들은 그분이 감당하신 희생의 가치를 이해하지 못했을 것이다.

예수님은 우리에게 고난을 부인하지 않고 그분과 더불어 고난을 감내하면 함께 영원한 기업을 누리게 될 것이라고 약속하셨다.

> "자녀이면 또한 상속자 곧 하나님의 상속자요 그리스도와 함께한 상속자니 우리가 그와 함께 영광을 받기 위하여 고난도 함께 받아야 할 것이니라"(롬 8:17).

성장을 돕는 사람은 성장하기 원하는 사람이 과거의 현실을 직시하고 상처를 솔직히 드러내도록 독려해야 한다. 예수님은 문제가 있는데도 모든 것이 다 잘되고 있다는 듯 행동하지 않으셨다.

혼자 고립되어 있지 말고 다른 사람들과 관계를 유지하라

상처를 받으면 모든 관계를 끊으려는 것이 인간의 성향이다. 다른 사람을 의지하는 것을 두려워하는 사람도 있고, 자신의 문제로 친구들을 부담스럽게 하는 것을 탐탁지 않게 여기는 사람도 있다. 또 어떤 사람은 스스로 만족하는 태도를 보이기도 한다. 이들은 모두 치유와 성장을 경험할 수 없다.

예수님은 상처를 받으셨을 때도 관계를 유지하셨다. 그분은 마지막 길을 준비하시는 가장 암울했던 시간에 겟세마네 동산에서 제자들에게 도움을 요청하셨다.

> "내 마음이 매우 고민하여 죽게 되었으니 너희는 여기 머물러 나와 함께 깨어 있으라" (마 26:38).

성장하기 원하는 사람을 도우려면 이런 예수님의 태도를 가르쳐야 한다. 예수님의 길은 혼자 가는 길이 아니었다. 그분은 하나님과 다른 사람을 감정적으로 의지하셨다.

복수하려 들지 말고 사랑하고 용서하라

인간은 상처를 받으면 그것을 되갚으려는 경향이 있다. 상처를 준 사람에게 복수하려는 것은 모든 인간의 본성이다. 우리는 대개 어린아이처럼 살해의 의도를 품고 복수를 시도한다. 예를 들어 남자친구에게 배신당한 여성의 경우에는 똑같은 방식으로 보복을 가한다. 둘이서만 전적으로 관계를 맺고, 서로를 신뢰하며, 아낌없이 헌신하자고 약속했는

데 남자친구가 다른 여성과 함께 있는 것을 발견하면, 그녀는 '배신당한 감정이 어떤 것인지 똑같이 느끼게 해주겠어'라고 생각하고 다른 남성과 관계를 맺을 수 있다. 이런 식의 자기 합리화는 다른 사람에게 상처를 안겨주는 행동이 얼마나 잘못된 것인지를 남자친구에게 깨우쳐 주기보다 오히려 그의 잘못된 행위를 더욱 정당화시킬 빌미를 제공할 가능성이 높다는 데 문제가 있다.

인간의 본성은 복수의 율법을 선호한다. 즉 눈은 눈으로, 이는 이로 갚으려고 한다(출 21:24 참조). 그러나 예수님은 그보다 더 나은 원리를 가르치시고 몸소 실천하셨다.

> "나는 너희에게 이르노니 악한 자를 대적하지 말라 누구든지 네 오른편 뺨을 치거든 왼편도 돌려 대며"(마 5:39).

예수님은 복수하려고 하지 않으시고 상대방에게 기회를 주려고 하셨다. 이것은 인간의 본성을 거스르는 일이다. 사실 상처를 준 사람에게 복수하지 않는 마음을 가지려면 하나님의 역사가 필요하다.

용서와 사랑에 관한 예수님의 가르침에 대해 혼란을 느끼는 사람들이 많다. 그들은 예수님이 상처로부터 우리 자신을 보호하지 말라고 가르치신다고 생각한다. 그러나 우리는 두 가지 사실을 기억해야 한다. 첫째, 예수님의 말씀은 사실이다. 보복이 아니라 평화를 이루는 것이 우리의 소명이다. 그것이 더 큰 소명이다. 둘째, 이 구절은 그 자체로만 이해해서는 안 되고 성경 전체에 비춰 보아야 한다. 성경에는 우리 자신을 보호하라고 가르치는 구절이 기록되어 있다(잠 22:3 참조). 우리는 각각의 상황을 잘 파악해 복수하지 않고 어디까지 우리를 보호해야 할지 결정해야 한다.

통제당하지 말고 자제력을 키워라

사람들은 상처를 받을 때 곧 자제력을 잃는 경향이 있다. 관계를 통해 상처를 받는 것은 우리가 처음에 다른 사람들을 적절히 통제하지 못했다는 증거다. 우리는 우리에게 상처를 준 사람에게 힘을 실어줄 때가 많다. 그런 태도는 상황을 더욱 악화시킬 뿐이다.

예를 들어 한 남성이 부모가 자신에게 일생 동안 아무런 관심도 기울이지 않았다는 사실을 깨닫게 되었다고 하자. 그는 그러한 무관심이 자신의 인간관계를 어렵게 만들었다고 생각할 것이다. 왜냐하면 다른 사람들과 관계를 맺으려면 먼저 자신의 내적 자아와 충분한 관계를 맺어야 하기 때문이다. 그 사실을 이해하는 순간 그는 부모가 자신에게 무관심했던 사실을 주지시키려고 애쓸 수도 있고, 용서를 구하게 하거나, 심지어는 부모 노릇을 제대로 해보이라며 어렸을 때 못 해준 것을 지금 해달라고 요구할 수도 있다. 좋은 관계가 이루어지려면 견책, 용서, 화해가 필요하다.

그러나 어떤 사람들은 상처를 주는 사람의 영향권에서 벗어나지 못한 채 그가 자신을 통제하도록 방치한다. 그렇게 되면 상처를 주는 사람이 마음을 좌지우지하게 만드는 결과를 피할 수 없다.

예수님은 이 문제를 다른 식으로 다루셨다. 그분은 다른 사람이 상처를 줄 때 그것 때문에 자신의 가치관이나 삶의 방향을 바꾸지 않으셨다. 이런 태도를 한마디로 표현하면 자제력이다. 예수님은 상처를 주는 사람들이 자신의 삶을 통제하도록 허락하지 않으셨다. 오로지 성부께서 허락하신 일을 완수하셨다. 그분은 운명하시기 전에 극심한 고통을 느끼시면서 "다 이루었다"(요 19:30)는 마지막 말씀을 남기셨다. 끝까지 자신의 삶을 스스로 통제하셨다.

성장을 돕는 사람은 성장하기 원하는 사람이 다른 사람이 준 상처로 고통을 받을 때 자제력을 발휘하도록 도와주어야 한다. 고통을 고백하고 처리하는 과정에서 스스로가 삶의 주인이 되도록 이끌어주어야 한다. 그가 해야 할 가장 중요한 일 가운데 하나는 상처를 치유하는 것이다. 앞서 언급한 남성의 경우처럼 다른 사람들의 따뜻한 감정을 받아들이는 법을 배워야 할 사람도 있고, 관계에 지나치게 얽매이지 않는 법을 배워야 할 사람도 있으며, 가혹한 자기 비판이나 완벽주의에서 벗어나는 법을 배워야 할 사람도 있다. 다른 사람이 주는 상처에 지배당해 심리적으로 궁지에 몰리기보다는 자제력을 키우는 것이 중요하다.

악을 다스리는 권위

인간의 악한 성향과 마귀의 영향력은 성장 과정을 가로막는 가장 큰 방해요소다. 그러나 우리는 악을 다스리는 예수님의 권위를 행사할 수 있다. 하나님은 만물을 예수님의 발 아래 두셨다(엡 1:22 참조). 그분의 권위에는 죄와 악을 다스리는 권위도 아울러 포함된다. 예수님은 제자들에게 귀신을 내쫓는 권위를 위임하셨다(마 10:1 참조). 마찬가지로 성장하기 원하는 사람은 악을 다스리는 예수님의 권위를 위임받아 자신의 삶과 성장 과정에 적용할 수 있다. 예수님의 권위가 지니는 몇 가지 측면들을 살펴보면 다음과 같다.

악을 결코 용납하지 않는 태도

예수님은 악의 현실을 부인하지 않으셨다. 죄에 관해 알고 계셨다. 그러나 그분은 죄를 인정하지 않으시고 단호하게 맞서 싸우셨다. 성장하기 원하는 사람도 그와 같이 악에 단호히 맞서야 한다. 바울은 "죄에 대하여 죽은 우리가 어찌 그 가운데 더 살리요"(롬 6:2)라고 말했다. 악을 결코 용납하지 않는 태도는 여러 가지 형태를 취한다. 예를 들어 내가 아는 한 남성은 음주 행위가 자기 자신 때문이라고 생각하지 않았다. 오히려 늘 자신을 통제하려고 할 뿐 아니라 매사에 완벽을 추구하는 아내에게 문제가 있다고 생각했다. 그러나 복음서에 기록된 예수님의 생애를 솔직하게 관찰해 본 결과 자신의 음주 행위가 도를 넘어 악으로 발전했다는 사실을 깨달았다. 그는 악에 대해 단호한 태도를 취했다. 그러자 곧 치유와 성장의 길에 들어설 수 있었다.

영적 싸움

악은 마귀라는 인격의 형태로 존재한다. 예수님은 죽음으로 사탄의 권세를 물리치시고 그의 사역을 멸하셨다(요일 3:8 참조). 그러나 마귀는 여전히 사람들을 공격한다. 영적 싸움은 지금도 진행 중이다(엡 6:12 참조). 마귀는 우리를 직접 공격하기도 하고, 또 우리가 저지른 악을 이용해 우리를 파멸로 몰아넣기도 한다.

악을 다스리는 예수님의 권능은 물론 마귀가 지니고 있는 힘을 인정하라. 마귀가 신자들의 삶에 영향을 미친다는 사실을 둘러싸고 교회에서는 종종 의문이 제기되곤 한다. 예를 들어 우울증은 뇌의 화학물질이나 상처받은 경험, 또는 우리 자신의 그릇된 행동 때문에 생겨나는 질병일까, 아니면 마귀의 역사로 인한 결과일까? 둘 다 가능하다. 사람들을 하나님과 다른 사람들로부터 멀어지게 만들어 성장을 가로막는 데 기여하는 여러 가지 부정적 요인들의 배후에는 마귀가 도사리고 있다. 가장 좋은 방법은 각각의 분야와 관련해 연륜과 균형을 갖춘 사람들, 즉 건전한 신학적 지식과 심리학적 문제에 대한 이해력이 뛰어날 뿐 아니라 영적 싸움의 현실과 의학적 지식에 정통한 사람들의 도움을 빌려 모든 가능성을 면밀히 검토하는 것이다. 이때 삶의 다른 여러 가지 측면을 철저히 점검할 때까지는 모든 문제를 곧바로 마귀의 역사로 단정하지 않도록 주의해야 한다.

유혹에 대처하는 법

성장의 길은 곧고 평탄하지 않다. 그 길에는 온갖 유혹이 숨어 있다. 하나님을 더 많이 알고 싶어 하며 인격의 성장을 추구하는 사람들은 유혹이 줄어들기는커녕 오히려 그들이 하는 일에 따라 형태를 달리해 끊임없이 공격을 가해 오는 것을 종종 경험하곤 한다. 유혹을 대하는 예수님의 태도는 우리에게 많은 교훈을 제시한다. 특히 광야에서 시험을 받으신 사건은 암시하는 바가 크다(마 4:1-11 참조).

마귀는 여러 가지 전략을 동원해 그리스도를 유혹했다. 첫째, 그는 예수님이 오랫동안 금식하신 탓에 심신이 연약해질 대로 연약해진 때를 노려 그분께 접근했다(마 4:2 참조). 성장하기 원하는 사람 역시 그런 상황에 처하는 경우가 많다. 즉 사람들은 강하고 안정된 상태에 있을 때가 아니라 연약한 상태에 있을 때 종종 유혹을 받는다. 나 혼자만 그런 상황에 직면하는 것은 아니다.

사탄은 예수님께 돌로 떡을 만들어 먹으라고 말했다. 이것은 하나님의 방법이 아니라 다른 방법을 통해 필요를 채우라는 유혹이었다. 예를 들어 성적인 죄를 통해 외로움을 달래려는 사람이 그런 경우에 해당한다. 다른 사람을 의존하려는 것은 좋지만 자신의 필요를 충족하기 위해 선택한 그와 같은 방법은 결코 옳지 않다.

예수님은 성경 구절을 인용하시어 사탄에게 하나님의 방법을 통해 필요를 채우는 것이 옳다고 맞서셨다. 앞서 언급한 사람의 경우에는 마음의 외로움을 성적인 죄를 통해 달래려고 하지 말고 올바른 사랑과 위로를 발견할 수 있는 관계를 찾아나서야 한다.

마귀의 둘째 유혹은 성전에서 뛰어내려 하나님을 시험해 보라는 것이었다(마 4:5-6 참조). 이것은 하나님과 그분의 방법을 신뢰하기보다 그분을 지배하라는 유혹이었다. 예수님은 이 유혹에 대해서도 단호한 입장을 취하셨다. 우리도 하나님의 방법이 아니라 우리의 방법에 따라 삶을 살아가고자 할 때 그와 똑같은 유혹에 직면할 수 있다.

예를 들어 어떤 여성은 자립심이 없는 미성숙한 남성들과 교제하곤 했다. 그녀는 그들을 스스로 책임지며 위로도 하고, 용돈도 주고, 조언도 하는 등 온갖 도움을 아끼지 않았다. 그렇게 하면 하나님이 자신과 사랑에 빠져 인생을 함께할 배우자를 허락해 주실 것이라고 생각했다. 그러나 그녀의 노력은 번번이 실패로 끝났고 고통만 가중되었다.

결국 그녀는 미성숙한 남성들에게 성숙한 어른이 되라고 요구하지 않고 무작정 돕기만 했던 방법이 자신을 위해 하나님을 이용하려고 했던 잘못된 방법이었음을 깨달았다. 그녀는 그런 행위를 쉽게 포기하기가 어려웠다. 왜냐하면 미성숙한 남성들에게 무작정 헌신할 때 스스로 자긍심을 느꼈기 때문이다. 그러나 그 행위는 궁극적으로 하나님을 지배하려는 것과 다름없었다. 나중에 그녀는 하나님의 방법으로 남성들과 교제하기 시작했고, 하나님은 그런 그녀에게 성숙한 남성을 만날 수 있는 기회를 허락하셨다. 그들은 지금 부부가 되어 행복하게 살고 있다.

마지막으로, 사탄은 자신을 경배하면 세상 나라를 모두 주겠다며 예수님을 유혹했다(마 4:8-9 참조). 만약 예수님이 그 제안을 받아들이셨다면 십자가에서 죽으실 필요가 없었을 것이다. 그러나 예수님은 마귀를 엄히 꾸짖으셨다. 그것은 고난을 회피하라는 유혹이었다. 그러나 성장은 고난을 수반한다(11장을 참조하라). 이 유혹에 대한 예수님의 태도는 우리 모두에게 그분의 길을 따를 때 고난을 받을 수 있다는 사실을 일깨워준다. 그러나 고난을 통해 영적 성장이 이루어진다면 그것은 그다지 크지 않은 희생이다.

우리의 고난을 동정하시는 예수님

우리의 성장에 영향을 미치는 또 하나의 일체화 과정이 있다. 이 경우는 우리가 아닌 예수님 편에서의 일체화다. 예수님은 직접 고난을 경험하셨기 때문에 우리의 고난을 잘 알고 계신다.

"그가 시험을 받아 고난을 당하셨은즉 시험받는 자들을 능히 도우실 수 있느니라"(히 2:18).

"우리에게 있는 대제사장은 우리의 연약함을 동정하지 못하실 이가 아니요 모든 일에 우리와 똑같이 시험을 받으신 이로되 죄는 없으시니라"(히 4:15).

예수님은 몸소 고난을 겪으셨기에 누구보다도 우리를 잘 이해하신다. 우리의 상황에 관해 "나도 그런 일을 겪어봤어"라고 말할 사람이 있다면 바로 예수님이시다. 이 성경 본문에서 핵심이 되는 표현은 두 가지, 즉 "돕다"와 "동정하다"이다. 이는 예수님이 우리를 도우실 뿐 아니라 긍휼히 여기신다는 뜻이다. 예수님은 사랑의 본성을 지니고 계시기 때문에 우리에게 이해와 동정을 베푸시고, 또한 실천적인 본성을 지니고 계시기 때문에 우리의 성장을 기꺼이 도와주신다. 도움을 줄 수 있지만 우리를 이해하지 못하는 친구나, 우리를 이해하지만 실제로 도움을 주지 못하는 친구를 보면 우리의 고난을 동정하시는 예수님이 두 가지 속성을 모두 지니고 계시는 것이 왜 좋은지 그 이유를 분명히 알 수 있다. 여기서 비롯하는 유익 몇 가지를 나열하면 다음과 같다.

예수님은 대제사장의 역할을 완수하셨다

예수님은 우리를 위해 대제사장의 역할을 완수하시기 위해 중요한 두 가지 일을 수행하셔야 했다.

"그러므로 그가 범사에 형제들과 같이 되심이 마땅하도다 이는 하나님의 일에 자비하고 신실한 대제사장이 되어 백성의 죄를 속량하려 하심이라"(히 2:17).

예수님은 의로우신 하나님 앞에서 우리를 옹호하시는 중보자로서 우리와 하나 되셔야 했다. 그분은 우리가 온전히 이해할 수 없는 방식으로 우리와 하나 되시는 경험을 통해 우리의 사정을 속속들이 이해할 수 있는 능력을 갖추셨다. "동정하다"로 번역된 헬라어는 "타인의 불행을 딱하게 여기다"라는 뜻이다. 예수님은 우리의 고난을 단지 머리로만이 아니라 인격적인 차원에서 가슴 깊이 이해하신다. 경험은 우리를 알기 위해 그분이 통과하셔야 했던 유일한 문이었다. 그분은 엄청난 대가를 치르고 그 문을 통과하셨다. 그로써 영원히 우리의 온전한 대제사장이 되시어 우리의 연약함을 동정하실 수 있게 되었다.

일전에 한 대형교회에서 내게 "성적인 범죄를 저질러 결혼생활과 목회사역까지 위태롭게 만든 목회자를 어떻게 처리하는 것이 좋겠습니까?" 하고 물어왔다. 그 목회자는 오랫동안 열심히 회복의 과정을 거쳤고, 그 결과 좋은 열매를 맺게 되었다. 교회도 그의 회복에 참여하기를 원했고, 그 역시 교회가 동참해 주기를 바랐다. 나는 목회자의 문제와 관련해 교회 지도자들과 정기적으로 상담을 나누었다. 그들은 그를 진정으로 염려했으며 그가 언제 다시 사역을 재개할 수 있을지에 대해 깊은 관심을 기울였다.

함께 문제를 해결해 나가는 동안 나도 그에 대한 관심이 깊어졌다. 그의 삶과 인격을 살펴본 결과 그가 그런 위험한 길에 치우치게 된 여러 가지 이유를 찾아낼 수 있었다. 그는 하나님과 가족을 동시에 사랑하고 섬기기를 간절히 원했다. 비록 그의 죄와 문제에 대한 책임은 오직 그 자신만이 감당해야 할 것이었지만 나는 그의 연약함에 깊은 동정을 느꼈다. 나는 그가 그런 유혹을 느꼈던 심정을 이해했다.

어느 날 교회 지도자들과 모임을 갖는 동안 한 사람이 내게 이렇게 물었다. "목사님이 그런 죄를 다시 저지르지 않을 것이라고 보장하실 수 있습니까?" 순간 나는 그를 보호하고 싶은 감정을 느꼈다. 그래서 "하나님의 말씀으로 미뤄볼 때 저를 비롯해 우리 모두가 그런 죄를 결코 저지르지 않으리라는 보장은 없습니다"라고 대답했다. 우리는 로마서 7장을 중심으로 죄와 연약함의 문제를 논의했고, 모두가 항상 하나님의 은혜를 의지해야 한다는 데 의견을 같이했다. 논의의 결과는 매우 바람직했다. 내가 마음속에서 그를 보호하고 싶은 감정을 느낀 이유는 그의 연약함을 동정했기 때문이다.

나는 그가 저지른 행위를 정당화하지 않으면서도 나의 경험을 통해 그에게 동정심을 느낄 수 있었다. 그런 감정을 느꼈기 때문에 그를 대신해 교회 지도자들 앞에서 어떤 말을 해야 할지를 알게 되었다. 나는 당시의 경험이 예수님이 하나님 앞에서 우리를 어떤 식으로 보호하시는지를 조금이나마 이해할 수 있게 한 계기가 되었다고 생각한다. 그분은 진정으로 우리의 처지를 동정하신다.

하나님이 우리를 이해하신다는 사실을 깨닫게 한다

고난을 성장의 발판으로 삼는 과정에서 가장 중요한 요소 가운데 하나는 누군가가 우리를 이해하고 있다는 사실을 아는 것이다. 감정적으로 고립된 상태에서는 성장이 결코 이루어질 수 없다. 인생은 너무 어렵다. 그러나 누군가가 진정으로 자신을 이해하고 있다는 사실을 알면 스스로의 감정과 생각에 몰입되어 홀로 고민하지 않고 인내하며 성장할 수 있는 용기를 얻게 된다. 누군가가 우리의 말을 듣고 있다는 사실,

즉 신적인 차원에서는 하나님이, 또 인간적인 차원에서는 다른 사람들이 우리의 말을 듣고 있다는 사실을 아는 것이 필요하다.

> "여호와여 주는 겸손한 자의 소원을 들으셨사오니 그들의 마음을 준비하시며 귀를 기울여 들으시고"(시 10:17).

이것이 예수님이 우리와 일체가 되신 덕분에 우리가 누리게 된 은혜다. 예수님이 직접 고난을 받으셨기에 우리의 사정을 잘 이해해 주실 것을 깨닫는 순간, 우리는 용기를 얻고 성장의 길을 향해 계속 걸어갈 수 있다.

나는 대학을 졸업했을 때 앞으로 어떤 직업 활동을 해야 할지 막막했다. 몇 가지 일을 시도해 보았지만 모두 적성에 맞지 않았다. 그렇게 2년을 보낸 뒤 집에 돌아와 부모님과 함께 잠시 머물면서 앞으로의 인생을 생각하는 시간을 가졌다. 가족들은 모두 나를 친절하게 대해 주었지만 나로서는 몹시 견디기 힘든 시간이었다. 친구들은 졸업 후 좋은 직장에 들어갔거나 대학원에 진학했는데 나는 다시 돌아와 부모님과 함께 살면서 내가 자랐던 마을 주변에서 임시로 아르바이트를 하는 처지였다.

그러던 중 다행히 신앙을 가진 좋은 친구들을 만나게 되었다. 우리는 함께 모여 서로의 삶에 관해 대화를 나누고, 성경을 공부하며, 서로를 위해 기도했다. 그러나 그들의 삶은 나의 삶에 비해 훨씬 더 나았다. 그들은 진정으로 나를 염려해 주었지만 나는 왠지 함께 어울리기가 거북했다. 앞서 히브리서 4장 15절을 인용한 바 있다. 이 성경 구절은 예수님이 우리의 연약함을 동정하신다고 말씀한다. 나는 이 말씀에서 많은 감동을 받았다. 내가 아무것도 이해하지 못해도, 내가 어떤 일을 겪고 있어도 예수님이 모두 이해해 주신다고 생각하자 많은 위로와 용기를 얻었다. 마침내 나의 상황은 개선되었다. 내게 의미 있는 일을 찾게 되었다. 나는 당시 나를 이해해 주셨던 하나님을 결코 잊을 수 없다.

하나님에게서 멀어지지 않게 도와준다

예수님이 우리와 일체가 되신 덕분에 누리게 되는 또 하나의 은혜는 고통 속에서 하나님께 등을 돌리고 싶을 때 그렇게 할 수 있는 이유나 빌미를 찾을 수 없게 만든다는 것이다. 우리는 자신이 겪고 있는 고통을 이해해 줄 사람이 아무도 없다고 생각하는 경향이 있다. 우리가 다른 사람에게 책임을 전가하거나 문제의 원인을 외부에서 찾아 스스로 주체의식을 가지고 문제를 극복해 나가는 힘든 과정을 피하고자 하는 것은 모두 이러한 성향에서 비롯한다. '아무도 내 삶을 전적으로 이해해 주는 사람이 없어'라고 생각하면 성장의 길에서 벗어난 상태를 스스로 정당화하기 마련이다. 예수님의 고난은 그런 장애 요소를 제거하고, 하나님과 그분의 치유를 외면한 잘못을 뉘우치게 도와준다.

성부 하나님과 성자 예수님은 강력한 능력으로 사람들의 성장을 도와주신다. 다음 장에서는 성령 하나님도 그 과정에서 똑같이 중요한 역할을 수행하신다는 사실을 살펴볼 예정이다.

성장하기 원하는 사람을 위한 조언

- 성장 과정에서 예수님이 어떤 역할을 하신다고 생각하는가? 그분이 단지 구원자의 역할만을 감당하셨고, 지금은 아무 일도 하지 않으신다고 생각하고 있지는 않은가?

- 예수님이 경험하신 고난 가운데 자신의 경험과 일치하는 것이 있는지 살펴보라. 아울러 그분이 고난을 어떤 태도로 받아들이셨는지 생각해 보라.

- 고난을 정상적인 일로 받아들이도록 노력하라. 고난을 경험할 때는 겸손하라. 상처를 받았더라도 앙심을 품지 말라.

- 고난을 당할 때 예수님이 어떻게 동정을 베푸시는지 살펴보면서 위로를 얻고, 나아가 문제 해결을 위한 올바른 관점을 회복하기 위해 노력하라.

성장을 돕는 사람을 위한 조언

- 성장하기 원하는 사람이 예수님과 지속적으로 관계를 맺고 용기를 얻는 것이 얼마나 중요한지를 깨달을 수 있도록 도와라. 예수님의 역할을 단지 구원에만 국한시키는 경향에 초점을 맞춰 우리가 그분과 일체가 되고, 그분이 우리와 일체가 되시는 데서 비롯하는 여러 가지 은혜를 누릴 수 있게 도와라.

- 고난에 대한 예수님의 입장을 이해하도록 도와라. 특히 겸손한 복종과 악을 용납하지 않는 정의로운 태도를 균형 있게 발전시켜나갈 수 있도록 이끌어라.

- 예수님을 우리의 연약함을 동정하시는 대제사장으로 여기지 않는 삶의 영역이 있는지 함께 살펴보고, 그런 문제가 발견되거든 함께 해결해 나가라.

성령님: 회복과 변화의 숨은 주인공

"성령께서는 예수님과 우리를 연결하심으로써 성장의 과정을 시작하신다.
그분은 그 사역을 완수하기 위해 항상 일하신다."

예수님이 오늘 당신의 집을 방문하셨다고 생각해 보자. 당신이 그분께 "성장하기 원합니다"라고 말씀드렸다고 가정했을 때 그분이 어떤 일을 해주시기를 원하는가? 무엇을 치유해 주시고, 무엇을 가르쳐주시고, 어떤 명령을 내려주시기를 원하는가? 새로운 재능을 주시기를 원하는가? 생각해 보라. 나는 그분께 부탁하고 싶은 일들이 많다. 그분이 해주시기를 원하는 일들이 너무나 많다. 아마도 가장 듣고 싶지 않은 말씀은 "성장하고 싶으냐? 그것이 네가 원하는 것이라면 나는 떠나야 한다. 나중에 보자"일 것이다. 나는 예수님이 떠나시는 것을 원하지 않는다. 그것이 우리를 성장시키는 방법이라면 참으로 이상하지 않은가? 그러나 예수님은 정확히 그렇게 말씀하셨다.

"그러나 내가 너희에게 실상을 말하노니 내가 떠나가는 것이 너희에게 유익이라 내가 떠나가지 아니하면 보혜사가 너희에게 오시지 아니할 것이요 가면 내가 그를 너희에게로 보내리니…그러나 진리의 성령이 오시면 그가 너희를 모든 진리 가운데로 인도하시리니 그가 스스로 말하지 않고 오직 들은 것을 말하며 장래 일을 너희에게 알리시리라 그가 내 영광을 나타내리니 내 것을 가지고 너희에게 알리시겠음이라 무릇 아버지께 있는 것은 다 내 것이라 그러므로 내가 말하기를 그가 내 것을 가지고 너희에게 알리시리라 하였노라"(요 16:7, 13-15).

이유는 잘 알 수 없지만 예수님은 하늘로 올라가셔서 그곳에서 우리를 위해 일하기로 결정하셨다. 그리고 성령을 보내 우리와 함께하시며 우리가 원하는 성장과 변화를 독려하게 하셨다. 그분은 그것이 자신이 세상에 있는 것보다 더 낫다고 말씀하셨다. 성령께서 우리의 삶 속에서 역사하신다는 사실은 참으로 놀랍기 그지없다.

그렇다면 우리는 성령과 어떤 관계를 맺고 있을까? 성령의 사역과 그와 관련된 사실들을 논하는 신학은 매우 풍부하다. 그러나 이 책의 목적은 성령께서 신자나 교회, 또는 세상에서 행하시는 일반적인 사역을 논하는 데 있지 않다. 단지 성장과 성장의 과정에 초점을 맞춘다. 따라서 성령의 사역도 성장 과정과 관련된 것만을 살펴볼 예정이다.

시작과 완성을 책임지시는 성령

처음 성장의 길에 들어섰을 때의 일이다. 어느 날 나(헨리)는 문득 하나님이 나와 더 이상 관계 맺기를 원하지 않으시거나, 또 내가 그분이 원하시는 사람이 아닐지도 모른다는 생각이 들었다. 그래서 기도했다.

그러나 하나님은 응답하시지 않는 듯했다. 나의 고통과 상처는 쉽게 사라지지 않았다. 나는 하나님이 나를 떠나셨다고 생각했다.

그런 생각에 시달릴 때 한 목회자가 내게 이런 말을 들려주었다. "하나님이 형제를 떠나셨다면 형제는 그런 사실을 걱정하지도, 또 그분과 더 이상 관계를 맺고 싶어 하지도 않을 것입니다. 하나님을 갈망하고 성장하기 원하는 마음은 하나님과 성령만이 주실 수 있습니다. 형제가 하나님께 나아가고 싶은 마음을 느낀다면 그것은 곧 그분이 형제에게 다가오고 계시기 때문입니다. 그러니 안심하세요. 형제가 하나님을 원한다면 그분이 형제에게 찾아오실 것입니다." 그런 다음 그는 자신의 말을 뒷받침해 줄 성경 구절 하나를 인용했다.

"나를 보내신 아버지께서 이끌지 아니하시면 아무도 내게 올 수 없으니"(요 6:44).

그 순간 나는 하나님을 원하는데도 그분을 발견하지 못하는 법은 결코 없다는 사실을 깨달았다. 우리가 그분을 원하면 그분은 우리에게 찾아오신다.

하나님은 우리 안에서 성장의 과정을 시작하시고, 우리를 가까이 이끄실 뿐 아니라, 우리의 성장이 온전한 단계에 이르게 도와주신다. 바울은 이렇게 말했다.

"너희 안에서 착한 일을 시작하신 이가 그리스도 예수의 날까지 이루실 줄을 우리는 확신하노라"(빌 1:6).

우리가 온전해지기를 갈망하는 한 하나님은 결코 우리를 포기하지 않으신다. 그분은 지금도 여전히 일하고 계시고, 우리를 권고하시며, 깨닫게 하는 빛을 허락하신다. 어떤 삶의 문제라도 성령께서 우리 안에서 역사하고 계신다는 사실을 이해하는 데서부터 시작하는 것이 좋다. 성령께서 우리 삶에서 행하시는 첫째 사역은 다음과 같다. 곧 그분은 예수님과 우리를 연결하심으로써 성장의 과정을 시작하신다. 그분은 그 사역을 완수하기 위해 항상 일하신다.

사람들에게 맨 처음 가르쳐야 할 내용 가운데 하나는 성장의 과정에서 어떤 심정을 느끼더라도 그 과정을 끝까지 신뢰해야 한다는 것이다. 우리는 그 과정을 완성하는 일을 혼자서 감당하지 않는다. 성령께서 항상 함께 계시어 우리를 하나님께로 인도하시고 성장을 더욱더 완전한 단계로 이끌어가신다.

나는 이 사실에 큰 위로를 받았다. 아울러 다른 사람들, 특히 어려운 상황에 처한 사람들이 이 사실을 통해 큰 위로를 받는 모습을 많이 목격했다.

안전감

앞서 4장에서 하나님이 우리를 위하실 뿐 적대하지 않으신다는 사실을 아는 것이 중요하다고 말했다. 어떤 관계에서든 성장과 변화가 이루어지려면 가장 먼저 안심하는 마음이 필요하다.

하나님과의 관계도 다르지 않다. 그렇다면 우리가 그분께 속해 있다는 사실을 어떻게 알 수 있을까? 우리가 안전하다는 것을 어떻게 확신할 수 있을까?

안전감은 성령께서 주신다. 성령께서는 하나님과 관계를 맺도록 우리를 이끄시고, 뒤에서 문을 단단히 걸어 잠그신다. 노아가 방주에 들어온 생물들의 생명을 구원하기 위해 문을 굳게 닫았듯이 성령께서도 우리의 구원의 방주이신 예수님과의 관계를 위해 문을 안전하게 걸어 잠그신다.

> "그 안에서 너희도 진리의 말씀 곧 너희의 구원의 복음을 듣고 그 안에서 또한 믿어 약속의 성령으로 인 치심을 받았으니"(엡 1:13).
> "하나님의 성령을 근심하게 하지 말라 그 안에서 너희가 구원의 날까지 인 치심을 받았느니라"(엡 4:30).

예수님을 믿어 구원의 방주에 몸을 실으면 문이 봉인된다. 성령의 인 치심 덕분에 하나님은 우리를 항상 자녀로 인정해 주신다. 이 진리는 성장의 과정에 큰 의미를 부여한다. 하나님과의 관계가 안전하지 않으면 현실의 문제를 해결해 나갈 수 없다. 우리를 인 치시는 성령의 사역 덕분에 우리는 하나님과의 관계가 안전한지 아닌지 걱정할 필요 없이 성장의 길을 향해 달려갈 수 있다.

어떤 사람이 그런 확신을 가지고 있는지 아닌지를 점검하려면 예수님에 관해 무엇을 믿고 있는지를 물으면 된다. "예수님을 그리스도로 알고 그분께 용서를 구할 수 있다고 믿습니까?" 만약 "그렇다"고 답한다면 이는 그가 성령으로 인 치심을 받았다는 증거다. 성경은 우리가 성령으로 거듭나야만 예수님을 믿을 수 있다고 가르친다. 요한은 이렇게 말했다.

"이로써 너희가 하나님의 영을 알지니 곧 예수 그리스도께서 육체로 오신 것을 시인하는 영마다 하나님께 속한 것이요"(요일 4:2).

누군가가 예수님을 믿는다면 그것은 곧 성령께서 그의 마음속에서 증언하고 계신다는 증거, 곧 그가 하나님께 속해 있다는 증거다(요일 5:10 참조). 따라서 혹시 의심하는 사람이 있거든 이 구절을 통해 확신을 얻기 바란다. 성장은 안전한 관계에서 시작해야 한다. 안전한 상황은 성령의 사역을 통해 주어진다. 성장은 이를 기초로 이루어져야 한다.

협력 관계

성령께서는 매일의 삶 속에서 안전감과 확신을 주시는 것 외에 또 어떤 사역을 행하실까? 그분은 무슨 일을 하실까? 우리는 어떻게 그분과 협력할 수 있을까? 예수님이 말씀하신 대로 성령께서는 "보혜사"가 되신다. 즉 그분은 우리 곁에서 도움을 베푸시는 분이시다. 그분이 우리를 도우시는 방법은 여러 가지다. 성령께서 무슨 도움을 베푸시는지 알고 있으면 큰 도움이 된다. 왜냐하면 성장 과정에서 필요한 도움을 그분께 구할 수 있기 때문이다. 성령께 도움을 구하고 그분과 협력할 때 우리의 신앙생활에서 일어날 수 있는 일들을 몇 가지 간추리면 다음과 같다.

- 우리가 어디에서 무엇을 하든 성령께서는 항상 우리와 함께 계신다. 그분은 결코 우리를 떠나지 않으신다(시 139:7 참조).

- 우리의 마음을 살피시고 어떤 변화가 필요한지 깨우쳐주신다(시 7:9; 잠 20:27; 롬 8:27; 고전 2:10 참조).
- 우리가 해야 할 일을 할 수 있는 능력과 필요한 은사와 지혜를 주실 뿐 아니라 우리가 마땅히 해야 할 말을 알지 못할 때 말할 수 있게 도와주신다(출 31:3; 신 34:9; 삿 14:6; 삼하 23:2; 막 13:11 참조).
- 삶 속에서 우리를 인도하시고 이끄신다(왕상 18:12; 대상 28:12; 느 9:20; 시 143:10; 요 16:13; 행 13:4, 16:6 참조).
- 진리를 보여주시고 가르쳐주신다(요 14:26, 15:26, 16:13; 고전 2:13; 요일 2:27 참조).
- 우리를 권고하시고 도와주신다(요 14:26, 15:26, 16:13 참조).
- 우리가 필요로 하는 삶을 살 수 있도록 도와주신다(롬 7:6, 8:2, 4-6, 9, 11, 13, 26 참조).
- 우리를 다스리시고 충만하게 하신다(롬 8:6; 엡 5:18 참조).
- 잘못을 꾸짖어 바로잡아주신다(시 139:23-24; 요 16:8; 롬 9:1; 고전 4:4; 빌 3:15 참조).
- 우리를 변화시켜주신다(고후 3:18; 갈 3:3, 5:16-25 참조).
- 각종 은사를 허락하시어 서로를 도와 그리스도의 몸을 함께 세워나가게 하신다(고전 12:7-12 참조).

하나님은 이 모든 도움이 언제나 가능하다고 약속하신다. 문제는 "어떻게"이다. 성령께서는 어떻게 그런 도움을 베푸시는가? 또한 우리는 어떻게 그분으로 하여금 그런 도움을 베푸시게 할 수 있는가?

신비로운 성령의 사역

성령께서 역사하시는 공식을 모두에게 분명하게 제시할 수 있으면 참 좋겠다. 그동안 나는 성령의 사역에 관해 알고 있다고 말하는 사람들이 쓴 책을 모두 읽었고, 또 읽은 내용을 대부분 시도해 보았다. 그런데 지난날의 경험을 돌이켜볼 때 그런 공식이 모두 실패로 끝났다고 밖에는 달리 할 말이 없다. 성령께서는 결코 우리의 통제를 받지 않으신다.

그러나 이는 당연할 수밖에 없는 일일 뿐 아니라 성경의 가르침과도 일맥상통한다. 왜냐하면 성령께서는 사물이 아닌 인격체이시기 때문이다. 성령의 사역은 공식화할 수 없다. 우리가 할 수 있는 일은 성경이 가르치는 대로 성령께 우리의 삶 속에 임하시어 도움을 베풀어주시기를 구하는 것뿐이다. 하나님은 성령을 구하면 그분이 찾아오신다고 약속하셨다.

> "내가 또 너희에게 이르노니 구하라 그러면 너희에게 주실 것이요 찾으라 그러면 찾아낼 것이요 문을 두드리라 그러면 너희에게 열릴 것이니 구하는 이마다 받을 것이요 찾는 이는 찾아낼 것이요 두드리는 이에게는 열릴 것이니라 너희 중에 아버지 된 자로서 누가 아들이 생선을 달라 하는데 생선 대신에 뱀을 주며 알을 달라 하는데 전갈을 주겠느냐 너희가 악할지라도 좋은 것을 자식에게 줄줄 알거든 하물며 너희 하늘 아버지께서 구하는 자에게 성령을 주시지 않겠느냐 하시니라" (눅 11:9-13).

성령께서 우리의 삶 속에서 일하시는 방법을 알려주는 공식이 있다면, "성령을 구하고, 그분께 기도하고, 그분의 인도를 따르라"는 것뿐이다. 성령의 사역에 관한 사람들의 오해는 대부분 특별한 성령 체험이나 은사를 간구하거나 그분께 아무것도 구하지 않을 때 발생한다. 성령께서 무엇을, 어떻게 행하시는지에 대한 선입견을 모두 버리고 겸손히 필요한 도움을 구한다면 그런 오해는 대부분 사라질 것이다.

성령의 사역과 성장을 관련시켜 생각할 때 가장 좋은 방법은 매순간 그분께 의지하는 것이다. 즉 우리는 우리를 인도하시고 이끄시며, 진리를 보여주시고, 들어야 할 말씀을 들려주시고, 능력을 주시어 우리가 할 수 없는 일을 하게 하시고, 다른 사람들의 필요를 채워주며 그 밖에 많은 일을 할 수 있는 은사들을 허락해 주시기를 기도하며 그분을 온전히 의지해야 한다. 이 모든 일은 "성령의 내주하심"을 통해 이루어진다. 우리는 그분께 복종하며 따라야 한다. 성령께서 충만하게 임하실 수 있게 우리의 존재와 마음을 활짝 열어드려야 한다. 우리 안에 들어와 역사해 주시기를 기도해야 한다. 성장의 길을 가는 동안 그분께 우리 자신을 온전히 바쳐야 한다.

성장 과정에서 성령 안에서 산다는 것은 곧 그분 없이는 성장할 수 없다는 뜻이다. 이는 또한 우리 없이는 성령께서 성장 사역을 행하실 수 없다는 뜻이기도 하다. 성령께서 우리의 삶 속에 들어오신다는 것은 그분이 우리 안에서 우리를 변화시키시고, 이끄시고, 인도하시는 기적을 이루신다는 것을 의미하지만, 그 기적은 우리가 없이는 이루어지지 않는다. 바울은 "내가 그리스도와 함께 십자가에 못 박혔나니 그런즉 이제는 내가 사는 것이 아니요 오직 내 안에 그리스도께서 사시는 것이라 이제 내가 육체 가운데 사는 것은 나를 사랑하사 나를 위하여 자기 자신을 버리신 하나님의 아들을 믿는 믿음 안에서 사는 것이라"(갈 2:20)고 말했다.

우리의 힘으로 옳게 살려고 노력했던 지난날의 방법은 이제 끝났다(갈 2:16, 19 참조). 이제 우리는 우리 안에 거하시는 성령과 더불어 믿음의 삶을 살아간다. 그러나 그런 삶을 살아가며 그에 대한 책임을 짊어진 당사자는 여전히 우리 자신이다. 바울의 말대로, "내가 육체 가운데 사는 것은…믿음 안에서 사는 것"이다. 따라서 우리는 성장 과정을 거치는 동안 한 걸음씩 나아갈 때마다 우리 안에 거하시는 성령을 의지하며 믿음의 발길을 내딛어야 한다. 우리가 믿음의 삶을 살 수 있는 이유는 그분이 우리 안에 살고 계시기 때문이다. 이는 놀라운 신비다.

성령 충만한 삶

성령 충만한 삶이 신비라고 해서 우리가 할 수 있는 일이 아무것도 없다고 생각하면 큰 오산이다. 어려운 성장의 단계를 거치면서 능력과 도움을 구하는 일보다 더 실질적인 것은 없다. 줄리의 경우를 예로 들어보자.

줄리는 삶의 스트레스가 점점 커지자 몇 달 동안 음식을 너무 많이 먹는 습관이 생겨났다. 기도했지만 과식하는 습관은 좀처럼 사라지지 않았다. 그녀는 자괴감과 절망감에 사로잡혔다. 그러던 중 책을 읽다가 성령께서 어려운 일을 해낼 수 있는 능력을 주신다는 내용을 발견했다. 그녀는 그 내용을 시험해 보기로 결심했다.

줄리가 처리해야 할 가장 어려운 문제는 두 가지였다. 하나는 음식

섭취를 자제하는 것이었고, 다른 하나는 자신의 노력에 힘을 보태줄 사람들을 찾는 것이었다. 그녀가 읽은 책에 의하면, 하나님과 다른 사람들에게 잘못을 고백하고, 그런 습관을 부추기는 원인을 찾아내 없애야만 잘못된 습관에서 벗어날 수 있었다.

어느 날 밤 그녀는 집에 혼자 있으면서 아이스크림을 먹고 싶은 충동을 느꼈다. 사실 불과 한 시간 전에 저녁 식사를 충분히 한 터라 아이스크림을 먹을 필요가 전혀 없었다.

그녀는 자신의 성장 파트너가 들려준 말을 기억했다. "유혹을 느낄 때는 하나님이 성령을 통해 주시는 능력을 구함으로써 두 가지 일을 실천하십시오. 곧 파괴적인 결과를 가져오는 일을 멀리하고 선한 일, 곧 성령께서 하기를 원하시는 일을 하십시오."

그녀는 아이스크림을 먹고 싶은 충동을 자제하고 기도를 드리기 시작했다. 성령의 도움과 능력을 구했다. 그녀는 성령 앞에서 자신이 어떤 감정을 느끼고 있는지 알려달라고 기도했다. 아이스크림을 먹지 않자 외로움과 스트레스가 더욱더 분명하게 느껴졌다. 그녀는 다른 사람에게 자신의 감정을 솔직히 고백할 수 있게 도와달라고 간구했다. 그러자 한 친구의 이름이 머릿속에 떠올랐다. 그녀는 그 친구에게 전화를 걸었다. 친구의 도움 덕분에 그녀는 어려운 순간을 잘 극복할 수 있었다.

그 경험은 줄리에게는 전혀 새로운 것이었다. 그녀는 생전 처음 자신이 혼자서 싸우지 않는다는 사실을 깨달았다. 성령의 능력에 의존했고, 덕분에 마땅히 해야 할 일을 할 수 있었다. 그녀는 성령께서 주신 응답을 기꺼이 실천에 옮겼다. 그전에는 성령과 그분의 능력을 의지하지 않고 혼자서만 유혹을 물리치려고 노력했다. 아울러 그녀는 성령께서 친구를 통해 보내주신 도움에 의지했다. 그녀는 성령을 의지하면서 능동적으로 행동했다. 성령께서는 도움을 베푸셨고, 그녀는 그 도움에 복종했다. 성령께서 생각나게 하신 친구를 의지함으로써 그분의 인도를 따랐다.

나는 한때 고집이 매우 센 여성 사업가와 함께 힘든 사업 관계를 이끌었던 경험이 있다. 그녀와는 매우 사소한 문제를 논의하는 것조차도 몹시 힘들었다. 때로는 그녀의 회사를 방문하는 것이 두렵기까지 했다. 왜냐하면 그녀와 함께 문제를 논의해야 하는데 내 말을 이해하거나 들으려고 하지 않을 것이 뻔하다는 생각이 앞섰기 때문이다.

어느 날 우리 사이에는 평소보다 좀 더 격한 논쟁이 일어났다. 도저히 결론이 날 것 같지 않았다. 함께 문제를 논의하면 할수록 상황이 더욱 나빠졌다. 자제심을 잃은 나는 급기야 십대 시절 이후로 한 번도 느끼거나 가져본 적이 없는 격한 감정과 태도를 드러내고 말았다. 나는 어떻게 해야 할지 모르는 상태에서 마음속으로 성령께서 역사하시어 이 상황을 선히 이끌어주시기를 기도했다. 궁지에서 벗어날 수 있는 길과 해결책을 허락해 달라고 기도했다. 구체적으로 말해 나는 "저를 도와 어떻게 해야 할지 알게 하소서. 마땅히 해야 할 말을 허락하소서. 이 문제를 해결할 수 있는 방법을 가르쳐주옵소서"라고 기도했다. 그리고 마음으로 성령께 온전히 의지했다.

그러자 놀라운 일이 일어났다. 물론 그 여성 사업가가 내 말에 귀를 기울였거나 내가 그녀가 이해하기 쉬운 말을 정확히 전달한 것은 아니었다. 그것은 곧 성령께서 나를 깨우치시는 소리를 듣게 된 것이었다.

그분은 그녀의 말을 듣고, 그녀가 하는 말을 받아들여야 할 사람은 바로 나 자신이라는 사실을 깨닫게 하셨다. 나는 그녀의 말에 귀를 기울이고 그녀의 입장을 이해해야 했다. 또한 그 상황에서 내가 저지른 잘못을 깨닫고 용서를 구해야 했다. 성령의 응답은 종소리처럼 명료했다.

나는 성령께서 지시하신 대로 할 수 있도록 도와달라고 기도했다. 마땅히 해야 할 말을 하게 해달라고 간구했다. 그때 정확히 어떤 일이 일어났는지는 기억이 나지 않지만 우리는 마침내 문제를 해결했다. 성령께서 내가 잘못 생각했던 것을 알려주셨고, 내가 그 사실을 인정하자 모든 상황이 바뀌어 우리는 함께 일을 처리할 수 있었다. 물론 그녀의 태도에는 아무 변화가 없었다. 혹시라도 나중에 그녀가 갈등을 일으킨 원인의 일부가 자신에게 있다는 사실을 깨달았는지는 잘 모르겠다. 단지 성령께서는 내가 원했던 해결책 안에 그녀의 행위는 포함되지 않고 오직 나의 고백과 회개만이 필요하다는 사실을 일깨워주셨을 뿐이다. 또한 내가 해야 할 일을 알려주셨고, 그 일을 실천에 옮길 수 있는 도움을 베푸셨을 뿐이다. 내 마음속에 "진리의 성령이 오시면 그가 너희를 모든 진리 가운데로 인도하시리니"(요 16:13)라는 예수님의 말씀이 떠올랐다. 하나님의 성령께서는 항상 우리 곁에 계시면서 우리가 알아야 할 진리 가운데로 인도하겠다고 약속하셨다.

마지막으로 한 가지 예를 더 들어보자. 로비는 다투기를 싫어했다. 특히 그는 상대방이 자기에게 화를 낼 때 더욱 그런 태도를 취했다. 그럴 때면 그는 속이 상해도 상대방의 뜻을 받아들이거나, 힘든 대화를 포기하거나 둘 중에 하나를 선택했다. 그런 그의 태도는 오랫동안 그의 사업 활동에 크게 영향을 미쳤다. 그는 변화의 필요성을 의식했다. 그동안 항상 모든 거래에서 가장 불리한 조건을 받아들였고, 또 채무 불이행이나 불공정한 거래를 감내해야 했기 때문이다.

그는 문제의 원인이 자신에게 있다고 판단하고는 달라지려고 노력했다. 그러나 결과는 번번이 똑같았다. 마침내 로비는 하나님이 도와주시면 마땅히 해야 할 힘든 말도 잘할 수 있을 것이라고 생각하고 믿음으로 행동하기로 결심했다. 그는 어려운 전화통화를 하고 나서 하나님의 성령을 온전히 의지했다. 처음에 시도할 때 믿음으로 행동했더니 효과가 나타났다. 그러자 다음번에는 더 쉽게 시도할 수 있었다. 성령을 의지하며 도움을 구했더니 성격이 변화하기 시작했고, 덕분에 그는 새로운 성장의 길을 향해 걸어갈 수 있었다.

나는 성장하기 원하는 다른 사람들의 삶에도 이와 똑같은 일이 일어나는 것을 목격해 왔다. 자신의 고통을 솔직히 털어놓고, 영혼의 어두운 곳에 간직하고 있던 생각들을 밝은 빛 가운데로 환하게 드러내고, 감정을 있는 그대로 보여주고, 사랑과 관계의 문제와 관련해 용기 있는 태도를 취하고, 직업 활동에 필요한 은사와 재능을 하나님께 구하는 일은 모두 다 성령 안에서 살아가는 삶의 측면들이다. 우리는 새로운 삶을 향해 뻗어가고 성장할 수 있도록 창조되었다. 그러나 성장하려면 반드시 외부의 도움이 필요하다. 성령께서는 우리가 전에 할 수 없었던 일을 할 수 있는 힘을 허락하시거나 최소한 그 방법을 깨달을 수 있는 길을 열어주신다.

기억해야 할 한 가지 중요한 사실이 있다. 그것은 성령 충만한 삶이 우리의 능력과 재능을 뛰어넘는 초자연적인 삶이라는 것이다. 우리는 이 사실을 의지해야 한다. 이는 성령께서 약속하신 것이다. 물론 그렇다고 우리가 해야 할 일이 아무것도 없다는 뜻은 아니다. 우리는 믿음으로 걸어가야 한다. 모험을 감수해야 한다. 사랑해야 하고, 마음을 열어야 하고, 도움을 구해야 하고, 잘못을 뉘우쳐야 하고, 복종해야 하는 등 성령께서 명령하시는 모든 일을 행해야 한다. 우리의 역할은 삶을 살아가는 것이다. 그러나 혼자서나 스스로의 힘만으로 살아갈 필요는 없다. 우리는 성령의 협력자다. 바울은 우리의 사역과 성령의 사역이 동시에 필요하다는 사실을 이렇게 가르쳤다.

"만일 우리가 성령으로 살면 또한 성령으로 행할지니"(갈 5:25).
"그의 영광과 풍성함을 따라 그의 성령으로 말미암아 너희 속사람을 능력으로 강건하게 하시오며 믿음으로 말미암아 그리스도께서 너희 마음에 계시게 하시옵고"(엡 3:16-17).
"자기의 육체를 위하여 심는 자는 육체로부터 썩어질 것을 거두고 성령을 위하여 심는 자는 성령으로부터 영생을 거두리라"(갈 6:8).
"우리 가운데서 역사하시는 능력대로 우리가 구하거나 생각하는 모든 것에 더 넘치도록 능히 하실 이에게"(엡 3:20).

성경은 우리는 믿음으로 우리의 역할을 감당하고, 성령께서는 능력으로 그분의 역할을 감당하신다고 가르친다.

이 점은 줄리의 경우에는 "잘못된 식습관을 고치기 위해 나는 믿음으로 하나님을 의지해야 해. 음식을 멀리할 수 있게 도와달라고 기도하고, 친구에게 전화를 걸어 나를 괴롭히는 원인이 무엇인지 찾아내야 해. '하나님, 지금 과자를 먹고 싶은데 올바른 행동을 할 수 있게 도와주세요'"라는 의미였다.

아울러 나에게는 "나는 이 여성과 해결해야 할 갈등이 있어. 나는 하나님 안에서 믿음으로 이 갈등을 극복해야 해. '하나님, 제가 무슨 말을 해야 할지 알려주세요'"라는 뜻이었다.

마지막으로 로비에게는 "다른 사람에게 내 입장을 솔직히 말하지 못하는 두려움을 극복하기 위해 하나님 안에서 믿음으로 행동해야 해. 어려운 일을 처리할 수 있는 용기를 허락해 달라고 구해야 해. '하나님, 전화를 걸어 해야 할 말을 할 수 있도록 성령을 통해 저를 도와주소서'"라는 뜻이었다.

이것은 엄연한 현실이자 실제적인 삶이다. 우리에게 없는 힘과 의지력을 동원해 싸우려고 해서는 안 된다. 우리는 하나님이 허락해 주시는 믿음으로 살아야 한다. 우리는 모든 상황 가운데 성령을 보내시어 우리의 필요를 채우시고 도움을 베푸시는 그분 안에서 믿음의 길을 걸어가야 한다.

굳이 공식이 있다면 찬송가 한 소절을 제시할 수 있겠다. 이것은 지금까지 내가 발견한 가장 확실한 공식이다.

"의지하고 순종하는 길은 예수 안에 즐겁고 복된 길이로다".

성령 안에서의 삶은 믿음과 행동으로 이루어진 삶이다. 그분이 능력을 주시고 우리를 진리 가운데로 인도하시면 우리는 복종하고 신뢰하며 그 인도하심에 따라 행해야 한다. 하나님은 성령을 위하여 심으면 풍성한 생명을 거두리라고 약속하신다.

복종

우리는 성장 과정에서 어떻게 해야 할지 모르는 경우가 많다. 또한 마땅히 해야 할 일이라고 알고 있지만 마음으로는 그 일을 원하지 않을 때도 적지 않다. 그럴 때 바로 성령의 인도하심이 필요하다. 우리는 그분의 인도하심에 복종해야 한다. 성령께서 하라고 명령하시는 일을 행하고, 매순간 그분께 삶의 고삐를 내어드려야 한다. 바울은 이렇게 말했다.

"술 취하지 말라 이는 방탕한 것이니 오직 성령으로 충만함을 받으라"(엡 5:18).
"만일 너희 속에 하나님의 영이 거하시면 너희가 육신에 있지 아니하고 영에 있나니 누구든지 그리스도의 영이 없으면 그리스도의 사람이 아니라"(롬 8:9).

우리는 매순간 기도해야 할 뿐 아니라 성령의 능력으로 충만해지고, 그분의 인도하심에 복종해야 한다. 성령께서는 우리에게 말씀하시고, 하나님이 말씀하신 일들을 생각나게 하시며, 피할 길을 보여주시고, 응답해 주시며, 용기를 내라고 독려하신다. 그와 동시에 그분은 복종하는 마음으로 삶의 주도권을 내어놓는 것, 곧 우리의 뜻을 고집하지 않고 복종하는 것이 우리의 역할이라고 가르치신다. 성령께서는 그런 식으로 우리가 가야 할 곳으로 우리를 인도하신다. 그 순간 우리는 성장을 향해 또다시 한 걸음을 내딛게 된다. 때로 우리는 무엇이 다음 단계인지조차 알지 못한다. 그럴 때는 하나님께 길을 보여달라고 기도해야 한다.

진리 가운데로 인도하시는 성령

"왜 제가 이런 감정을 느끼는지 알 수가 없어요. 어느 날 느닷없이 찾아왔어요. 도대체 이유를 모르겠어요." 데이비드는 우울증을 앓게 된 계기를 묻는 나의 질문에 그렇게 대답했다.

"왜 우울한 감정을 느끼는지, 또 그런 감정이 어떻게 생겨났는지 모른다니 그 말을 믿기로 하지요. 그러나 장담하건대 분명히 이유가 있을 것입니다. 하나님은 아무 이유 없이 그런 잘못된 감정을 느끼도록 우리를 만들지 않으셨어요."

"글쎄요. 아무리 생각해도 이유가 뭔지 모르겠네요. 그냥 어느 날 불쑥 생겨났어요. 아무 이유도 생각이 나지 않아요."

"함께 이유를 찾아봅시다." 나는 솔직한 대화가 이루어지면 좀 더 많은 진실이 드러날 것이라고 믿고 그렇게 말했다. 그러나 대화를 나눈 뒤에도 아무것도 나타나지 않았다. 다시 좀 더 대화를 나누었지만 결과는 마찬가지였다. 그 순간 나는 기도하고 싶은 마음을 느꼈다. 그동안 살아오면서 성령의 도움에 의지하는 법을 배웠기 때문이다. 나는 이렇게 말했다. "하나님이 성령을 통해 무슨 일이 일어나고 있는지를 알게 해주시기를 기도합시다." 우리는 함께 기도했다.

그런 다음 다시 대화를 시작하자 데이비드의 표정이 바뀌어 있었다. 그는 얼굴에 경련을 일으키며 몸을 떨기 시작했다. 우울증을 야기한 원인을 깨닫는 순간 그의 감정은 폭발하듯 솟구쳐올랐다. 그는 바로 전날 장례식에 참석했던 한 사람과 대화를 나눈 적이 있었다. 그 대화는 어릴 적 어머니를 잃었을 때 느꼈던 감정을 자극했다. 그의 우울증에는 분명한 원인이 있었다. 우리의 유한한 지식과 생각으로는 원인을 찾지 못했지만 성령께서 가르쳐주셨다. 예수님의 말씀대로 그분은 우리를 모든 진리 가운데로 인도하신다.

성령의 주된 사역 가운데 하나는 우리를 진리 가운데로 인도하는 것이다. 그분의 사역에는 하나님과 예수님에 관한 진리를 가르치는 일, 마음을 조명해 성경의 진리를 깨닫게 하는 일, 초자연적 지식을 통해 사람들에 관한 진실을 드러내는 일, 지혜와 예언을 통해 상황에 관한 진실을 드러내는 일 등이 포함된다. 이것이 성령께서 하시는 일이다. 이런 이유로 그분은 "진리의 영"(요 14:17, 16:13 참조)으로 불리신다.

성령께서는 우리의 삶과 영혼의 진실을 알고 계신다. 또한 우리에게 어떤 변화가 필요한지 아시고 그것을 깨우쳐주신다. 따라서 우리는 우리의 성장과 영혼과 삶의 문제와 관련해 성령께서 알려주기를 원하시는 것이 무엇인지 보여달라고 그분께 구체적으로 기도할 수 있다.

성령께 한 인격으로서 우리 자신에 관한 진리와 그분의 응답과 하나님의 길을 보여달라고 기도하라. 진리는 치유의 역사를 일으킨다. 우리는 그분이 허락하시는 것만큼만 받을 수 있고, 또 그것이 곧 우리가 필요로 하는 것이다. 아울러 우리는 그것을 받아들일 준비와 능력을 갖춘 만큼만 받을 수 있다.

성령께서 인도하시는 대로 따라가라

흔히 말하는 대로 영적, 감정적 성장은 곧 현실로 나아가는 과정이다. 나는 항상 사람들에게 아무리 고통스럽더라도 진실은 항상 우리의 친구라는 사실을 상기시키곤 한다. 인정하기가 아무리 어렵더라도 진실은 현실이다. 그 안에는 하나님이 계실 뿐 아니라 궁극적인 안전과 성장이 기다리고 있다. 우리는 진실을 알 필요가 있다.

진실은 때로 나와 상담을 나눈 데이비드의 경우처럼 고통을 느끼게 만들기도 하고, 무엇을 변화시켜야 할지를 알려주기도 하며, 다른 사람과의 관계에서 다음에 어떻게 행동해야 할지를 알려주기도 한다. 그 밖에도 진실은 우리의 약점과 한계, 곧 아직 처리할 준비가 되어 있지 않은 것들을 깨우쳐주곤 한다. 그러나 진실은 무엇이든 우리의 친구이자 하나님이 계시는 곳이다.

성장의 과정에서 하나님이 행하시는 가장 중요한 일 가운데 하나는 우리에게 진리의 성령을 보내시는 것이다. 성령께서는 항상 우리에게 우리 자신과 삶과 관계는 물론 하나님과 그분의 말씀과 우리의 길에 관한 진실을 보여주신다. 성령께서는 우리가 죄를 지었을 때는 책망하시고, 가르침을 필요로 할 때는 가르침을 주시며, 나아갈 길을 알고 싶어 할 때는 우리를 인도하시고 그곳에 도착할 수 있는 방법을 알려주신다.

이러한 성령의 사역에는 우리가 해야 할 역할이 뒤따른다. 곧 우리는 그분의 인도하심을 따라야 하고, 그분이 명령하시는 일을 행해야 한다. 이것이 "성령을 위하여 심으라"(갈 6:8 참조)는 바울의 말에 담겨 있는 의미다. 그는 갈라디아 신자들에게 "만일 우리가 성령으로 살면 또한 성령으로 행할지니"(갈 5:25)라고 말했다. 성령께서 우리를 진리 가운데로 인도하시면 기꺼이 따라가야 한다.

성령의 부르심은 때로 우리의 내면에서 이루어진다. 예를 들면 그분은 기도하라는 감동을 주신다. 나는 지난 며칠 동안 부모님에 관한 생각이 많이 떠올랐다. 그래서 부모님을 위해 기도를 드렸다. 그런데도 그 생각이 사라지지를 않았다. 하나님이 마음속에서 부모님이 무엇을 필요로 하고 있다고 말씀하시는 듯했다. 그 순간 전화를 걸어야겠다는 생각이 떠올랐다. 나는 첫 번째 휴식시간이 되기를 기다렸다. 그러나 일은 이미 어제 일어났다.

누이가 전화를 걸어왔다. 아버지가 며칠 동안 몸이 좋지 않더니 어제 그만 뇌졸중으로 쓰러졌다는 소식이었다. 내가 전화를 받았을 즈음에는 다행히 아버지의 건강이 호전되고 있는 상태였다. 심각한 뇌 손상은 없었다. 며칠이면 퇴원해 집에 돌아갈 수 있다고 했다. 따라서 나는 캘리포니아에 그대로 머물렀다. 나는 부모님이 여느 때보다 더 많이 생각났던 이유를 알게 되었다. 성령께서 나 스스로는 알 수 없는 진실, 곧 부모님이 나의 기도와 도움이 필요한 상태였다는 사실을 깨닫게 하신 것 같았다. 지금은 모든 것이 잘 해결되었지만 그분의 인도하심을 좀 더 일찍 깨달았더라면 하는 아쉬움이 남았다.

이와 비슷한 경우가 사업을 할 때도 있었다. 그때도 성령께서 누군가에게 전화를 걸라는 감동을 주셨다. 사역을 할 때도 성령께서는 나를 감동하시어 누군가에게 도움을 구하게 하셨다. 내 개인의 성장 과정에서도 그런 일이 있었다. 성령께서는 내 마음속에 있는 죄나 처리해야 할 문제를 생각나게 하셨다. 나는 성령의 인도하심을 의식하는 방법을 조금씩 배우고 있는 중이다. 어떤 예감이 느껴질 때마다 내게 무엇인가를 하라는 성령의 암시일 때가 많다. 나는 성령의 음성을 듣고 따르는 법을 천천히 터득하고 있다.

하나님과의 관계가 개인마다 다르듯 성령께서 우리에게 말씀하시는 방법도 매우 다양하다. 성령께서는 다양한 방법으로 우리 개개인을 인도하신다. 그분은 우리의 삶과 우리가 변화시켜야 할 것에 관해 말씀하신다. 내 경우에는 주로 다음과 같은 여러 방식이 사용된다.

가장 흔한 방식은 생각할 의도가 전혀 없었는데도 무엇인가가 마음속에 떠오르는 것이다. 나는 어떤 일에 대한 나 자신의 과민 반응과 성령께서 마음속에서 부드럽게 "속삭이시는 소리"를 구별할 줄 안다. 그분은 어떤 문제를 처리할 때까지 마음속에서 계속해서 나를 자극하신다.

또 다른 방법은 성령께서 외부의 수단을 동원해 내게 말씀하시는 것이다. 종종 나는 상황은 모두 다르지만 논의되는 문제는 똑같은 경우를 발견하곤 한다. 예를 들면 설교, 성경 구절, 친구의 말, 책, 라디오나 텔레비전 쇼 등을 통해서다. 성령께서는 내가 그분의 음성을 알아들을 때까지 다양한 방법으로 똑같은 메시지를 들려주신다.

이 밖에도 성령께서는 무엇을 읽거나 듣거나 볼 때 단번에, 즉각적으로 내 영혼을 각성시키는 방법을 사용하시기도 한다. 며칠 전 나의 사업 거래와 관련해 계약서 몇 통을 살펴보고 있는데 어떤 내용을 읽는 순간 마음속에서 무엇인가를 강력하게 외치고 있는 듯한 느낌이 전해졌다. (그것은 내게 손해가 되는 외침이었다.) 성령께서 그런 식의 관계는 부당하다고, 즉 내게 지나치게 유리한 계약이라고 꾸짖으시는 듯한 느낌이었다. 상대편에게 좀 더 많은 것을 배려하라고 말씀하시는 듯했다. 사실 나는 욕심이 지나쳤다. 그것은 내 입장을 위해 협상을 할 때는 전혀 깨닫지 못했던 잘못이었다. 그러나 계약서를 읽는 순간 성령께서 내게 말씀하고 계신다는 느낌이 들었다. 그것은 즉각적인 깨달음이었고 매우 강렬했다.

다른 사람들은 성령의 음성을 어떤 식으로 의식하는지 잘 모른다. 때로는 나와 비슷한 방법을 통해서나 그 외의 다른 방법으로 그분의 음성을 들을 것이 분명하다. 부모들은 대개 자녀들을 대할 때 자녀에 따라 각기 다른 방법으로 의사를 전달한다. 왜냐하면 자녀마다 듣고 배우는 방식이 다르기 때문이다. 친구들을 대할 때도 각기 다른 방법으로 의사를 전달하기는 마찬가지다. 그러나 우리의 말은 항상 진실해야 한다. 이것이 곧 성령께서 사역하시는 방법이다. 그분은 우리에게 다양한 방법으로 말씀하시지만 항상 그 순간에 우리가 꼭 들어야 할 진실을 말씀하신다. 비록 당시에는 나쁜 소식일지라도 궁극적으로는 항상 좋은 소식으로 드러난다. 성령께서 어떻게 말씀하시는지 유심히 귀를 기울여 보기 바란다.

한 가지는 분명하다. 즉 성령께서는 우리에게 진리를 보여주시고 우리가 그분의 인도하심을 따라 진리를 향해 첫발을 내딛지 않으면 더 이상 우리를 이끌어주지 않으신다. 그분이 처리해야 할 문제를 보여주시면 우리는 차근차근 단계를 밟아 그 일을 반드시 처리해야 한다. 그분은 인도하시고 우리는 따른다. 이것이 곧 "성령으로 행하는"(갈 5:25 참조) 것이다. 그분과 우리의 관계는 한 걸음씩 따라가는 관계다.

한 걸음씩 따라가는 관계를 구체적으로 보여주는 좋은 사례를 하나 소개하면 다음과 같다. 일전에 기독교 사역을 시작하고 싶어 하는 한 남성과 대화를 나눈 적이 있었다. 그는 하나님이 사업을 그만두고 신학교에 들어가라고 말씀하시는 듯한 강한 충동을 느꼈다. 하나님의 인도하심이 분명해 보였다. 그러나 그는 나와 대화를 나누고 싶어 했다. 왜냐하면 신학교에 들어가라는 하나님의 감동을 분명히 느꼈지만 그다음에 무엇을 원하시는지 알지 못했기 때문이었다. 그는 어떤 과정을 밟아야 할지 몰랐다. 나는 그런 그에게 "하나님의 인도하심을 따르게 된 것을 환영합니다"라는 취지의 말을 건넸다.

성령께서는 대개 그런 식으로 역사하신다. 하나님은 우리에게 한 단계씩만 알려주신다. 한 단계를 지나면 그때야 비로소 그다음 단계를 보여주신다. 다음 단계를 미리 보여주지 않으신다. 이는 마치 전등이 달린 광부의 모자를 쓴 것과 같다. 고개를 숙여 길을 바라보면 그 불빛을 통해 다음 발걸음을 내디딜 만큼만 볼 수 있다. 불빛을 따라 한 발자국을 내디디면 다시 다음 발걸음을 내디딜 수 있을 만큼의 길이 보인다. 그런 과정이 계속 되풀이된다.

직업 변경, 성장, 하나님을 아는 지식 등도 마찬가지다. 하나님은 한 번에 한 단계씩 우리를 인도하신다. 우리는 적극적으로 한 걸음씩 계속해서 따라가야 한다.

나는 한 친구에게 하나님이 나를 심리학과 신학을 공부해 기독교 상담 분야에서 일하라고 말씀하셨을 때만 해도 지금처럼 글을 쓰고 가르치는 일을 하게 될 줄은 꿈에도 생각하지 못했다고 말했다. 단지 하나님이 나를 연구자의 길로 인도하실지도 모른다는 생각을 했을 뿐이었다. 하나님은 단지 상담 분야에서 일하라는 감동을 주셨을 뿐이었다. 그분은 다음 단계만을 보여주신다. 우리는 하나님이 주시는 작은 진리에 귀를 기울여 그분의 인도하심을 따르는 것으로 족하다.

예수님은 하나님이 "영과 진리로 예배"(요 4:24)하는 자들을 찾으신다고 말씀하셨다. 그분은 우리의 있는 모습 그대로 우리와 깊은 관계를 맺고 싶어 하신다. 우리는 우리 자신을 아는 지식이나 외적인 상황을 파악하는 능력에 한계가 있기 때문에 진리의 성령께서 그런 현실을 보여주실 수 있도록 그분을 온전히 의지해야 한다. 그런 식으로 그분이 제공하시는 진리의 길에서 성장은 이루어진다. 즉 스스로의 참 모습을 더욱 잘 알게 되고, 창조된 본래의 목적에 충실해지고, 하나님을 더욱 깊이 알게 된다. 성령께서는 궁극적인 현실이시다.

성령 충만에 대한 오해

그동안 우리는 그리스도인들이 성장과 관련해 성령 충만한 삶을 논의할 때 많은 오해가 있는 것을 알게 되었다. 여기서 그런 오해를 자세히 다룰 수는 없지만 특히 주의해야 할 몇 가지를 소개하면 다음과 같다.

성령 충만한 삶을 살면 고통이나 고민 없이 늘 행복하게 살 수 있다

이 흔한 오해는 지금까지 세상에 태어나 살다 간 그 누구의 경험과도 일치하지 않는다. 심지어는 예수님의 경우도 마찬가지다. 예수님은 항상 하나님과 깊은 교제를 나누시며 그분께 복종하셨다. 그분의 능력은 하나님의 성령으로부터 나왔다. 그러나 그분은 고통을 느끼셨고, 크게 고민하셨다. 그분은 겟세마네 동산에서 극심한 고뇌와 고통에 시달리셨다. 그렇다고 해서 그분이 "승리를 놓치셨다"거나 "그릇된 길로 치우치셨다"라고 말할 사람은 아무도 없다.

그런데도 고통을 겪는 사람들은 "괴로움이 있다면 그것은 곧 성령의 인도하심을 거부하고 있다는 증거다"라는 말을 종종 듣곤 한다. 성령께 복종하며 그분으로 충만한 삶을 산다고 해서 고통과 시련이 모두 사라지는 것은 결코 아니다. 성령 충만한 삶은 고통과 시련 속에서도 얼마든지 가능하다. 예수님과 바울 사도를 비롯해 많은 사람이 고통과 시련을 경험했다. 중요한 것은 그들이 고통과 시련을 당했다는 사실이 아니라 그 가운데서도 믿음의 길을 걸어갔다는 것이다. 즉 그들은 고통과 시련을 하나님께 의뢰했고, 보혜사이신 성령께 능력을 구했다. 이처럼 고통과 시련은 성령 충만한 삶을 살지 못하고 있다는 증거가 될 수 없다.

성령 충만한 삶을 살면 죄를 짓지 않는다

이 오해는 앞서 언급한 오해와 비슷하지만 고통이 아니라 죄와 관계가 있다. 모든 사람은 죄를 짓는다. 누구든지 죄가 없다고 말하는 사람은 거짓말쟁이다(요일 1:8, 10 참조). 비록 당장에는 행위가 올바르다고 해도 영혼에 잠재된 어둡고 부패한 본성은 아직 온전히 깨끗해지지 않았다.

성령 충만한 삶은 그릇의 겉은 물론 안을 점차적으로 깨끗하게 닦아내는 과정과 같다. 그 과정이 완전히 끝난 사람은 아무도 없다. 아무 죄도 없는 완전한 상태는 우리가 노력해야 할 이상일 뿐, 예수님 외에 그 어떤 인간도 그 상태에 도달할 수 없다. 성경은 "선을 행하고 전혀 죄를 범하지 아니하는 의인은 세상에 없기 때문이로다"(전 7:20)라고 말씀한다. 그러나 성령 안에서 행하는 의인들은 얼마든지 있다. 성령 안에서 행하는 것과 완전한 상태는 서로 의미가 다르다.

성령 안에서 행하면 즉시 성령의 열매를 맺을 수 있다

잊지 말라. 성화는 평생의 과정이다. 바울은 자신이 온전히 이루지 못했다고 말했다(빌 3:12-13 참조). 베드로도 선한 성품이 점차적으로 형성된다고 말했다(벧후 1:8 참조). 열매는 성령을 위해 심는 것, 곧 그분 안에서 행하는 데서 비롯하는 것이다(갈 6:8-9 참조). 성장은 시간이 걸린다. 성령을 위해 심고 영적으로 성장하는 일은 점진적으로 진행된다. 영적 성장은 마치 스위치를 켜듯 미성숙한 옛사람이 단번에 성숙한 새사람으로 바뀌는 것과는 거리가 멀다. 이 책의 다른 곳에서도 지적했듯이 성경은 모든 것이 새로워졌지만 아직 완전하지는 않다고 가르친다(고후 5:17 참조). 성숙한 상태는 우리가 도달하기 위해 노력해야 할 목표다(히 6:1 참조). 우리는 거룩하게 되어가는 중이다(히 10:14 참조). 이 과정은 시간이 걸린다.

따라서 누군가 "이와 같은 결과들이 나타나지 않는 것은 곧 성령 안에 있지 않다는 증거다"라고 말하더라도 실망하지 말라. 최선을 다해 성령을 의지하고, 구해야 할 도움을 모두 구하고, 담대히 맞서야 할 모든 것을 담대히 견뎌내고, 복종해야 할 모든 것에 복종하고, 계속 그분을 신뢰하라. 그러면 열매가 맺힐 것이다.

경고

앞서 말한 대로 인간이 완전하지 않다는 것은 그의 삶 속에 성령께서 거하시지 않음을 의미하는 것이 결코 아니다. 그러나 누군가에게서 빛, 믿음, 방향 전환, 회개, 사랑 등의 증거가 전혀 나타나지 않는다면 과연 성령께서 그의 삶 속에 거하시는지 의심해 봐야 한다. 그런 경우는 성령께서 정말로 그의 삶 속에 계시지 않든지, 또는 그분께 복종하지 않고 그분의 사역을 외면하든지 둘 중에 하나다. 베드로는 이렇게 말했다.

"이런 것이 너희에게 있어 흡족한즉 너희로 우리 주 예수 그리스도를 알기에 게으르지 않고 열매 없는 자가 되지 않게 하려니와 이런 것이 없는 자는 맹인이라 멀리 보지 못하고 그의 옛 죄가 깨끗하게 된 것을 잊었으니라 그러므로 형제들아 더욱 힘써 너희 부르심과 택하심을 굳게 하라 너희가 이것을 행한즉 언제든지 실족하지 아니하리라"(벧후 1:8-10).

바울은 성령과 동행하지 않고 죄에 치우친다면 그릇된 열매를 맺게 될 것이라고 경고했다.

"육체의 일은 분명하니 곧 음행과 더러운 것과 호색과 우상 숭배와 주술과 원수 맺는 것과 분쟁과 시기와 분냄과 당 짓는 것과 분열함과 이단과 투기와 술 취함과 방탕함과 또 그와 같은 것들이라 전에 너희에게 경계한 것같이 경계하노니 이런 일을 하는 자들은 하나님의 나라를 유업으로 받지 못할 것이요 오직 성령의 열매는 사랑과 희락과 화평과 오래 참음과 자비와 양선과 충성과 온유와 절제니 이 같은 것을 금지할 법이 없느니라 그리스도 예수의 사람들은 육체와 함께 그 정욕과 탐심을 십자가에 못 박았느니라 만일 우리가 성령으로 살면 또한 성령으로 행할지니"(갈 5:19-25).

물론 성령의 열매를 모두 맺지 못했다고 해서 걱정할 필요는 없다. 그러나 열매가 하나도 없어 성령께서 자신의 삶 속에 거하신다는 증거를 찾을 수 없다면 심각하게 고민해 볼 필요가 있다. 이 장의 서두에서 말한 대로 그런 사실을 걱정하며 도움을 구한다면 이미 성령께서 역사하고 계신다는 증거다. 성령의 도움과 용서를 갈망한다면 걱정할 필요가 없다. 왜냐하면 그런 마음을 갖는다는 것 자체가 성령의 열매이기 때문이다. 그러나 열매도 없고, 걱정하는 마음도 없다면 이야기는 달라진다.

하나님의 일과 우리의 일

사람들의 삶 속에서 이루어지는 성령의 사역을 논할 때는 자칫 오류를 범할 수 있으니 조심하라. 우리 가운데는 자신의 책임은 외면한 채 무작정 '내 뜻을 버리고 하나님의 뜻에 복종하면 돼'라고 생각하는 이들이 있다.

일전에 사역에 종사하고 있는 사람들을 대상으로 성장 세미나를 이끌었던 적이 있다. 나는 "두려움을 직시하라", "위험을 감수하라", "지지 그룹의 도움을 구하라" 등과 같은 성장에 필요한 일들을 언급했다. 그때 한 사람이 이렇게 말했다. "그 말은 '목표를 설정하고 그것을 달성하기 위해 노력하라'는 말을 달리 표현한 것에 불과하지 않나요? 마치 심리학이나 자기 계발의 원리를 내세우는 또 다른 이론과 비슷하게 들리는군요."

나는 그 말에 결코 동의할 수 없다고 말한 뒤 내가 말한 내용은 그것과 정반대의 의미를 지닌다고 설명했다. 우리는 스스로 해야 할 일을 행할 수 없다. 우리는 스스로 선택할 수 없다. 우리는 우리의 무능력함을 직시하고 하나님을 의지해야 한다. 또한 다른 사람들을 의지해야 한다. 우리는 도움을 구하고 능력을 받아야 한다. 나는 우리가 스스로 무엇을 할 수 없다고 강조했다. 내 말은 "자기 계발"과는 아무 상관이 없었다.

나는 우리가 같은 생각을 하고 있다고 생각했다. 그러나 그의 생각은 달랐다. 그는 이렇게 말했다. "아, 알겠습니다. 우리가 그런 일을 할 수 없기 때문에 단지 성령을 의지해야 하는 것이군요. 모든 것을 그분께 일임해야 하겠군요."

"아닙니다. 우리는 모든 것을 그분께 일임하지 않습니다. 우리 힘으로는 할 수 없지만, 그렇다고 모든 책임을 그분께 돌리지는 않습니다. 우리는 우리의 구원을 이뤄야 합니다. 그러나 동시에 그 일을 완수할 수 있도록 그분의 도움을 구해야 합니다. 이쪽도 저쪽도 아닌 둘 다가 필요하지요."

인간은 서로 반대되는 생각이 역동적인 긴장 관계를 맺고 있는 경우 둘 다를 수용하지 못하는 성향이 있다. 그러나 우리는 그런 긴장 관계를 유지해야 할 필요가 있다. 하나님의 역할이 있고, 우리의 역할이 있다. 하나님의 일과 우리의 일을 이원화시키지 않도록 주의하라.

초자연적인 치유

우리는 매순간 모든 일을 성령께 의지하면서 그분께 치유의 은혜를 구할 수 있다. 하나님께 우리 영혼의 치유를 부탁할 수 있고, 사람들의 삶 속에 존재하는 온갖 종류의 결박을 깨뜨려달라고 기도할 수 있다. 예를 들면 마귀의 역사나 영향으로부터 벗어나게 해달라는 간구다. 이 책의 초점은 성령의 치유 사역을 논하는 데 있지 않기 때문에 여기서 이를 상세히 다룰 수는 없다. 치유와 구원을 다루는 좋은 책들이 많다. 그러나 이왕 성령의 사역을 언급했으니 그분의 치유와 구원 사역을 잠시 살펴보는 것도 좋을 듯하다.

성경은 도처에서 하나님을 치유자요 구원자로 묘사한다. 나는 그분이 치유와 구원 사역을 베푸시는 것을 목격해 왔다. 때로 그분은 즉각적이고 기적적인 치유를 베푸신다.

그러나 우울증, 불안증, 과식증과 같이 감정의 영역에서 이루어지는 문제들을 위해 기도할 때는 우리 스스로 문제를 극복해 나갈 수 있도록 곁에서 도와주시는 방법으로 치유를 시작하신다.

예를 들어 우울증에 시달리는 사람은 고립된 상태에서 벗어날 수 있는 힘과 용기가 필요하다. 치유가 즉시 이루어지지 않는다고 해서 기도가 아무 효과가 없다고 생각해서는 안 된다. 하나님은 이미 응답하셨다. 그러나 그분의 응답은 사람의 변화를 도와주심으로써 좀 더 깊은 차원에서 효력을 발휘한다. 성경과 현실의 삶에서 알 수 있듯 기도는 즉시든, 시간이 걸리든 결국에는 상황을 변화시킨다.

나는 귀신의 압제에서 사람들이 구원받는 모습을 수없이 목격했다. 전에 그런 일을 해본 경험도 있다. 간혹 나타난 현상이 영적 차원에서 이루어지는 마귀의 견고한 진인지 아니면 단지 감정적, 심리적 문제인지를 구별할 줄 아는 전문가의 도움이 필요할 때도 있다. 귀신에게 속박된 사람을 도와주려면 그런 문제를 잘 진단할 수 있는 능력과 배경을 갖춘 사람에게 데려가야 한다. 요즘 교회에는 이상한 일이 많이 벌어지기 때문에 조심해야 한다.

중요한 사실은 우리가 사람들의 치유를 위해 기도할 수 있다는 것이다. 나는 내게 도움을 의뢰하는 사람이 나와 함께 문제 해결을 위해 노력하는 동안 그를 위해 기도해 줄 팀이나 그룹이 있다면 참으로 바람직하다고 생각한다.

누군가를 위해 기도할 때는 그 순간에 필요한 은사를 허락해 달라고 하나님께 기도하라. 예를 들어 하나님이 초자연적인 지혜나 지식을 허락하실 수도 있다. 그에게 성령의 나타나심이나 은사를 베푸실 수도 있고, 어떤 문제를 다루어야 할지를 그에게나 우리에게 알려주실 수도 있다. 그 외에도 하나님은 직접 기적을 베푸실 수도 있다. 그분이 어떤 방법을 사용하실지 우리는 알 수 없다.

우리가 아는 사실은 "의인의 간구는 역사하는 힘이 크다"(약 5:16 참조)는 것뿐이다. 이것은 다른 분야에서만큼이나 성장에 있어서도 매우 중요하다.

성장하기 원하는 입장이든 다른 사람의 성장을 돕는 입장이든 그 일에는 반드시 기도가 포함되어야 한다. 성장하기 원하는 사람들을 기도 그룹에 참여하게 하라.

만약 기도 그룹이 없으면 새로 조직하거나 그들이 다루어야 할 문제를 위해 기도해 줄 수 있는 기도 파트너를 구하라고 주문하라. 어떤 방법을 취하든 하나님과 성령의 도우심을 의지해 성장해 나가려면 기도가 꼭 필요하다.

언제 시작해도 늦지 않다

오랫동안 신앙생활을 해오면서 하나님의 원리에 충실한 태도로 다른 사람들을 가르쳐왔으면서도 정작 자신은 성령 안에서 살지 못하는 사람들이 적지 않다. 나는 그런 사람들과 대화를 나눌 기회가 많았다. 그들에게 기독교는 여러 가지 면에서 초자연적이지 못하다. 당신이 그런 경우라고 해도 실망하지 말라. 언제 시작해도 늦지 않기 때문이다. 공식은 간단하다. 기도하라.

바울은 "너희가 그리스도 예수를 주로 받았으니 그 안에서 행하되"(골 2:6)라고 말했다. 믿음으로 예수님을 영접했다면 우리는 같은 길을 걷고 있는 중이다. 당신이 필요로 하는 것들을 모두 성령께 간구하라. 예수님의 약속대로 하나님이 응답해 주실 것이다(눅 11:13 참조). 처음 예수님을 영접할 때도 믿고 구했다. 자기 자신은 물론 다른 사람들의 성장을 위해서도 같은 방법을 적용할 수 있다. 믿고 기도하라. 하나님이 약속하신 대로 응답하실 것이다.

성장하기 원하는 사람을 위한 조언

- 하나님 안에서 안전하다는 사실과 그분이 성령을 통해 당신을 찾으신다는 사실을 믿고 구하라.
- 성령께서 사역하시는 방법을 이해하고 그분이 약속하신 것을 기대하고 찾으라. 성령께서 행하시는 일들을 정리한 목록을 주의 깊게 살펴보라.
- 성령과 인격적인 관계를 맺으라. 매순간 필요한 모든 것을 위해 그분께 의지하라.
- 범사에 성령의 도우심을 구하라.
- 성령을 따르라.
- 성령께 복종하라.
- 성령께 삶의 모든 것에 관해 자신이 알지 못하는 것을 보여주시고 깨우쳐주시기를 기도하라.
- 성령께서 보여주시는 것은 무엇이든 한 번에 한 단계씩 실천하라.
- 고통과 고난을 성령의 임재가 없는 것으로 혼동하지 말라. 고통과 고난 속에서 함께해 주시기를 기도하면서 앞서 언급한 일들을 실천해 나가라.
- 항상 자신이 믿음 안에 있는지, 또 그분의 생명이 자신에게 있는지 살펴보라.
- 당신은 물론 하나님도 당신의 삶을 살고 계신다는 역설을 깊이 이해하라.

성장을 돕는 사람을 위한 조언

- 성령에 대한 잘못된 오해를 바로잡아주라.
- 성령께서 사역하시는 방법과 성령의 사역에 대한 성경의 약속을 가르쳐라.
- 매순간 성령을 의지하고 그분과 관계를 맺는 일에 집중하게 하라.
- 성령을 구할 수 있는 기회와 환경을 제공해 성령을 구하게 하라.
- 성령을 의지하도록 독려하고, 고난을 성령의 임재가 없는 증거로 착각하지 말게 하라.
- 성령의 열매가 없다면 성경 말씀에 근거해 적절히 경고하라.
- 성령께서 베푸시는 초자연적인 치유와 구원을 구할 수 있도록 필요한 환경과 경험과 가르침을 제공하라.

"나는 심었고 아볼로는 물을 주었으되

오직 하나님께서 자라나게 하셨나니

그런즉 심는 이나 물 주는 이는 아무 것도 아니로되

오직 자라게 하시는 이는 하나님뿐이니라…

우리는 하나님의 동역자들이요

너희는 하나님의 밭이요 하나님의 집이니라"

_ 고전 3:6-9

3

HOW
PEOPLE
GROW

하나님의 경작 계획

07. 하나님의 A안: 사람들
08. 열린 공간: 받아들임의 힘
09. 용서의 힘

하나님의 A안 : 사람들

"성장 과정이 효과적이면서도 성경적이려면
그리스도의 몸이 반드시 포함되어야 한다."

나(헨리)는 한계에 부딪쳐 고민하는 동안 한 그리스도인 친구와 저녁 식사를 같이 할 기회를 가졌다. 나는 그에게 하나님이 나를 실망시키시는 것 같아 몹시 우울하다고 말했다. 하나님의 도우심을 구했지만 울적한 마음이 사라지지 않았다. 나는 기도를 하면 하나님이 마음을 평안하게 해주실 것이라고 생각했다. 그러나 내 마음은 여전히 불편했다. 나는 하나님이 은혜를 베풀어주실 생각이 없으시다고 결론지었다.

친구는 내 말에 관심을 기울이며 자신은 뭐라고 해줄 말이 없지만 유익한 조언을 해줄 사람을 알고 있다면서 빌의 전화번호를 알려주었다. 친구에게 고민을 털어놓은 것은 좋았지만, 내가 잘 알고 있는 유일한 그리스도인 친구가 하나님이 내 마음을 평안하게 해주시는 방법을 모르고 있다는 사실에 깜짝 놀라지 않을 수 없었다. 나는 하나님이 정말로 사람들의 마음을 평안하게 해주시는지 궁금했다.

나는 친구가 건네준 전화번호로 전화를 걸었다. 알고 보니 빌은 신학교에 다니는 학생이었다. 그와 그의 아내 줄리는 대학생 사역에 많은 경험이 있었다.

나는 그들을 만났고, 우리는 서로 말이 잘 통했다. 그들과의 만남은 분위기가 사뭇 달랐다. 그들은 내게 하나님에 관해 말했고, 나와 내가 새로 발견한 믿음에 관해 알고 싶어 했다. 나는 손에 난 상처와 2년 동안 고통을 참으며 골프를 치려고 애썼던 일과 골프를 포기하기로 결정한 사실 등 모든 고민을 털어놓았다. 하고 싶은 일을 찾기 위해 열심히 궁리했지만 아직 아무런 결과가 없다는 말도 함께 들려주었다. 그러면서 이렇게 덧붙였다.

"이런 감정을 가져서는 안 된다는 생각이 들어요. 뭔가 잘못된 느낌입니다."

당시의 일을 모두 말하려면 긴 이야기가 될 것이다. 간단히 말하면 그들 부부는 나를 받아들였다. 다시 말해 그들은 나를 "제자"로 삼기를 원했다. 내가 결코 들어보지 못했던 개념이었다. 그들은 내가 하나님에 관해 더 많은 것을 배울 필요가 있다고 생각했다. 나는 아무 희망도 없었기 때문에 '뭐 한번 해보지'라고 생각했다. 그래서 한 학기 동안 학교를 휴학하고 인생을 생각하면서 빌과 줄리에게 제자 훈련을 받기로 결정했다.

결국 나는 하나님에 관해 많은 것을 배웠다. 빌은 훌륭한 교사였다. 그는 자신이 읽은 책을 모두 내게 소개해 주었고, 나를 데리고 수업에 참여했다. 또한 신학교 도서관을 소개해 주기도 했다. 나는 신학을 공부하는 재미에 푹 빠져들었다. 그는 내게 기독교의 교리와 성경 해석법을 가르쳤으며, 내가 무슨 질문을 하든 열심히 대답해 주었다.

시간이 흐르면서 내 안에서 무엇인가 변화가 일어나고 있는 듯했다. 말로 자세히 표현하기는 어렵지만 마치 하나님의 모습이 눈앞에 환히 떠오르는 것 같은 느낌이었다. 성경을 공부하는 동안 하나님을 아는 지식이 서서히 그 형태를 갖추기 시작했다. 또한 빌과 줄리와 함께 셋이서 기도하고, 때로 혼자서 기도하면서 기도에 열심을 내기 시작하자(때로는 몇 시간 동안 기도한 적도 있었다) 하나님을 느끼고 체험할 수 있었다. 어떤 때는 방 안에서 하나님의 임재가 구체적으로 느껴지기도 했다.

빌이 하나님에 관해 가르치는 동안 줄리는 나의 삶과 관련한 대화를 나누었다. 내가 솔직히 마음을 열자 내 안에서 전에 생각해 본 적이 없는 일들이 많이 발견되었다. 내가 느꼈던 공허함은 단지 공허함이 아니라 슬픔과 상처였다. 물론 전문 골퍼가 되려는 꿈을 포기한 것 때문에 마음이 슬펐던 것은 사실이지만 그 외에 다른 아픔과 상처까지 모두 드러났다. 줄리는 영혼의 상태를 하나씩 점검할 수 있는 상담 자료를 가져와 함께 문제를 해결하기 위해 노력했다. 나는 그 과정을 통해 내가 극복해야 할 일이 많다는 사실을 알게 되었다. 나에게 단지 상처만이 아니라 용서와 관련된 문제가 있다는 사실이 발견되었다. 나 자신은 물론 내가 나쁘게 생각했던 사람들에 대한 용서가 필요했다. 그 과정을 거치는 동안 내 어깨에서 무거운 짐이 벗어졌다.

그와 동시에 빌과 줄리는 소그룹에 참여해 나의 삶을 돌아보라고 권고했다. 나는 스스로에 관해 많은 사실을 깨달았고, 다른 사람들과 관계를 맺는 법도 배우게 되었다. 그룹 회원들은 내가 감정적으로 고립된 상태라서 다른 사람들이 가까이 다가오는 것을 기피하는 성향이 있다는 사실을 일깨워주었다. 나는 그들을 통해 내가 사랑에 관해 아는 바가 거의 없을 뿐 아니라 친밀한 관계보다는 일과 성취에 비중을 둔 삶을 살아왔다는 사실을 깨닫게 되었다. 그들은 나의 모든 관계 유형에 내재된 문제점을 의식하게 만들었다.

그들은 내가 틀렸을 때는 단호히 그 점을 지적했다. 처음에는 지적을 당하자 기분이 나빴고 죄책감이 들었다. 그러나 나중에는 사랑의 책망에서 비롯하는 자유를 만끽할 수 있었다. 나는 사람들의 책망이 비난이 아니라 사랑에서 우러나온 것이라는 사실을 알게 되었다.

소그룹 활동을 하는 동안 내가 경험했던 일이 하나 더 있다. 빌과 줄리를 비롯해 다른 사람들이 내가 보지 못했던 것을 내 안에서 찾아냈다. 그들은 내가 특히 상담 분야와 관련해 성경을 이해하는 능력이 뛰어나다고 말했다. 나로서도 성경과 상담학을 더욱 깊이 공부하고 싶은 마음이 점점 들었다. 두 가지 요소, 즉 외부적 요소와 내부적 요소가 하나로 합쳐지면서 나는 곧 하나님이 나를 기독교 상담 분야로 이끌고 계신다는 것을 알게 되었다.

하나님은 사람들을 도구로 사용하신다

상담을 받기 시작한 후 얼마간의 시간이 흐른 어느 날, 나는 우울증과 공허감이 사라진 것을 발견했다. 나는 내 자신과 삶을 긍정적으로 바라볼 수 있었다. 나의 감정을 살펴보았더니, 내가 행복하지만 한편으로는 약간의 실망감을 느끼고 있다는 것을 알게 되었다. 하나님은 나의 삶을 바꾸어놓으셨다. 삶이 180도로 바뀌었다. 그러나 하나님께 치유를 열심히 구했는데도 그분은 즉시 나를 치유해 주지 않으셨다. 초자연적인 기적을 베푸시어 단번에 나를 구해 주지 않으셨다. 하나님의 초자연적인 역사는 내게 마치 A안처럼 생각되었다. 내가 실망감을 내비치자 사람들은 거듭해서 같은 조언을 들려주었다. 즉 그들은 "하나님은 사람들을 도구로 사용하세요"라고 말했다.

나는 그 조언이 듣기 싫었다. 나는 하나님이 즉시 모든 실망감을 제거하시어 나를 온전히 치유해 주시기를 바랐지만 그분은 사람들을 통해 내게 도움을 베푸셨다. 나는 이것을 하나님의 B안이라고 일컫게 되었다. A안은 하나님이 초자연적으로 개입하시어 치유의 역사를 일으키시는 것이었다. 그것이 진정한 영적 치유였다. 하나님이 사람들을 도구로 삼아 치유하시는 것은 아무리 효과가 있다고 해도 그보다는 못한 B안에 지나지 않았다. 나는 나 역시 B안을 통해 치유된 사람들 가운데 한 사람이라는 사실을 인정해야 했다. 그런 식으로나마 치유를 받게 되어 한편으로는 감사했지만 그래도 내게 B안이 적용된 것이 못내 실망스러웠다. 그런대로 기분은 좋았지만 마치 특별석이 아니라 옥외 관람석에 앉아 있는 듯한 느낌을 지울 수 없었다.

그러던 어느 날 나는 성경에서 B안에 대한 나의 관념을 단번에 바꾸어 놓은 성경 말씀을 발견했다. 그것은 에베소서 4장 16절이었다.

"그에게서 온 몸이 각 마디를 통하여 도움을 받음으로 연결되고 결합되어 각 지체의 분량대로 역사하여 그 몸을 자라게 하며 사랑 안에서 스스로 세우느니라"(엡 4:16).

나는 내 눈을 믿을 수가 없었다. 다시 그 구절을 읽었다. "하나님이 사람들을 도구로 사용하신다"는 것은 분명한 사실일 뿐 아니라 B안, 곧 열등한 계획안이 아니었다. 사실 사람들이 사람들을 돕는 방법은 A안이었다. 성경이 그렇게 말씀하고 있었다. 그뿐 아니라 그것은 단지 사람들의 일이 아니라 하나님 자신의 일이었다. 즉 사람들이 우리를 도와줄 때 하나님은 그들을 통해 직접 역사하신다. 따라서 B안은 결국 A안이었던 셈이다.

나는 하나님이 나를 치유해 주시기를 원했다. 그러나 그분이 사람들을 수단으로 치유를 베푸시는 것으로 알고 거기에 만족해야 했다. 그러나 사실 하나님이 사람들 안에서, 그들을 통해 일하신 것이었다. 언뜻 표현의 차이에 지나지 않는 것처럼 들린다. 그러나 그것은 내게 참으로 획기적인 개념이었다.

이 개념 덕분에 나는 하나님이 우리의 일에 직접 개입하지 않으시고 모든 일을 사람들에게 일임하신 채 멀찍이 서 계시지 않으신다는 사실을 깨달았다. 하나님은 그 과정을 사람들에게 온전히 일임하지 않으신다. 비유하면 사람들은 그분의 유니폼과 같다. 그분은 사람들 가운데 거하시며, 그리스도의 몸이라는 신비 안에서 사람들을 통해 자신의 뜻과 소원을 나타내신다. 예수님은 나를 도와준 모든 사람들 가운데 거하심으로써 늘 내 곁에 함께 계셨다. 하나님은 사람들을 A안으로 사용하신다.

"각각 은사를 받은 대로 하나님의 여러 가지 은혜를 맡은 선한 청지기같이 서로 봉사하라 만일 누가 말하려면 하나님의 말씀을 하는 것같이 하고 누가 봉사하려면 하나님이 공급하시는 힘으로 하는 것같이 하라 이는 범사에 예수 그리스도로 말미암아 하나님이 영광을 받으시게 하려 함이니 그에게 영광과 권능이 세세에 무궁하도록 있느니라 아멘"(벧전 4:10-11).

나는 하나님이 초자연적인 기적을 통해 은혜를 베풀어주시기를 기다렸다. 그분은 그런 나에게 사람들을 통해 은혜를 베푸셨다. 나는 그분이 내게 직접 말씀해 주시기를 기다렸다. 하나님은 그런 나에게 사람들을 통해 말씀하셨다. 나는 하나님이 내 삶의 방향을 직접 인도해 주시기를 기다렸다. 하나님은 그런 나에게 사람들을 통해 갈 길을 제시해 주셨다. 나는 하나님이 나의 우울증을 치유해 주시기를 기다렸다. 하나님은 그런 나에게 특별한 사람들을 통해 위로를 건네셨다.

나는 빌과 줄리를 비롯해 다른 사람들을 통해 하나님이 직접 나의 우울증을 치유하셨다는 사실을 깨달았다. 더 이상 내게 B안이 적용되었다는 생각은 없었다. 나는 하나님 자신과 그분이 사람들을 통해 내게 주시려고 항상 계획하셨던 치유를 받아들였다. 나는 바울이 마음이 우울했을 때 경험했던 사실, 곧 그가 "그러나 낙심한 자들을 위로하시는 하나님이 디도가 옴으로 우리를 위로하셨으니"(고후 7:6)라고 말했을 때의 심정을 이해할 수 있었다.

나는 신학원에 진학해 신학을 공부하면서 이것이 곧 교회에 관한 교리(교회론)에 포함된다는 사실을 알게 되었다. 교회론은 교회가 내주하시는 성령을 통해 이 세상에서 그리스도의 임재를 구체적으로 구현한다고 설명한다. 사실 두세 사람의 신자가 모인 곳이면 어디나 그리스도께서 임재하신다(마 18:20 참조). 또한 그분은 신자 개개인의 마음속에 거하신다. 그리스도의 몸은 하나님의 성전이다(고전 3:16 참조). 구약 시대에 하나님은 성전의 지성소에 거하셨다. 오늘날 그분은 신자 개인을 성전으로 삼으신다. 우리 안에 거하신다. 우리가 어느 곳에 있든 그분이 함께 계신다. 참으로 믿기 어려운 현실이 아닐 수 없다.

이 사실을 발견한 것은 당시 나로서는 너무나 놀라운 일이었다. 나는 하나님께 크게 감사드렸다. 그분이 나를 찾으시고 나의 삶 속에서 능동적으로 역사하신다는 느낌이 생생하게 전해 왔다. 그러나 그것이 나중에 나의 전문 사역과 관련해 어떤 의미를 지니게 될지는 아직 알지 못했다.

그리스도의 몸의 역할

그로부터 몇 년 뒤, 이 놀라운 현실은 단지 하나님의 치유 사역을 개인적으로 전하는 차원을 훨씬 뛰어넘었다. 이것은 전문 사역자로서 우리가 행하는 모든 일을 이해하는 토대가 되었다. 사람들의 성장을 도와주려면 성장에 관계가 반드시 필요하다는 사실을 이해해야 한다. 교회 안에서 다른 사람들에게 성장의 방법을 가르치는 사람들은 그리스도의 몸의 역할을 배제할 때가 많다. 그들은 때로 사람들의 도움은 필요하지 않고 오직 그리스도만으로 충분하다거나 그분의 말씀과 기도만으로 모든 문제를 해결할 수 있다고 가르친다. 그들은 사람들을 의지하지 말라고 강조한다. 더 나아가 사람을 의지하는 것이 잘못이라고 생각한다.

그러나 성경은 다른 사람을 포함한 그 모든 것이 성장 과정의 일부라는 사실을 분명히 한다. 우리는 성장 과정의 여러 측면을 다루고 있는 이 책에서 몸의 역할을 특별히 강조하고 싶다. 수년 동안의 연구조사와 경험은 "성장하려면 관계가 필요하다"는 성경의 가르침이 사실임을 입증한다.

2장에서 언급한 대로 다른 사람들과의 관계는 창조 질서에 속한다. 관계로부터의 독립은 곧 하나님으로부터의 독립을 의미한다. 왜냐하면 하나님은 그분의 몸 안에 거하시기 때문이다. 아울러 관계를 맺지 않는 것은 하나님이 우리를 성장하게 하시는 방법을 도외시하는 것이나 같다. 바울은 에베소 신자들에게 그리스도 안에서 성장하려면 그리스도의 몸이 서로 도움을 주고받아야 한다고 말했다(엡 4:15-16 참조).

사람들의 성장을 도우면서 그들이 하나님께 구해야 할 것이 무엇인지 알게 되었다면 그 해결책의 일환으로 다른 사람들을 생각하라. 그리스도의 몸 안에서 그의 필요를 채워 성장시킬 수 있는 것이 무엇인지 살펴보라.

그러면 이제 그리스도의 몸이 사람들의 성장에 어떤 역할을 하는지 잠시 살펴보기로 하자. 먼저 다음의 내용은 완벽한 교회론이 아니고, 또 교회가 개인을 위해 할 수 있는 일을 모두 나열한 것도 아니라는 점을 미리 일러두고 싶다.

그런 일은 교회론을 본격적으로 다루고 있는 책에서나 할 수 있다. 우리는 단지 사람들이 성장 과정을 거칠 때 그리스도의 몸 안에서 일어나는 핵심적인 현상만을 강조하고 싶을 뿐이다. 우리의 요점은 다음과 같다.

"성경적 성장은 다른 사람들을 하나님의 도구로 포함시키도록 계획되었다. 성장 과정이 효과적이면서도 성경적이려면 그리스도의 몸이 반드시 포함되어야 한다. 몸을 배제한 성장 과정은 성경적이지도 정통적이지도 않다."

관계

사람들이 삶 속에서 가장 기본적으로 필요로 하는 것은 바로 관계다. 다른 사람들과 관계를 맺은 사람들은 번성하고 성장하지만 관계를 맺지 않은 사람들은 시들어 죽고 만다. 유아기에서 노년기에 이르기까지 인간의 건강 상태가 얼마나 많은 관계를 맺고 있느냐에 좌우된다는 것은 의학적 사실이다. 유아든 노인이든 관계를 맺지 못하면 곧 생명을 잃고 만다. 관계를 맺지 못한 사람들은 질병에서 회복되지 못한 채 고통 속에 죽어간다.

감정의 차원에서도 관계는 인간의 심령과 마음과 정신의 활력을 유지하는 요인으로 작용한다. 중독증에서부터 우울증에 이르기까지 거의 모든 감정과 심리상의 문제의 핵심을 파고들면 소외와 고립에 원인이 있다는 사실을 알 수 있다. 그런 문제로부터 사람들을 회복시키려면 좀 더 깊고 건전한 차원에서 다른 사람들과 관계를 맺도록 이끌어야 한다.

우리가 기독교 공동체 내에서 종종 발견하는 문제 가운데 하나는 사람들이 신앙에 깊이 빠져들수록 성경이 가르치는 관계로부터 점점 멀어져 결국에는 그전보다 더 건강하지 못한 상태로 전락한다는 것이다. 그리스도의 몸과 관계를 맺지 못하는 탓에 하나님과의 관계가 단절되었다고 생각하는 사람들이 많다. 바울은 이 문제를 이렇게 언급했다.

"머리를 붙들지 아니하는지라 온몸이 머리로 말미암아 마디와 힘줄로 공급함을 받고 연합하여 하나님이 자라게 하시므로 자라느니라"(골 2:19).

신약 성경은 그리스도의 몸이 서로 깊은 관계를 맺고, 서로를 돕고, 서로의 마음을 충만하게 채워주는 신앙 공동체를 가리킨다고 분명히 말씀한다. 우리는 사람들과 관계를 맺고 자신의 문제를 해결하려고 노력한 결과 삶의 해답을 찾았다는 소식을 담은 전화나 편지, 또는 메일을 거의 날마다 받곤 한다. 그런 승리의 소식을 전해 오는 사람들 가운데는 오랫동안 오직 하나님의 "직접적인 도움"만을 생각하며 문제를 해결하려고 노력해 온 이들이 대부분을 차지한다.

샌디는 편지에서 이렇게 말했다. "오랫동안 우울증에 시달려왔고 사람들과 관계를 제대로 맺을 수 없었습니다. 기도를 드리고, 성경을 읽는 등 필요하다고 생각했던 모든 일을 시도했어요. 그러던 중 교회에서 그룹을 만들어 선생님의 책을 교재로 사용하기 시작했어요. 다른 사람들과 솔직하게 관계를 맺기 시작하자 제 삶 속에 믿지 못할 일이 일어났습니다. 깊은 유대감을 느끼게 되었지요. 그 결과 지금은 상황이 완전히 달라졌습니다. 이 그룹이 얼마나 중요한지 말로 다 설명할 수가 없네요. 하나님과 다시 깊은 관계를 맺고 있는 느낌입니다."

샌디가 발견한 사실은 영적 성장과 치유를 위해 한동안 많은 노력을 기울였지만 "마디와 힘줄로 공급함"을 받는 경험을 하기 전까지는 성장의 요소들이 전혀 효과를 발휘하지 못했다는 것이었다. 그리스도의 몸은 그녀가 참여한 소그룹을 통해 그녀의 삶 속에 놀랍게 역사하기 시작했다.

이러한 관계는 중독증이나 강박 행동에서 벗어나려고 애쓰는 사람들에게도 똑같이 효과를 발휘한다. 지지 그룹과 관계를 맺지 않고 중독증에서 온전히 회복되기란 거의 불가능하다. 중독증이나 강박 행동은 중단되었지만 관계의 형태는 조금도 변하지 않은 경우에는 대개 증세가 다시 도지곤 한다. 그 원인은 다양하지만 그 가운데 하나는 소외감이 중독 증세를 부추긴다는 것이다. 바울은 "자신을 방탕에 방임"하는 이유가 "하나님의 생명에서 떠나" 있기 때문이라고 지적했다(엡 4:18-19 참조).

다른 사람들과의 관계가 단절되면 소외감에 시달리게 되고, 사랑을 갈망하는 마음이 무엇인가를 끊임없이 원하는 욕구로 발전하게 된다. 예를 들면 마약, 성, 음식, 쇼핑, 도박 등이다. 그러나 그런 것들은 만족을 가져다주지 못한다.

왜냐하면 진정한 욕구는 하나님과 다른 사람들과의 관계를 비롯해 사람들을 통해 이루어지는 그분의 역사를 통해서만 해결될 수 있기 때문이다. 사람들이 이를 받아들일 때 중독증은 사라진다. 많은 사역자가 지지 그룹에 참여한 뒤에야 비로소 중독에서 벗어나는 이유가 여기에 있다. 이전에 그들은 자신의 신분을 의식하고 모든 진실을 숨기려고만 하다가 홀로 고립되어 고통을 받았던 사람들이다.

성장을 추구하는 사람이든 다른 사람의 성장을 돕는 사람이든 관계를 성장의 기초로 삼아야 한다. 사람들은 하나님과의 관계만이 아니라 그분의 몸에 속해 있는 다른 사람들과의 관계를 통해서도 성장한다. 지금까지 살펴본 대로 후자가 없으면 전자도 효력을 발휘하지 못한다. 그런 경우에는 하나님이 주시는 모든 것으로부터 단절되고 만다.

훈련과 성장 체계

"자기 훈련이 좀 더 필요해. 목표를 달성할 수 있는 잠재력을 가지고 있다는 사실을 알고 있지만 도저히 엄두가 나질 않네."

"어디에서 자기 훈련을 받을 생각인가?"

"내가 어디에서 자기 훈련을 받을 셈이냐고 묻는 것인가?"

"그렇게 말했네. 자네는 그런 훈련을 받아본 적이 없어. 만일 그렇게 한다면 자네가 지금까지 못해 본 일을 하게 될 걸세. 자네 말에 동의하네. 자네는 자기 훈련이 필요하네. 왜냐하면 그런 훈련을 해본 적이 없기 때문이지. 나는 단지 자네가 어디에서 그 훈련을 받을 셈인지를 알고 싶을 뿐이네."

"나 스스로 훈련을 할 생각이네."

"그렇다면 자네는 그런 훈련을 받지 못할 것이네. 자네 스스로를 훈련시킬 수 있다면 자네는 자기 훈련이 필요하지 않아. 물론 스스로를 훈련할 수도 있겠지만 사실은 그렇게 할 수 없다네. 다시 묻네. 자네는 어디에서 자기 훈련을 받을 생각인가?"

제리는 뭔가 깨달은 듯한 안색과 자동차 불빛에 깜짝 놀란 사슴 같은 표정이 엇갈리는 얼굴을 한 채 나를 물끄러미 바라봤다. 내 말뜻을 알아차린 눈치였다. 그가 스스로를 훈련할 수 있는 가능성은 없었다. 그런 착각에 빠져 하루하루를 살아가면 실패의 경험만 더욱 늘어날 뿐이었다.

"잘 모르겠네. 어디에서 자기 훈련을 받으면 좋겠는가?" 그는 순진한 표정으로 물었다.

"뭐 그렇게 어려운 일은 아니네. 자기 훈련을 받는 방식은 모두가 다 똑같으니까 말이야. 자기 훈련은 항상 '다른 사람들을 통한 훈련'의 결과라네. 어떤 사람들은 일찍부터 다른 사람들을 통해 훈련을 받고 그것을 자신의 인격 속에 내면화시키지. 자기 훈련은 그렇게 이루어진다네. 그러나 어떤 사람들은 그렇게 하지 못한 탓에 그것을 인격 속에 내면화시키지 못하지. 그들은 다른 사람들을 통해 자기 훈련을 받고 그것을 스스로 내면화시킬 때까지는 자기 훈련을 쌓을 수 없어. 이해하기가 그렇게 어려운 일은 아닐세. 하나님은 본래 우리가 그런 식으로 성장하도록 계획하셨어. 다른 사람들이 우리를 훈련하면 그제야 우리는 스스로 그렇게 할 수 있는 법이지. 인생의 다른 모든 일도 다 그와 비슷하다네. (고린도전서 4장 7절의 말씀대로) 우리는 다른 사람들을 통해 자기 훈련을 이루는 것이네."

"어떻게 말인가? 어떻게 다른 사람들을 통해 자기 훈련을 받는단 말인가?"

"자네는 지금 매우 중요한 질문을 던졌네. 자네가 그 답을 알고 실천에 옮긴다면 자네가 원하는 자기 훈련을 받을 수 있을 걸세."

우리의 대화는 그런 과정이 이루어지는 방법을 찾는 내용으로 발전했다. 제리는 자신을 감독해 줄 파트너를 찾아야 했다. 또한 자신에게 구체적인 과제를 부여하고, 그 결과에 대해 조언과 교정을 해줄 그룹이 필요했으며, 과제를 실천하지 않았을 때는 그 결과를 스스로 감당해야 했고, 아무리 힘들어도 그룹 모임의 일정에 따라야 했으며, 곁길로 치우치려는 유혹을 느낄 때는 자신을 감독하는 파트너에게 전화를 걸어 자신에게 동기를 부여해 줄 조언을 구해야 했고, 내면의 두려움과 훈련에 대한 거부감을 극복해야 했으며, 스스로를 무책임하게 만드는 원인을 찾아내 제거해야 했다.

제리는 과제 부과, 그룹 모임, 과제 실천, 그를 감독하는 파트너, 그룹이 제공하는 조언 등으로 구성된 성장 체계를 통해 자신의 영혼 안에 존재하지 않았던 것(즉 훈련)을 내면화시키기 시작했다. 그는 결국에는 자기 훈련을 할 수 있게 되었지만 처음에는 다른 사람들의 도움이 필요했다. 히브리서 저자는 이렇게 말했다.

"무릇 징계가 당시에는 즐거워 보이지 않고 슬퍼 보이나 후에 그로 말미암아 연단받은 자들은 의와 평강의 열매를 맺느니라"(히 12:11).

제리는 연단을 받아야 했다. 그는 스스로는 그 일을 할 수 없었다. 훈련의 동인(動因)은 바로 그리스도의 몸이었다. 예수님은 마태복음 18장에서 신자의 훈련과 관련된 교회의 역할을 좀 더 자세히 설명하셨다.

"네 형제가 죄를 범하거든 가서 너와 그 사람과만 상대하여 권고하라 만일 들으면 네가 네 형제를 얻은 것이요 만일 듣지 않거든 한두 사람을 데리고 가서 두세 증인의 입으로 말마다 확증하게 하라 만일 그들의 말도 듣지 않거든 교회에 말하고 교회의 말도 듣지 않거든 이방인과 세리와 같이 여기라"(마 18:15-17).

그리스도의 몸이 모두 힘을 합쳐 누군가를 도와 그의 삶을 통제할 수 있게 할 때 하나님은 그들 가운데 함께하심으로 A안을 성사시키신다.

이것이 신자들의 훈련과 관련해 그리스도의 몸이 감당하는 역할이다. 즉 교회는 사람들이 자기 절제에서 비롯하는 자유("의와 평강의 열매")를 되찾을 수 있게 도와준다.

성경은 여러 곳(마 18:15-16; 갈 6:1-2; 딛 3:10 참조)에서 하나님이 허락하시는 사람들을 통해 훈련과 견책을 받을 수 있는 성장 체계가 필요하다고 증언한다. 그렇지 않으면 성장할 수 없다. 성경은 "거만한 자는 견책받기를 좋아하지 아니하며 지혜 있는 자에게로 가지도 아니하느니라"(잠 15:12)고 말씀한다.

삶 속에서 자기 통제가 필요한 부분이 있다면 다른 사람들을 통한 훈련의 중요성을 고려해야 한다. 사람들을 도와 성장하게 하려면 그 과정에 다른 사람을 통한 훈련을 반드시 포함시켜야 한다. 그렇지 않으면 성장은 멈추고 만다. 개인이든 그룹이든 다른 사람들로부터 훈련과 견책을 받을 수 있는 성장 체계가 필요하다.

책임성

최근에 책임 그룹과 책임 파트너의 중요성이 크게 부각되었다. 특히 누군가가 삶의 특정 분야에서 훈련이 잘 되어 있지 않거나 훈련을 시도하려고 할 때는 이 점이 더욱 중요하다.

책임성은 매우 중요하다. 성경은 우리의 삶 속에 책임성을 구축해야 한다고 거듭 가르친다. 그러나 한 가지 주의할 점이 있다. 그것은 책임성 자체가 자제력의 결핍을 치유하는 해결책이 아니라는 사실이다. 문제를 안고 있는 사람은 흔히 책임 그룹에 참여하라는 요구를 받는다. 그곳에서 그는 자신이 무슨 잘못을 저질렀는지 알기 위해 자신이 행하는 여러 가지 일에 관한 질문을 받는다. 잘못을 깨닫고 고백하면 용서를 받고, 삶을 개선하기 위해 노력한다. 이 모든 것은 매우 중요하다.

책임성의 문제는 단지 "측정의 효과"만을 발휘한다. 그것은 마치 자동차의 엔진 온도계와 비슷하다. 엔진 온도계는 엔진에 문제가 있는지를 알려줄 뿐 엔진을 고치지는 못한다. 그와 마찬가지로 책임성은 문제를 드러낼 뿐 문제를 해결하지는 못한다. 엔진을 수리하기 위해 정비소에 가야 하는 것처럼 문제가 있는 사람은 책임 그룹을 통해 진단을 받은 뒤 문제 해결을 위한 도움을 받아야 한다. 훈련 과정에 참여해 앞서 말한 성장 체계를 거쳐 그릇된 행동을 유발시키는 원인을 제거해야 한다. 이렇듯 책임성은 무엇인가 더 필요한 것이 있을 때 그 사실을 알려주는 감시 체계에 해당한다.

문제가 드러나면 책임 그룹의 역할도 달라진다. 즉 책임 그룹은 그 사람의 행동이나 태도를 관찰할 뿐 아니라 릭이나 제리의 경우처럼 문제 해결을 위해 필요한 행동을 하고 있는지 아닌지를 감독해야 한다.

그동안 나는 많은 영적 지도자들을 견책하고 훈련하는 일에 참여해 왔다. 나는 항상 그들에게 책임 그룹이나 파트너를 찾으라고 요구한다. 그 이유는 그들이 스스로의 힘으로 변화를 추구하지 말고 변화의 대리자를 통해 삶을 개선하도록 하기 위해서다. 중독에 빠진 사람의 경우에는 책임 그룹의 도움을 구해야 한다. 또한 다른 사람들의 조언을 귀담아듣고 영적 훈련을 받는 것이 필요하다. 책임성보다는 문제 해결 과정이 더 중요하다. 책임성은 필요하지만 그것만으로는 충분하지 않다.

은혜와 용서

은혜란 "우리 스스로 얻을 수 없는 것"이라고 정의할 수 있다. 은혜는 값없는 호의처럼 외부에서 온다. 은혜를 얻기 위해 우리는 아무것도 할 수 없다. 앞서 살펴본 대로 하나님이 은혜를 베풀기 위해 사용하시는 외부의 힘에는 다른 사람들이 포함된다. 사람들은 제각기 은사를 활용해 "선한 청지기같이 서로 봉사"(벧전 4:10)한다.

많은 목회자가 교인들로부터 "머리로는 하나님이 나를 용서하시고 받아주셨다는 사실을 알고 있지만 마음으로는 도무지 실감할 수가 없어요"라는 말을 듣는다. 그들은 용서, 하나님의 사랑과 영접, 은혜 안에서의 신분을 비롯해 그와 관련된 교리들에 관한 성경 구절을 머릿속으로 암기한다. 그들의 머릿속에는 진리에 대한 정보가 들어 있을 뿐 그 진리를 마음으로 깨닫지는 못한다. 그들은 머리로 아는 지식이 자연히 마음에 새겨질 것이라고 생각한다. 그러나 결코 그렇지 않다.

머리와 마음은 서로 다르게 작용한다. 머리는 새로운 정보를 얻고 이해하고 수용하는 기능을 한다. 우리는 자료를 수집해 이미 알고 있는 정보와 비교한 다음 새로운 정보에 대한 이해력을 향상시킨다. 이것이 곧 지식의 성장이다.

머리는 "정보"를 수집함으로써 작용하지만 마음은 "경험"을 수집함으로써 작용한다. 이는 의사가 외과 수술에 익숙해지는 것과 비슷하다. 의사는 책을 보고 수술 방법을 배우지만 직접 수술실에 들어가 집도를 함으로써 수술 방법을 습득한다. 마찬가지로 우리도 책을 통해 하나님의 은혜에 관해 알 수 있지만 은혜를 직접 경험하지 않으면 그 지식이 머릿속에만 머물 뿐이다.

하나님의 은혜를 경험하려면 마음이 그것과 연결되어야 한다. 우리는 기도를 통해 하나님과 "수직적"으로 관계를 맺을 수 있다. 그러나 그분의 은혜를 온전히 느끼려면 마음을 활짝 열고 다른 사람들을 통해 "수평적"으로 표현되는 은혜를 받아들여야 한다. 하나님의 은혜와 온전히 연결되려면 은혜가 있는 곳을 찾아가야 한다. 하나님은 다른 사람들을 통해 은혜를 베풀기로 작정하셨다. 따라서 하나님의 은혜에 관한 사실들만을 연구하고 다른 사람들을 통한 사랑을 경험하지 못한 사람은 은혜의 진정한 실체를 깨달을 수 없다.

하나님의 사랑과 연결되려면 다른 사람들이 필요할 뿐 아니라 또한 그들에게 마음을 내주어야 한다. 도움을 얻으려면 자기 자신을 있는 그대로 솔직히 열어놓고 은혜와 사랑을 받아들여야 한다. 많은 사람이 서로 교제를 나누면서도 마음의 차원에서는 전혀 교제가 이루어지지 않는 경우가 허다하다. 바울은 고린도 신자들에게 이렇게 말했다.

> "고린도인들이여 너희를 향하여 우리의 입이 열리고 우리의 마음이 넓어졌으니 너희가 우리 안에서 좁아진 것이 아니라 오직 너희 심정에서 좁아진 것이니라 내가 자녀에게 말하듯 하노니 보답하는 것으로 너희도 마음을 넓히라"(고후 6:11-13).

성장하려면 서로 마음을 터놓고 솔직한 관계를 맺어야 한다. 그렇지 않으면 은혜가 그저 머릿속에만 머물 뿐 하나님이 본래 계획하신 차원에서 경험 속에 깊이 녹아들 수 없다.

이것이 야고보서 5장 16절("그러므로 너희 죄를 서로 고백하며 병이 낫기를 위하여 서로 기도하라 의인의 간구는 역사하는 힘이 큼이니라") 말씀에 담겨 있는 의미 가운데 하나다. 요한일서 1장 9절의 말씀대로 많은 신자가 단지 수직적인 차원에서 하나님께만 자신의 속사정을 털어놓는다. 그들은 머리로만 용서와 사랑을 받았다고 알고 있을 뿐 마음으로는 그것을 알지 못한다. 우리는 두 가지를 모두 경험할 수 있도록 만들어졌다. 이것이 바로 예수님이 서로 사랑하라고 명령하신 이유다.

몇 년 전 성 중독에 빠진 목회자를 상담한 적이 있었다. 그(조)는 자신의 문제로 인해 오랫동안 고민하며 두려움과 죄책감에 짓눌려 살았다. 기도를 통해 하나님께 자신의 잘못을 거듭 고백했지만 잘못된 습관을 떨쳐버릴 수가 없었다. 마침내 좌절감과 우울증이 극한에 달하자 그는 병원에 입원한 뒤 내가 이끄는 그룹에 참여했다.

어느 날 아침 모임을 인도하기 위해 병원에 도착했을 때 간호사가 조가 그날 모임에 참석하지 못할 것이라는 소식을 전해 주었다. 참석하고 싶은 마음이 없다고 했다. 그러나 사정을 알고 보니 바로 전날 밤 또다시 잘못을 저지른 것이었다. 그가 모임에 참석하고 싶어 하지 않았던 이유는 죄책감 때문이었다. 나는 그의 방에 찾아가서 모임에 참석하라고 설득했다.

모임에 참석한 사람들이 서로 이야기를 나누고 있을 때 누군가가 조에게 기분이 괜찮냐고 물었다. 그는 그렇다고 대답했다. 그러나 우리는 그의 말을 믿지 않았다. 그는 모임이 있을 때마다 목회 활동을 할 때처럼 다른 사람들을 돕기만 할 뿐 정작 자신의 고통에 대해서는 선뜻 입을 열지 않았다. 그날 아침 나는 그를 더 이상 방치해 두고 싶지 않았다. 그래서 그에게 다른 사람들 앞에서 자신의 이야기를 털어놓으라고 다그쳤다. 마침내 그는 내 말에 동의했다.

그는 자신의 이야기를 털어놓는 내내 방바닥을 내려다보았다. 자신이 설교자의 신분으로 수년 동안 성 중독에 빠져 사는 동안 늘 누군가가 지난밤에 자신이 저지른 잘못을 목격했으면 어쩌나 하는 두려움에 시달렸다고 말했다. 그의 삶은 위선으로 가득했다. 극심한 소외감과 우울증에 시달렸다. 특히 자신의 행동을 중단할 수 없었던 것이 가장 큰 문제였다. 그의 이야기는 참으로 끔찍했다.

그런데 분위기가 이상했다. 조가 방바닥을 내려다보며 자신의 이야기를 전하는 동안 나는 방 안을 둘러보다가 무엇인가를 발견했다. 모임에 참석한 사람들 모두의 눈에서 눈물이 흘러내리고 있었다. 그들은 조를 안타깝게 생각하고 있었다. 방 안 온통 동정심과 은혜가 가득 흘러넘쳤다. 그러나 조는 그런 은혜를 받아들이지 않고 있었다.

"조, 고개를 들어 사람들을 보세요."

"아니요. 못하겠습니다."

"할 수 있습니다. 고개를 들어보세요."

그는 내 말을 거부했지만 나는 포기하지 않았다. 마침내 그는 마지못한 태도로 다른 사람들을 바라보았다. 방 안을 둘러본 그는 내가 보았던 동정 어린 눈물이 흘러내리는 눈동자들을 발견했다. 그는 부드러운 미소와 자신에 대한 사랑과 용서를 발견했다. 간단히 말해 생전 처음 은혜를 발견했다. 그 순간 그는 무너져내렸다. 마치 갈대가 뚝 하고 부러지는 것 같았다. 그는 엎드려 어린아이처럼 흐느꼈다. 그 순간 그의 중독 현상도 깨어졌다. 물론 중독에서 온전히 벗어나려면 몇 가지 노력이 더 필요하겠지만 영혼 깊은 곳에서 은혜를 경험하는 순간 중독의 사슬이 두 동강으로 끊어졌다.

그때까지 그가 경험했던 은혜는 한갓 명제에 지나지 않았다. 그는 신약 성경이 증언하는 대로 "몸으로" 은혜를 경험한 적이 없었다. 그러나 그리스도의 몸이 "하나님의 여러 가지 은혜를 맡은 선한 청지기같이 서로 봉사"(벧전 4:10)하자 치유가 일어났다.

여기서 말하고자 하는 요지는 은혜는 우리에게 언제라도 유효하지만 우리가 은혜를 받아들이려고 하지 않는다는 것이다. 사랑과 은혜는 항상 우리 곁에 있지만 마음의 상처와 죄책감을 솔직하게 털어놓지 않으면 은혜를 경험할 수 없고, 머리와 마음이 따로 노는 상태가 계속될 뿐이다.

바울의 권고대로 우리는 다른 사람들이 마음을 넓게 열 수 있도록 도와야 한다. 마음 깊은 곳에서 서로를 솔직하게 대해야만 그리스도의 몸을 통해 은혜가 역사하기 시작한다. 은혜는 경험을 통해서만 알 수 있다. 주일 아침에 예배당에서 그리스도의 몸을 경험하면서도 개인적으로는 마음의 고통과 연약함을 솔직하게 드러내지 않는 신자들이 많다. 그러나 치유가 일어나는 곳은 개인의 마음속이다. 주일의 교제나 친교 모임, 또는 성경공부도 좋지만 치유는 마음 깊은 곳에서 교제가 이루어져야만 가능하다.

지지와 후원

나는 『No!라고 말할 줄 아는 자녀 양육』(*Boundaries With Kids*)에서 우리 가족이 어려운 시기를 거치는 동안 어머니에 관한 이야기를 소개한 바 있다. 네 살 때 한쪽 다리에 병이 생겨 침대 신세를 지게 된

나는 2년 동안 휠체어를 타고 다리에 부목을 댄 채 목발에 의지해 생활했다. 나는 하루아침에 활동적인 아이에서 심각한 장애를 겪는 아이로 변신했다. 의사는 부모님께 모든 것을 다 해주지 말고 성격이 삐뚤어지지 않도록 스스로 할 수 있는 일은 스스로 하게 만들어야 한다고 조언했다.

부모님이 교회에서 목발을 짚고 긴 계단을 오르게 했던 일이 기억난다. 비틀거리며 계단을 오르는 데 오랜 시간이 걸렸지만 부모님은 나를 계속 다그쳤다. 나는 넘어지려다가 다시 몸을 똑바로 하기를 반복하면서 천천히 한 계단씩 발을 옮겼다. 보기에도 애처로웠을 것이다.

갑자기 내 등 뒤에서 어떤 여성이 자기 남편에게 말하는 소리가 들렸다. "부모가 아이에게 저런 일을 시키다니 도저히 믿을 수가 없네요."

그때 부모님이 무슨 말을 했는지는 기억나지 않는다. 그러나 몇 년 뒤 어떻게 어머니가 그렇게 할 수 있었나 하는 생각이 들었다. 어머니는 내가 알고 있는 가장 친절한 사람 중에 한 명이었다. 그녀는 강아지가 빗속에 밖으로 나가는 것조차 안타깝게 여길 정도로 자상한 마음을 지녔다. 그런 어머니인지라 나를 도울 수 있는데도 혼자서 발을 절룩이며 걷게 놔두었을 때 어떤 심정을 느꼈을지 궁금했다. 나는 몇 년 뒤에 어머니에게 이렇게 물었다.

"어머니는 제가 알고 있는 가장 친절한 사람 중에 한 명이에요. 그런데 어떻게 아무 도움도 주지 않으시고 저 혼자서 그 고통을 온전히 감수하도록 놔둘 수가 있으셨나요?"

"에미트 덕분이란다."

"에미트요?"

"그렇다. 에미트 덕분이야. 나는 매일 내가 감당할 수 없는 일을 해야 할 때마다 에미트에게 전화를 걸어 눈물로 하소연하며 그녀의 조언에 귀를 기울이곤 했단다. 그녀는 매번 그런 일을 잘 감당할 수 있도록 나를 도왔단다. 참으로 힘든 일이었지."

에미트는 어머니의 가장 친한 친구이자 훌륭한 그리스도인이었다. 어머니는 혼자 힘으로는 자신에게 요구되는 일을 감당할 수 없다는 사실을 깨달았다. 그녀가 그런 일을 할 수 있었던 이유는 친구의 도움이 있었기 때문이었다. 어머니는 "서로 덕을 세우는" 경험을 했다(살전 5:11 참조).

무엇인가를 지지한다는 것은 그것을 붙잡아준다는 뜻이다. 지지는 성장 과정 전체에 걸쳐 반드시 필요한 요소다. 우리의 힘과 능력이 미치지 못하는 과제와 현실을 돌파하려면 다른 사람들의 지지와 후원이 필요하다. 바울은 이렇게 말했다.

> "또 형제들아 너희를 권면하노니 게으른 자들을 권계하며 마음이 약한 자들을 격려하고 힘이 없는 자들을 붙들어주며 모든 사람에게 오래 참으라"(살전 5:14).
>
> "너희가 짐을 서로 지라 그리하여 그리스도의 법을 성취하라"(갈 6:2).

지지와 후원은 슬픔과 시련과 성장의 고통 등 모든 어려움을 능히 극복할 수 있는 힘을 준다.

최근에 오랫동안 보지 못했던 친구와 점심 식사를 같이 한 적이 있었다. 그녀는 교회에서 평신도 사역자로서 크게 기여하고 있었다. 나는 그녀에게 자녀들의 안부를 물었다. 그녀는 자랑스러운 듯 자녀들에 대해 말하더니, "그런데 한 아이는 죽고 말았어…"라고 하며 말끝을 흐렸다.

"무슨 일이 있었는데?"

"태어난 지 넉 달 된 아이가 영아 돌연사 증후군(SIDS)으로 목숨을 잃고 말았어. 어느 날 아침 갑자기 잠에서 깨어나지 못하고 그대로 눈을 감았어…."

그 말을 듣자 숨이 턱 막히며 가슴이 무너졌다. 당시 내 딸도 대략 그 나이였다. 나는 부모가 그런 슬픔을 어떻게 극복했을지 도무지 상상할 수가 없었다. 그러나 내 친구는 그로부터 오랜 시간이 흘렀는데 잘 극복해내고 있었다. 그녀는 하나님이 자신의 삶 속에서 행하시는 일을 일일이 언급하며 얼마나 많은 축복과 감사를 느끼고 있는지 모른다고 말했다. 그녀의 마음과 현재 모습에서 크게 감동을 받은 나는 대답이 빤한 질문을 던졌다.

"어떻게? 어떻게 그런 시련을 이겨냈지?"

그녀는 지체 없이 확신에 찬 음성으로 이렇게 대답했다. "그리스도의 몸 덕분이지." 그렇게 말하고 잠시 멈춘 다음, 다시 "그리스도의 몸"이라는 말을 되풀이했다.

그녀는 친구들과 교회가 마음을 잡도록 도와주었고, 슬픔을 극복할 수 있게 곁에서 지켜주었다고 말했다. 즉 스스로는 이겨낼 수도 없고, 어떻게 할 수도 없는 상황에서 교회가 그녀 부부를 붙들어주었다고 말했다.

이것이 내가 궁금히 여기던 질문에 대한 대답이었다. 어떻게 부모가 자녀를 잃은 슬픔을 이겨내고 그처럼 굳세게 설 수 있었을까? 어떻게 그런 일이 가능했을까? 그것은 그리스도의 몸 때문이었다. 잘 알다시피 우리의 몸은 세포 하나가 고통을 받으면 함께 고통을 받는다. 인간의 몸은 상처가 난 신체 부위에 치유의 힘을 보탠다. 예를 들어 팔이 부상당하면 인체는 항체, 자가 치료제, 신선한 산소를 담고 있는 피, 백혈구, 염증 억제제 등과 같은 치료 인자를 팔에 보낸다. 이것이 내 친구 부부가 경험했던 일이다. 혼자서 그런 시련을 극복할 방법은 없다. 그러나 예수님의 말씀대로 지옥이 총력을 기울여 우리를 공격해도 그분의 몸인 교회는 모든 공격을 물리칠 수 있다(마 16:18 참조). 교회를 이길 수 있는 것은 아무것도 없다.

그러나 교회와 관계를 맺지 못하는 탓에 교회가 주는 치유와 보호를 경험하지 못하는 사람들이 너무나도 많다. 홀로 고립된 상태에서 혼자의 힘으로 성장을 추구하는 한 우리를 공격하는 지옥의 권세 앞에서 쉽게 무릎을 꿇을 수밖에 없다. 목자와 양에 관한 예수님의 비유가 이 점을 잘 보여준다(눅 15:3-7 참조). 늑대는 양 떼 전체를 공격하지 않고 길을 잃고 헤매는 한 마리 양을 목표로 삼는다. 길 잃은 양은 위험에 처해 있다. 따라서 목자는 아흔아홉 마리의 양을 놔두고 길 잃은 한 마리 양을 찾아 다시 데려온다.

몸의 유기적 체계와 대사 기능 없이 영적, 감정적 성장을 도모하는 사람은 성장의 길에서 벗어나 사망의 권세에 예속된다. 몸의 치유력을 통해 다시 관계가 회복될 때까지는 지옥의 권세가 그를 다스린다.

"머리를 붙들지 아니하는지라 온몸이 머리로 말미암아 마디와 힘줄로 공급함을 받고 연합하여 하나님이 자라게 하시므로 자라느니라"(골 2:19).

"그에게서 온몸이 각 마디를 통하여 도움을 받음으로 연결되고 결합되어 각 지체의 분량대로 역사하여 그 몸을 자라게 하며 사랑 안에서 스스로 세우느니라"(엡 4:16).

그리스도의 몸은 물리적인 몸처럼 스스로를 치유한다. 각 지체도 물리적인 몸처럼 제각기 역할을 맡는다. 사랑으로 견책하는 신자들을 통해 삶 속에서 죄에 감염된 부분이 치유되고, 그러한 징계와 지원 체계를 통해 죄에 대한 항체가 형성된다. 그들은 한 사람의 내면과 외부의 세력을 통해 그를 지배하는 악에 대해 한계를 설정하고 스스로 일어날 수 있게 돕는다.

사람들은 은혜와 사랑을 통해 소염 성분을 상처 부위로 내보낸다. 그들은 "우는 자들과 함께 울며"(롬 12:15 참조) 질병을 몰아낸다. 가르침과 진리로 상처를 치유하고, 가르치는 은사를 통해 세포 구조가 더 강해지도록 돕는다. 그리스도의 몸 안에는 수많은 은사가 있다. 개인이 몸의 성장 요소에 영향을 받으면 감염 부위가 치유된다. 이것이 하나님이 설계하신 방식, 즉 그분의 A안이다.

진지하고 경건한 사람들이 성경공부와 기도만으로 문제를 해결하려고 애쓰며 수년 동안 고통을 받는 이유가 여기에 있다. 그런 노력은 필요하지만, 성경은 그것이 전부라고 가르치지 않는다. 성경은 치유 요소를 지닌 몸의 나머지 부분과 관계를 맺어야 한다고 가르친다. 그래야만 상한 지체가 다시 건강을 되찾을 수 있다. 내 친구가 말한 대로 몸과의 관계가 필요하다. 그녀는 어떻게 상처를 치유했느냐는 질문에 그 말 한

마디로 대답했다. 나는 그녀가 그 말에 담겨 있는 깊은 신학적 진리를 온전히 이해했는지는 잘 모른다. 그러나 그것은 성경의 가르침이자 명령이다.

전인 성장을 위한 멘토링

1980년대 중반에 존과 나는 정신병원을 시작했다. 이 병원은 미국 서부의 35개가 넘는 도시에 지역 치료소를 둔 병원으로 성장했다. 우리는 공공 회사, 병원, 보험 회사와 같은 곳과 협력해야 했기 때문에 우리가 관계하는 분야에 대해서는 물론 의료 서비스 전달 체계와 그것을 운영하는 사업 체계에 대해 많은 것을 알아야 했다. 이들 지역 치료소는 오랫동안 우리의 사역에 지대한 영향을 미쳤다. 그러나 그에 앞서 다음과 같은 일이 일어나지 않았더라면 그런 성과를 결코 거두지 못했을 것이다.

하나님이 내게 허락하신 그리스도인 멘토가 이 일을 준비하도록 옆에서 도와주었다. 그는 내가 대학원을 졸업하자마자 기독교 상담학 학위를 활용해 사람들을 치유하는 일을 해보라고 권했다. 그는 나를 적극 부추기며 병원과 라디오 네트워크와 보험 회사와 함께 일하는 방법에 대해 가르침과 조언을 아끼지 않았다.

나는 하나님이 단지 신령한 은사만이 아니라 일반적인 재능과 은사를 계발하기를 원하신다는 사실을 깨달았다. 우리는 종종 영적 성장이 기도, 성경공부, 예배와 같이 하나님과 관련 있는 삶의 부분에만 영향을 미친다고 생각할 때가 있다. 우리는 일과 직업 활동을 통해 이루어지는 성장은 영적 성장으로 간주하지 않는다. 그러나 사실 삶의 모든 것이 하나님께 속한다. 성경은 삶의 모든 부분에 적용되는 진리를 가르친다.

많은 성경 구절이 일의 중요성을 강조하며 삶 속에서 은사를 활용하라고 가르친다(잠 27:23-26 참조). 그런데 왜 우리는 제자 훈련 과정에 일과 직업 활동을 감독하는 영적 체계를 포함시키지 않는 것일까? 사람들이 일과 직업 활동을 어떻게 수행해 나가느냐는 영적 성장 과정의 중요한 일부다. 근면, 인내, 정직, 책임, 실패 극복, 모험 감수 등과 같은 인격적 자질은 모두 삶을 성공으로 이끄는 데 필요한 영적 자질에 해당한다. 우리는 이런 요소를 영적 성장 모델 안에 모두 포함시켜야 한다.

경력 계발 과정에는 대개 멘토링이 포함된다. 나는 멘토링 없이 성공한 사람은 아무도 없다고 말하고 싶다. 누군가가 인생에서 성공을 거두었다면 많은 사람이 자신의 날개 아래 그를 품고 그가 의식했든 의식하지 못했든 그의 성공을 도왔을 것이 틀림없다. 그러나 우리는 대부분 이 일을 그의 고용주나 동료들에게 맡기는 경향이 있다.

그러나 멘토링은 두 가지 이유에서 교회라는 상황 안에서 가장 잘 이루어질 수 있다. 첫째, 교회는 우리의 직업 활동에 크게 영향을 미치는 인격의 문제를 가장 중요하게 취급한다. 둘째, 교회는 일과 영적 생활을 이원화해야 한다는 통념을 배제함으로써 우리의 삶을 하나로 통합하는 일을 돕는다. 그리스도 안에서 전반적인 신앙생활과 성장을 추구하는 과정에서 일어나는 상황을 잘 알고 있는 사람을 통해 멘토링이 이루어진다면 그보다 더 바람직한 것은 없다.

나는 나의 직업 계발이 교회라는 상황 속에서 나의 가치관과 비전에 동의하는 사람들의 도움을 통해 이루어진 것이 참으로 감사하다. 영적 성장이라는 범위 밖에서 이루어지는 직업 계발은 서투른 모방에 지나지 않는다. 즉 직업 계발을 사람들이 만든 회사나 단체에 일임하는 것은 바람직하지 않다. 그것은 자녀 양육과 관련된 모든 의무를 학교에 일임하는 것이나 다름없다. 제자 훈련은 기도, 전도, 하나님과의 교제에 국한되지 않는다. 제자 훈련은 "네 양 떼의 형편을 부지런히"(잠 27:23) 살피는 것과 관련이 있다. 우리는 삶의 모든 측면을 그리스도의 몸 안에서 이루어지는 영적 성장으로 간주하고 멘토링을 제공해야 한다. 또한 사람들이 더욱 많은 성공을 거두도록 도와야 할 뿐 아니라 영적 삶과 직업 활동을 이원화하지 않도록 이끌어야 한다.

최근에 새 사업을 시작한 친구가 집을 사려고 했다가 생각을 달리하게 되었다고 말했다. 그가 회사를 시작했을 때 나이 많은 지혜로운 그리스도인 사업가가 잠언에 기록된 성경 말씀을 보여주었는데 그것이 그의 결정에 영향을 미쳤다고 했다. 그 성경 구절은 "네 일을 밖에서 다스리며 너를 위하여 밭에서 준비하고 그 후에 네 집을 세울지니라"(잠 24:27)는 말씀이었다. 그는 성경의 인도에 따라 예산을 사업에 투자해 사업부터 성장시키기로 결심했다.

그것은 사업과 관련된 지혜였지만 영적 멘토링이라는 형태를 통해 주어졌고, 영적 생활의 일부로 간주되었다. 나는 그리스도의 몸이 사람들을 위해 그런 일을 더 많이 해주기를 바란다. 왜냐하면 그것이 교회가 해야 할 역할이기 때문이다. 나는 사업 컨설턴트로 일하는 동안 하나님이 우리의 재능과 생산 능력을 사용하기 원하시는 방식에 위배될 뿐 아니라 무기력하기 짝이 없는 사업 훈련이 이루어지는 것을 종종 목격했다.

슬픔

삶에서 가장 중요한 과정 가운데 하나는 슬픔이다. 하나님은 슬픔을 통해 상황을 극복하게 하신다. 삶에서 불행한 일이 일어났을 때는 그것을 극복해야 한다. 불행한 일을 극복하는 것은 음식을 소화하는 것과 약간 비슷하다. 우리는 삶 속에서 경험을 소화한다. 우리는 그 과정에서 유익한 것은 받아들여 사용하고 불필요한 것은 제거한다. 누군가가 사망하거나 그 밖의 다른 손실이나 불행이 찾아왔을 때 그런 경험을 극복하고 새로운 경험과 관계를 받아들일 수 있는 마음의 여지를 넓혀 앞으로 나아갈 수 있어야 한다. 우리는 슬픔을 통해 상처와 고통을 극복하고, 그러한 경험을 통해 새로운 교훈을 얻는다.

불행은 하나님의 신실하심을 가르쳐주고, 다른 사람들의 사랑과 지지가 큰 힘이 된다는 사실을 깨우쳐준다. 다시 말해 불행한 일이 일어났을 때 그것을 극복할 수 있고, 나아가 미래를 위한 희망을 가질 수 있다는 사실을 알게 된다. 또한 누가 신뢰해서는 안 될 사람인지 알게 되어 다음번에는 그를 피할 수 있게 된다. 그 예로 교회에서 진행되는 이혼 부부 회복 프로그램을 들 수 있다. 실연의 상처를 달래기 위해 또다시 잘못된 관계에 빠져들기보다는 그런 프로그램을 통해 도움을 얻는 것이 훨씬 더 낫다.

슬픔이 어떤 효과를 나타내고, 또 어떻게 성장을 촉진하는지에 대해서는 다른 각도에서도 얼마든지 살펴볼 수 있다. 그러나 여기서는 그리스도의 몸과 관련해 말하고 있기 때문에 슬픔은 오직 관계의 상황에서만 효과를 나타낼 수 있다는 점을 강조하는 것이 좋을 듯하다. 슬픔을 내려놓고 근심을 달래는 과정을 거칠 때는 우리를 붙잡아줄 다른 사람들이 필요하다. 좋은 것을 손에 가지고 있어야만 나쁜 것을 내버릴 수 있다. 이것은 마치 공중그네 곡예사의 경우와 비슷하다. 다른 그네가 몸 가까이 다가와야만 비로소 쥐고 있던 그네를 놓을 수 있기 때문이다.

의지할 수 있는 지지 체계가 없으면 잃어버린 좋은 관계의 의미를 옳게 이해하거나 잊어야 할 나쁜 관계를 깨끗이 떨쳐버릴 수 없다. 또한 경험에서 교훈을 얻고, 왜곡된 생각과 감정을 잘 통제하려면 다른 사람들의 관찰과 조언이 필요하다. 앞으로 살펴보겠지만 다른 사람들의 조언과 감정 조절은 슬픔의 과정에 반드시 필요하다. 우리는 슬퍼할 때 건강해질 수 있다. 솔로몬은 "슬픔이 웃음보다 나음은 얼굴에 근심하는 것이 마음에 유익하기 때문이니라"(전 7:3)고 말했다. 이 구절에 대한 『뉴 리빙 바이블』(NLT)의 번역은 훨씬 더 많은 깨달음을 준다.

"슬픔이 웃음보다 더 낫다. 왜냐하면 슬픔은 우리에게 정제 효과를 일으키기 때문이다"(전 7:3, NLT).

슬픔은 과거의 일을 이겨내게 하는 하나님의 수단이다. 이를 위해 우리를 돕는 사람들이 필요하다. 이런 이유에서 성경은 "우는 자들과 함께 울라"(롬 12:15)고 말씀한다. 우리가 그렇게 하면 사람들은 "애통하는 자는 복이 있나니 그들이 위로를 받을 것임이요"(마 5:4)라는 예수님의 말씀이 진리라는 사실을 알게 될 것이다.

인생을 잘 살아나가려면 슬픔이 반드시 필요하다. 슬픔은 성장 과정의 중요한 일부다. 따라서 사람들의 성장을 도울 때는 반드시 슬퍼하게 만들어야 한다. 슬퍼하게 만들 수 있는 유일한 방법은 관계다. 이것은 하나님은 계획하신 방법이다. 눈물샘이 눈의 한쪽 구석에 있는 이유가 여기에 있다. 사람은 다른 사람의 눈을 들여다볼 때 슬픔을 느낄 수 있다. 슬픔은 관계를 통한 과정이다. 사람들이 올바른 슬픔을 느끼게 만들라(즉 다른 사람들과 함께 슬퍼하게 만들라). 그러면 그들은 인생을 잘 살아갈 수 있다.

치유

우리는 14장에서 애통하는 마음을 치유할 수 있는 방법을 구체적으로 다룰 생각이다. 여기서는 그것이 그리스도의 몸 안에서 일어난다는 점을 지적하는 것으로 만족하고자 한다. 관계는 보살핌, 지원, 체계, 사랑의 향기를 제공해 상처를 치유한다.

하나님은 "상심한 자들을 고치시며 그들의 상처를 싸매"(시 147:3)주신다. 신약 성경의 계명들은 그리스도의 몸이 그분과 더불어 치유 사역을 감당해야 한다고 가르친다.

치유는 슬퍼하는 과정의 일부이지만, 그와는 조금 다른 과정이기도 하다. 거절, 학대, 유기와 같은 경험은 사람들의 영혼에 깊은 상처를 남긴다. 그런 상처에는 절개하고, 싸매고, 약을 바르고, 잘 보호하는 등 여러 가지 과정이 필요하다. 우리는 이 점을 11장에서 자세히 살펴볼 생각이다. 여기서는 그 과정이 그리스도의 몸 안에서 이루어진다는 사실만을 기억하도록 하자.

상처를 온전히 치유하려면 그런 상처를 다른 관계에서 다시 되풀이하거나 잘못된 방법(즉 약물, 술, 도박, 부정한 성행위를 비롯한 여러 가지 욕망의 발산)을 사용하려고 해서는 안 된다. 그리스도의 몸을 치료약으로 사용해야 한다. 그 약은 단지 고통을 덜어주는 데 그치지 않고 상처를 깨끗이 치료해 준다. 그래야만 죄의 파괴적인 순환 고리가 깨어질 수 있다.

견책, 죄의 억제, 진리 실천

힘든 대화가 될 것이 분명했지만 우리는 어쩔 수 없다고 생각했다. 마이클은 친한 친구의 아들이었다. 나는 물론 다른 친구들도 그를 잘 알고 있었다. 우리는 그가 자라는 모습을 줄곧 지켜보았다. 그리고 지금은 중독에 더욱더 깊이 빠져들고 있는 상태였다. 우리는 그의 건강이 몹시 걱정되었다.

또한 그의 가족들이 연루되어 있다는 것도 걱정거리였다. 마이클의 나이는 스물넷, 성인이 되어야 할 충분한 나이였지만 여전히 가족에 대한 의존감이 지나쳤을 뿐 아니라 그들에게 너무 많은 통제를 받고 있었다. 사실 우리는 그것이 문제를 일으킨 원인 가운데 하나가 아닌가 하고 의심했다.

우리는 스스로를 망치고 있는 마이클의 행동에 관해 더 많은 사실을 알게 되면서 서둘러 그를 도와야 한다는 긴박감을 느꼈다. 우리는 친구의 입장에서 그를 돕기로 하고, 일단은 가족들을 배제하는 것이 좋겠다고 생각했다. 우리가 보기에 가족들은 한동안 현실을 부인하고 있었다. 마이클은 성인 친구들과 함께 성인으로서 자신의 문제를 당당히 직시할 필요가 있었다. 따라서 우리는 그의 문제에 적극 개입하기로 결정했다.

친구들과 나는 마이클에게 전화를 걸어 한 친구의 집으로 초대해 저녁 식사를 같이 했다. 식사가 끝날 무렵 그에게 잠시 할 말이 있다고 말했다. 긴장된 분위기가 흘렀다. 마이클은 사태를 직감한 듯한 안색을 드러냈다.

우리는 그에게 우리의 사랑을 확신시키는 데서부터 시작했다. 우리가 대화를 나누고 싶어 하는 이유는 그를 사랑하기 때문이라고 말했다. 우리는 마이클이 빠진 중독에 관해 알고 있고, 또 그가 위험한 상황에 처해 있다고 말했다. 우리는 그가 그런 상황을 극복할 계획을 세우고 있는지 알고 싶었다. 게다가 스스로 아무 조치도 취하지 않으면 어떤 방법을 통해서라도 문제를 직시하게 만들 준비가 되어 있다고 말했다. 그러나 우리는 그의 가족과 고용주와 지인들에게 사실을 알리기 전에 먼저 그와 대화를 나누기 원했다.

마이클은 처음에는 꽁무니를 빼려 들었다. 자신에게 문제가 있다는 사실을 부인했다. 우리는 그에게 우리가 알고 있는 사실들을 말해 주었다. 결심을 굽히지 않고 진실을 깨우쳐주었다. 또한 우리도 그동안 살아오면서 도움을 필요로 했던 시기가 있었다고 말했다. 우리는 서로 문제는 다를지라도 그가 우리와 큰 차이가 없다고 생각했다. 우리가 더 낫다는 생각은 전혀 없었다. 사실 우리는 막다른 상황에 부딪쳐 상황을 개선할 방법을 알지 못해 고민하는 그의 심정을 충분히 이해할 수 있었다.

마침내 마이클은 더 이상 버티지 못하고 울음을 터뜨렸다. 그는 특히 가족들과 관련해 자신의 상황이 몹시 어려웠다는 말부터 꺼냈다. 우리는 충분히 이해하고 있고, 또 기꺼이 돕겠다고 말했다. 그에게 훌륭한 상담사를 주선했고, 회복 과정에서 그를 책임 있게 지켜보겠다고 약속했다.

결과는 두 가지였다. 첫째, 마이클은 상담을 시작했고 회복 과정을 통해 크게 달라졌다. 그의 삶은 완전히 바뀌었고 자신의 문제를 부인하지 않고 성장의 길로 나아갔다. 그는 2년 내에 그릇된 관계를 모두 청산하고 훌륭한 젊은 여성을 만나 결혼했다. 그가 그동안 데이트를 했던 여성들 가운데 건강한 감정을 지닌 여성은 그녀가 처음이었다. 우리는 그의 선택을 지켜보고 그가 진정으로 나아지고 있다고 확신했다.

둘째, 그의 부모는 우리에게 크게 화를 냈다. 그들은 우리가 은밀히 남의 가정사에 간섭했다고 생각했다. 나는 그들의 심정을 충분히 이해할 수 있었다. 사실 그 생각은 옳았다. 우리는 그들의 뒤에서 은밀히 행동했다. 그러나 일부러 그렇게 한 것이었다. 나는 마이클의 아버지에게 마이클이 가족들을 지나치게 의존하고 있고, 바로 그것이 그가 성인답게 행동하지 못하는 이유 가운데 하나였다고 설명했다. 그러면서 부모를 문제에 개입시키는 것은 그를 계속 어린아이 취급하는 결과를 낳을 수밖에 없다고 덧붙였다. 우리는 그를 성인으로 간주했고, 그의 주위에 있는 그리스도의 몸으로서 그를 누군가의 아들이 아니라 개인으로서 대해야 할 책임이 있었다. 따라서 우리는 마이클의 아버지에게 배신감을 느끼게 한 것은 미안하지만 우리의 결정에 만족한다고 말했다.

우리의 개입은 친구 관계에 한동안 파문을 일으켰지만 그들 가족이 아들과의 관계를 새롭게 직시할 수 있게 만들었다. 이것은 매우 중요했다. 우리는 그리스도의 몸으로서 형제인 마이클을 책임 있게 대해야 했다. 우리에게는 그의 가족을 기쁘게 하는 것이 아니라 그렇게 행동하는 것이 가장 중요한 일이었다. 그리스도의 몸이 그 역할에 충실하는 것은 매우 중요한 일이다.

그리스도의 몸이 감당해야 할 역할 가운데 하나는 문제가 있는 사람의 삶에 개입해 죄를 억제하는 것이다. 그리스도의 몸은 때로 "항체"의 역할, 즉 죄에 맞서 싸우는 역할을 감당해야 한다. 마태복음 18장 18절은 두세 사람이 함께 모여 권징을 통해 죄의 파괴적인 활동을 저지할 수 있다고 가르친다. 또한 바울은 이렇게 말했다.

> "형제들아 사람이 만일 무슨 범죄한 일이 드러나거든 신령한 너희는 온유한 심령으로 그러한 자를 바로잡고"(갈 6:1).

이렇듯 사람들의 삶에 개입해 그들을 멸망의 길에서 건져내는 것이 그리스도의 몸이 해야 할 역할이다.

그러나 핵심은 역할을 감당하는 방법에 있다. 여기서 몸은 그리스도의 몸이라는 사실을 잊어서는 안 된다. 예수님이 행하셨던 방식대로 온유한 심령으로 해야 한다. 주님은 우리의 연약함을 동정하시는 대제사장으로서(히 4:15 참조) 어려움이나 죄에 처한 사람을 정죄하거나 판단하지 않으신다. 부드럽게 우리를 회복시키실 뿐 우리 위에 군림하지 않으신다. 그분은 간음하다 잡힌 여인에게 "나도 너를 정죄하지 아니하노니 가서 다시는 죄를 범하지 말라"(요 8:11)고 말씀하셨다. 그리스도의 몸도 그렇게 행동해야 한다. 우리는 그리스도께서 육신으로 우리 가운데 계시는 것처럼 행동해야 한다. 이것이 그리스도의 몸인 우리의 본질이다. 따라서 누군가를 견책할 때는 예수님의 방식대로 하나님의 말씀을 하는 것처럼 해야 한다(벧전 4:11 참조).

모델링

어느 날 내가 이끄는 그룹에서 한 여성이 다른 여성을 견책했다. 그녀가 상대 여성이 저지른 일을 지적하며 사랑 안에서 진실을 말하자 상대 여성이 자신의 잘못을 인정하고 서로 화해했다.

나는 그 모습을 바라보면서 흥미로운 사실 하나를 발견했다. 그룹에 새로 온 회원이 어안이 벙벙한 표정으로 그들을 물끄러미 바라보고 있었다. 마침내 내가 말문을 열어 그녀에게 무슨 일이냐고 물었다.

"저는 저들을 지켜보고 있을 뿐이에요. 저런 광경은 한 번도 보지 못했거든요."

"무엇을 본 적이 없다는 말인가요?"

"그녀가 상대 여성에게 화를 내며 말했는데도 서로 크게 싸우지 않았어요. 그들은 단지 대화를 나누는 데 그쳤고 지금은 모든 것이 원만히 해결되었어요. 이런 경우는 처음 봐요."

새로 온 회원은 다른 사람의 문제를 지적했는데도 나쁜 상황으로 발전하지 않은 모습을 처음 목격했다고 설명했다. 그런 결과가 나타난 이유는 양측의 태도가 일반 사람들과 달랐기 때문이다. 첫 번째 여성이 문제를 지적했던 방법은 그녀가 지금까지 봐왔던 방법과 달랐고, 두 번째 여성이 방어적인 태도를 취하지 않은 것 역시 여느 경우와 달랐다. 새로 온 회원은 지금까지 느껴보지 못했던 희망(즉 앞으로 맺게 될 관계는 과거의 방식에 얽매일 필요가 없을 것 같다는 희망)을 찾았다고 말했다. 그녀가 알고 있는 것들은 모두 그녀의 눈으로 직접 봐왔던 것들이고, 지금껏 살아오는 동안 그녀의 모델이 되었다.

우리는 보지 못한 일은 결코 행할 수 없다. 우리에게 방법을 보여줄 모델이 필요하다. 바울과 요한은 모델링의 중요성을 강조했다. 먼저 바울은 "또 너희는 많은 환난 가운데서 성령의 기쁨으로 말씀을 받아 우리와 주를 본받은 자가 되었으니 그러므로 너희가 마게도냐와 아가야에 있는 모든 믿는 자의 본이 되었느니라"(살전 1:6-7)고 말했다. 아울러 요한도 예수님이 행하신 대로 행하며 그분의 본을 따르라고 권고했다(요일 2:6 참조). 하나님은 다른 사람들이 하는 것을 먼저 보고 교훈을 얻은 뒤 그 본받은 것을 내면화시켜 반복할 수 있는 능력을 우리에게 부여하셨다.

본보기는 좋은 것이든 나쁜 것이든 우리에게 지속적으로 영향을 미친다. 이 사실은 성경이 본인의 죄는 물론 조상들의 죄까지 고백할 것을 강조하는 이유 가운데 하나다(느 9:2 참조). 잘못된 본보기를 따르고 있을 때는 단호히 배격해야 한다. 우리는 잘못된 본보기를 그리스도를 본받는 훌륭한 사람들로 대체해야 한다. 훌륭한 본보기란 그리스도의 몸 안에서 우리로 하여금 그분이 행동하신 대로 행하도록 가르치는 사람들을 가리킨다. 바울이 말한 대로 우리는 그리스도를 본받는 사람들을 본받아야 한다. 그리스도의 몸은 그리스도처럼 행하는 법을 가르쳐 다른 사람들이 보고 배울 수 있게 해야 한다.

불완전함과 고난은 보편적인 현상

언젠가 한적한 장소에서 며칠 동안 목회자 수련회를 인도한 적이 있었다. 각지에서 온 목회자 여덟 명이 함께 모여 서로를 독려하며 내가 제시한 자료로 훈련을 받았다. 첫날 밤 나는 그들의 삶과 사역이 현재 어떤 상태이며, 또 며칠 동안의 수련회를 통해 얻고자 하는 것이 무엇인지에 대해 대화를 나누도록 이끌었다.

우리는 둘러앉아 차례로 이야기를 했다. 각 사람의 이야기는 모두 달랐다. 첫 번째 목회자는 힘든 교회 분열을 경험했고, 두 번째 목회자는 결혼생활에 심각한 문제가 있었다. 세 번째 목회자는 오랫동안 사역을 함께해 온 동역자로부터 배신을 당했고, 네 번째 목회자는 모든 것이 다 잘되고 있다면서 그런 경우에는 어떻게 대처하는 것이 좋으냐고 물었다. 다섯 번째 목회자는 심신이 고갈된 상태였다. 그리고 여섯 번째 목회자는 내가 결코 잊지 못할 이야기를 들려주었다.

그는 모인 사람들 가운데 가장 젊었고, 그가 속한 교단 내에서 장래가 촉망받는 목회자였다. 나머지 사람들은 모두 그보다 나이가 많았고 이미 목회 연륜이 상당히 깊었다. 개중에는 매우 중요한 사역을 맡고 있는 이들도 있었다. 따라서 그는 나머지 목회자들을 자신이 본받아야 할 본보기라고 생각했다.

그의 차례가 되자 나는 무슨 이야기를 들려주고 싶으냐고 물었다.

"글쎄요. 저는 이미 기분이 훨씬 나아졌다고 말하고 싶군요. 여러분도 모두 저처럼 문제가 많은 사람들이로군요."

모두 그의 말뜻을 깨닫고 웃음을 터뜨렸다. 그는 모인 사람 중에 자신이 가장 젊기 때문에 그들 모두 자기보다 더 나을 것이라는 기대감을 갖고 있었다. 모든 것을 다 갖추었을 것이라고 생각했다. 그러나 그들은 목회 사역이나 그들이 하고 싶었던 분야에서 나름대로 상당한 성공을 거두었지만 그와 동시에 모두 심각한 문제를 안고 있었다. 그는 그 사실에 놀라지 않을 수 없었다.

그는 또한 자신만 특별한 것이 아니라는 사실을 깨닫고 마음에 위안을 얻었다. 우리 대다수도 자신의 사정을 솔직하게 털어놓는 사람들과 직접 대화를 나누기 전에는 그렇게 생각하지 않을 것이다. 그는 문제가 있는 사람은 자기뿐이라고 생각했다. 따라서 다른 사람들, 심지어는 성공을 거둔 사람들조차 나름대로 고충이 있다는 사실을 발견한 순간 큰 위안을 얻을 수 있었다. 그의 수치심과 두려움과 죄책감은 다소 완화되었고 앞으로의 대처 방법을 생각할 수 있는 희망과 본보기가 생겼다. 그는 모든 것을 다 갖추어야만 그리스도의 제자가 될 수 있다는 생각에서 자유로워졌다. 바울 사도는 당시 신자들에게 이렇게 말했다.

"내가 이미 얻었다 함도 아니요 온전히 이루었다 함도 아니라 오직 내가 그리스도 예수께 잡힌 바 된 그것을 잡으려고 달려가노라 형제들아 나는 아직 내가 잡은 줄로 여기지 아니하고 오직 한 일 즉 뒤에 있는 것은 잊어버리고 앞에 있는 것을 잡으려고 푯대를 향하여 그리스도 예수 안에서 하나님이 위에서 부르신 부름의 상을 위하여 달려가노라" (빌 3:12-14).

"형제들아 우리가 아시아에서 당한 환난을 너희가 모르기를 원하지 아니하노니 힘에 겹도록 심한 고난을 당하여 살 소망까지 끊어지고" (고후 1:8).

바울은 다른 신자들에게 자신도 모든 것을 갖추기는커녕 상처와 절망을 경험했다는 사실을 솔직하게 시인했다. 오늘날의 기독교는 이런 솔직한 태도를 취하지 못하는 데 문제가 있다. 다른 사람들도 나름대로 고통을 받고 있다는 사실을 알게 되면 다음과 같은 놀라운 일이 일어난다.

첫째, 죄책감과 수치심이 줄어들고 자신에게 무엇인가 잘못이 있다는 두려움에서 자유로울 수 있다.

둘째, 자신이 추구해야 할 기준을 좀 더 정확하게 파악할 수 있다. 다른 사람들을 보면서 모든 것을 다 갖추지 못한 불완전한 인간, 곧 고통과 시련 속에서 온갖 문제를 극복하며 성장해야 하는 인간의 현실에 맞도록 기준을 다시 수정할 수 있다.

셋째, 희망과 문제 해결 방법을 찾을 수 있다. 즉 다른 사람들의 시련과 증언을 통해 인간이 얼마든지 개선될 수 있고, 인생의 어려운 문제를 능히 해결할 수 있다는 사실을 발견하게 된다. 불완전한 인간이 온갖 시련을 거치면서 그 모든 성과를 달성한 것을 보게 되면 현재 자신이 처한 문제를 극복하는 데 필요한 본보기를 발견할 수 있다.

다시 말해 우리 모두가 똑같은 길을 걷고 있다는 사실을 알 수 있다. 시련은 제각기 다르지만 모두 시련을 겪고 있다는 한 가지 사실은 분명하다. 이것이 그리스도의 몸이 서로에게 줄 수 있는 가장 큰 유익 가운데 하나다. 곧 우리 혼자만 시련의 길을 걷고 있는 것이 아니라는 사실이다. 시련이 없는 사람은 아무도 없다. 따라서 누구든 모든 것을 갖추지 못했다고 해서 부끄럽게 생각할 필요가 전혀 없다. 시련은 보편적인 현상이다.

제자 훈련

이 장 서두에서 나는 내가 치유받은 이야기를 하면서 제자 훈련 과정을 언급했다. 많은 사람이 알고 있는 대로 누군가의 날개 밑에서 일대

일로 믿음의 기본 원리를 배우는 것은 매우 큰 가치를 지닌다.

성경에는 다른 사람들을 위해 시간과 노력을 기울였던 사람들이 많이 등장한다. 그 가치는 아무리 강조해도 지나치지 않다. 교회에 나가 믿음에 관한 가르침을 듣는 것과 영적 지도자나 제자 훈련 지도자와 일대일의 관계를 맺고 하나님에 관한 진리를 배우는 것은 큰 차이가 있다. 후자의 경우에는 교리를 개인적으로 가르쳐 실생활에 효과적으로 적용할 수 있도록 해준다. 질문도 할 수 있고, 죄를 고백할 수도 있으며, 책임 있게 돌봐주는 관계가 성립될 수 있을 뿐 아니라 영적 학습 과정에 여러 형태의 격려를 포함시킬 수도 있다. 간단히 말해 믿음의 발전이 인격적인 관계를 바탕으로 이루어져 개인의 성장과 믿음이 유기적으로 어우러질 수 있다.

많은 곳에서 자기 계발의 영성을 독려하지만 제자 훈련의 기술은 더 이상 적용되지 않는다. 사람들은 제자 훈련이 너무 엄격하고 딱딱하고 종교적이라고 생각한다. 그들이 이런 생각을 가지게 된 데는 몇십 년 전에 일부 복음주의 진영에서 이루어진 제자 훈련에 부분적인 원인이 있다. 그런 훈련은 오늘날의 일부 기독교 지도자들에게 부정적인 영향을 미쳤다. 따라서 그들은 다른 사람들이 그릇된 전철을 되밟지 않게 하려고 애쓰고 있다. 그러나 그 과정에서 좋은 경험까지도 가로막는 잘못을 범하고 있는 것이 사실이다.

제자 훈련을 받는 사람이든 제자 훈련 지도자든 스스로의 제자 훈련을 돌아보고 과연 서로의 역할에 얼마만큼 충실했는지 생각해 보아야 한다. 우리는 제자 훈련을 그리스도의 몸이 모두를 위해 담당해야 할 기능으로 생각한다. 제자 훈련의 한쪽은 영적 멘토나 지도자의 지도를 받으며 훈련 과정에 책임 있게 임해야 할 사람으로, 다른 한쪽은 나이가 조금 어리거나 믿음이 덜 성숙한 사람에게 제자 훈련을 시도하는 사람으로 각각 이루어져 있다. 양쪽 다 중요하다. 둘 다 모든 사람의 삶에 그리스도의 몸이 행해야 할 성장의 역할을 담당하고 있다. 바울이 다른 사람들에게 행하고자 했던 일을 모두가 경험하고, 다른 사람들에게 그 방법을 전수할 수 있다면 참으로 아름다운 역사가 일어날 것이다.

"너희도 아는 바와 같이 우리가 너희 각 사람에게 아버지가 자기 자녀에게 하듯 권면하고 위로하고 경계하노니 이는 너희를 부르사 자기 나라와 영광에 이르게 하시는 하나님께 합당히 행하게 하려 함이라"(살전 2:11-12).

새로운 탄생

이 책은 그리스도의 몸이 모든 문제를 헤쳐 나가는 과정을 설명하고 있다. 성경은 그리스도께서 각 사람에게 은사를 나눠주실 때 그분의 몸 안에서 성장이 이루어진다고 가르친다.

신약 성경에서 종종 언급하고 있는 양육의 비유는 전체적인 개념을 이해하는 데 좋은 실마리를 제공한다. 구원 신학은 복원의 신학이 아니다. 하나님은 "너는 '만능 수리공'이 될 수 있는 훌륭한 후보자처럼 보이는구나. 지금 네 처지에서부터 출발해 너를 조금씩 고쳐 이곳저곳을 개량해 생명과 나의 왕국에 합당한 사람으로 만들어보자꾸나"라고 말씀하시지 않는다. 이것은 성경의 가르침과는 거리가 멀다.

구원 신학은 기존의 것을 완전히 없애고 처음부터 다시 시작하는 것, 곧 새로운 탄생의 신학이다. 우리는 개선되지 않는다. 우리는 십자가에 못 박혔다가 거듭나야 한다. 바울의 말대로 옛 사람은 십자가에 못 박혔고 모든 것이 다시 새로워졌다(고후 5:17; 갈 2:20 참조). (바울은 어떤 사람들이 가르치는 것과는 달리 "온전해졌다"가 아니라 "새롭게 되었다"고 말했다.) 따라서 새로운 성장 과정을 거치는 것이 필요하다. 요한은 나이가 많든 젊든 우리 모두를 "자녀들"(요일 2:12-14)이라고 불렀다. 베드로는 "갓난아기"(벧전 2:2)라는 표현을 사용했다. 히브리서 저자도 "어린아이"(히 5:13)라고 말했다. 영적 성장의 길은 피조물인 우리로 하여금 본래의 모습을 되찾게 만드는 데 그 목적이 있다.

우리는 완전한, 또는 온전한 사람으로 성장하기 위해 인류의 한 사람으로 태어났다. 그러나 인류는 타락했다. 우리 가운데 온전한 성인으로 성장한 사람은 하나도 없다. 왜냐하면 인류라는 역기능적인 가정에서 태어났기 때문이다. 우리 모두는 "과녁에서 빗나갔다." 이는 죄를 뜻하는 성경의 표현이다. 따라서 하나님은 옛것을 완전히 없애시고 새로 시작하셨다. 우리는 거듭남을 통해 새로운 가족 안에서 새로운 성장 과정을 거쳐야 한다. 새로운 가족이란 그리스도의 가족, 곧 그분의 몸을 가리킨다. 우리는 그분의 가족 안에서 처음에 잃었던 모든 것을 되찾을 수 있다. 새로운 가족 안에는 양육, 모델링, 진리, 책임성, 재능의 계발 등 갓난아기들이 온전하게 성장하는 데 필요한 모든 것이 구비되어 있다. 모든 것은 인격의 계발, 즉 성화의 과정이다. 성화는 항상 가족이라는 환경 속에서 이루어진다.

따라서 하나님의 가족이자 그분의 몸인 이 새로운 가족 안에서 이루어지는 성장 과정은 성경이 육체의 성장을 묘사하는 방식과 똑같은 방식을 취한다. 잠언 13장 20절은 "지혜로운 자와 동행하면 지혜를 얻고 미련한 자와 사귀면 해를 받느니라"고 말씀한다. 선한 사람들과 함께 걸으며 시간을 보내면 선한 사람으로 성장할 수 있다. 하나님의 방식은 항상 생명을 주는 생명의 원리에 근거한다. 그분은 인간에게 생기를 불어넣으셨다. 그 생기가 인류 대대로 한 사람에게서 다른 사람으로 이어져온 것처럼 영적, 인격적 성장도 그와 똑같은 유형을 따른다. 영적 성장도 한 사람에게서 다른 사람에게로 전달된다. 이 모든 것이 그리스도의 몸 안에서 일어난다.

히브리서 저자는 "서로 돌아보아 사랑과 선행을 격려하며"(히 10:24)라고 말했다. 우리는 우리의 성장을 돕는 몸 안에 속해 있다. 우리가 섬기는 이들이 그런 경험을 할 수 있도록 계획을 세워야 한다. 그러면 사람들이 하나님이 계획하신 대로 성장하는 모습을 보게 될 것이다. 그것이 바로 하나님의 A안에 충실하는 것이다.

성장하기 원하는 사람을 위한 조언

- 하나님의 A안을 어떻게 생각하고 있는지 살펴보라. 하나님이 당신의 삶에서 원하시는 일이나 당신이 바라는 일을 행하시기 위해 다른 사람들을 도구로 사용하셔도 괜찮다고 생각하는가?

- 하나님의 A안과 동떨어진 삶을 살고 있는지 살펴보라. 하나님이 마련하신 것을 누리고 있는가?

- 자신의 삶 속에서 그리스도의 몸이 제공하는 것들(교정, 훈련, 체계, 책임성, 은혜, 용서, 지지, 후원, 멘토링, 슬픔, 모델링, 치유, 견책 등)을 찾아 하나씩 살펴보라.

- 개인적으로 제자 훈련을 받은 적이 있는지, 또 받을 필요가 있다고 생각하는지 확인하라.

- 영적 성장을 옛것을 완전히 청산하고 새 가족, 곧 하나님의 가족 안에서 새롭게 자라는 과정으로 생각하라. 그런 도움을 제공할 수 있는 공동체를 찾아라.

성장을 돕는 사람을 위한 조언

- 자신의 신학을 살펴보고 하나님이 사람들을 위해 마련하신 좋은 것들을 전달하거나 가르칠 때 그리스도의 몸이 얼마나 많은 역할을 담당하고 있는지 확인하라. 성경은 그리스도의 몸을 매우 중요시한다. 성경이 요구하는 몸의 역할에 일치하지 않는 견해를 가지고 있다면 즉시 뉘우치고 잘못을 시정하라.

- 그리스도의 몸과 관계를 맺는 것이 매우 중요하다는 사실을 일깨워주라.

- 그런 관계가 이루어질 수 있는 경험과 상황을 제공하라.

- 그리스도의 몸이 제공하는 것들(교정, 훈련, 체계, 책임성, 은혜, 용서, 지지, 후원, 멘토링, 슬픔, 모델링, 치유, 견책 등)을 하나씩 살펴보고 자신의 사역이나 그룹 안에 그런 요소가 얼마나 있는지 점검한 뒤 없는 요소를 찾아 보완하라.

- 그리스도의 몸과 관계를 맺는 삶을 독려할 때는 그런 경험과 상황 속에는 항상 시련과 불완전함이 존재할 수밖에 없다는 사실을 주지시켜야 한다. 늘 완전하고 온전한 승리를 추구하는 것은 하나님은 물론 서로의 관계를 솔직하고 현실적으로 이끌어나가는 데 방해가 될 수 있다. 이 점을 잊지 말고 성경의 가르침에 근거해 그 점을 분명히 일깨워주라.

- 필요한 경우에는 제자 훈련을 위한 환경을 조성하라.

- 새로운 탄생은 시작이며, 성화의 과정은 새 가족 안에서 처음부터 다시 자라는 것이라는 점을 깨우쳐주라.

열린 공간 : 받아들임의 힘

"하나님이 우리에게 더 이상 분노하시지 않는다는 사실을 깨달을 때
우리는 그분의 기분을 맞추는 데 급급하지 않고
자유롭게 사랑과 성장에 집중하게 된다."

어느 날 밤 내(존)가 이끄는 소그룹 모임에서 게리가 먼저 말을 해도 되겠느냐고 물었다. 당시 우리는 성경 한 구절을 중심으로 자신의 삶을 생각해 보는 시간을 갖기로 했다.

"이 일을 어떻게 해야 좋을지 모르겠어요." 그는 그렇게 말하더니 갑자기 눈물을 주체하지 못했다. 우리는 영문을 모른 채 가만히 그를 다독거렸다. 그는 마음을 진정하고 다시 입을 열었다.

"모두에게 고백할 일이 있습니다. 그런데 말을 다 하고 나면 부탁할 것이 한 가지 있어요. 제 말을 듣고 어떻게 생각하는지 듣고 싶습니다. 긍정적인 말이 아니더라도 모두의 생각을 알고 싶어요."

우리는 모두 고개를 끄덕였다. 게리는 이야기를 이어갔다. 독신이었던 그는 최근에 결혼한 여성과의 관계를 청산했다고 말했다. 그룹에 있으면서 그런 관계를 유지했던 그는 그 사실을 말하기가 두려웠다고 했다. 그가 관계를 청산하게 된 이유는 두 가지였다. 하나는 정신적인 고민이 심했기 때문이었고, 다른 하나는 영적인 가족인 우리에게 솔직할 수 없었던 마음의 부담 때문이었다.

게리는 자신의 고백을 마쳤다. 우리는 제각기 생각과 감정을 정리하며 한동안 침묵을 지켰다. 그러고 나서 차례로 그에게 생각을 전했다.

"그런 말을 해주니 전보다 더 가깝게 느껴집니다."

"그동안 참으로 힘들었겠어요. 충분히 이해합니다."

"우리가 어떻게 도와주면 되겠는지 말해 봐요."

"우리가 어떻게 했다면 그 말을 좀 더 쉽게 할 수 있었을까요?"

게리는 모두가 자신을 이해하는 투로 말하자 깜짝 놀랐다. 그는 사람들이 잘해야 "좀 더 일찍 말해 주었더라면 좋았을 텐데 아쉽군요"라거나 좀 더 심하게는 "당신과 더 이상 그룹을 함께할 수 없겠군요"라고 말하더라도 모두 감수할 생각이었다.

대화는 그날 밤으로 끝나지 않았다. 게리는 그의 성장 배경, 외로움, 완벽주의 등 그런 관계에 이끌리게 만들었던 요인들을 처리해야 했다. 우리는 그가 우리에게 좀 더 일찍 사연을 고백하지 못하게 가로막았던 두려움에 대해서도 함께 의견을 나누었다. 우리 그룹은 회복과 치유의 과정을 책임 있게 이끌어나가도록 도와주었다.

그로부터 몇 년이 지났다. 게리와 나는 줄곧 연락을 주고받았다. 그는 자신의 삶을 어린아이들에게 헌신했다. 현재 교회에서 성공적인 사역을 이끌고 있는 그는 지금도 그날 밤을 자신의 영적 여정을 이끈 이정표 중 하나로 생각하고 있다.

그러나 그 사건이 게리에게만 영향을 미친 것은 아니었다. 그 일로 인해 우리 그룹에 큰 변화가 일어났다. 모두의 관계가 더욱 깊어졌다.

우리는 자신의 있는 모습 그대로를 내보이며 좀 더 솔직한 태도로 하나님과 삶에 관해 대화를 나누었다. 게리의 고백은 우리 각자의 문제를 그룹 안에서 좀 더 안심하며 말할 수 있게 해주었다. 물론 그렇다고 해서 그룹이 처음 시작할 때는 그렇지 않았다는 뜻은 아니다. 우리 그룹은 하나님의 말씀을 공부하고 함께 성장하기를 원하는 경건하고 정직하고 친절한 사람들로 구성되었다. 그러나 그전에는 각자의 문제와 고민을 그날 밤 이후만큼 솔직하게 털어놓지는 못했다.

이따금 나는 만사가 하나님이 정하신 때가 있다는 성경 말씀을 묵상하곤 한다. 성경은 "찢을 때가 있고 꿰맬 때가 있으며"(전 3:7)라고 말씀한다. 그날 밤도 마찬가지였다. 게리의 솔직한 고백은 우리의 약점과 고쳐야 할 내면의 문제를 솔직하게 털어놓지 못하는 두려움을 말끔히 걷어냈다. 나의 삶에서 그들과 함께했던 시간은 가장 큰 성장의 기회 가운데 하나였다. 나는 다른 사람들이 자신을 기꺼이 받아줄 때 그 마음에서 일어나는 온갖 선한 것들을 더욱 분명하게 이해하게 되었다.

받아들임은 하나님으로부터 시작한다

받아들임이란 무엇인가? 또한 사람들이 성장하려면 왜 받아들임이 필요할까? 성경은 받아들임이 하나님으로부터 시작한다고 가르친다.

> "그러므로 그리스도께서 우리를 받아 하나님께 영광을 돌리심과 같이 너희도 서로 받으라"(롬 15:7).

그리스도께서 우리를 받아주시는 것은 우리가 서로를 어떻게 받아들여야 할지를 보여주는 본보기가 된다.

받아들임은 "자신에게로 오게 하다"를 뜻한다. 한마디로 말해 초청이다. 간단히 정의하면 받아들임은 누군가를 관계 속으로 끌어들인 상태를 뜻한다. 받아들임은 좋고 나쁜 모든 것을 비판 없이 수용한다는 것을 의미한다. 받아들임은 하나님과 다른 사람들과 우리 자신을 비롯한 모든 관계를 망라한다. 받아들임은 은혜, 곧 값없는 호의와 밀접하게 관련된다. 받아들임은 은혜의 사역에서 비롯한다. 우리는 하나님의 은혜 덕분에 관계 속으로 받아들여진다. 받아들임은 우리가 주관적인 경험을 통해 마음으로 느끼는 현실이다.

하나님은 본래 받아들임을 삶의 방식의 하나로 계획하셨다. 인간인 우리는 정죄, 판단, 비판과 같은 것을 전혀 생각하지 않은 채 하나님을 비롯해 다른 사람들과 관계를 맺도록 되어 있었다. 우리는 서로 친밀한 관계를 맺었다. 태초에 아담과 하와는 "벌거벗었으나 부끄러워하지"(창 2:25) 않았다. 그들은 서로 밀접한 관계를 맺고 자신의 모습을 있는 그대로 노출시켰다.

그러나 죄를 짓고 은혜에서 벗어나자 하나님은 인간을 더 이상 받아들이실 수가 없었다. 그분의 거룩한 본성은 우리의 부패한 본성을 용납할 수 없었다. 그럼에도 불구하고 하나님은 우리를 향한 사랑 때문에 우리를 버리실 수가 없었다. 따라서 매우 값비싼 해결책을 마련하셨다. 즉 완전한 신성과 인성을 지니신 독생자 예수 그리스도, 곧 아무 죄도 없으신 구세주를 보내시어 우리의 죄를 속량하게 하셨다(벧전 3:18 참조). 그분의 희생으로 하나님의 거룩한 의가 충족되었고 우리는 다시 그분께 받아들여졌다.

물론 하나님이 우리를 받아주셨다고 해서 우리의 사악함이 부인되거나 축소되지는 않는다. 하나님이 우리를 받아주시는 이유는 우리가 결백하기 때문이 아니라 죗값이 단번에 온전히 청산되었기 때문이다. 따라서 우리가 잘못을 범했기 때문에 하나님이 받아주지 않으실 것이라고 두려워한다면 이는 그분이 우리를 위해 이루신 구원을 부인하고 축소하는 것이나 같다. 진실로 예수님께 속한 이들에게는 더 이상 정죄가 없다(롬 8:1 참조).

받아들임이 성장에 미치는 영향

받아들임은 사람들의 성장에 여러 가지 영향을 미친다. 이는 성장에 반드시 필요한 핵심 요소다.

받아들임은 율법의 속박에서 자유롭게 한다

받아들임은 율법의 불가능한 요구로부터 우리를 해방한다. 율법은 폐지되지 않았다. 율법은 예수님 안에서 성취되었다(마 5:17 참조). 따라서 율법을 어긴다고 해도 우리의 관계는 끊어지지 않는다. 우리는 영원히 받아들여진 상태로 존재한다.

이 진리는 영적 성장에 매우 중요하다. 우리는 하나님께 자신을 옳게 보이려고 열심히 노력하는 경향이 있다. 우리 안에서 율법이 역사하고 있다. 그런 태도는 자기 의, 교만, 의존을 두려워하는 마음과 같은 부정적인 심리를 부추겨 자기 통제와 자기 안전을 통해 스스로 부족함을 덜 느끼며 상처를 덜 받으려고 노력하게 만든다. 그와는 달리 받아들임은 우리의 가치를 입증하려는 마음을 버리게 만들고 행위와 공로가 아니라 관계에 기반을 둔 삶을 추구하도록 독려한다.

율법 아래 있으면 하나님의 기분을 맞춰 그분이 우리에게 분노하시지 않게 하려고 애쓰는 삶을 살게 된다. 그러다 보면 조만간 하나님이 너무 엄격하다고 불평하거나, 아니면 실패한 자기 자신을 자책하는 등 스스로 분노하는 결과가 나타난다(롬 4:15 참조). 하나님이 우리에게 더 이상 분노하시지 않는다는 사실을 깨달을 때 우리는 그분의 기분을 맞추는 데 급급하지 않고 자유롭게 사랑과 성장에 집중하게 된다. 이것은 성경이 가르치는 가장 위대한 해방의 메시지 가운데 하나다.

사람들이 영적 성장을 추구하는 과정에서 율법이 역사할 때가 많다. 예를 들어 십대 아들이 알코올 중독에 빠졌다고 가정해 보자. 아들이 걱정스러운 어머니는 그 문제 때문에 가슴이 찢어질 듯한 고통을 느끼면서도 비판을 받을까봐 두려워 다른 사람들에게 선뜻 속사정을 털어놓지 못한다. 그녀는 아들과 대화도 나누고, 잔소리도 하고, 억지로라도 술을 끊게 하려고 노력한다. 또한 아들과 그저 평화롭게 지내기만 하면 저절로 문제가 해결될지도 모른다는 희망을 품는다. 그녀는 다른 사람들의 받아들임과 은혜가 필요한데도 그 문제를 혼자서 처리하려고 애쓴다.

받아들임은 신뢰와 관계를 형성한다

받아들임은 성장을 독려하는 안전한 관계(즉 하나님과 다른 사람들과의 관계)의 발전을 돕는 가교 역할을 한다. 다른 사람들로부터 이해와 사랑을 받고 있다는 확신이 들지 않으면 성장할 수 없다. 어떤 사람들은 우리의 참 모습을 알지 못하기 때문에 우리를 좋아한다. 만일 그들이 우리의 참 모습을 알게 되면 더 이상 우리를 좋아하지 않을 것이다. 서로에 대한 지식과 사랑이 없으면 진정한 관계가 성립될 수 없다.

받아들임은 지식과 사랑 사이에 존재하는 괴리를 메워준다. 받아들임은 참 모습이 노출되더라도 관계가 깨지기보다 오히려 더욱 강화될 수 있다는 점을 이해하도록 도와준다. 서로를 받아들이는 환경이 조성되면 더 이상 자기가 아닌 다른 사람인 척 위장할 필요가 없다. 서로 솔직한 모습으로 관계를 맺을 수 있다. 구약 성경은 "신뢰"를 "거리낄 것이 없는 상태"로 정의한다. 서로를 받아들이는 관계는 거리낄 것이 없는 분위기를 조성한다. 그런 분위기에서는 스스럼없이 자신의 모습을 솔직하게 드러낼 수 있다. 다시 말해 우리의 모습을 있는 그대로 노출시킬 수 있다.

받아들임은 자연스레 치유와 성장을 독려한다

받아들임은 오래도록 우리의 성장을 돕는다. 따뜻하고 친밀한 관계는 우리의 참 모습을 드러낼 수 있도록 도와준다. 그런 관계가 이루어지면 우리는 더욱 솔직해질 수 있고, 약점을 있는 그대로 드러내며, 우리에게 있는 밝은 면을 발견하게 된다. 그런 관계는 우리의 성장을 촉진한다.

지금도 내게 가장 뜻깊었던 관계들을 돌아볼 때면 당시에 들었던 지혜로운 조언이 기억난다. 그러나 무엇보다 큰 인상을 남겨준 것은 바로 받아들임의 경험이었다. 궁지에 몰린 나의 속마음을 올바른 생각을 가진 사람들에게 속 시원하게 털어놓아도 그들이 나를 외면하지 않을 것이라는 확신을 가진 덕분에 나는 좀 더 나은 사람이 될 수 있었다.

성장에 관한 논의 가운데 조언을 제시하는 것과 함께해 주는 것의 가치를 둘러싸고 종종 많은 토론이 이루어지는 이유는 바로 이러한 원리 때문이다. 적절한 조언은 아무 문제가 없다. 그러나 단지 받아들여주기만 해도 스스로의 문제를 해결할 수 있는 힘과 안도감과 안정감을 되찾는 사람들이 많다. 우리가 다른 사람을 있는 그대로 받아주기만 한다면 곧 우리의 집 앞에는 사람들이 길게 줄을 늘어설 것이다.

받아들임은 우리 자신에게 충실할 수 있고, 우리 자신을 경험할 수 있는 안전한 환경을 조성한다

많은 사람이 영적 성장을 멈추는 이유는 스스로에게 온전히 충실할 수 없기 때문이다. 사람들은 의견을 말하고, 행복한 시간을 갖고, 유머를 주고받고, 다른 사람을 보살필 때만 살아 있다고 생각하고 우울할 때나 슬플 때, 또는 중독에 빠졌을 때나 부족함을 느낄 때는 하나님이나 사람들이 자신을 용납하지 않을 것이라고 생각하는 경향이 있다. 따라서 그들은 그런 부정적인 요소들이 마치 존재하지 않는 것처럼 살아간다. 우리는 좋든 나쁘든, 혹은 상처가 되든 우리 영혼의 모든 것을 경험해야 할 필요가 있다. 무엇이든 하나님의 사랑과 관계의 빛 가운데로 나아와 드러내지 않는 것은 개선될 수도, 치유될 수도 없을 뿐 아니라 인격의 나머지 부분과 통합될 수도 없다.

다른 사람들과의 관계에서 항상 주기만 했던 한 여성이 있었다. 그녀는 자신이 도움을 요청하면 사람들이 자신을 이기적이라고 생각하고 부담을 느껴 외면할지도 모른다는 두려움에 사로잡혔다. 그래서 아무런 도움도 필요 없는 것처럼 살았다. 누군가가 안부를 물으면 그녀는 자동적으로 "아주 좋습니다. 당신은 어떠세요?"라고 대답했고, 어쩌다 마음이 울적할 때면 속으로만 곰곰이 생각하고 아무 말도 하지 않았다. 그녀는 다른 사람을 의존하거나 스스로 부족하다고 생각한 적이 없었다. 결국 그녀는 다른 사람들이 자신을 깊이 염려해 주는 데서 오는 기쁨을 경험할 수 없었다.

그러던 중 그녀는 성경공부 그룹에서 받아들임을 경험하게 되었다. 그곳에서 자신의 외로움과 위로의 필요성과 의존하고 싶은 마음과 같은 문제를 안심하고 털어놓을 수 있었다. 처음에는 그런 새로운 감정이 별로 달갑지 않았다. 그러나 하나님과 그룹과 그녀가 모두 인내하며 노력한 결과, 그녀는 관계를 통해 자신이 관심을 기울이는 사람들에게 더 가까이 나아갈 수 있다는 사실을 깨닫고, 관계의 필요성을 중요하게 생각하기에 이르렀다. 그녀는 받아들임을 통해 자신에게 충실할 수 있었고, 특히 오랫동안 어둠 속에 묻혀 있었던 자신의 참 모습을 볼 수 있었다.

우리의 영혼 가운데서 받아들임을 통해 밖으로 드러날 수 있는 요소들을 간단히 정리하면 다음과 같다.

- **다른 사람들의 도움**: 앞서 말한 항상 주기만 했던 여성처럼 우리는 다른 사람의 도움을 필요로 한다(전 4:9-12 참조). 받아들임은 우리의 부족함과 영적 빈곤을 수치심이나 죄책감 없이 인정할 수 있게 도와준다.

- **죄**: 우리는 우리 자신으로부터 죄를 숨기려고 하는 본성을 지니고 있다. 율법은 우리 죄가 노출되었을 때 진노를 불러일으킬 수 있다는 두려움을 심어준다. 그러나 받아들임을 경험하면 우리의 허물을 직시할 수 있을 뿐 아니라 우리 자신을 살펴 죄가 머물고 있는 다른 어두운 부분을 찾아낼 수 있다(시 139:23-24 참조).

- **자책감**: 우리 영혼이 느끼는 특정한 감정은 그 자체로는 죄가 아닐 수 있다. 그러나 우리는 그런 감정을 싫어하거나 인정하기를 꺼려한다. 우리는 종종 자라면서 비판을 받아온 대로 우리 자신을 비판하곤 한다. 예를 들어 쉽게 화를 내는 탓에 사람들로부터 많은 비난을 받아온 사람은 올바른 분노든 아니든 상관없이 분노를 느낄 때마다 스스로를 자책하는 경향이 있다(엡 4:26 참조). 그는 화를 냈다는 이유만으로 스스로를 나쁘다고 생각한다. 급기야는 마땅히 분노를 표출해 스스로를 보호해야 할 때조차 그렇게 하지 못하는 위험한 상황에 처할 수 있다. 만약 아내가 무책임하게 낭비를 일삼을 경우, 화를 내야 마땅함에도 불구하고 분노는 모두 나쁘다고 생각하면 그 문제를 처리하지 못해 결국에는 빚더미에 올라앉을 수밖에 없다.

- **자기 은폐**: 우리는 부정적인 일을 경험하지 않기 위해 우리 자신의 일부를 무화과나무 잎으로 가리곤 한다. 예를 들어 어떤 사람들은 지성적인 합리화를 통해 자신을 두렵게 하거나 고민하게 만드는 감정을 회피하려 든다. (『사랑하라, 숨지 말고』를 참조하면 이른바 "자기 방어"로 불리는 이런 은폐의 유형을 좀 더 자세히 알 수 있다.) 어떤 사람들은 스스로의 문제를 은폐하기 위해 자신이 사용하는 방법에 대해 스스로 자책감을 느끼기도 한다. 예를 들어 지성적인 합리화를 추구하는

사람은 그 방법을 사용하는 것 때문에 친구들과의 관계가 단절되거나 소원해지는 것에 대해 스스로를 질책하기도 한다.
- 내적 상처와 약점: 사람은 누구나 하나님과 다른 사람들의 받아들임을 통해 보완되어야 할 약점을 지니고 있다. 약점 자체는 대개 죄가 아니다. 그것은 단지 무능력일 뿐이다. 예를 들어 어떤 사람들은 다른 사람들을 신뢰하거나 선뜻 도움을 요청하지 못하는 성격을 지니고 있다. 또 어떤 사람들은 다른 사람들을 통제하려고 애쓰고, 어떤 사람들은 인정을 받고 싶은 마음이 너무 강해 다른 사람의 비판에 쉽게 상처를 입는다. 치유가 이루어지려면 받아들임을 통해 이런 약점들을 솔직하게 인정할 수 있는 안전한 분위기가 먼저 마련되어야 한다.

최근에 나는 신문에서 한 유명한 운동선수가 심각한 중독 문제로 괴로워하고 있다는 기사를 읽었다. 그는 자신의 잘못된 습관을 고치기 위해 수많은 노력을 기울였지만 모두 실패로 끝나고 말았다. 그러나 마지막에는 좀 더 나은 결과를 얻을 수 있었다. 그는 자기 안에 아무런 상처도 존재하지 않는다고 생각하기보다 자신의 심각한 문제를 솔직히 인정했기 때문에 그런 결과를 얻을 수 있었다고 말했다.

받아들임은 고백과 치유가 이루어질 수 있는 안전한 환경을 제공한다

우리의 깨어진 자아, 곧 우리의 부패한 본성을 인정하는 것은 단지 영적 성장을 향한 첫 단계에 지나지 않는다. 온전한 치유를 얻으려면 거기에서 한 단계 더 나아가 그런 감정과 실패 의식을 하나님과 다른 사람들과의 관계를 통해 극복해야 한다(약 5:16 참조). 성경은 이 단계를 "고백", 즉 "진실에 동의하는 것"으로 일컫는다. 고백은 우리 자신의 부정적인 측면을 다른 사람들의 눈앞에 솔직히 드러내는 것을 의미한다. 위로와 동정과 판단 없는 진실을 경험할 때 비로소 치유가 이루어지기 시작한다. 하나님은 우리를 고백자로 지으셨다. 우리는 다른 사람들에게 삶의 일부를 은폐하지 말고 그들과의 관계 안에서 솔직히 드러내야 한다. 이것이 "빛의 자녀들처럼 행하라"는 가르침의 의미다(엡 5:8-14 참조).

받아들임은 성장을 시도할 수 있는 용기와 동기를 부여한다

받아들임은 영적 성장을 향한 노력을 일깨운다. 판단이나 비판이 없는 환경이 조성되면 사람들은 전에는 두려워 말하지 못했던 문제를 솔직하게 털어놓는다. 한 가지 문제를 고백하고 나서 안전하다는 확신을 갖게 되면 그다음에는 더욱 열심히 영혼의 어두운 곳을 파헤치기 시작한다. 받아들임이 더 풍성해질수록 고백은 더 많아지고, 그와 함께 친밀한 관계와 성장이 이루어진다.

내가 이끌었던 그룹 중에 주디라는 여성이 있었다. 그녀는 살아오면서 자기 주장이 강한 사람의 말에 한 번도 이의를 제기해 본 적이 없었다. 그녀는 항상 유순했고, 쉽게 겁을 먹고, 누구의 뜻이든 다 받아들였다. 그녀는 반대 의사를 말하기를 두려워하는 성격 때문에 하나님을 기쁘시게 하기보다 사람을 기쁘게 하는 데 치중했다(갈 1:10 참조). 그녀는 그런 자신이 몹시 싫었다. 그것이 그녀가 그룹에 참여하게 된 이유였다.

주디는 다른 사람들의 받아들임이 절실한 상태였다. 그녀는 자신의 의견을 말하는 것이 이기적이라고 생각했다. 자신이 지나치게 소극적이라는 사실을 알고 있었지만 그런 상태로 너무 오랫동안 살아온 탓에 다른 사람들에게 진실을 깨우쳐줄 수 있는 사랑과 용기를 충분히 지니지 못했다. 그녀는 그룹에 참여한 뒤에야 비로소 받아들임을 통해 그런 자신의 욕구가 정당했다는 사실을 알게 되었다.

어느 날 주디는 마침내 그룹 중에서 가장 지배적이고 통제력이 강한 린다에게 다가갔다. 그러고는 이렇게 말했다. "당신과 관계를 맺고 싶은데, 당신이 다른 사람의 감정을 무시하고 전혀 고려하지 않을 뿐 아니라 항상 지배적인 태도만을 고집하기 때문에 선뜻 다가가기가 어렵군요. 이 문제를 함께 풀어나갔으면 좋겠어요."

주디보다 마음이 더 약한 회원들은 린다가 분노를 폭발할 때를 기다리며 잔뜩 숨을 죽였다. 그러나 린다는 "고마워요. 당신 말이 맞아요. 당신이 말한 대로 저는 그런 식으로 행동했어요. 그 때문에 남편이나 자녀들과의 관계가 엉망진창이 되고 있어요. 당신과 함께 이 문제를 해결하고 싶군요"라고 말했다.

그들은 함께 문제를 해결하기 위해 노력했고, 그 결과 둘 다 크게 성장했다.

주디는 생전 처음으로 용기를 내 진실을 말했다. 전에는 한 번도 사용하지 않았던 영적 "근육"을 활용했다. 그것은 그룹의 회원들이 그녀를 받아들여 격려를 아끼지 않은 결과였다.

우리 자신을 솔직히 드러내도 비판을 받지 않는다는 사실을 깨달으면 새로운 일을 시도할 수 있다. 이런 확신은 실패에 대한 두려움을 치료하는 해결책이다. 성경은 "단단한 음식은 장성한 자의 것이니 그들은 지각을 사용함으로 연단을 받아 선악을 분별하는 자들이니라"(히 5:14)고 가르친다. 우리의 성장은 새로운 일을 시도하고 실천할 때 이루어진다. 다른 사람들이 우리를 받아주면 더 이상 정죄는 없고, 단지 실패와 그 실패를 통한 배움의 과정만이 있을 뿐이다.

받아들임이 더 풍성해질수록 우리의 내적 실패를 더욱 깊이 깨달을 수 있다. 이것은 우리 자신이 얼마나 선한지를 깨닫는 것이 생명에 이르는 길이라는 생각과 궤적을 달리한다. 오히려 우리의 문제는 스스로를 좋게 생각하는 데 그 원인이 있다. 사람들에게 사랑을 받고 있다고 해도 스스로의 선함을 발견하는 것만으로는 결코 해결책을 찾을 수 없다. 사실 우리의 선을 추구하는 것은 우리의 진정한 필요를 보지 못하게 만들 뿐 아니라 하나님의 은혜를 간과하게 유도한다. 건강한 사람들은 자신의 좋은 측면만이 아니라 나쁜 측면까지 모두 의식하고 있다. 그들은 받아들임과 은혜를 통해 그런 문제들을 처리함으로써 하나님이 요구하시는 성장의 과정을 충실히 헤쳐 나간다.

받아들임을 받아들이기

성장하기 원하는 사람은 다음 몇 가지 원칙을 준수하면 하나님과 다른 사람들로부터 더 많은 받아들임을 경험할 수 있다. 우리는 받아들임을 어떻게 받아들여야 할지 모를 때가 많고, 때로는 그것을 두려워하기까지 한다. 다음 몇 가지 원칙은 성숙한 사람으로 거듭나는 데 많은 도움을 준다.

자신의 필요를 의식하라

영적 성장을 추구하는 목적이 하나님을 더 잘 알기 위해서든 삶을 망치는 문제를 해결하기 위해서든 상관없이 우선 성장하고 싶은 마음을 갖게 한 원인과 필요를 식별하는 것이 중요하다. 그 필요성을 느끼지 못하는 상태라면 받아들임은 아무 의미가 없다. 겸손히 자신의 부족함과 필요를 하나님과 다른 사람들에게 고백하라. 자신의 영적 빈곤을 인정하라(14장을 참조하라).

율법을 받아들임의 수단으로 생각하지 말라

우리는 본질상 율법주의자다. 다시 말해 행위를 통해 사랑과 인정을 받으려고 한다. 우리는 값없이 사랑과 인정을 구하기보다는 그것이 덜 위험하다고 생각한다. 왜냐하면 우리가 상황을 주도할 수 있고, 또 굳이 솔직한 관계를 맺지 않더라도 충분히 사랑받고 인정받을 수 있기 때문이다. 자신에게 행위를 통해 하나님과 다른 사람들로부터 인정을 받고 싶어 하는 경향이 있는지 깨닫게 해달라고 기도하라. 무슨 동기로 열심히 일하는지 살펴보라. 이미 받아들여졌기 때문인가, 아니면 받아들여지기를 원하기 때문인가?

받아들임을 거부하는 성향을 버려라

받아들임을 두려워하는 이들이 많다. 그 이유는 아무리 열심히 노력해도 인정받을 수 없기 때문이거나 솔직히 약점을 드러내고 다른 사람을 의지하기를 꺼려하기 때문이다. 하나님과 다른 사람들의 받아들임을 어떤 식으로 거부하고 있는지 살펴보라. 두려움이나 심한 자책감 때문에, 즉 스스로의 잘못이 너무 커서 도무지 용서받을 수 없을 것 같은 생각 때문에 다른 사람의 사랑을 거부하고 있는지도 모른다. 그런 자책감은 문제가 아니다. 오히려 스스로를 지나치게 꾸짖는 것이 문제다. 건강한 감정과 사랑을 지니고 있는 사람들에게 조언을 구해 그런 부정적인 생각에서 벗어나야 한다.

받아들임을 성장에 활용하라

하나님과 다른 사람들이 받아들였다고 해서 그것 자체가 목적은 아니다. 그것은 단지 인격과 관계와 감정의 성장에 필요한 안전하고 은혜로운 환경이 조성되었다는 뜻이다. 받아들임은 자신의 모습을 있는 그대로 받아들여 그것을 개선해 나갈 수 있는 용기를 부여한다.

어떤 사람들, 특히 거친 비난과 거절을 당한 탓에 마음에 깊은 상처가 있는 사람들은 '모든 것을 하나님께 맡긴다'는 생각으로 받아들임 자체에만 초점을 맞추는 경향이 있다. 그들은 친구들이나 영적 성장 파트너들이 얼마나 관대한지 아닌지를 기준으로 삼아 그들을 평가한다. 그리고 누군가가 삶의 특별한 고민을 털어놓지 않는 이유를 물으면, "좀 더 많은 은혜와 받아들임을 경험한다면 자연히 털어놓게 될 것입니다"라고 대답한다. 이런 태도는 받아들임의 주된 목적 가운데 하나가 문제를 의식하고 솔직히 고백함으로써 우리의 현실을 변화시켜나갈 수 있는 환경을 조성하는 것이라는 점을 간과한 결과다.

받아들임을 요구하지 말고 요청하라

때로 사람들은 다른 사람들에게 자신을 있는 그대로 받아들이라고 요구할 수 있다고 생각한다. 그리고 그렇게 해주지 않으면 화를 내며 스스로를 정당화한다. 받아들임은 하나님과 다른 사람들이 주는 선물이라는 사실을 잊어서는 안 된다. 우리는 받아들임을 요구할 수 없다. 왜냐하면 그럴 자격이 없기 때문이다. 오히려 우리는 "범죄하는 그 영혼은 죽으리라"(겔 18:4)는 말씀대로 형벌을 받아 마땅할 뿐이다. 이는 인정하기 힘들지만 엄연한 사실이다. 스스로 자격이 있다고 생각하지 말라. 앞서 언급한 게리와 같은 태도를 취해야 한다. 겸손히 하나님과 다른 사람들의 받아들임을 요청하라. 그러면 스스로를 용서하고, 진실을 고백하며, 성장해 나갈 수 있다.

받아들임을 동의와 혼동하지 말라

누군가가 성장 과정에서 마음을 열고 자신의 약점을 솔직히 드러냈다고 하자. 상대방이 그 말을 듣고 자신의 생각을 정직하게 밝힐 경우, 그는 흔히 잘못을 질책당하고 그릇된 판단을 받는다는 느낌을 받는다. 그는 '저렇게 비난하는 것으로 보아 나를 받아들이지 않는 것이 분명해'라고 생각한다. 이로 인해 관계를 포기하는 사람들이 많다. 그들은 "교회(또는 그룹이나 상담사)가 사람들에 대한 이해심이 없어요. 나를 받아들여줄 수 있는 곳을 찾아야 해요"라고 말한다. 그러나 사실 그들이 원하는 것은 방종이다. 하나님은 그런 죄를 허락하지 않으신다(롬 6:15; 갈 5:13 참조).

물론 남을 판단하고 정죄하기 위한 비판의 말이 있다. 그러나 사랑의 충고는 영적 성장에 반드시 필요하다. 견책이 없으면 성장이 제대로 이루어지지 않는다(엡 4:15 참조). 동의와 받아들임은 서로 별개다. 받아들임과 정직한 충고가 동시에 이루어질 수 있는 환경이 필요하다. 요한계시록 3장에서 알 수 있는 대로 예수님은 교회들의 잘한 점과 못한 점을 정확하게 지적하셨다. 성경은 반드시 밝혀야 할 진실을 도외시하는 관계는 그로 인한 응분의 대가를 치르게 될 것이라고 가르친다(겔 3:18-21 참조). 진실을 두려워하지 말라. 처음에는 아프지만 나중에는 치유를 가져온다.

받아들임이 이루어질 수 있는 환경 조성하기

목회자, 지도자, 상담사, 교사와 같이 성장을 돕는 사람은 사람들이 솔직하게 마음을 열고, 율법을 포기하고, 진실을 고백할 수 있는 환경을 조성하는 것이 얼마나 어려운지 잘 알고 있다. 받아들임이 이루어질 수 있는 환경을 조성하려면 다음 몇 가지 원칙을 기억해야 한다.

받아들임을 규범으로 삼게 하라

사람들에게 받아들임의 중요성을 주지시켜라. 사람들은 성장을 돕는 사람이 완전한 기준을 제시할 것이라고 생각하고 마음의 문을 쉽게 열지 않는다. 따라서 그들에게 받아들임은 하나님이 우리를 대하시는 방법이라는 사실을 깨우쳐주고, 우리도 그런 식으로 다른 사람을 대해야 한다고 가르쳐야 한다. 정죄나 비판을 일삼는 태도는 결코 바람직하지 않다는 점을 주지시켜라.

최근에 나는 전에 방문한 적이 없는 교회로부터 강연 요청을 받았다. 나는 나를 초청한 사람들에게 교회의 영적 분위기에 관해 물었다. 한 사람이 이렇게 말했다. "좀 힘드실 겁니다. 여기 교인들은 자신에게 아무 문제도 없다고 생각하고 있어요. 그들의 문제를 일깨워주는 사람이 아무도 없습니다." 다행히도 그들은 받아들임에 관한 성경의 가르침에 마음의 문을 열었고 우리는 유익한 대화를 나누었다. 받아들임을 요청하고, 안전한 환경 속에서 진실을 고백할 수 있도록 독려하라.

자신의 약점을 숨기지 말라

자신의 실패를 솔직히 고백하고, 받아들임이 자신의 삶에 얼마나 중요한 영향을 미쳤는지 설명하라. 사람들은 완벽해 보이는 사람보다는 자기들처럼 여러 가지 문제를 안고 있는 사람에게 마음을 기울이는 법이다. 물론 의료 상담사처럼 약점을 보여서는 안 되는 역할을 맡았을 때는 하나하나 사례별로 신중한 판단을 내려야 한다.

받아들임을 내적인 문제로 다루라

어떤 사람이 다른 사람의 약점을 있는 그대로 받아들이지 않고 판단과 비판을 일삼는다면 그의 영혼 안에 스스로 용납할 수 없는 약점이 도사리고 있을 가능성이 높다. 그런 사람은 다른 사람을 비난함으로써 자신의 약점을 은폐한다. 예수님이 말씀하신 대로 그런 사람은 자기 눈 속에 있는 들보는 보지 않고 다른 사람의 눈 속에 있는 티만 본다(마 7:1-5 참조). 예를 들어 부족한 점이 있는 사람을 못마땅하게 여겨 질타하는 사람은 사실은 그 스스로 의타심이 많고 게으르고 무책임한 사람일 가능성이 높다. 자신의 의타심을 인정하지 않는 사람은 그런 약점을 숨기지 않는 사람들에 대해 분노를 느낀다. 그런 경우를 보거든 적절한 설명을 통해 판단을 일삼는 사람으로 하여금 스스로의 내면을 들여다볼 수 있게 해야 한다.

죄와 죄인을 구분하라

받아들임이 이루어질 수 있는 환경을 조성하더라도 사람들의 그릇된 태도와 행동과 생각은 반드시 바로잡아주어야 한다. "죄인은 사랑하고 죄는 미워하라"는 격언이 있다. 물론 받아들임이 항상 먼저 이루어져야 한다. 죄인은 자신의 영혼이 받아들여졌다는 사실을 알기 전에는 스스로의 잘못을 인정하거나 솔직하게 고백하지 않는다. 은혜가 진실보다 앞서야 한다. 판단을 피하기 위해 견책을 아끼거나, 다른 사람을 있는 그대로 받아들이지 않고 그의 영혼에 상처를 주는 극단에 치우치지 않게 주의하라.

항상 겸손한 자세로 성장을 도모하게 하라

자신이 영적으로 성장하고 있다는 이유를 내세워 다른 사람들보다 스스로를 더 낮게 여기는 사람, 곧 '나는 너희들과 다르다'고 생각하는 사람보다 더 큰 문제를 안고 있는 사람은 없다. 그런 태도는 남을 정죄하는 것이다. 그런 사람에게는 모든 성장이 하나님의 선물이며, 스스로의 받아들임이 깊어질수록 다른 사람을 더욱 온전하게 받아들여야 한다는 사실을 깨우쳐주어야 한다.

진정한 받아들임을 경험한 사람은 다른 사람을 온전히 받아들인다. 성장하기 원하는 사람들을 평가할 때는 이 잣대를 사용하라. 그들이 약점이 있는 사람들을 얼마나 온전하게 받아들이고 있는지를 점검하라. 다른 사람을 받아들이지 않는 태도를 취하거든 그것이 습관으로 굳어지기 전에 신속히 잘못을 깨우쳐주라.

받아들이는 마음도 일정한 과정을 거쳐 형성된다는 점을 주지시켜라

우리 자신이나 다른 사람을 받아들이는 마음은 저절로 생겨나지 않는다. 그것은 시간을 요하는 과정이다. 다른 사람을 받아들이기를 힘들어하거나 하나님과 다른 사람의 받아들임을 선뜻 인정하기를 어려워하는 사람을 보거든 그가 감당할 수 있는 것만을 조금씩 격려해 온전한 받아들임의 단계에 이르게 해야 한다.

나는 게리가 속했던 그룹을 이끌면서 그런 과정이 차츰 온전해지는 것을 지켜보았다. 처음에는 모두 자신을 솔직하게 드러내려고 하지 않았다. 그러나 함께 대화를 나누다 보니 차츰 서로의 약점과 잘못을 인정하기 시작했고, 심지어는 중요한 문제도 마치 농담처럼 말할 수 있는 단계에 이르렀다.

예를 들어 한 여성은 이렇게 말했다. "오늘 저는 남편을 죽이고 싶어요. 그러니 제가 그렇게 하지 않도록 함께 대책을 생각해 봐요." 나는 그녀가 그런 말을 할 줄은 꿈에도 생각하지 못했지만 자신의 심정을 솔직하게 털어놓은 것이 무척 고맙게 느껴졌다. 다행히 그녀의 남편은 아직 살아 있다.

받아들임이 이루어질 수 있는 안전한 환경은 영적 성장을 촉진한다. 다음 장에서는 받아들임을 방해하는 요소, 즉 정죄에 대해 생각해 볼 예정이다.

성장하기 원하는 사람을 위한 조언

- 받아들임의 성경적 의미를 이해하라. 받아들임을 우리의 악한 본성을 부인하거나 우리의 선함에 근거한 것으로 이해하려는 경향이 없는지 살펴보라. 그런 경우는 진정한 받아들임이라고 할 수 없다.

- 받아들임이 이루어졌을 때와 이루어지지 않았을 때 삶에 어떤 영향이 미쳤는지 생각해 보라. 사람들이 자신을 받아들이지 않는 상황에서는 솔직해지기가 어렵다. 그런 적이 있었는가? 하나님과 다른 사람들의 받아들임을 거부한 탓에 성장이 좌절된 경험이 있는가? 또한 다른 사람들과 관계를 맺고 받아들임을 경험했을 때 성장에 얼마나 큰 도움이 되었는가?

- 자신의 영혼 안에 받아들이지 못한 것이 있다면 무엇인지 찾아보라. 그렇게 된 이유와 그것을 받아들일 수 있는 방법을 생각해 보라.

성장을 돕는 사람을 위한 조언

- 성장하기 원하는 사람에게 하나님의 받아들임을 인정하는 것이 성장의 첫 단계라는 사실을 깨우쳐주라. 자신이 받아들임을 절실히 필요로 하는 상태라는 것을 모르는 사람들이 있으니 주의하라. 어떤 사람들은 그런 사실을 솔직히 인정하기를 두려워한다. 그런 사실을 솔직히 드러낼 수 있는 안전한 환경을 조성하라.

- 받아들임과 인정의 차이를 이해하도록 돕는 한편, 죄와 잘못은 물론 받아들임을 경험하지 못한 결과로 생겨난 미성숙함을 안심하고 고백할 수 있게 하라.

- 받아들임의 필요성을 거부하거나 받아들임이 필요한 고백을 회피하려는 경향이 있을 때는 그 점을 올바로 깨우쳐주라.

- 어떤 사람이 다른 사람을 정죄하고 받아들이지 않는다면, 그것은 곧 그가 받아들임을 필요로 한다는 증거다. 그런 사람을 보거든 스스로의 필요를 자각할 수 있도록 도우라.

용서의 힘

"분리는 죄를 뜻하고, 화해는 무죄를 뜻한다.
이것이 기독교가 말하는 죄의 교리다.
'책임감을 느끼는 그리스도인'은 모순어법이다."

"저의 죄가 사해졌다는 말씀을 아무리 많이 읽어도 도무지 실감이 나질 않아요. 성경은 하나님이 저를 받아주셨다고 가르칩니다. 그런데 머리로만 알고 있을 뿐, 마음으로는 그런 느낌이 전혀 들지 않아요."

"그 문제를 해결하기 위해 어떤 노력을 기울였나요?"

"성경 구절을 외우고, 하나님이 저를 사랑하시고 받아주셨다는 생각을 늘 기억하려고 노력했어요. 그러나 믿음이 좀 더 필요한 것 같아요."

"그 사실을 믿지 못하기 때문에 느낄 수 없다고 생각하는 것인가요?"

"그런 것 같아요. 친구들도 그렇게 말해요. 그들은 하나님의 용서를 느끼지 못하는 것은 그분의 말씀을 믿지 않기 때문이라고 말해요. 믿음이 없는 것이 문제인가 봐요. 믿음이 좀 더 필요한 것 같습니다."

"하나님을 불신하는 것인가요?"

"무슨 말씀이지요?"

"하나님이 형제를 용서하셨다는 사실을 의심해야 할 무슨 이유라도 있나요? 그 사실을 믿지 않습니까?"

"믿습니다. 하나님이 그렇게 말씀하셨어요. 단지 느낄 수 없을 뿐입니다."

"그런데 왜 믿음이 좀 더 필요하다고 말하는 것이지요? 이미 믿고 있는데 왜 그것을 '믿음의 문제'로 돌리는 것인가요?"

"친구들이 진리가 우리를 자유롭게 한다는 성경의 말씀을 가르쳐주었기 때문입니다. 죄책감에서 자유롭다는 느낌이 없다면 그것은 곧 제가 진리를 모른다는 뜻이겠지요. 그것이 제가 진리를 좀 더 믿어야 한다고 생각하는 이유입니다."

"부분적으로는 옳은 말입니다. 성경은 진리가 우리를 자유롭게 한다고 말씀하지요. 그러나 믿음을 좀 더 가져야만 진리를 알 수 있다고 가르치지는 않습니다. 예수님은 '너희가 내 말에 거하면'(요 8:31-32 참조) 진리를 알게 된다고 말씀하셨습니다. 다시 말해 우리가 그분의 말씀에 복종하면 우리는 진리를 알게 됩니다. 그것은 우리의 머릿속에 정보를 입력하는 것과는 아주 다르지요."

"어떻게 하면 그렇게 할 수 있나요? 이 문제를 해결하려면 어떻게 살아야 하나요?"

"그것이 우리가 지금 찾아서 행하려고 하는 것입니다."

스티븐은 성적인 잘못을 저지르고 있었다. 그의 표현에 따르면 그는 "못된 행실"을 저질렀다. 그는 인터넷으로 포르노그래피 사이트를 검색했고, 어떤 때는 하룻밤의 부정한 성관계를 맺은 뒤 심한 죄책감에 시달리기도 했다. 하나님께 죄를 고백하고 용서를 구한 뒤에도 죄책감은 여러 날 동안 사라지지 않았다. 죄책감을 떨쳐낼 수가 없었다. 머리로 용서를 알고 있는 것과 영혼으로 그것을 느끼는 것은 서로 달랐다.

이것은 그의 문제만은 아니었다. 그동안 우리와 대화를 나눈 사람들 가운데는 하나님께 용서를 구해 죄 사함을 받았지만 실제로 그것을 느낄 수 없다고 말하는 사람이 많았다. 그들은 용서를 느끼려고 노력했지만 성경이 죄 사함을 약속하고 있는데도 오랫동안 죄책감에 시달렸다. 안타깝게도 그들은 자신들이 시도해 온 방법 외에 다른 방법을 알지 못했다. 그들은 하나님께 다시 용서를 구하고 그분의 말씀을 읽는다. "만일 우리가 우리 죄를 자백하면 그는 미쁘시고 의로우사 우리 죄를 사하시며 우리를 모든 불의에서 깨끗하게 하실 것이요"(요일 1:9)라는 말씀을 거듭 읽으며 기도한다. 잠시 위안을 받지만 죄책감은 여전히 사라지지 않는다. 그들은 어떻게 해야 할지 모를 때가 많다.

스티브도 그런 악순환의 고리에 갇혔다. 그는 죄책감을 없애지 못하자 위안을 찾기 위해 또다시 성적 잘못을 저질렀다. 그러나 위안은커녕 죄책감만 더욱 커졌다. 똑같은 과정이 다시 반복되었다. 이런 악순환의 고리는 과식과 같은 문제에서도 똑같이 발견된다. 사람들은 음식을 많이 먹고 나서 죄책감을 느낀다. 그리고 기분을 좋게 하기 위해 다시 음식을 먹는다. 그러면 죄책감도 다시 생겨난다. 그들은 그런 악순환을 끊임없이 반복한다.

그렇다면 스티브을 도울 수 있는 방법은 무엇일까? 우리가 스티브이라면 어떻게 해야 할까? (우리 중에도 용서를 실감하지 못하는 이들이 적지 않다.) 그가 물었던 단계는 무엇이고, 그 단계를 밟아나가는 방법은 또 무엇일까? 이것이 이 장의 주제다. 우리는 죄책감의 원인을 살펴보고, 영적 성장 과정을 통해 그것을 해결할 수 있는 방법을 찾는 데 초점을 맞출 생각이다. 죄책감의 원인과 그것을 처리하는 잘못된 방법과 올바른 해결책을 찾는 것이 이 장의 목적이다.

죄책감의 원인과 해결

죄책감을 해결하는 방법을 찾으려면 신학적 진리를 간단히 살펴보는 것이 필요하다. 2장에서 타락에 관해 논의한 내용을 기억하라. 타락은 우리를 죽음과 분리의 상태로 몰아넣었다. 성경은 이를 죄로 일컫는다. 우리는 본래 하나님과 관계를 맺도록 창조되었다. 그런 상태에서는 죄책감을 전혀 느끼지 못했을 뿐 아니라 심지어 선과 악을 알지도 못했다. 우리는 하나님과 관계를 맺었고, 우리 자신을 온전히 드러내 보였으며, 우리의 참 모습을 있는 그대로 유지했다. 우리가 선한지 악한지를 묻는 질문은 아예 생각조차 하지 않았다. 우리는 심판을 받는 대신 하나님의 사랑을 받으며 그분과 관계를 맺었다.

그러나 하나님을 거역하는 순간, 우리는 그분으로부터 분리되었다. 관계가 깨지고, 그분의 사랑을 잃었다. 우리는 처음으로 죄책감과 수치심을 느꼈다. 죄책감과 수치심의 차이와 의미를 둘러싸고 역사적으로 큰 논쟁이 있어왔다. 그런 논쟁은 종종 수치심은 존재와, 죄책감은 행위와 결부시켰다. 그런 견해도 일면 일리가 있지만 전체적인 의미를 생각하면 그보다는 다소 복잡한 차이가 있다. 그 차이와 의미를 전문적인 신학과 심리학의 관점에서 살펴보는 것은 이 책의 한계를 넘어선다. 여기서 우리의 목적은 성장하기 원하는 사람들과 그들을 돕는 사람들에게 우리가 일반적으로 느끼는 "자괴감"을 설명하는 데 있다. 창세기에 따르면 아담과 하와는 벌거벗은 사실을 알고 몸을 숨겼다. 그것이 죄책감과 수치심의 시작이었다(창 3:10 참조). 그들은 하나님과의 관계를 상실했다. 다시 말해 죄책감과 하나님과의 관계 단절은 서로 동일하다.

바울은 하나님과의 관계 단절을 죽음의 상태로 설명했다(롬 5:12 참조). 물론 이 죽음은 우리가 흔히 생각하는 죽음, 곧 생명의 종결과는 다르다. 이는 생명과의 단절을 뜻한다. 우리는 살아 있지만 생명이신 하나님과 분리된 탓에 사실은 죽어 있는 것과 다름없다. 우리는 하나님의 진노와 단죄를 받고 율법 아래 놓이게 되었다. 우리는 하나님의 법정에서 유죄 판결을 받았다. 성경은 율법이 진노와 죄를 야기한다고 가르친다(롬 4:15 참조). 우리는 죄책감을 느낀다. 우리는 하나님의 진노 아래 있을 뿐 아니라 스스로의 불완전함에 대해 분노를 느낀다.

그러나 하나님은 이 문제를 해결할 수 있는 길을 열어주셨다. 하나님께 죄를 범한 대가는 죽음이기 때문에(롬 6:23 참조) 누군가가 죽음의 형벌을 받아야만 했다. 바로 예수님이 그 형벌을 받으셨다. 그분은 하나님께 저지른 죄의 대가를 치르셨다. 그로써 우리의 죽음, 곧 하나님과의 관계 단절을 해결하셨다. 우리는 죄책감을 느끼며 하나님과 분리되었지만, 예수님이 우리가 치러야 할 대가를 대신 치르셨다. 그 덕분에 우리는 하나님 앞에서 의롭다 하심을 받고 무죄를 선고받았다. 바울은 "곧 예수 그리스도를 믿음으로 말미암아 모든 믿는 자에게 미치는 하나님의 의니 차별이 없느니라"(롬 3:22)고 말했다.

죄책감의 해결책은 우리의 선행에서 비롯하지 않았다. 죄책감이 해결된 것은 예수님이 사망의 형벌을 대신 감당하신 덕분이다. 그 결과 우리는 하나님과 다시 관계를 회복했다. 우리는 하나님과 중단 없는 교제를 나눈다. 분리나 사망은 더 이상 없다. 바울 사도의 말대로 하나님의 사랑으로부터 우리를 갈라놓을 것은 아무것도 없다.

"누가 능히 하나님께서 택하신 자들을 고발하리요 의롭다 하신 이는 하나님이시니 누가 정죄하리요 죽으실 뿐 아니라 다시 살아나신 이는 그리스도 예수시니 그는 하나님 우편에 계신 자요 우리를 위하여 간구하시는 자시니라 누가 우리를 그리스도의 사랑에서 끊으리요 환난이나 곤고나 박해나 기근이나 적신이나 위험이나 칼이랴 기록된 바 우리가 종일 주를 위하여 죽임을 당하게 되며 도살당할 양같이 여김을 받았나이다 함과 같으니라 그러나 이 모든 일에 우리를 사랑하시는 이로 말미암아 우리가 넉넉히 이기느니라 내가 확신하노니 사망이나 생명이나 천사들이나 권세자들이나 현재 일이나 장래 일이나 능력이나 높음이나 깊음이나 다른 어떤 피조물이라도 우리를 우리 주 그리스도 예수 안에 있는 하나님의 사랑에서 끊을 수 없으리라"(롬 8:33-39).

이 말씀의 요점에 주목하라. "예수님을 믿어 의롭다 하심을 받은 사람은 정죄를 받지 않으며, 아무것도 그를 하나님의 사랑에서 끊을 수 없다." 이것이 바울이 스티븐과 비슷한 고민에 사로잡힌 상태에서 "그러므로 이제 그리스도 예수 안에 있는 자에게는 결코 정죄함이 없나니"(롬 8:1)라고 말했던 이유다.

정죄는 없다. 무죄가 선고되었다. 분리도 없고, 진노도 없다. 즉 예수님과 관계를 맺은 사람은 정죄나 죄책감을 두려워해야 할 이유가 없다. 신약 성경은 이 사실을 거듭 강조한다(요 3:18; 히 10:13-14, 17-23 참조).

여기서 우리가 말하고자 하는 요점은 죄책감은 하나님과의 관계 단절에서 비롯하기 때문에 예수님을 통해 다시 그분과 관계를 맺음으로써 해결할 수 있다는 것이다. 죄책감은 절대적이며 법정적이기 때문에 그 해결책 역시 마찬가지다. 우리는 믿음을 통해 유죄의 상태에서 무죄의 상태로 나아간다. 분리는 죄를 뜻하고, 화해는 무죄를 뜻한다. 이것이 기독교가 말하는 죄의 교리다. "죄책감을 느끼는 그리스도인"은 모순어법이다. 그러나 스티븐은 여전히 죄책감을 느끼고 있다. 그의 문제는 무엇일까?

관계의 양면, 두 가지 경험

성경은 하나님 앞에서 우리가 갖는 법적 지위, 곧 우리를 향한 하나님의 감정에 관해 말씀한다. 성경은 우리가 스스로 느끼는 감정에 대해서는 많이 말씀하지 않는다. 하나님이 우리를 바라보시는 관점에 대해 우리가 느끼는 감정은 관계의 다른 쪽에 해당한다. 즉 하나님과의 관계는 다른 여느 관계와 비슷하다. 예를 들어 남편은 아내를 깊이 사랑할 수 있지만 아내가 사랑을 느끼고 있는지는 확실히 알 수 없다. 남편은 아내를 돌보고 받아들이지만 아내는 그런 남편의 사랑을 경험하지 못할 수도 있다.

사랑을 끊임없이 확인하려고 했던 관계를 경험한 적이 있는가? 사랑하는 사람이 거듭 사랑을 확인하고, 아무리 행동으로 사랑을 보여주어도 소용이 없는 경우가 종종 있다. 그런 경우에는 아무리 사랑한다는 확신을 심어주어도 상대방을 만족시킬 수 없다. 그것은 상대방의 마음에 문제가 있기 때문이다. 그에게는 사랑의 감정을 느끼지 못하는 심리적인 장벽이 있다. 그런 사람에게는 수천 번 사랑한다고 말해도 문제가 해결되지 않는다. 그가 사랑을 느끼려면 자신의 내면에서 사랑을 느끼지 못하게 방해하는 요인을 찾아내야 한다.

하나님과의 관계도 마찬가지다. 하나님은 우리를 정죄하지 않으시지만 우리의 마음은 우리를 정죄할 수 있다(요일 3:20, 4:18 참조). 따라서 우리는 "우리 쪽의 관계에서 무엇이 잘못되었는가? 용서받았는데도 용서를 느끼지 못하게 만드는 요인이 우리 마음속에 있는가?"라고 물어야 한다.

이것이 스티븐이 물어 해답을 찾아야 할 문제였다. 이 질문을 던져보면 죄책감에 사로잡혀 있는지 알 수 있다. 죄책감을 느끼는 몇 가지 원인을 살펴보면 다음과 같다.

잘못된 가르침

용서를 느끼지 못하는 원인 가운데 하나는 잘못된 가르침이다. 우리는 죄책감에 시달리는 사람에게 맨 먼저 항상 이렇게 묻곤 한다. "성경의 가르침에 대해 무엇을 알고 있습니까?" 지금까지 많은 그리스도인을 상담하는 동안 앞서 설명한 성경의 진리를 알지 못하는 사람이 깜짝 놀랄 정도로 많았다.

많은 사람이 죄를 지으면 처음부터 다시 용서를 받아야 한다고 알고 있었다. 그들은 자신의 고백이 충분한지 아닌지 확신하지 못했다. 성경은 우리가 죄를 지을 때 다시 법적 유죄 상태로 돌아간다고 가르치지 않는다. 사실 성경은 구약의 희생 제사는 우리를 결코 죄책감에서 자유롭게 하지 못한다고 가르친다.

"율법은 장차 올 좋은 일의 그림자일 뿐이요 참 형상이 아니므로 해마다 늘 드리는 같은 제사로는 나아오는 자들을 언제나 온전하게 할 수 없느니라 그렇지 아니하면 섬기는 자들이 단번에 정결하게 되어 다시 죄를 깨닫는 일이 없으리니 어찌 제사 드리는 일을 그치지 아니하였으리요"(히 10:1-2).

예수님을 믿을 때 용서를 받았다는 사실조차 모르는 사람들도 있었다. 그들은 "단번에" 죄 사함을 받았다. 정죄는 없다. 따라서 우리가 가장 먼저 확실하게 해두어야 할 일은 사람들에게 하나님과 관계를 맺는 순간 무죄가 선고된다는 사실을 주지시키는 것이다. 그들의 문제는 감정이 지식을 뒤따르지 못하는 것이 아니라 용서받았다는 사실을 알지 못하는 데 있다.

그런 경우, 사람들은 하나님의 용서와 은혜에 관한 성경의 가르침을 옳게 이해해야 할 필요가 있다. "정죄가 없다"는 하나님의 말씀을 옳게 이해하려면 용서와 은혜를 가르치는 성경 구절을 암기하고 그 의미를 깊이 묵상해야 한다.

그러나 이 모든 것은 그 사람이 하나님께 죄를 고백하고 용서를 구하는 것을 전제로 한다. 죄의 고백에 관심을 기울이지 않는 사람들이 적지 않다. 죄는 고백할 때만 하나님의 용서를 받을 수 있다. 죄를 고백하면 하나님은 우리를 용서하시고 깨끗하게 하신다(요일 1:9 참조).

은혜로부터의 단절

제이크는 우울증 때문에 극심한 죄책감에 시달렸다. 그는 우울증을 극복하기 위해 한동안 많은 노력을 기울였다. 그러나 상황이 생각했던 것만큼 빠르게 호전되지 않았다. 나는 그에게 시간을 좀 더 두고 스스로를 너그럽게 생각하라고 권고했다. 그러나 그는 문제가 완전히 해결되지 않는 한 죄책감에서 벗어나지 못했다. 스스로에게 조금도 여지를 주지 않았다.

나는 한동안 그가 노력하는 모습을 지켜보았지만 그가 자신의 우울한 상태를 너그럽게 인정하기 전에는 우울증에서 벗어날 수 없으리라는 것을 알았다. 죄책감에 사로잡혀 있는 한 문제가 해결될 가능성은 없었다. 우울증에서 벗어나려면 먼저 은혜가 필요했다. 그는 모든 은혜를 기도를 통해 하나님에게서 직접 받으려고 했기 때문에 다른 사람들에게서 얻을 수 있는 은혜를 경험하지 못하고 있었다. (7장에서 그리스도의 몸을 다룰 때 살펴보았듯, 하나님은 직접적으로 은혜를 베푸시는 것은 물론 사람들을 통해 간접적으로 은혜를 베푸신다. 사람들은 하나님의 은혜 전달 체계의 일부다.) 베드로는 사람들을 "하나님의 여러 가지 은혜를 맡은 선한 청지기"(벧전 4:10)라고 일컬었다. 나는 제이크가 하나님의 사람들로부터 더 많은 은혜를 받을 필요가 있다고 생각하고 그를 그룹에 참여시켰다.

변화는 놀라웠다. 그는 오랫동안 우울증과 싸우고 있는 사람이 자신만이 아니라는 사실을 발견했다. 그는 그룹 안에서 다른 사람들의 따뜻한 사랑을 느끼게 되었다. 그들의 은혜는 그의 마음을 감동시켰고, 제이크는 그들의 사랑을 받아 자신의 것으로 만들었다. 그리스도의 몸이 그의 영혼 안에서 역사하기 시작했다. 그는 스스로를 받아들이지 못했지만 그들은 그를 받아들였다. "은혜의 내면화"가 이루어졌다. 그는 다른 사람들이 자기에게 은혜를 베푸는 것을 보고 자신의 상태를 좀 더 너그럽게 인정할 수 있었다.

하나님은 우리를 신비롭게 연결시키시어 한때 우리 밖에 있었던 것이 우리 안으로 들어올 수 있게 도와주신다. 우리는 과거의 관계에 근거해 우리 자신을 받아들이거나 거부하는 법을 배운다. 우리의 관계와 그것을 통해 얻은 경험은 머릿속에 내면화된다. 사람들이 자신의 전체나 일부를 거부할 경우에는 그를 받아들여 도움을 줄 수 있는 그룹에 참여시키는 것이 좋다. 그러면 그들은 자신들이 경험하는 새로운 감정을 내면화시킬 수 있다. 이것이 제이크가 발견한 것이다. 다른 사람들이 그를 받아주자 그는 그 사랑을 받아들여 자신을 질책하는 내면의 소리를 잠재울 수 있었다.

야고보는 "그러므로 너희 죄를 서로 고백하며 병이 낫기를 위하여 서로 기도하라"(약 5:16)고 말했다. 그렇게 하면 서로에게서 우리가 필요로 하는 은혜를 받아 내면화시킬 수 있다.

사람들이 은혜를 주고받을 수 있는 환경에서 서로에게 자신의 문제를 고백하면 잘못된 부분이 온전히 드러나 있는 그대로가 인정되고, 하나로 융화된다.

다시 말해 우리의 나쁜 부분이 드러나고 사랑과 은혜를 경험하는 순간 그 힘이 약화된다. 은혜의 목적은 우리의 나쁜 부분을 온전히 드러내는 데 있다. 그 목적을 이루는 방법은 하나님과 다른 사람들에게 그런 부분을 솔직히 고백하는 것이다. 그렇게 하면 죄책감에서 벗어날 수 있다.

그릇된 기준

제이크는 그룹 안에서 다른 사람들로부터 은혜를 받는 것 외에 또 다른 경험을 했다. 즉 그는 '지금쯤 나는 이 문제를 능히 해결해야 했어'라는 자신의 기준이 잘못되었다는 사실을 깨달았다. 제이크는 자신이 생각하는 비현실적인 기준에 스스로를 비교하는 한 자책감에서 벗어나기 어려웠다. 그러나 그룹에 참여해 다른 사람들도 똑같이 그런 싸움을 하고 있다는 사실을 알게 되었다. 그는 혼자가 아니었다. 그만이 특별히 결함이 있는 것이 아니었다.

부모나 대중매체, 또는 주변 문화로부터 비현실적인 기준을 요구받으며 자라는 사람들은 머릿속에 이상적인 사람을 설정해 놓고 거기에 자신을 비교하는 경향이 있다. 그것은 심한 죄책감과 수치심을 가져다준다. 그들의 완벽한 기준은 날마다 그들 자신을 사정없이 질타한다. 그런 상황에서 벗어나기 위해 스스로를 더욱 가혹하게 채찍질한다. 예수님의 말씀대로 우리는 상하고 깨진 환자들로서 의원을 필요로 하는 상태다. 우리는 우리의 상한 모습을 받아들이기 어려워하지만 그것이 바로 성경이 우리에게 제시하는 기준이다. 다윗은 이렇게 말했다.

> "아버지가 자식을 긍휼이 여김같이 여호와께서는 자기를 경외하는 자를 긍휼히 여기시나니 이는 그가 우리의 체질을 아시며 우리가 단지 먼지뿐임을 기억하심이로다"(시 103:13-14).

하나님은 어떤 잣대로 우리를 재야 하는지 잘 알고 계신다. 그분은 우리가 상한 갈대에 불과하다는 사실을 아신다. 그런데 정작 우리 자신은 그 사실을 종종 망각한다. 간혹 내담자들로부터 "이렇게 실망해서는 안 돼요"라거나 "좀 더 나은 사람이 돼야 해요"와 같은 말을 들을 때면 그들이 그릇된 기준에 의거한 질책의 소리에 귀를 기울이고 있다는 사실을 알 수 있다. 그들은 자신의 현재 상태가 영원히 계속되기를 원하지 않지만 그 순간만큼은 그렇게 느낀다. 그렇게 느끼는 데는 다 이유가 있다.

제이크의 경우는 스스로 설정한 기준에 맞춰 자신의 기분이 나아지게 하려고 노력했지만 여전히 우울증에서 벗어나지 못했다. 그러나 다른 사람들과 관계를 맺고 현실을 올바로 깨닫게 되자 그릇된 내적 기준이 바뀌었고, 그 결과 죄책감이 사라지게 되었다.

경력을 쌓거나 다른 삶의 문제를 해결하기 위해 고민하는 사람들도 종종 그릇된 기준을 설정하는 잘못을 범한다. 그들은 기술을 습득해 성공을 거두려면 시간과 노력이 필요한데도 단 한 번의 시도로 원하는 목표에 도달하기를 기대한다. 그런 사람은 다른 사람들의 이야기를 통해 성공에 이르는 길이 얼마나 어려운지, 또 그 과정에서 얼마나 많은 실패와 그릇된 시도가 있었는지를 알게 될 때 비로소 스스로에게 너그러운 태도를 취할 수 있다. 다른 사람들의 경험담과 도움은 사람들을 격려하는 가장 큰 수단 가운데 하나다. 그들은 다른 사람들이 저절로 성공을 거둔 것이 아니라 숱한 어려움과 실패를 딛고 그곳에 이르렀다는 사실을 알게 된다. 간단히 말해 공동체는 실패를 정상으로 받아들일 수 있도록 돕는다.

성경에는 실수투성이인 사람들의 이야기가 가득하다. 히브리서 11장의 명예의 전당에 이름을 올린 사람들도 문제가 많았다. 그러나 하나님은 그들을 우리의 본보기로 제시하셨다. 하나님은 완전한 사람이 아니라 진실한 사람을 찾으신다. 성경은 실패를 모르는 사람을 기준으로 내세우지 않는다. 성경의 기준은 실패했을 때 하나님과의 관계를 다시 회복하고 믿음으로 나가는 사람들이다. 우리도 완전한 사람이 아니라 그런 사람들과 우리 자신을 비교해야 한다. 죄책감과 수치심을 해결하려면 스스로가 초인이 아니라 불완전하기 짝이 없는 인간이라는 사실을 일깨워주어야 한다. 바울이 말한 대로 우리는 인간이 감당할 수 없는 일은 결코 겪지 않는다(고전 10:13 참조). 문제는 우리가 고립된 상태에서는 우리가 경험하는 것을 다른 사람들도 똑같이 경험한다는 사실을 의식하지 못한다는 데 있다.

문제를 서로 고백하면(약 5:16 참조) 그 사실을 알 수 있다. 즉 우리가 이상한 별종이 아니라 다른 모든 사람과 똑같다는 사실을 깨닫게 된다. 우리는 모두 동료 여행자요 함께 발버둥치는 사람들이다. 이런 사실을 알게 되면 죄책감이 현저하게 줄어든다. 이혼을 한 경우라면 이혼을 했거나 이혼을 생각하는 사람들과 교제를 나눠라. 뭔가에 중독된 경우라면 다른 중독자들과 함께 어울려라. 문제가 있는 사람은 문제가 있는 사람들과 함께 어울려야 한다. 사실상 우리 모두가 다 문제를 안고 있는 사람들이다.

연약한 양심

양심이 너무 연약한 것도 우리가 용서를 느끼지 못하는 이유 가운데 하나일 수 있다. 연약한 양심을 말 그대로 이해하면 제대로 기능을 발휘하지 못하는 양심을 생각하기 쉽다. 다시 말해 양심이 너무 약해 내적 충동을 충분히 견뎌내지 못하는 경우를 생각할 수 있다. 그러나 성경의 가르침에 따르면 그와 정반대다. 연약한 양심은 너무 엄격한 탓에 옳고 그른 문제에 대해 혼동을 느끼는 상태를 가리킨다. 때로 연약한 양심은 현실적이지 못한 일을 빌미로 자괴감을 부추긴다(고전 8:7-12 참조).

대개 연약한 양심은 지나치게 엄격한 환경이나 그릇된 가르침, 또는 통제력을 상실할지 모른다는 두려움이나 유익하고 현실적인 것을 발견하는 데 필요한 안전성의 결핍 등에 그 원인이 있다. 사람들이 문제도 아닌 문제에 대해 죄책감을 느끼는 경우에는 그들을 받아줄 수 있는 안전하고 은혜로운 환경을 제공해 성경의 진정한 가르침을 깨우쳐주고, 그들의 내적 충동과 욕구를 정면으로 직시하게 이끌어야 한다. 공동체의 도움으로 차츰 성장해 힘을 얻기 시작하면 그들을 제어하는 엄격한 규칙은 더 이상 필요가 없어진다. 그런 상태에서는 자제력이 죄책감을 밀어내고 내적 충동을 충분히 제어할 수 있다.

양심의 이상화

연약한 양심과 관련된 또 하나의 문제는 양심의 이상화다. 양심의 이상화도 용서를 느끼지 못하게 하는 원인이 될 수 있다. 양심의 이상화란 어떤 일에 대해 기분이 좋지 않을 때 그 감정이 곧바로 '나는 나쁜 사람이야'라는 자책감으로 발전하는 경우를 말한다. 그것은 양심이 아무 결함이 없이 이상적인 상태라고 믿는 데서 비롯한다.

이런 현상은 특히 관계를 통제하려 하거나 관계를 통해 상처를 주고받는 상황에서 나타나기 쉽다. 상대방을 통제하려고 하는 사람은 양심을 이상화하는 사람들을 자괴감에 빠뜨릴 수 있다. 즉 그들은 요구를 거부하거나 한계를 제시하지 못하는 자기 자신, 곧 스스로의 생각을 자유롭게 말하지 못하는 자기 자신에 대해 실망을 느끼고 죄책감에 빠져든다. 그들은 '안 된다고 말하지 못하는 내가 바보야'라거나 '나는 이기적이야'라고 생각한다. 그러나 정작 견책을 받고 저지를 당해야 할 사람은 그릇된 죄책감을 심어주는 상대방, 곧 다른 사람을 통제하려고 하는 사람이다.

그러나 양심을 이상화하는 사람들은 자신이 무엇을 생각하고 무엇을 느끼는지 묻지 않는다. 단지 그 상태를 사실로 받아들인다. 그러나 성경은 그런 태도를 인정하지 않는다. 바울은 양심도 그릇될 수 있으며 우리를 심판하실 이는 오직 주님뿐이라고 말했다(고전 4:4 참조).

양심과 성령을 혼동하는 잘못

뭔가에 죄책감을 느낄 때 곧바로 '성령께서 나를 꾸짖고 계셔'라고 생각하는 것도 양심과 관련된 문제 가운데 하나다. 사람들은 죄책감을 성령의 음성과 동일시한다. 물론 성령께서 꾸짖고 계시는 경우일 수도 있겠지만 죄책감을 느끼는 것은 죄를 깨닫게 하시는 성령의 음성과는 전혀 무관하다. 죄책감은 성령이 아니라 우리 자신의 감정이다.

성령의 꾸짖음은 전적으로 그분의 말씀과 행동에서 비롯한다. 곧 성령께서 우리에게 진실을 가르쳐주시는 것을 의미한다. 그분이 그런 일을 행하실 때 느껴지는 감정은 그분의 감정이지 우리의 감정이 아니다. 때로 성령께서는 걱정하며 탄식하신다. 그러나 죄를 깨닫게 하는 것은 그분이 보내시는 메시지다. 그 메시지에 대해 우리가 느끼는 감정은 전혀 별개의 문제다. 우리는 죄책감을 느낄 수도 있고, 그 밖의 다른 감정을 느낄 수도 있다.

어떤 사람들은 성령을 무시하는 관계로 아무런 감정도 느끼지 못한다. 성령께서 죄를 깨우쳐주시지만 귀를 기울이지 않는다. 죄책감조차 느끼지 않는다. 따라서 그들이 아무런 감정을 느끼지 못한다고 해서 성령께서 아무런 말씀도 하지 않으신다고 생각해서는 곤란하다. 그것은 단지 그들이 그분 앞에서 마음의 문을 닫아버렸기 때문이다. 이런 점으로 미루어보면 죄책감이 성령의 음성이 아닌 것은 분명하다.

어떤 사람들은 성령께서 잘못을 지적해 주시면 극도로 심한 죄책감을 느낀다. 다시 말하지만 죄책감은 성령께서 주시는 감정이 아니다. 그분은 죄를 깨우쳐주실 뿐이다. 그들이 느끼는 감정은 성령의 음성에 대한 스스로의 반응에서 비롯한다. 성령께서 죄를 깨우쳐주신다고 해도 우리는 더 이상 정죄 아래 놓여 있지 않다. 죄책감을 느낀다면 그것은 아직도 그 사실을 충분히 깨닫지 못했다는 증거다.

경건한 슬픔과 속된 슬픔

속된 슬픔은 용서를 느끼지 못하게 가로막는다. 죄책감은 성령의 깨우치심에 대한 올바른 반응이 아니다. 올바른 반응은 경건한 슬픔이다. 왜냐하면 그것은 사랑에 근거하기 때문이다. 바울은 두 종류의 슬픔을 이렇게 구별했다.

> "하나님의 뜻대로 하는 근심은 후회할 것이 없는 구원에 이르게 하는 회개를 이루는 것이요 세상 근심은 사망을 이루는 것이니라" (고후 7:10).

양심의 분노와 질책은 속된 슬픔을 부추긴다. 그것은 사랑에 근거하지 않기 때문에 지속적인 변화와 회개를 일으키지 못한다. 속된 슬픔의 대표적인 사례는 가룟 유다가 예수님을 배신한 뒤에 느꼈던 감정이다. 그는 밖으로 나가 스스로 목숨을 끊었다. 속된 슬픔은 사랑이 아니라 자기 자신과 스스로의 잘못된 면에 초점을 맞춘다. 경건한 슬픔의 대표적인 사례는 베드로가 예수님을 부인한 뒤에 느꼈던 감정이다. 그는 자신이 사랑했던 주님께 상처를 안겨드린 것을 가슴 아파하면서 관계를 회복하고 화해를 이루었다. 그는 자신의 문제를 해결했다.

우리가 세미나나 라디오에서 죄책감에 대해 말할 때마다 사람들은 못마땅하게 여긴다. 그들은 죄책감을 느껴야만 사람들이 행동을 자제할 수 있다고 주장한다. 그래서 "잘못을 저질렀을 때는 죄책감을 느끼는 게 당연합니다. 죄책감은 건강한 감정입니다"라고 말한다. 그러나 성경은 그렇게 가르치지 않는다. 성경은 죄책감이 아니라 미안한 감정을 가져야 한다고 가르친다. 이 둘은 큰 차이가 있다.

죄책감은 나 자신에게 초점을 맞춘다. 즉 내가 누군가를 아프게 한 행위가 아니라 내가 얼마나 나쁜 사람인가에 그 초점이 있다. 죄책감을 느끼는 것은 문제의 파괴적인 영향력이나 누군가에게 상처를 안겨준 자신의 태도나 행위가 아니라 다시 좋은 기분을 되찾는 것에 목표를 둔다. 즉 죄책감은 자기 지향적이다.

그와는 달리 경건한 슬픔은 상처를 당한 상대방에게 초점을 맞춘다. 경건한 슬픔을 느끼는 사람은 자신의 행동이 다른 사람에게 미친 영향을 생각한다. 성경은 하나님이 불신자들이 진정으로 죄책감을 느끼는 데도 그들에게 여전히 진노를 발하신다고 말씀한다. 그러나 그분은 신자들이 죄를 지었을 때는 탄식하신다. 이 둘은 서로 크게 대조된다. 신자들에게는 죄책감이나 진노, 또는 정죄가 더 이상 없다. 따라서 우리는 죄책감을 느끼기보다 우리의 죄로 인해 하나님의 마음을 얼마나 아프게 해드렸는지를 생각해야 한다.

그 차이는 그야말로 엄청나다. 바울이 말한 대로 경건한 슬픔은 회개의 열매를 맺는다. 우리가 사랑하는 누군가에게 상처를 입혔다는 사실을 깨닫는 순간 우리는 변화된다. 사랑으로 상대방의 아픈 심정을 헤아릴 때 변화가 일어난다. 즉 우리가 대접받고자 하는 대로 상대방을 대접할 수 있다. 그러나 죄책감은 죄를 더욱 가중시킬 뿐이다. 죄책감은 자제력을 제공하지 못한다. 오히려 잘못을 더욱 부추길 뿐이다. 바울의 말대로 율법은 죄를 더하게 한다(롬 5:20, 7:5 참조).

스티븐의 경우가 그랬다. 그는 죄책감을 느낄수록 더욱더 자신을 율법 아래 예속시켰다. 그 결과 그의 죄는 더욱 커졌다. 죄책감은 그의 행위를 저지하지 못했다. 만일 그가 자신과 성관계를 맺은 여성들의 상처를 헤아렸더라면 그는 변화될 수 있었을 것이다. 그들의 마음을 상하게 하고, 그들의 영혼에 상처를 입히고, 그들을 하나님으로부터 멀어지게 만들었다는 사실에 관심을 기울였더라면 그의 삶은 크게 달라졌을 것이다. 그러나 그는 자신의 나쁜 측면에만 지나치게 관심을 기울였다.

간단히 말해 죄책감은 율법에 근거하고, 경건한 슬픔은 사랑에 근거한다. 성령의 깨우치심과 우리의 반응도 다르기는 마찬가지다. 그분은 항상 사랑에 근거하신다. 그분은 하나님이 우리를 사랑하실 뿐 아니라 우리가 다른 사람을 사랑하기 원하신다는 사실을 깨우쳐주신다. 그분이 우리를 책망하시는 이유는 '나는 죄가 많고 나쁜 사람이다'라는 감정, 즉 죄책감을 느끼게 하시기 위해서가 아니다. 그분은 우리의 태도나 행동으로 하나님과 다른 사람들과 우리 자신에게 상처를 입혔다는 사실을 깨우쳐주려고 노력하신다. 그 사실을 깨달을 때 우리는 사랑을 알고 회개에 이르게 된다.

이런 진리를 깨닫고 행동이 변화된 사람을 예로 들면 다음과 같다.

톰은 아내에게 가정의 경제 형편에 대해 거짓말을 했다. 그는 각종 청구서를 지불하지 못한 상태인데도 자신들의 재정 상황을 거짓으로 둘러댔다. 그러다가 마지막 통고서가 우편으로 날아왔고, 단전이 되었다. 아내는 남편에게 속았다는 생각에 감정이 크게 격앙되면서 깊은 실망에 사로잡혔다. 톰은 심한 죄책감을 느꼈다. 그는 자신이 나쁜 남편이었다고 말하고, 다시는 그런 짓을 저지르지 않겠다고 말했다. 몇 번이고 약속을 거듭했다. 그러나 그런 일이 또다시 벌어졌다.

마침내 그들은 결혼 상담을 하기 위해 상담사를 찾았다. 상담사는 중요한 것에 초점을 맞출 줄 아는 분별력을 지닌 사람이었다. 그는 톰에게 자신의 나쁜 점을 자책하지 말고 아내에게 얼마나 큰 상처를 주었는지를 생각하라고 조언했다. 그로 하여금 아내의 심정을 헤아리게 만들었다. 상담사는 남편의 거짓말 때문에 상황을 올바로 알지 못한 채 살아야 했던 아내의 심정을 입장을 바꿔놓고 생각해 보라고 말했다. 아내의 마음과 두려움을 생각하게 이끌었다. 톰은 그 점을 깨닫자 다시 거짓말을 하거나 아내에게 상처를 입힐 수 없었다. 모든 것이 자신이 나쁘기 때문이라고 생각했을 때는 그런 사실을 결코 이해할 수 없었다.

하나님은 우리가 스스로 얼마나 악한지를 생각하게 하시는 데 관심을 기울이지 않으신다(그분은 이미 우리의 악함을 알게 하셨다). 하나님의 관심은 우리가 그분을 거역하고 그분의 마음을 아프게 했다는 사실을 깨닫게 하시는 데 있다. 바울은 "하나님의 성령을 근심하게 하지 말라"(엡 4:30)고 말했다. 만일 누군가로부터 상처를 받았을 때 상대방이 우리를 아프게 한 사실보다 스스로를 질책하는 데 더 많은 관심을 기울이는 상황을 경험한 적이 있다면 하나님의 심정을 더 잘 이해할 수 있을 것이다. 죄책감을 버리고 자신의 행동이 다른 사람에게 미친 영향에 초점을 맞춰라. 그것이 사랑이다.

교정의 본질

우리의 양심은 옳고 그른 것을 의식하게 만든다. 우리가 기준을 어기면 양심이 다시 바르게 잡아준다. 그러나 양심은 많은 점에서 결함이 있다. 앞서 살펴본 대로 양심은 때로 옳고 그른 것을 잘못 판단할 수 있다. 또한 감정적인 속성을 지니고 있는 관계로 잘못을 교정할 때 그릇된 판단을 내릴 수 있다.

잘못을 교정할 때는 단호하면서도 친절하고 자상해야 한다. 옳고 그른 것을 명확히 제시해 잘못을 되풀이하지 않게 이끌면서도 부드러워야 한다. 우리는 이것을 "신약 성경의 태도"라고 부른다. 왜냐하면 신약 성경은 은혜와 진리로 잘못을 바로잡아주어야 한다고 가르치기 때문이다. 교정은 정직은 물론 친절과 사랑에 근거해야 한다. 심한 양심의 가책으로 괴로워하는 사람을 보거든 새로운 관계에서 비롯하는 사랑의 음성을 내면화함으로써 양심의 가책을 올바른 방향으로 이끌어 죄책감에서 벗어날 수 있게 도와주어야 한다.

내가 이끌었던 그룹에 섬머라는 여성이 있었다. 어느 날 밤 그녀는 그룹에 찾아와 성장 과정에서 겪은 실패담을 고백했다. 그녀는 행실이 못된 남자친구를 다시 찾아 그와 하룻밤을 보냈다.

"저는 너무나 어리석어요. 저는 바보예요!" 그녀는 화난 음성으로 그렇게 외쳤다. 그 말을 몇 번이고 되풀이하면서 남자친구에게 놀아난 자신에게 분노를 표출했다. 그와 잠자리를 같이한 것에 대해 스스로에게 욕설을 퍼부으며 거칠게 질타했다.

그룹은 그녀가 다시 그런 관계로 되돌아간 문제와 관련해 그녀를 돕기 시작했다. 그 일이 어떻게 일어났고, 무엇에 유혹을 느꼈으며, 당시의 감정이 어땠고, 왜 그의 유혹을 다시 받아들이게 되었으며, 그의 진정한 실체를 상기하지 않은 이유가 무엇이냐고 질문했다.

"다 알다시피 그녀도 자신의 문제를 잘 알고 있을 것입니다. 그녀 스스로 다 알고 있는 것에 관해 너무 많이 말했습니다. 틀림없이 다른 원인이 있을 것입니다. 그런 말로는 그녀를 도울 수가 없어요."

그룹은 말을 멈추고 내가 이상한 말을 하고 있다는 듯한 표정을 지었다. 그들은 내가 자신들의 지혜로운 말을 무시하지 않기를 바랐다.

"지금 그녀에게 들려준 말이 도움이 될 것 같지는 않습니다. 그녀의 잘못을 질책하며 경고의 말을 전하는 내면의 목소리는 그녀의 남자친구의 유혹보다 더 심술궂습니다. 그의 유혹적인 목소리가 그녀를 거칠게 꾸짖는 내면의 목소리보다 훨씬 더 강한 호소력을 지니고 있는 것은 조금도 이상하지 않아요."

"뭐라고요?" 모두가 한목소리로 물었다.

"섬머의 양심은 너무 가혹해 마치 어렸을 때 그녀를 꾸짖던 부모에게서 도망치는 것처럼 그녀를 도망치게 만듭니다. 마치 그녀의 십대 시절이 반복되는 듯한 느낌이 듭니다. 그녀를 도와주려면 내면의 목소리가 그녀를 꾸짖는 방식을 바꿀 수 있도록 이끌어줘야 합니다. 그렇지 않으면 그녀는 귀를 기울이지 않을 겁니다."

내 말은 그룹에게 전혀 새로운 개념이 아니었다. 왜냐하면 전부터 비판적인 목소리가 지니고 있는 문제점을 지적해 왔기 때문이다. 그들에게 새로웠던 것은 그 개념이 작동하는 원리였다. 그들은 내면의 거친 목소리가 문제의 해결책이 아니라는 사실을 깨달았다.

그룹은 그녀가 다시 상처받기를 원하지 않는다는 마음으로 친절하고 자상하게 그녀를 다독이며 잘못을 바로잡아주려고 노력하기 시작했다. 그들은 아픔을 감싸주는 친절하고 자상한 목소리를 들려주었다. 또한 그녀를 도와 중요한 문제를 잘 살필 수 있게 했고, 원인을 발견하도록 도와주었다.

그렇게 몇 달이 지나자 변화가 일어났다. 섬머는 흥분을 감추지 못하며 그룹에게 그동안의 일을 말해 주었다.

옛 남자친구가 다시 나타나 그녀를 유혹했다. 그녀는 유혹을 받아들이고 싶은 강한 충동을 느꼈다. 그 순간이었다.

"그의 제안을 받아들이고 싶었어요. 익숙한 감정이 저를 끌기 시작했지요. 그런데 이상하게 들릴지 몰라도 마음속에서 여러분의 목소리가 들려오는 것이었어요. '섬머, 우리가 이 말을 하는 이유는 당신의 친구이기 때문이에요. 그의 유혹을 받아들이지 마세요. 그는 당신에게 상처를 줄 거예요. 당신에게 헌신하지 않을 사람에게 자신을 내주지 마세요'라고 말하는 소리가 들렸어요. 마치 이곳에 앉아서 말을 듣는 것처럼 생생했어요. 저는 그에게 싫다고 말하고 집으로 돌아가서 영화를 보았어요. 다음 날 아침 그의 침대에서 눈을 떴을 때보다 훨씬 더 나은 기분을 느낄 수 있었어요."

이와 같은 교정의 목소리는 사뭇 다르다. 그녀를 어리석다고 꾸짖거나 그녀에게 화를 내지 않고 오히려 감싸준다. 이것이 바로 은혜의 본질이다. 우리는 적대적이고, 비판적이며, 심술궂은 음성보다는 이런 음성에 더 잘 반응할 수 있다. 그렇게 된 데는 그룹의 힘이 컸다. 그들은 그녀의 양심을 적에서 친구로 바꿔놓았다.

참된 죄책감과 거짓 죄책감

1970년대에 기독교 상담학이 널리 알려지게 되자 사람들은 죄책감의 문제에 관심을 기울이기 시작했다. 그들은 때로 사람들이 아무 이유 없이 죄책감을 느낀다는 사실을 발견했다. 따라서 사람들을 도울 생각으로 "거짓 죄책감"이라는 용어를 만들어냈다. 나쁘게 생각할 것이 없는데도 죄책감을 느끼는 것은 거짓 죄책감이기 때문에 과감하게 떨쳐버려야 한다고 조언했다. 훌륭한 조언이었다. 나쁘게 생각하지 않아도 될 일에 죄책감을 느끼는 것은 옳지 않다.

그러나 문제는 그러한 공식의 이면에 놓여 있었다. 그들은 나쁜 일을 저질렀을 때는 죄책감을 느끼는 것이 마땅하다고 말했다. 그리고 이것을 "참된 죄책감"이라고 불렀다.

물론 잘못된 행동이나 선택, 또는 태도가 있을 수 있다. 이는 의심의 여지가 없는 사실이다. 우리는 다른 사람에게 피해를 주었을 때 그런 잘못을 저지른 데 대해 죄책감을 느낀다. 그러나 죄책감을 느끼며 스스로를 질책하는 것은 결코 올바른 태도가 아니다. 오히려 우리는 앞서 말한 대로 상대방에게 초점을 맞추는 "경건한 슬픔"을 느껴야 한다.

참된 죄책감이라는 감정적 반응의 문제점은 여전히 자기 자신에게 초점을 맞춘다는 데 있다. 잘못을 저지르면 괴로워해야 옳지만 스스로를 나쁘게 여겨 정죄하는 것은 바람직하지 않다. 잘못을 저지른 상대방에게 관심을 기울여 뉘우치는 마음으로 슬퍼해야 한다. 경건한 슬픔은 자기 자신을 정죄하거나 증오하지 않고, 상대방에게 관심을 기울여 그의 심정을 헤아린다. 그럴 때 변화가 일어난다. 또한 잘못을 저지른 사람은 자신의 잘못에 관심을 기울여야 한다.

최근에 나는 트레버와 대화를 나누었다. 그도 여성들과 분별없이 성관계를 맺은 것에 대해 죄책감을 느꼈던 젊은이 가운데 하나였다. 그는 여자친구들과 여러 번 헤어졌다. 그럴 때마다 참된 관계 대신 거듭 성관계에만 관심을 기울였다. 그를 가장 고민스럽게 만든 것은 자신의 성적 행동에 대한 자책감이었다.

나는 트레버를 비난하지 않았다. 단지 연민을 느꼈다. 그러나 나는 그가 사는 모습을 지켜보면서 그의 미래를 생각했다. 그가 여성들과 관계를 맺는 방식을 바꾸지 않으면 앞으로 절대 만족스런 관계를 맺지 못할 것이 분명했다. 트레버는 여성에게 가까이 다가갔다가 물러서기도 하고, 때로는 주눅이 들어 수동적인 태도를 취하다가 상대 여성과 멀어지기도 했다. 그 결과 잘못된 여성을 선택했다가 또다시 헤어지는 일을 반복했다. 자신의 문제를 회피하는 한 그는 항상 외로움을 느끼며 여성들과의 관계에 무기력할 수밖에 없었다. 여성과 성관계를 맺으면 잠시 동안은 삶의 활력과 친밀함을 느꼈지만 결코 영혼이 치유되거나 자신이 진정으로 원하는 것을 얻을 수 있는 가능성은 보이지 않았다.

트레버가 내게 자신의 문제를 털어놓았을 때 그의 가장 큰 염려는 죄책감이었다. 그러나 성경의 관점에서 볼 때 죄책감은 전혀 문제가 되지 않는다. 예수님은 죽음을 통해 그 문제를 단번에 해결하셨다. 덕분에 우리는 우리의 삶과 영혼 안에 있는 진정한 문제를 해결할 수 있게 되었다.

트레버의 진정한 문제는 깊이 있는 관계를 맺지 못하는 것과 그릇된 성관계 때문에 영혼이 둘로 쪼개지는 듯한 상태에 봉착한 것이었다. 그는 진정한 사랑의 관계를 맺기보다는 단지 여성들을 성적으로 정복했다는 사실에서 삶의 활력과 존재감을 느꼈다. 그는 그런 대인관계 방식을 버리고 참된 관계를 맺어야 했다. 사랑에 근거해 관계를 맺고, 친밀함을 느껴 함께 있어주기를 바라는 사람에게 참된 사랑을 표현할 줄 알아야 했다. 그러나 그는 그렇게 할 만한 능력이 없었다. 따라서 사랑 없는 관계를 통해 자신의 존재감을 확인한 것이었다. 그 결과 그는 번번이 실수를 반복했고, 둘로 쪼개진 영혼의 상태는 더욱 악화되었다. 사랑과 무관한 성관계는 그에게 깊은 상처를 입혔다. 이것이 하나님이 사랑이 없는 성관계를 반대하시는 이유 가운데 하나다. [이 점에 대해 좀 더 자세히 알고 싶으면 『No!라고 말할 줄 아는 데이트』(*Boundaries In Dating*)를 참조하라.]

나는 그가 죄책감을 느끼기보다 이 문제를 고민해 주기를 바랐다. "그러므로 이제…결코 정죄함이 없다"(롬 6:1 참조). 그러나 그렇지 않은 경우가 많다. 신약 성경은 여러 곳에서 이 점을 가르친다. 죄책감은 잊고 문제를 해결하는 데 집중해야 한다. 그렇지 않으면 사망을 거두게 될 뿐이다.

"정죄함이 없다"는 성경 말씀은 로마서 6장 1절에 나온다. 우리의 죄책감은 완전히 제거되었지만 로마서 8장은 걱정해야 할 일이 아무것도 없다고 가르치지는 않는다. 사실 그 반대다. 로마서 8장은 우리가 살아가는 방식과 우리가 행하고 있는 일을 염려해야 한다고 가르친다. 왜냐하면 우리가 살아가는 방식에 따라 생명을 거둘 수도 있고 사망을 거둘 수도 있기 때문이다. 죄책감은 아무 상관이 없다. 진정한 문제는 죄가 우리에게 미치는 영향이다.

"그러므로 형제들아 우리가 빚진 자로되 육신에게 져서 육신대로 살 것이 아니니라 너희가 육신대로 살면 반드시 죽을 것이로되 영으로써 몸의 행실을 죽이면 살리니 무릇 하나님의 영으로 인도함을 받는 사람은 곧 하나님의 아들이라 너희는 다시 무서워하는 종의 영을 받지 아니하고 양자의 영을 받았으므로 우리가 아빠 아버지라고 부르짖느니라"(롬 8:12-15).

이처럼 성경은 하나님을 두려워하거나 죄책감을 느끼지 말고 영혼의 건강과 성장에 이르는 삶을 살아가라고 당부한다. 죄책감을 강조하는 사람들은 죄책감을 없애기를 원하지 않는다. 왜냐하면 사람들이 죄책감마저 느끼지 않으면 원하는 대로 무엇이든 할 것이라는 우려 때문이다.

그러나 성경의 가르침은 분명하다. 정죄는 없지만 죄를 심각하게 고민해야 할 필요는 있다. 바울은 온전한 받아들임을 전했지만 우리와 똑같은 문제에 부딪쳤다. 그는 "그런즉 어찌하리요 우리가 법 아래에 있지 아니하고 은혜 아래에 있으니 죄를 지으리요 그럴 수 없느니라"(롬 6:15)고 말했다. 그런 다음 죄의 심각성에 대해 논했다. 그것이 중요한 핵심이다. 죄책감은 아무 도움이 되지 않는다. 그러나 죄가 우리의 삶에 미치는 영향을 파악하는 것은 큰 도움이 된다. 이것이 우리가 트레버와 같은 사람을 도울 때 죄책감이 아니라 죄에 초점을 맞추는 이유다.

죄책감과 옛 목소리

"그녀에게 그런 말을 하다니 저는 참 비열해요."

조이스는 한 친구와 그녀의 결혼생활과 관련해 함께 나누었던 대화를 언급했다. 그녀의 친구는 남편이 십대 아들을 대하는 태도가 매우 못마땅한데도 자신의 생각을 당당히 주장하지 못했다. 그는 아들의 행동을 아예 무시하기도 했다가 갑자기 화를 내며 꾸짖기도 하는 등 원칙 없이 행동했다. 그 결과 문제는 더욱 악화되었다. 조이스는 친구가 뒷전에 물러앉아 남편이 아들에게 상처를 주는 것을 소극적으로 지켜만 보고 있는 것이 몹시 안타까웠다. 따라서 친구에게 너무 소극적으로 나가지 말라고 충고하며 만일 아무런 조처도 취하지 않으면 아들이 더욱 삐뚤어질 것이라고 말했다.

"그런데 왜 스스로 비열했다고 생각하지요? 사랑에서 우러나온 조언인데요. 아주 잘했어요. 저도 제가 아들에게 해야 할 일을 하지 못하고 있을 때 당신처럼 그렇게 말해 줄 수 있는 친구가 있었으면 참 좋겠어요. 그 애는 크게 잘못될 수도 있어요. 저 같으면 그 조언을 기꺼이 받아들이겠어요." 그룹의 회원 중 하나가 말했다.

"하지만 그녀의 심정을 잠시 헤아려보니 마음이 덜컥 내려앉았어요. 제가 그녀의 감정을 해쳤다는 생각이 들었어요."

"그녀가 정말로 상처를 받았던가요? 화를 내던가요?"

"아니요. 그녀는 아무렇지도 않았어요. 사실 그녀는 제 말이 옳다고 말했어요. 그러고는 무슨 말을 해야 할지 도와달라고 했어요. 그러나 저는 기분이 몹시 나빴고, 제가 비열하다는 느낌이 들었어요." 조이스는 말을 하면서 더욱 침울해지는 듯 보였다.

"누군가가 당신을 비난하고 있나봐요. 그러나 그녀도 아니고 우리도 아니에요. 물론 하나님은 더더구나 아니시지요. 그분은 우리에게 당신이 한 대로 하라고 말씀하세요. 그것은 사랑에서 우러나온 행동이었어요."

"누군가라니요? 누구를 말하는 것이지요?"

좋은 질문이었다. 조이스는 말을 하는 동안 반복되는 하나의 행동 양식을 이해하기 시작했다. 그녀는 누군가와 더불어 사랑으로 참된 것을 말할 때마다(엡 4:25 참조) 자신이 나쁘다는 감정을 느꼈다. 성경이 명령하는 것(즉 선한 일)을 실천에 옮길 때조차도 그랬다. 그녀의 정직한 태도는 과거의 관계 안에서는 선한 행위로 인정되지 않았다. 그녀의 어머니는 그녀가 잘못을 깨우쳐주어도 인정할 줄 몰랐다. 조이스가 무엇이든 잘못된 점을 지적하고 나서면 어머니는 조이스를 외면하는 것으로 징벌을 가했다. 그녀의 형제들도 비슷한 태도를 취했다. 조이스의 아버지는 그녀가 열 살 때 세상을 떠났다. 따라서 그녀는 어머니를 절실히 필요로 했다. 따라서 어머니가 못마땅해하는 눈치를 보이면 죄책감을 느끼고 곧 움츠러들었다.

우리가 앞서 말한 원리가 여기에도 똑같이 적용된다. 즉 전에 밖에 있었던 것이 지금은 안에 들어와 있다. 다시 말해 외적인 관계가 내면화 과정을 통해 양심의 일부가 되어("우리 마음속에 있는 목소리") 우리를 비난하고 단죄한다. 조이스는 그런 과거의 관계를 직시하고 그 부정적인 영향을 극복해야 했다. 현실을 파악하고 거기에 대한 감정을 처리해야 했다. 즉 상대방의 잘못을 적절히 꾸짖고, 용서하고, 안타깝게 여기고, 말끔히 털어내야 했다. 그런 다음 자신을 사랑할 뿐 아니라 진실을 말하는 용기를 칭찬하는 지지 그룹의 새로운 목소리를 내면화시켜야 했다. 그렇게 하고 나자 그녀는 사랑하는 사람들의 잘못을 깨우쳐주는 일을 할 때 더 이상 죄책감을 느끼지 않았다.

이것은 죄책감을 처리하는 가장 중요한 공식 중 하나다. 내면화된 옛 관계가 영혼 안에서 다시 고개를 쳐들고, 그런 감정이 처리되기 전까지는 과거에 관계를 맺은 사람들에 대한 감정이 마음속에 그대로 살아 있다. 조이스의 경험에서 알 수 있듯 죄책감은 대개 자신의 기질적 특성과 관련이 있다. 그녀는 진실을 말하는 것에 대해 죄책감을 느꼈다.

죄책감이 내면화될 소지가 있는 개인의 기질적 특성을 몇 가지 나열하면 다음과 같다.

- 욕구
- 약점

- 실패
- 분노
- 슬픔
- 성욕
- 재능
- 장점
- 정직
- 성공
- 단절
- 자율
- 독립
- 고통

중요한 관계 안에서 우리의 기질적 특성의 일부가 인정받지 못하거나 공격당하는 경우 우리는 일종의 비판을 받게 되고, 그로 인한 죄책감이 내면에서 영혼의 그 부분을 자극하게 된다. 예를 들어 부모가 자녀의 애정 욕구를 무시하면, 자녀의 그 부분에 일종의 징벌이 가해져 죄책감이 내면화되는 결과가 발생한다. 이것은 부분적으로 양심의 형성 과정에 영향을 미친다. 그런 경우 그 사람은 양심이 올바른 기능을 되찾기 전까지는 설혹 장점이라고 해도 그런 인격적 측면을 표현할 때마다 죄책감을 느끼게 된다. 따라서 하나님이 영혼의 회복을 위해 제공하시는 격려와 치유를 경험하려면 새롭게 안전한 관계를 맺을 수 있는 환경 안에서 자신을 표현하는 것이 필요하다. 새로운 양심은 새로운 관계 안에서 형성되고 발전한다. 여기서도 그리스도의 몸이 중요한 역할을 담당한다.

분노

앞서 죄책감의 유발 요인이 자아의 일부로 합체될 수 있다는 점을 살펴보았다. 분노는 그런 요인 가운데 하나다. 어떤 사람들은 분노를 느낄 때마다 동시에 죄책감을 느낀다. 그러나 분노의 경우에는 그 밖에 또 다른 문제가 있다.

분노란 항변과 투쟁의 감정이다. 하나님이 이 감정을 허락하신 이유는 어떤 것에 대항하게 하시기 위해서다. 우리는 분노의 감정을 불의와 불법과 악을 비롯해 온갖 그릇된 일에 맞서 싸우는 데 활용할 수 있다. 성경은 선한 것을 사랑하고 악한 것을 미워하라고 가르친다. 악한 것을 미워하는 것은 옳은 일이다(롬 12:9 참조). 분노는 선하고 가치 있는 것을 보호하는 데 필요한 감정이다.

그러나 때로 사람들은 분노를 표출하면 위험한 결과가 나타날 수 있는 상황에서는 자신에게 부당한 일이 가해져도 분노를 표현하지 않는다. 그런 경우는 정당한 분노를 부인하는 셈이 된다.

문제는 분노가 지향성을 지닌다는 점이다. 분노는 목표가 있다. 그것은 불의일 수도 있고 부당하게 행동하는 사람일 수도 있다. 그러나 아동 학대의 경우처럼 분노를 밖으로 표출할 수 없을 때는 그 분노가 스스로를 겨냥하게 된다. 학대당하는 어린아이는 '이런 일을 당하는 것을 보니 내가 나쁜 것이 틀림없어'라고 생각한다. 가해자에게 표출해야 할 분노를 자기 자신에게 돌리는 것이다. 자녀에게 상처를 안겨주는 부모의 경우처럼 억압적인 관계가 이루어질 때도 결과는 마찬가지다. 바울은 부모들에게 "너희 자녀를 노엽게 하지 말라"(엡 6:4)고 권고했다.

따라서 때로는 용서받았다는 느낌을 갖도록 돕는 것이 죄책감을 치유하는 데 아무런 도움이 되지 않을 때도 있다. 그런 분노를 해결하려면 그 분노를 올바른 대상을 향해 표출하도록 이끌어야 한다. 그래야만 죄책감이 해결된다. 왜냐하면 분노가 스스로 죄책감을 느끼게 하는 탓에 자신이 결코 나쁜 사람이 아닌데 마치 그런 것처럼 보이게 만들기 때문이다.

여기서 주목해야 할 점은 그릇된 진단이다. 분노를 올바로 해결하는 것이 문제인데도 단지 용서받았다고 믿게 만들려고 노력하는 조언자들 때문에 오랫동안 고통에 시달리는 사람들이 많다. (여기서 그리스도인은 죄책감을 느껴서는 안 된다는 사실을 다시 한 번 확인할 수 있다. 분노와 죄책감은 그 출처가 각기 다를지라도 근본 속성은 똑같다. 하나님은 신자에게 더 이상 분노하지 않으시기 때문에 신자는 죄책감을 느낄 필요가 없다. 하나님은 예수님의 속죄 사역을 통해 분노를 해결하셨다. 분노는 이제 없다. 따라서 죄책감도 없다.)

유아 심리

때로는 죄책감이 해결해야 할 문제가 아니라 유아 심리의 징후인 경우도 있다. 성경의 가르침대로 우리는 모두 다 형제다(마 23:8-9 참조). 그런데 성인이 되어서도 다른 성인과 감정적으로 동등한 관계를 맺지 못하면 또래들을 부모처럼 여기는 심리를 갖게 된다. 그런 사람은 자신이 다른 사람들보다 열등하다고 느끼고, 그들의 인정이나 판단에 의존한다. 그는 항상 사람들의 판단을 의식하기 때문에 항구적인 죄책감에 사로잡혀 살아간다. [이 점에 대해 좀 더 자세히 알고 싶으면 내가 저술한 『크리스천을 위한 마음코칭』(Changes That Heal), "성숙한 어른이 되는 법 배우기"를 참조하라.]

유아 심리를 지닌 사람은 죄책감의 원인이 다른 사람들을 아버지이신 하나님의 위치에 올려놓는 데 있다는 사실을 깨달아야 한다. 부모의 인정을 받아야 하는 자녀의 입장에서 벗어나 하나님의 양자로서 그분께 책임을 다하는 삶을 살아가야 한다(갈 4:1-5 참조). 그렇게 해야 다른 사람들에게 인정받지 못할 때 느끼게 되는 죄책감에서 벗어날 수 있다.

영적 성장을 위한 공동체는 유아 심리를 지닌 사람을 성인의 단계로 끌어올리는 교량 역할을 할 수 있다. 대개 사람은 사춘기 시절을 지나는 동안 또래 그룹을 통해 부모로부터 독립심을 기르고, 성인으로 자라는 과정을 거치게 된다. 유아 심리는 그 과정이 무엇인가에 의해 방해를 받았기 때문에 생겨난다. 대개는 지나치게 자녀를 통제하려고 드는 부모의 태도에 원인이 있다. 그런 사람은 미성숙한 성인의 단계에 머문다. 영적 공동체는 온전한 성인으로 성장하는 데 필요한 모험을 시작하기에 알맞은 안전한 환경을 제공한다.

자기 주장, 정직함, 이성과의 관계, 재능 계발, 자주적인 생각, 부모로부터의 독립 등과 같은 요소는 유아 심리를 극복하는 데 매우 중요한 역할을 한다. 성경이 지지하는 성장 단계와 영적 공동체는 그런 종류의 죄책감을 해결할 수 있는 가장 적합한 수단이다. (안타깝게도 영적 공동체는 성장으로 이끄는 발판으로서가 아니라 지나치게 통제를 일삼는 부모의 역할을 할 때가 많다. 공동체는 사람들이 자주적으로 생각하며 성장을 도모할 수 있도록 도와야 한다.)

다시 말하지만 여기서 말하고자 하는 요점은 문제가 항상 진정한 문제는 아니라는 사실이다. 즉 죄책감은 문제가 아니다. 죄책감은 정상적으로 성장하지 못한 사람에게서 발생하는 징후일 뿐이다. 진정한 문제는 성장이다. 죄책감에 초점을 맞추지 말고 성장을 독려하는 것이 공동체가 해야 할 역할이다.

고립

앞서 언급한 대로 죄책감은 신학적인 개념이다. 사람들은 흔히 이 점을 간과하는 경향이 있다. 죄책감이란 근본적으로 사랑에서 분리된 상태를 뜻한다. 요한은 이렇게 말했다.

> "사랑 안에 두려움이 없고 온전한 사랑이 두려움을 내쫓나니 두려움에는 형벌이 있음이라 두려워하는 자는 사랑 안에서 온전히 이루지 못하였느니라" (요일 4:18).

죄책감과 거기에서 비롯하는 두려움은 스스로를 나쁘게 생각하는 감정과는 아무 관계가 없다. 그것은 사랑으로부터 단절된 상태를 의미한다. 자신이 사랑받고 있다는 사실을 알면 스스로를 나쁘게 생각하고 두려워하는 마음에서 자유로워진다. 자신이 있는 그대로 받아들여지고 있고 안전한 환경에 속해 있다는 확신을 갖게 되면 스스로 안심하기 위해 좋은 기분을 느끼려고 애쓸 필요가 없다. 오직 사랑만이 그런 안전감을 가져다줄 수 있다. 사랑이 전부다. 성경의 가르침에 따르면 "나쁘다"의 반대는 "좋다"가 아니라 바로 사랑이다.

따라서 사람들이 스스로에 대해 나쁜 감정을 느끼는 경우 그 해결책은 스스로에 대해 좋은 감정을 느끼도록 하는 데 있지 않다. "자긍심"의 끝은 막다른 골목이다. 진정한 해결책은 사랑과 연결되어 있다고 느끼도록 돕는 데 있다. 자신이 받아들여져 진정한 관계를 맺고 있다고 느끼면 스스로에 대해 좋은 감정을 느끼려고 애써 노력할 필요가 없다. 왜냐하면 스스로에게 초점을 맞추는 상태에서 벗어나 사랑 안에 참여했기 때문이다. 아담과 하와는 사랑을 잃기 전에는 스스로의 좋고 나쁨에 아무 관심이 없었다. 나쁘다는 감정은 극복해야 할 문제가 아니다. 그것은 사랑과 단절된 데서 발생한 문제를 보여주는 징후일 따름이다. 나쁜 감정을 좋은 감정으로 바꾸려고 노력하는 함정에 걸려들지 않도록 조심하라. 그것은 해결책이 아니다. 사랑을 받는 것이 곧 해결책이다.

죄책감의 가장 파괴적인 원인 가운데 하나는 감정적, 정신적 고립이다. "고립된 자아는 나쁜 자아다"라는 격언을 잊지 말라. 사람은 외로움을 느끼는 순간 나쁜 감정을 갖게 된다. 해결책은 더 큰 자긍심이나 좋은 감정이 아니라 사랑에 있다.

이것이 복음이 우리를 더 나은 사람으로 만드는 것이 아니라 하나님과 다른 사람들과의 화해에 초점을 맞추는 이유다. 물론 화해를 이루면 우리는 더 나은 사람이 될 수 있다. 그러나 그것에 너무 집착할 필요는 없다. 선과 악을 아는 지식은 큰 문제가 아니다. 진정한 문제는 사랑이다.

사람들이 죄책감을 극복하도록 도울 때는 내적 소외감을 없애는 데 초점을 맞춰야 한다. 스스로에 대해 나쁜 감정을 느끼는 사람이 있거든 그의 마음에서 소외된 부분을 찾아 은혜와 사랑을 베풀고 관계를 맺도록 이끌어야 한다. 그렇게 하면 죄책감을 치유할 수 있다.

학대를 받은 사람들이 스스로를 나쁘다고 생각하는 이유가 여기에 있다. 학대는 다른 사람들과 신뢰하며 친밀한 관계를 맺는 것을 가로막는다. 소외감이 영혼을 장악하기 때문이다. 그 결과 실제로는 전혀 그렇지 않은데도 스스로를 나쁜 사람이라고 생각한다. 긍정적인 생각을 갖는 것은 중요하지만 그런 상태를 극복하기에는 역부족이다. 오직 사랑만이 극복하게 만들 수 있다. 어떤 종류의 죄책감이든 사랑과의 화해를 통해 해결될 수 있다.

좋은 소식

예수님은 세상을 심판하거나 정죄하기 위해 온 것이 아니라고 말씀하셨다(요 12:47 참조). 그런데 대체 무엇이 잘못되었기에 그분이 세우신 교회가 세상에서 가장 큰 죄책감을 불러일으키는 장소로 전락했단 말인가? 이것은 매우 중요한 문제다. 죄책감을 없애기 위해 세상에 오신 주님은 거듭 그런 잘못을 깨우쳐주고 계신다.

앞서 살펴본 대로 성경은 신자에게는 죄책감이 없다고 가르친다. 신자는 모든 정죄로부터 자유로운 상태이기 때문에 방향을 돌려 진정한 문제에 관심을 기울여야 한다.

자신의 죄책감이나 다른 사람의 죄책감을 극복하고자 할 때는 그것이 문제가 아닌 징후라는 사실을 잊지 말라. 죄책감은 사랑과 단절되었다는 징후에 지나지 않는다. 이 문제를 해결하는 방법은 사랑과의 화해다. 간단하지만 때로는 매우 어렵다. 그러나 바울의 말대로 "사랑은 언제까지나 떨어지지 않는다"(고전 13:8 참조).

성장하기 원하는 사람을 위한 조언

- 죄책감에 대한 자신의 생각을 살펴보고, 그것이 성경의 가르침에 일치하는지 확인하라. 머리로 믿는 것과 마음으로 경험하는 것이 제각기인가? 그렇다면 그 이유는 무엇인가?

- 죄책감의 원인이 하나님과 다른 사람들과의 사랑으로부터의 단절에 있다는 점을 기억하라. 어떤 일에 죄책감을 느껴왔고, 또 무엇이 그런 죄책감을 자극하는지 살펴보라.

- 그동안 배워온 가르침 가운데 그릇된 것이 있는지 살펴보라.

- 은혜와 단절된 원인이 무엇인지, 즉 다른 사람들과의 관계가 단절되었기 때문인지, 아니면 은혜가 주어졌는데도 받아들이지 못했기 때문인지 확인하라.

- 병리적인 죄책감의 원인이 삶 속에서 어떻게 영향을 미치고 있는지 살펴보라(즉 그릇된 기준, 연약한 양심, 엄격한 성장 배경, 양심의 이상화, 속된 슬픔과 경건한 슬픔, 교정의 태도, 참된 죄책감과 거짓 죄책감, 진정한 문제를 보지 못하는 것, 옛 목소리, 분노, 유아 심리, 고립 등).

- 자신이 경험하고 있는 사랑과의 관계 단절을 극복하고 필요한 치유의 힘을 얻으려면 하나님과 다른 사람들과 어떤 상황에서, 어떻게 관계를 맺어야 할지 생각해 보라.

성장을 돕는 사람을 위한 조언

- 기도하면서 죄책감을 어떤 신학적 개념으로 이해하고 있는지 생각해 보라. "정죄는 없다"고 확신하는지, 아니면 부지중에 율법을 가르치거나 전하고 있지는 않은지 확인하라.

- 사람들에게 하나님과 사랑과 다른 사람들과의 관계 단절, 즉 죄책감을 유발시키는 요인들을 극복할 수 있는 적절한 시간과 기회를 제공하라. 사람들이 자신의 이야기를 안심하고 고백할 수 있는 환경을 조성하고, 그런 고백과 안전감을 증대시킬 수 있는 활동을 계획하라.

- 성경처럼 "정죄는 없다"는 신학을 적극적으로 가르쳐라. 죄책감을 좋은 것으로 생각하는 견해를 버리고, 경건한 슬픔의 가치와 그 목표가 사랑에 있다는 사실을 깨우쳐주라.

- 사람들이 은혜를 받아들이지 못하고 회피할 경우에는 그들의 잘못을 일깨워주라.

- 사람들이 죄책감의 원인들(그릇된 기준, 연약한 양심, 엄격한 성장 배경, 양심의 이상화, 속된 슬픔과 경건한 슬픔, 교정의 태도, 참된 죄책감과 거짓 죄책감, 진정한 문제를 보지 못하는 것, 옛 목소리, 분노, 유아 심리, 고립 등)에 관해 서로 대화를 나누며 교훈을 얻고, 나아가 그것을 극복해 나갈 수 있는 환경과 프로그램을 마련하라.

- 사람들을 독려해 각자의 문제를 더욱 솔직히 고백하게 이끌수록 죄책감이 더 많이 극복될 수 있다는 점을 잊지 말라.

- 그룹 안에서 이루어지는 비판의 말들 때문에 은혜가 사람들의 마음에 영향을 미치지 못하거든 즉시 잘못을 깨우쳐주라.

"나는 심었고 아볼로는 물을 주었으되

오직 하나님께서 자라나게 하셨나니

그런즉 심는 이나 물 주는 이는 아무 것도 아니로되

오직 자라게 하시는 이는 하나님뿐이니라…

우리는 하나님의 동역자들이요

너희는 하나님의 밭이요 하나님의 집이니라"

_ 고전 3:6-9

4

HOW
PEOPLE
GROW

하나님의 경작 노트

10. 경작 매뉴얼 : 성경
11. 고통이 없으면 얻는 것도 없다 : 고난과 슬픔의 역할
12. 성장의 열매를 기대하라 : 의로운 사람으로 거듭나기
13. 가지를 쳐라 : 가지치기 훈련
14. 더 깊은 우물에서 물을 길어 올려라 : 영적 빈곤
15. 농부의 지시에 따르라 : 복종
16. 잡초를 제거하라 : 죄와 유혹의 문제
17. 현실을 직시하라 : 진리가 성장을 심화시키는 과정
18. 행동을 개시하라 : 활동의 중요성
19. 추수를 기다리라 : 성장의 시간

경작 매뉴얼 : 성경

"하나님의 말씀은 살아 있고 생명을 준다."

신학교에 다니던 때의 일이다. 어느 날 나는 내가 웨이터로 일하는 식당에 출근했다. 신디라는 이름의 젊은 여주인이 내게 인사말을 건넸다. 그녀와는 서로 잘 알지는 못했지만 친구처럼 지냈다. 그녀는 늘 상냥하고 쾌활했기 때문에 즐겁게 식당 일을 할 수 있었다.

신디는 서로 인사말을 주고받은 뒤 내게 물었다.

"하나님을 믿는 사람이지요, 그렇죠?"

"네, 맞습니다." 나는 내가 그리스도인이라는 사실을 그녀가 어떻게 알았는지 궁금했다. 아마도 누군가가 내가 신학교를 다닌다고 귀띔해 준 것 같았다.

"하나님에 관한 질문을 하나 해도 될까요?"

신학생을 즐겁게 해주고 싶다면 이 질문이 제격이다. 나는 마음속으로 쾌재를 불렀다. 비로소 삶의 의미를 모두 찾은 듯했다. 누군가가 내가 알고 있는 지식을 물어왔다. 마침내 그동안 갈고닦은 신학 공부를 자랑할 기회가 찾아왔다.

"얼마든지요." 나는 속으로 신디가 삼위일체의 본질이나 그리스도의 신성과 인성 등 최근에 내가 공부하고 있는 내용을 물을지도 모른다고 생각하고 얼른 그렇게 대답했다. 무엇을 묻든지 신디에게 성경의 진리를 자신 있게 가르쳐줄 준비가 되어 있었다.

"제 남자친구는 코카인을 많이 하면 저를 마구 두들겨 패요. 어떻게 해야 할까요?"

나는 기가 막혔다. 무슨 말을 해야 할지 몰랐다. 마음으로는 큰 상처를 받고 혼란스러워할 신디가 무척 가엾게 생각되었지만, 머리로는 그녀에게 도움이 될 만한 것이 떠오르기를 바라며 내가 알고 있는 모든 성경 구절과 원리를 부지런히 찾고 있었다.

결국 찾아낸 것은 하나님을 믿는 사람에게는 모든 것이 합력해 선을 이룬다는 로마서 8장 28절 말씀이었다. 신디는 내게 공손히 고맙다고 말했다. 그리고 일을 시작했다. 그러나 나는 내가 그녀에게 별로 도움이 되지 못했다는 사실을 알고 있었다. 아마 신디도 분명히 그렇게 생각하고 있었을 것이다.

그날 밤 자동차를 몰고 집에 가는데 '하나님의 섭리가 분명한데 뭔가 잘못되었어'라는 생각이 들었다. 곧이어 '하나님이 신디와 나를 같은 장소에서 일하게 하신 것이 분명해. 그녀가 자신이 처한 끔찍한 상황을 하나님이 도와주실지도 모른다고 생각하게 된 것도 그분의 섭리가 틀림없어. 또 내가 그녀를 도와 하나님과 그분의 나라를 구하도록 돕는 것도 그분의 뜻이야'라는 생각으로 이어졌다. 그러나 그날 저녁에는 아무런 일도 일어나지 않았다.

로마서 8장 28절 말씀이 사실이 아니라서 그런 것은 아니었다. 그 말씀은 사실이다. 그러나 내가 생각할 때 신디를 구체적으로 도와줄 수 있는 말씀은 아니었다.

물론 내가 신학원에서 배운 내용들이 잘못된 것도 아니었다. 나는 그곳에서 스스로 성경을 연구하고 이해하는 방법을 배웠다. 지금도 여전히 신학원에서의 훈련과 그곳에서 맺었던 사람들과의 관계를 매우 감사하게 생각한다. 신학원에 다니면서 내가 배웠던 것들은 오늘날 나의 삶과 사역의 밑거름이 되었다.

문제는 나에게 있었다. 좀 더 정확히 말해 성경이 사람들의 삶 속에서 역사하는 원리를 올바로 이해하지 못한 것이 문제였다. 나는 하나님의 말씀이 "살아 있고 활력이 있다"(히 4:12 참조)고 믿었다. 하나님의 말씀은 헛되이 돌아오지 않는다(사 55:11 참조). 나는 말씀의 능력을 의심하지 않았다. 따라서 성경 읽기, 성구 암송, 기도, 헌신, 순종 등 성경 연구에 필요한 모든 훈련을 실천에 옮겼다.

그러나 성경이 영적 성장 과정에 어떤 식으로 영향을 미치는지에 대해서는 이해가 충분하지 않았다. 헨리의 경우처럼 나 역시 신학을 배우며 그리스도 안에서 획득한 우리의 신분을 이해하고, 하나님이 우리를 사랑하시고 귀히 여기신다는 사실만 굳게 붙잡으면 어떤 문제라도 능히 극복해 승리하는 삶을 살아갈 수 있다고 생각했다.

그러나 신디는 대화를 마친 뒤에도 희망을 발견하지 못했다. 그 점을 생각하다 보니 나 역시 똑같은 딜레마에 빠져 있다는 생각이 들었다. 물론 하나님의 말씀은 내게 많은 희망과 안정감과 믿음을 심어주었다. 그러나 나는 여전히 여러 가지 문제와 실패로 인해 온전하고 깊은 변화를 체험하지 못하는 상태였다. 나도 똑같은 싸움을 하고 있었다. 잘못을 범하면 그 문제를 해결하려고 더 열심히 노력하고, 그러다가 또 잘못을 저지르고, 또 노력하는 과정을 연신 되풀이하면서 상황을 헤쳐 나가려고 애썼다.

그런 생각이 들자 나는 하나님께 도우심을 구했다. "하나님, 말씀의 치유 능력을 믿습니다. 그러나 제 자신이나 다른 사람들에게서 그 능력을 확인할 수가 없습니다. 제 눈을 열어주옵소서." 그렇게 기도하고 장기간의 성경 연구에 몰두했다. 이번에는 영적 성장에 관한 선입견을 모두 버리고 열린 마음으로 성경을 있는 그대로 바라보고 싶었다(행 17:11 참조).

성경을 연구하며 발견한 것과 헨리와 함께 서로 생각을 주고받은 내용이 이 책의 뼈대가 되었다. 나는 성경이 온전하다는 사실을 발견했다. 성경에는 영적 성장과 개인의 문제를 해결하는 방법에 관해 우리가 이해해야 할 원리가 모두 담겨 있다. 성경은 내가 신학원에서 배웠던 것과 똑같은 신학을 가르친다. 그러나 나는 그 신학을 새로운 관점(즉 하나님이 계획하신 영적 성장의 과정)에서 바라보게 되었다.

말씀의 능력

성경은 우리의 삶과 성장을 인도하는 정확무오한 하나님의 법칙이다. 40명이 넘는 저자가 1,500년에 걸쳐 기록했는데도 일관된 개념과 줄거리를 유지하고 있다. 하나님은 성장 과정을 이해하는 데 필요한 모든 지식을 성경에 계시하셨다. 성경은 글로 기록되었기 때문에 객관적으로 점검하고 그 뜻을 새길 수 있다. 성경은 안심하고 믿고 의지할 수 있는 생명의 책이다(시 119:138 참조).

성경은 권위를 지닌다. 역사 대대로 많은 학자들이 성경이 하나님의 말씀이라는 결론에 도달했다. 그동안 수많은 사람이 성경의 가르침을 통해 하나님의 놀라운 능력을 경험했다. 만일 성경이 하나님의 말씀이 아니라면 그런 일은 절대 없었을 것이다.

따라서 성경을 펼쳐 들고 말씀을 접하는 순간 놀라운 일이 일어나기 시작한다. 우리는 성경에서 온 우주의 하나님을 만날 수 있고, 세상과 우리를 바라보시는 그분의 관점을 이해할 수 있다. 성경 읽기는 하나님이 우리의 삶과 마음을 향해 말씀하시는 가장 중요한 수단 가운데 하나다. 원리와 진리를 배우는 것도 중요하지만 성경 읽기를 통해 개인적으로 하나님 앞에 나가는 것은 그보다 더 중요하다(시 119:27 참조).

최근에 친구 하나가 원치 않은 이혼으로 큰 고통을 겪었다. 나는 그녀에게 안부를 물었다.

"쉽지는 않았지만 이제 괜찮아."

"정말 괜찮아?"

"친구들의 도움이 컸어. 나와 진정으로 함께해 주었거든. 내가 경건하다고 자랑하는 말은 결코 아니지만 성경이 내게 너무나도 많은 도움을 주었어. 이혼의 아픔이 느껴질 때면 가만히 앉아 성경을 읽었어. 그때마다 하나님은 나를 돌아보셨어. 그분은 내게 많은 위로와 사랑을 베푸셨고, 잘못을 깨우쳐주셨고, 뭔가를 결정해야 할 때는 지혜를 허락해 주셨어. 몹시 고통스러운 시기였는데도 하나님이 더욱 가깝게 느껴졌어."

내 친구는 심리적으로 훌륭하고 성숙했을 뿐 아니라 어린아이처럼 하나님의 말씀을 굳게 의지했다.

성경은 하나님이 모든 성장의 근원이시라고 가르친다

성경은 우리의 삶에 필요한 모든 것이 우리 자신이 아니라 하나님께로부터 나온다고 말씀한다(행 17:28; 고전 4:7 참조). 이런 사실은 우리를 겸손하게 만들어 하나님을 의지하게 한다. 시편 119편을 읽어보라. 그러면 우리가 말씀, 궁극적으로는 하나님께 의존하고 있다는 사실을 알게 될 것이다. 시편 저자는 "나는 주의 것이오니 나를 구원하소서 내가 주의 법도들만을 찾았나이다"(시 119:94)라고 말했다.

성경을 통해 하나님이 모든 성장의 근원이시라는 사실을 깨달으면 모든 성장이 영적 성장이라는 사실을 아울러 이해할 수 있다. 성경 공부 그룹에서부터 관계를 다루고 우울증이나 중독에 빠진 사람을 돕는 이들에게 이르기까지 성장을 촉진하는 모든 것은 궁극적으로 하나님에게서 나온다.

성경을 의식적으로 신뢰하면 성장 과정이 더욱 성공적으로 진행되지만, 그렇지 않더라도 성장은 이루어질 수 있다. 다시 말해 어떤 그룹이 의도적으로 성경의 원리에 근거하지 않아도 그 그룹에 참여한 사람은 자신도 모르는 사이에 성경의 원리를 실천에 옮길 수 있다. 그룹 회원들끼리 서로를 신뢰하면 약점과 아픔을 공유할 수 있다. 그러면 그들은 더욱 마음이 안정되어 공허하고 고립된 상태에서 차츰 벗어날 수 있다. 그룹은 그 사실을 알지 못하지만 실제로는 고백이라는 성경의 원리를 적용하고 있는 셈이다(약 5:16 참조). 고백이란 다른 사람들의 사랑 앞에 자신의 영혼을 솔직히 열어놓는 것을 의미한다. 성경의 성장 원리는 참으로 놀랍고 강력하고 신령하다. 그룹이 자신들이 하고 있는 일이 성경의 원리에서 나온 것이라는 사실을 이해한다면 훨씬 더 좋은 결과가 나타날 것이다. 다시 말해 성장 과정을 설계하신 하나님의 뜻에 복종하게 될 것이다.

이와는 대조적으로 기독교 일각에서는 성경을 충분히 잘 알기만 하면 저절로 영적 성장이 이루어질 것이라는 가르침이 통하고 있다. 그들은 종종 상담을 이단적인 행위로 간주하고, 문제를 안고 있는 사람들에게 "성경을 열심히 배우라"고 말한다.

그러나 이상하게도 그들은 가르치는 대로 실천하지 않는다. 다시 말해 그들은 문제를 안고 있는 사람들에게 성경을 더 공부하라는 권고와 함께 곧장 집으로 돌려보내지 않고, 그들의 말을 듣고 위로하고 동정하는 등 상처를 감싸줄 수 있는 관계의 지원을 아끼지 않는다. 그들은 인내심을 가지고 상처받은 사람들과 함께 시간을 보내면서 옳고 그름의 원리나 결정을 내리는 방법과 같이 삶을 인도해 줄 수 있는 지침을 제시할 뿐 아니라 가해자를 용서할 수 있도록 도와주고 함께 기도를 드린다. 성경은 바로 그런 일들이 사람들의 성장을 돕는다고 가르친다. 그러나 정작 강단에서는 "필요한 것은 오직 성경뿐이다"라고 외친다. 설교와 실천이 따로따로다. 참으로 재미있는 모순이 아닐 수 없다.

성경은 성장의 길을 규정한다

성경은 영적 성장을 추구하는 과정을 명확히 제시한다. 성경은 성화

(구별된 삶을 통해 점차 하나님이 사용하시기에 합당한 도구가 되어가는 것, 롬 6:19 참조), 변화(마음과 삶이 새로워지는 것, 롬 12:2 참조), 성장(영적으로 성숙한 상태에 이르는 것, 벧전 2:2 참조) 등 여러 가지 방법으로 성장 과정을 제시한다. 공통된 핵심은 우리가 본래 창조되었던 상태로 점차 회복되어 간다는 데 있다(고후 3:18 참조).

성장의 요소: 성경은 성장하려면 하나님과 다른 사람들과의 관계(전 4:9-12 참조)와 진실함(엡 4:15 참조)과 시간(막 4:26-29 참조)이 필요하다고 가르친다. 어떤 사람이 영적으로나 인격적으로 성장할 때는 이런 요소들이 작용하고 있는 것을 알 수 있다.

과제: 아울러 성경은 성장에 필요한 과제를 명시한다. 성경의 원리를 적용해 본 사람은 영적 성장이 "모든 것을 하나님께 일임하라"는 원리에 근거하지 않는다고 말할 것이 분명하다. 영적 성장은 매우 힘들고 고통스런 과정이다. 그러나 항상 그런 노력을 기울일 만한 가치가 충분하다. 왜냐하면 "그[징계]로 말미암아 연단받은 자들은 의와 평강의 열매를"(히 12:11) 맺을 수 있기 때문이다.

성장하기 원하는 사람들이 실천해야 할 과제를 몇 가지 제시하면 다음과 같다.

- 하나님께 대한 순종과 복종(롬 12:1 참조): 이는 삶이 이래야 한다 저래야 한다는 우리 자신의 생각을 버리고 삶을 하나님께 드리며 그분

의 길을 따르는 것을 의미한다.
- 모든 필요를 하나님께 의지하는 태도(잠 3:5-6 참조): 우리는 성장에 필요한 모든 것의 근원이신 하나님께 항상 나아가야 한다.
- 책임감과 주체의식(눅 9:23 참조): 하나님이 우리에게 요구하시는 과제와 의무를 감당해야 한다.
- 용서(마 6:12-15 참조): 하나님과 다른 사람들에게 용서를 구하고, 동시에 우리에게 상처를 준 사람들을 용서해야 한다.

성경 읽기와 기도라는 전통적인 영적 훈련 외에도 이와 같은 과제를 감당하는 것이 필요하다.

성장의 원천: 마지막으로 성경은 성장 과정을 돕는 요소들을 제공한다. 앞서 말한 대로 하나님은 우리에게 필요한 모든 것의 근원이시다. 그러나 우리는 다른 곳에서도 성장을 돕는 요소들을 발견할 수 있다. 예를 들어 하나님은 우리에게 생명을 유지하게 하는 양식(창 1:29 참조)과 성취감을 주는 노동(창 1:28 참조)과 주님의 솜씨를 찬양할 수 있는 자연(시 33:6 참조)을 허락하셨다. 성장하는 사람들은 대개 자연을 보며 하나님과 더욱 가까워지는 느낌을 받는다.

이 밖에도 성장을 돕는 또 하나의 요소는 사람들이다. 성경은 하나님은 물론 다른 사람들과 깊은 관계를 맺지 않는 사람은 온전한 신자가 아니라고 가르친다(7장을 참조하라). 우리는 서로에게 하나님의 은혜를 충실히 전할 의무가 있다(벧전 4:10 참조). 사람들은 성장에 필요한 하나님의 은혜를 전달하는 통로다.

성경은 사람들의 성장을 돕는다

성경은 그 자체로 성장을 돕는 중요한 요소다. 성경은 성장에 관한 가르침을 전하는 것에 머물지 않고 성장에 능동적으로 참여한다. 그러면 성경은 어떤 식으로 성장에 직접 영향을 미칠까?

디모데후서 3장 15-16절을 보면 성경이 스스로에 대해 증언하는 내용을 발견할 수 있다.

"모든 성경은 하나님의 감동으로 된 것으로 교훈과 책망과 바르게 함과 의로 교육하기에 유익하니 이는 하나님의 사람으로 온전하게 하며 모든 선한 일을 행할 능력을 갖추게 하려 함이라"(딤후 3:15-16).

1. 교훈

성경의 가르침은 하나님의 길과 그분과 우리의 관계를 이해하도록 돕는다. 성경은 하나님을 아는 지식을 제공한다. 성경은 우리가 어떻게 하나님을 사랑해야 하고, 또 삶을 어떻게 이끌어가야 할지를 알려준다. 성경은 하나님과 인간에 관한 교리와 원리, 이를테면 성령, 인간의 본질, 죄, 구원과 같은 진리를 가르친다. 이 밖에도 관계와 가치 및 성장 과정과 관련된 여러 가지 현실을 일깨워준다. 이런 가르침은 영적 생활을 전체적으로 조망할 수 있는 안목을 열어준다. 성경은 하나님의 방식으로 살아갈 수 있는 마음을 갖게 한다. 체계를 갖춰 성경을 규칙적으로 연구하면 이런 진리를 이해하는 데 큰 도움이 된다.

예를 들어 성장을 돕는 지도자의 경우에는 에베소서를 체계적으로 연구하는 것이 좋다. 왜냐하면 에베소서는 관계에 관해 많은 것을 가르치기 때문이다. 또 하나님이 멀리 계신 것처럼 느끼는 사람들은 골로새서에 나오는 그리스도의 본성, 특히 그분의 성육신에 관한 진리를 배우면 그분과 일체감을 느낄 수 있다.

2. 책망

그러나 성장하려면 교훈 이상의 것이 필요하다. 우리는 타락과 반역을 일삼는 자기 중심적인 상태에 있으면서도 문제를 부인하려 든다. 교훈이 아무리 많아도 우리의 이런 성향을 치유하기에는 역부족이다. 우리의 허물을 깨우쳐줄 책망(또는 견책)이 필요하다. 부모가 자녀의 잘못을 꾸짖어 깨우쳐주어야 하듯 우리도 우리의 잘못에 대해 책망을 받아야 한다.

성경에는 이러한 목적에 이바지하는 구절들이 많다. 그런 구절들은 지식이나 위로를 제공하기보다 훈계와 권고의 성격을 띠며, 우리의 관심을 사로잡아 문제를 직시하게 만든다. 예를 들어 성경은 다른 사람들에 대한 사랑과 배려를 도외시하는 우리의 성향을 책망한다(고후 6:11-13 참조). 예수님은 스스로를 의롭게 여기는 태도와 교만을 책망하셨다(눅 18:10-14 참조).

사실 하나님은 본래는 책망과 상관없는 말씀일지라도 우리에게 필요하다 싶으시면 성경에 기록된 아무 말씀으로나 우리를 책망하신다. 이는 성령의 내적 조명에 해당한다(요 16:12-15, 6장을 참조하라.) 성경은 특정한 성경 구절을 통해 우리의 삶에서 특별히 관심을 기울여야 할 문제를 깨닫게 하고, 잘못을 뉘우치고 삶의 방향을 바꿀 수 있도록 도와준다. 낯익은 성경 구절이 갑자기 떠올라 자신의 행위를 책망하는 경험을 해본 사람들이 많다.

내 경우에도 의식적으로 하나님께 도우심과 능력을 구하지 않고 그분의 뜻을 헤아리지 않은 상태로 종교적인 활동에만 치중했던 시기가 있었다. 나는 그저 자기 만족에 젖어 행동했다. 그러던 어느 날 요한복음 5장 19절을 읽게 되었다.

"그러므로 예수께서 그들에게 이르시되 내가 진실로 진실로 너희에게 이르노니 아들이 아버지께서 하시는 일을 보지 않고는 아무것도 스스로 할 수 없나니 아버지께서 행하시는 그것을 아들도 그와 같이 행하느니라"(요 5:19).

전에도 읽어본 말씀이었지만 예수님이 하나님을 깊이 의지하신 것에 비해 나는 독자적으로 행동하고 있다는 생각이 불현듯 떠올랐다. 그 말씀은 하나님을 멀리했던 나를 책망했고, 그 덕분에 나는 삶의 태도를 고칠 수 있었다.

그러나 성경을 책망의 목적으로 사용할 때는 주의해야 할 점이 있다. 어떤 사람들은 하나님의 계명을 강조해 사람들을 율법에 더욱 속박하게 만드는 "성경주의자들"에게 심한 상처를 받는다. 전에 나를 가르쳤던 신학원 교수는 "율법을 가르치는 일은 그다지 힘들지 않지만 은혜를 가르치는 일은 힘이 많이 든다"고 말했다. 말씀으로 누군가를 권고할 때는 기도하면서 부드럽게, 곧 정확한 때에 정확한 양만큼만 활용해야 한다. 물론 때로는 호된 책망이 필요할 때도 있다. 나는 불안감 때문에 다른 사람을 책망하기를 두려워하다가 성장 과정이 잘못된 방향으로 치우치는 것을 많이 목격했다.

3. 바르게 함

"바르게 함"으로 번역된 헬라어는 "똑바르게 하다"라는 뜻이다. 이는 누군가의 잘못을 바로잡아주는 것을 의미한다. 여기에는 반드시 죄나 불순종 때문에 생기는 잘못만이 아니라 무지와 부주의 때문에 생기는 실수도 아울러 포함된다.

성경은 책망의 경우처럼 훈계의 말씀이나 성령의 사역을 통해 우리의 길을 바르게 해준다. 훈계의 뜻이 담긴 성경 구절을 예로 들면 고린도전서 5장 12-13절이다. 바울은 신자가 불신자를 판단해야 한다는 잘못된 생각을 바로잡아주는 한편, 교회 안에서는 더욱 엄격한 기준이 적용되어야 한다고 가르쳤다. 우리의 눈을 열어주고, 잘못을 바로잡아주는 성경 구절은 이 외에도 많다.

일전에 어떤 그룹에서 하나님의 뜻에 복종하고 그분께 온전히 헌신하기를 간절히 원했던 사람을 만났다. 그런데 그는 잘못된 습관 때문에 하나님을 온전히 섬기지 못했다. 그 가운데 하나는 포르노그래피 중독이었다. 그는 고백, 기도, 책임 있는 관계, 정욕에 관한 성경의 가르침 등 다양한 노력을 통해 중독에서 벗어나려고 노력했다. 그런 노력은 상당한 도움이 되었지만 죄는 잠시 주춤했을 뿐 완전히 근절되지 않았다. 그는 낙심했다.

어느 날 저녁 그의 문제를 논의하던 중 "장성한 사람이 되어서는 어린아이의 일을 버렸노라"(고전 13:11)는 말씀이 떠올랐다. 나는 그 말씀을 들려주며 그의 삶에 적용할 수 있는 방법을 설명했다.

"형제는 말 앞에 마차를 매달고 있는 상태라고 할 수 있습니다. 다시 말해 중독에서 벗어나는 데만 관심을 기울이느라 다른 사람들의 사랑과 도움을 받아들이는 능력을 잃고 말았습니다. 이것이 형제가 하나님이 원하시는 사람이 되지 못하는 이유입니다. 형제는 그런 능력이 부족하고, 또 덜 성숙한 상태입니다. 지금 하고 있는 노력을 계속 유지하는 것도 좋지만 하나님과 다른 사람들이 베푸는 은혜를 선뜻 받아들이지 못하는 심리 상태에서 벗어나려는 노력이 필요한 것 같습니다. 일단 그런 노력을 기울여본 뒤 결과를 지켜봅시다."

내 말뜻을 즉시 이해한 그는 자신의 무기력함을 솔직하게 드러내려고 노력했다. 예를 들어 외로움을 느낄 때나 직장에서 스트레스를 받을 때 성적인 행동을 통해 위안을 찾기보다 친구들에게 전화를 걸어 사랑과 도움을 요청했다. 시간이 지나면서 그의 그릇된 욕정은 완전히 자취를 감추었다. 그는 지금도 고린도전서의 말씀이 자신을 변화시킨 전환점이라고 말한다. 그는 그 말씀을 통해 진정한 성장은 없고 단지 죄만 중단하려고 노력했던 잘못을 깨달았다.

4. 의로 교육함

"의롭다"는 문자 그대로 번역하면 "똑바르다"를 뜻한다. 이 용어를 성장에 적용하면 경건하고 성숙하고 정직한 사람이 되어가는 과정을 가리킨다. 성경은 그 과정에서 우리를 훈련한다. 우리는 성경을 통해 악을 버리고 선을 행하는 법을 배운다(시 34:14 참조). 또한 성경은 지혜롭고 현명한 판단을 내리도록 돕는다(잠 2:2 참조). 성경은 우리를 더욱 깊고 성숙하게 이끈다(히 6:1-2 참조).

나는 이 장을 쓰면서 나의 두 아들 리키(11살)와 베니(9살)에게 "성경이 없었다면 우리에게 어떤 일이 일어났을 것 같니?"라고 물었다. 아이들은 "무엇이 옳고 그른지 알지 못했을 거예요"라고 대답했다. 이 말은 의로 교육하기에 유익한 성경의 기능을 잘 요약해 주고 있다.

성경의 기능은 이미 언급한 네 가지 외에도 많다.

위로와 능력: 영적으로 성장하려면 격려와 지원이 필요하다. 우리가 감당해야 할 것을 감당하려면 외부로부터 오는 사랑과 위로를 받아들여야 한다. 살다 보면 두렵더라도 용기 있게 진실을 말하는 법을 배워야 할 때도 있고, 가슴 아픈 일이나 불행을 당해 마음에 깊은 상처를 받을 때도 있다. 어떤 이유가 되었든 위로가 없으면 고통과 시련을 극복하기 어렵다.

고금을 막론하고 수많은 사람이 막다른 골목에 부딪친 상황에서도 성경의 위로 덕분에 끝까지 인내할 수 있었다. 시편 저자는 "여호와여 주의 옛 규례들을 내가 기억하고 스스로 위로하였나이다"(시 119:52)라고 말했다. 하나님은 기도할 때 힘을 주시고, 친구들은 사랑과 이해로 우리의 아픔을 감싸준다. 마찬가지로 성경도 우리에게 새로운 위로와 힘을 준다.

성장을 추구하는 동료 신자들과의 일체감: 성경이 영적 성장에 기여하는 독특한 측면 가운데 하나는 믿음으로 살았던 옛 신자들의 이야기를 전하고 있다는 것이다. 아브라함, 사라, 모세, 룻, 다윗, 마리아, 베드로, 바울의 이야기는 그 가운데 몇 가지 사례에 불과하다. 그들의 이야기는 우리도 그들처럼 시련과 죄와 승리의 과정을 거치고 있다는 사실을 알려준다. 나의 성장을 독려한 가장 중요한 요인 가운데 하나는 다윗의 생애를 통해 그가 온갖 시련과 죄를 겪었다는 사실을 발견한 것이었다. 그렇지만 성경은 그를 하나님의 마음에 맞는 사람으로 묘사한다(삼상 13:14 참조).

성경 위인들의 인격적 결함을 간과하고 그들을 이상화시키지 않도록 조심하라. 그런 경우에는 그들의 이야기가 성경에 기록된 가장 중요한 이유 가운데 하나를 놓칠 수밖에 없다. 즉 하나님은 완전한 사람이 아니라 불완전한 사람을 성장으로 이끄신다. 이런 사실은 그들의 이야기를 읽는 우리에게 큰 희망이 아닐 수 없다. 바울은 "무엇이든지 전에 기록된 바는 우리의 교훈을 위하여 기록된 것이니 우리로 하여금 인내로 또는 성경의 위로로 소망을 가지게 함이니라"(롬 15:4)고 말했다.

영적 싸움: 성경은 영적 싸움을 위한 중요한 수단이다. 예수님은 마귀의 유혹에 직면했을 때 성경을 의지하셨다(마 4:1-11 참조). 또한 하나님의 전신갑주 가운데 공격용 무기는 말씀 한 가지뿐이다. 말씀은 "마귀의 간계를 능히 대적"(엡 6:11)하게 해준다. 사탄의 권세는 진리와 빛이 없는 곳에서 더욱 강해진다. 성경이 진리와 빛을 우리의 삶과 마음에 비추면 마귀의 공격은 그만큼 무기력해질 수밖에 없다.

나는 어둠의 세력이 역사하는 듯한 상황을 경험해 본 적이 있다. 그때마다 성경 말씀을 인용하면 어둠의 세력이 약화되거나 자취를 감추었다.

성경과 성경의 하나님

성경은 우리를 하나님께로 인도한다. 그런데 정작 하나님은 도외시한 채 성경의 복잡하고 어려운 진리를 배우는 것에만 흥미를 느끼는 사람들이 있다. 그들은 성경의 목적이 하나님을 추구하게 하는 데 있다는 사실을 까맣게 잊어버린다. 이런 태도를 전문 용어로 "성경 숭배"라고 일컫는다. 성경 숭배란 성경을 우상화하는 행위를 말한다. 이는 예수님과의 인격적인 관계를 무시하고 교리나 성경 공부만을 강조하는 사람들 사이에서 흔히 발생하는 잘못이다. 예수님은 성경이 자신에 대해 증거하고 있다고 말씀하셨다(요 5:39 참조).

전에 한 설교자는 성경 숭배를 레스토랑에 들어가 메뉴를 훑어보는 사람에 빗대었다. 그는 메뉴가 너무 좋다고 외치면서 거기에 소금과 후추를 뿌린 뒤 먹기 시작했다. 그와 마찬가지로 성경 숭배도 신비의 하나님과 관계를 맺기보다 어려운 신학 문제를 흑백 논리로 종결짓거나 관계 추구와 같이 인격과 관련된 문제를 단지 지성적인 차원에서 생각하도록 유도한다. 물론 우리는 성경을 부지런히 연구해야 한다. 그러나 성경은 우리의 지적 호기심을 만족시키기 위해 기록되지 않았다. 성경이 기록된 목적은 하나님과 생명과 성장에 이르는 길을 알려주기 위해서다. 우리는 항상 이를 목적으로 삼고, 하나님께 날마다 말씀을 통해 우리에게 생명을 허락해 주시기를 기도해야 한다.

성경과 심리학

상담학은 물론 다른 기독교 학술 분야와 제자 훈련 현장에서도 성경과 심리학의 관계에 관해 많은 논의가 이루어지고 있다. 사람들은 이 두 학문이 삶의 서로 다른 두 가지 영역(영적인 영역과 감정적인 영역)을 다루는지 아니면 서로 유사한 학문인지, 또는 둘 중에 하나는 필요하지 않고 하나만 가지고서도 사람들의 성장을 도울 수 있는지를 묻는다.

지금까지 많은 책과 논문과 설교가 이 문제를 다루었다. 여기서 그런 논의를 모두 다루기에는 지면이 부족하다. 그러나 사실 이 책 자체가 그런 문제에 대한 우리의 답변이다. 우리의 입장은 성경이 사람들의 성장에 필요한 모든 것을 가르친다는 것이다. 영적 성장을 추구하고, 하나님과 다른 사람들과 관계를 맺고, 성숙한 신앙 인격을 발전시키고, 개인적인 문제를 처리하는 데 필요한 모든 원리와 진리가 성경에 제시되어 있다. 하나님의 성장 사역은 20세기에 비로소 시작되지 않았다. 그분은 인간을 창조하신 직후부터 사람들을 인도하시고 치유하시고 성장시켜오셨다. 이것이 우리가 종교, 감정, 관계, 행동의 차원과 상관없이 모든 성장을 영적 성장으로 생각하는 이유다. 우리는 심리학과 성경을 서로 마구 섞어도 되는 동등한 영역으로 생각하지 않는다. 심리학은 항상 성경에 복종한다.

그러나 성장의 모든 과정이 성경에 있고, 성경이 영적 성장의 온전한 지침서라고 해도 심리학은 그 보조 역할을 할 수 있고, 또 그래야 한다. 올바른 연구와 이론은 성경의 진리를 예시하고 지지한다. 행동과학을 연구하는 사람은 사람들을 관찰해 그들의 동기가 무엇이고, 문제가 어떻게 발생했고, 그것들을 해결하는 방법이 무엇인지를 탐구한다. 그들의 이론은 성경에 직접 근거하지는 않지만 성경에 명시된 규칙에 따라 행동하는 사람들을 관찰해서 얻어진 것이다. 예를 들어 성경은 우리가 서로를 필요로 한다고 가르친다. 인간은 홀로 고립된 상태에서는 삶의 진정한 행복을 누릴 수 없다.

> "여호와 하나님이 이르시되 사람이 혼자 사는 것이 좋지 아니하니 내가 그를 위하여 돕는 배필을 지으리라"(창 2:18).

심리학자들도 그와 똑같은 결론에 도달했다. 그들은 깊고 건전한 관계를 맺지 못하는 사람은 감정이나 육체의 건강을 해칠 가능성이 높다고 말한다.

건전한 심리학 연구와 이론은 사람들의 문제를 다루는 데 크게 유익하다. 그러나 그것들은 사실상 성경에 기록되어 있는 성장과 치유의 원리를 설명하고 지지하는 역할을 할 뿐이다. 우리의 연구도 이런 관점에서 시작되었다. 우리는 이를 토대로 성경적 상담을 시도하고, 글을 쓰고, 가르친다.

성경에 대한 무지

그러나 한 가지 걱정스러운 문제가 있다. 영적, 감정적 성장을 위해 도움을 필요로 하는 그리스도인들 가운데는 성경을 잘 모르는 사람들이 많다. 그들은 성경이 사실이고 강력한 능력을 지니고 있다고 믿지만 교리, 핵심 구절, 성경 각 권의 주제, 성경을 읽고 연구하는 방법에 관해 무지하다. 성경에 대한 무지가 문제 되는 이유는 성경이 하나님의 성장 과정에서 핵심 역할을 하기 때문이다.

이 문제는 크게 두 가지 각도에서 나타난다. 첫째, 보수주의 배경을 지닌 사람들은 성경을 많이 가르치기는 해도 별로 큰 도움이 되지 않는다. 그들은 성경을 공부할 때 깊은 죄책감을 느끼거나, 율법주의에 치우치거나, 판단을 일삼는 잘못을 저지른다. 성경은 그들을 치유할 목적으로 기록되었지만 그릇된 가르침 때문에 오히려 많은 사람이 상처를 받는다. 그러다가 나중에는 성경과 관계없는 성장 이론이나 상담을 제공하는 곳에서 도움을 받고 치유를 경험한다. 그들은 결국 딜레마에 직면한다. 다시 말해 성경을 붙잡고 건강하지 못하게 살든지, 아니면 성경을 버리고 성장하든지 둘 중에 하나를 선택해야 할 처지가 된다. 불행히도 어떤 사람들은 그동안 배워온 성경을 포기하는 바람에 하나님과 관계를 맺지도 못하고, 말씀을 통한 성장을 경험하지도 못한다. [우리는 이런 슬픈 딜레마를 우리의 책 『당신을 미치게 하는 열두 가지 잘못된 믿음』(*12 Christian Beliefs That Can Drive You Crazy*)에서 자세히 설명했다.]

둘째, 어떤 사람들은 성경을 심도 있게 배우지 못하는 관계로 성장이나 도움이 필요한 상황에 직면했을 때 성경의 가르침을 실생활과 적절히 연관시키는 법을 알지 못한다. 그들은 교회에 출석해 강단에서 전하는 설교를 듣지만 지지 그룹이나 목회 상담을 통해서는 성경의 가르침을 많이 접하지 못한다. 또한 주일 예배를 통해 성경의 기본 진리를 배우지만 그것을 영적 성장 과정에 접목하지 못한다. 물론 앞의 경우처럼 상처를 받지는 않는다. 그들의 문제는 성경에 대한 깊은 지식이 없다는 데 있다.

어느 경우가 되었든 우리는 스스로의 성장이나 다른 사람들의 성장을 돕는 일에 관심을 기울이는 사람 모두를 독려해 성경과 그 가르침을 깊이 탐구하도록 이끌어야 한다. 성경 공부에 시간을 할애한 사람들 가운데는 그런 단순한 노력을 통해 마음에서부터 이루어지는 참된 변화를 경험하고 삶이 새로워진 이들이 많다. 그들은 "모든 선한 일을 행할 능력을"(딤후 3:17) 갖춘 사람으로 거듭났다.

성경을 공부하는 방법

성경을 공부하는 방법은 다양하다. 다음에 나열한 방법들은 제각기 독특한 장점을 지닌다. 이것은 몇 가지 중요한 방법을 간추린 것이다. 이 외에도 각자 성경을 더 깊이 연구할 수 있는 방법을 찾아보기 바란다.

듣기: 교회의 예배나 설교 테이프, 또는 인터넷이나 대중매체를 통해 성경의 메시지를 들어라. 메시지를 전달하는 사람이 신학적으로 평판이 좋고 건전한지 확인하라. 성숙한 신자들에게 신뢰할 수 있는 성경 교사를 추천해 달라고 부탁하라.

읽기: 읽기는 성경에 다가갈 수 있는 가장 단순하고 직접적인 방법이다. 일평생 매일 성경을 읽어나갈 수 있는 계획을 세워라. 내가 아는 사업가 친구 하나는 지난해 처음으로 성경을 통독했다. 그 후 그의 삶은 놀랍게 변화되었다. 그는 자신의 결혼생활을 영적 차원의 문제로 생각하기 시작해 아내에게 마음을 열고 더 가까이 다가갔다. 왜냐하면 그것

이 단지 아내에게만이 아니라 하나님께 더 가까이 다가가는 방법이라는 사실을 이해했기 때문이다.

큐티: "경건의 시간"으로 일컫기도 한다. 큐티란 하루 중 일정한 시간을 할애해 모든 활동을 중단한 채 성경을 읽고 자신의 삶과 관련해 그 의미를 되새기는 활동을 가리킨다. 읽은 말씀을 생각하며 기도하고, 자신의 성장과 사랑하는 사람들을 위해 기도하라. 큐티 시간에 신앙 일지를 기록해 유익을 얻는 이들이 많다. 그들은 자신의 깨달음, 반응, 감정, 경험, 문제, 의문점 등을 일지에 기록한다.

연구: 특정한 주제를 세밀하게 논의하는 성경 연구는 성경을 좀 더 깊이 이해할 수 있게 도와준다. 성경 연구는 크게 각 권 연구와 주제 연구로 나뉜다.

첫째 방법은 성경 각 권의 주제와 문맥과 그 안에서 다루어지는 문제와 적용 방법을 이해하는 데 유익하다.

둘째 방법은 관계, 경건, 자녀 양육, 그리스도의 인격, 미래 사건 등과 같은 주제를 중심으로 성경의 여러 대목과 구절을 연구하는 것이다. 당장 활용할 수 있는 교훈을 쉽게 정리한 체계적인 성경 연구 자료가 많다. 어떤 사람들은 그런 자료에 의존하지 않고 스스로 성경을 연구한다. 또 혼자서 성경을 연구하는 것을 좋아하는 사람들도 있고, 그룹으로 함께하는 것을 좋아하는 사람들도 있다. 어떤 경우가 되었든 규칙적으로 사람들과 관계를 맺고, 성경을 인격적 차원에서 깊이 연구하는 노력이 필요하다.

묵상: 이 영적 훈련은 성경의 일부 내용, 즉 한 구절이나 한 대목을 깊이 생각하고 되새기는 활동을 가리킨다. 서로 다른 번역 성경을 대조하며 말씀을 여러 번 읽고, 그 의미를 생각하며 기도하라. 말씀이 가르치는 교훈을 가능한 한 모두 찾아내고, 하나님이 그 말씀을 통해 자신을 드러내시도록 기도하라.

암기: 성경 구절을 암기하는 것은 매우 유익하다. 왜냐하면 하나님이 필요한 순간에 머릿속에 저장된 성경 말씀 가운데 적절한 내용을 떠오르게 하실 수 있기 때문이다. 시편 저자는 "내가 주께 범죄하지 아니하려 하여 주의 말씀을 내 마음에 두었나이다"(시 119:11)라고 말했다. 예수님은 암기하고 계셨던 성경 말씀을 인용해 마귀를 물리치셨다(마 4:1-11 참조).

성경 교육: 많은 신학교와 성경 학교와 교회가 성경 연구 강좌를 개설하고 있다. 그런 강좌를 듣고 싶으면 학교를 직접 찾아가거나 아니면 온라인을 활용하면 된다.

다양한 방법을 실험해 보고 자신의 적성에도 맞고, 또 가장 큰 유익을 얻을 수 있는 방법을 선택하라.

다시 돌아보는 신디와의 대화

식당에서 함께 일했던 신디와의 대화를 다시 생각해 보자. 지금처럼 내가 성경이 삶에 관해 가르친다는 사실을 알고 있었다면 아마도 나는 그녀와 다음과 같은 대화를 나누었을 것이다.

"하나님을 믿는 사람이지요, 그렇죠?"

"네, 그렇습니다."

"하나님에 관한 질문을 하나 해도 될까요?"

"얼마든지요."

"제 남자친구는 코카인을 많이 하면 저를 마구 두들겨 패요. 어떻게 해야 할까요?"

"남자친구와의 관계가 그렇게 힘들고 고통스럽다니 유감이군요. 하나님은 당신이 처한 상황을 염려하십니다. 그리고 그분은 그 문제를 능히 해결하실 수 있으세요. 지금 당신은 영적, 감정적 도움이 필요한 상태예요. 따라서 하나님과 당신을 도와줄 사람들을 의지해야 합니다. 고린도후서 1장 3-4절은 '찬송하리로다 그는 우리 주 예수 그리스도의 하나님이시요 자비의 아버지시요 모든 위로의 하나님이시며 우리의 모든 환난 중에서 우리를 위로하사 우리로 하여금 하나님께 받는 위로로써 모든 환난 중에 있는 자들을 능히 위로하게 하시는 이시로다'라고 말씀합니다.

그리고 또 한 가지는 남자친구의 행동을 제어할 수 있는 힘이 필요합니다. 그가 하는 일은 옳지 못해요. 당신이 단호한 태도를 취할 수 있을 만큼 강해지지 않으면 그는 변하지 않을 거예요. 잠언 19장 19절은 '노하기를 맹렬히 하는 자는 벌을 받을 것이라 네가 그를 건져주면 다시 그런 일이 생기리라' 고 말씀합니다."

지금 같았으면 그녀를 도와줄 수 있는 경건한 친구들과 관계를 맺게 해주었을 것이다. 그리고 그들은 내가 방금 한 말을 행동으로 보여주었을 것이다.

성경은 다양한 방법으로 우리를 하나님의 생명으로 인도한다. 생명을 주는 성경의 진리와 이야기에 깊은 관심을 기울여라. 다음에 이어질 내용에서도 성경이 가르치는 성장의 핵심 요소들을 발견하기 바란다.

성장하기 원하는 사람을 위한 조언

- 지금까지 성경과 어떤 관계를 맺어왔는가? 성경을 삶이 아니라 종교에 관한 책으로 생각했는가, 아니면 당신을 속박하는 율법서로 생각했는가? 지금부터는 성경을 영혼에 빛과 생명을 가져다주는 진리의 책으로 여겨라.

- 성경이 일상생활에 어떤 영향을 미치는지 이해하려면 그 범위와 본질을 파악해야 한다. 성경은 수천 년에 걸쳐 사람들의 삶 속에서 그 독특한 능력을 나타냈다.

- 성경을 통해 단순한 정보가 아니라 하나님을 발견할 수 있게 해달라고 기도하라. 당신의 성장과 삶의 행로에 도움이 되는 하나님의 방법을 깨닫게 해달라고 기도하라.

- "필요한 것은 성경뿐이다"라는 가르침이 비성경적인 개념이라는 점을 이해하라. 성경을 단지 읽는 데 그치지 말고 삶과 관계 속에서 실천하는 것이 중요하다는 점을 잊지 말라.

성장을 돕는 사람을 위한 조언

- 성경이 삶의 다양한 문제들과 매일의 삶을 모두 다루고 있을 뿐 아니라 그 해결책을 제시한다는 사실을 주지시켜라. 건전한 신학과 교리는 문제 극복과 성장에 긍정적으로 기여할 수 있다는 점을 깨우쳐주라.

- 사람들이 성경을 삶의 일부로 받아들여 행위가 아니라 은혜의 차원에서 성경을 배우는 일을 시작하도록 이끌라.

- 성경에 영적, 인격적 성장에 필요한 원리들이 담겨 있으며, 심리학은 단지 성경의 가르침을 설명하는 역할을 할 뿐이라는 점을 이해시켜라.

- 성경에 대한 그릇된 가르침으로 상처를 받은 사람의 경우에는 성경 안에 생명이 있다는 것과 또 더 이상 두려워할 필요가 없다는 사실을 깨닫게 하라. 또 성경을 잘 모르는 사람들의 경우에는 성경의 위대한 진리를 체계적으로 공부하면 놀라운 치유가 이루어질 수 있다는 사실을 깨우쳐주라.

고통이 없으면
얻는 것도 없다 :
고난과 슬픔의 역할

"슬픔은 다른 모든 고통을 치유하는 고통이다.
슬픔은 가장 중요한 고통이다."

나(헨리)는 운동을 싫어하지만 운동을 한다. 역기를 들거나 자전거를 타는 것을 싫어하지만 그래도 한다. 그 이유는 운동을 하면 더 건강해지고, 더 오래 살고, 기분이 더 좋아지기 때문이다. 더욱이 내게는 이제 겨우 11개월 된 딸이 있다. 딸아이가 커서 낳아줄 손자를 보려면 오래 살아야 한다. 나는 딸아이를 사랑하기 때문에 오래도록 건강을 유지하고 싶다.

고난과 슬픔을 다루는 와중에 웬 운동 타령이냐고 물을지도 모른다. 우선은 내가 본래 게으른 사람이라는 사실을 고백하고 싶은 마음 때문이고, 더 나아가서는 육체적 운동의 고통이 인격적 성장의 고통과 매우 유사하기 때문이다. 고통은 육체를 건강하게 만든다. 운동의 고통을 이겨내면 힘이 생기고 여러 가지 좋은 결과가 나타난다. 그 가운데 이 장의 주제와 관련해 생각해야 할 점은 다음과 같다.

생리학자들은 역기를 든 뒤 근육이 통증을 느끼는 이유를 설명한다.

사실 이 글을 쓰고 있는 지금도 나는 근육이 아프다. 몇 달 동안 중단했다가 다시 역기를 들기 시작했기 때문이다. 근육이 아픈 이유는 근육이 감당할 수 있는 한계를 초과했기 때문이다. 즉 운동은 근육의 역량을 높이기 위한 활동이다. 운동을 한 뒤에는 근육이 새 힘을 얻고 활기를 되찾아 이전보다 더 큰 힘을 발휘하게 된다. 이는 재건을 위한 파괴에 해당한다. 고통의 과정을 통해 성장이 일어난다. 나는 운동을 싫어하지만 그 결과는 좋다.

우리의 근육을 설계하시고 창조하신 하나님은 우리의 영혼도 아울러 창조하셨다. 그분은 영혼의 성장 과정을 마련하시고, 타락으로 제 기능을 상실한 상태에서 새로운 재건을 시작하셨다. 근육을 움직여 더 강하게 만들듯 하나님은 우리의 영혼을 자극하시어 더 강하고 더 나은 상태로 성장시키신다. 그분은 때로 상처를 주시고, 또한 싸매주신다(사 30:26 참조). "상하게 때리는 것이 악을 없이하나니 매는 사람 속에 깊이 들어가느니라"(잠 20:30)는 말씀은 진리다. 어떤 고난은 우리 인격의 깨어져야 할 부분을 깨뜨리고 필요한 새로운 부분을 만들어내 본래 계획된 삶을 살아갈 수 있게 도와준다. 그런 고난은 바람직하다. 그것은 잠깐의 위로만으로는 도달할 수 없는 경지로 우리를 인도한다.

그러나 고난은 몹시 가혹할 수도 있다. 어떤 고난은 "치유를 위한 상처"가 아니다. 그런 고난은 당사자의 마음과 영혼에 깊은 상처를 남겨 하나님의 뜻과는 전혀 다른 삶을 살아가게 만든다. 하나님은 그런 경험을 통해서도 선한 결과를 만들어내실 수 있지만 그래도 그 경험 자체는 결코 좋은 것이 못 된다.

나는 때로 다음과 같은 비유를 들곤 한다.

"여러분 가운데 한 사람이 이 모임이 끝난 뒤 어두운 주차장으로 향했을 때 복면을 쓴 사람이 다가와 칼을 꺼내 배를 찌르고 돈을 강탈한 뒤 의식을 잃은 채로 버려두고 달아났다면 그는 노상강도가 분명합니다. 누군가가 경찰을 부를 것이고, 경찰은 강도를 추적할 것입니다. 그러나 자동차를 몰고 지역 병원에 갔을 때 밝은 조명이 켜진 방에서 마스크를 쓴 사람이 다가와 칼을 들고 배를 갈라 그 안에 든 돈을 모두 꺼내고 의식을 잃은 채로 놔두었다면 그는 의사가 분명합니다. 그에게는 도와주어 감사하다고 말할 것입니다."

고통은 이와 비슷하다. 치료에 도움이 되는 고통이 있는 반면, 악한 사람이 저지르는 파괴적인 고통도 있다. 따라서 이 둘의 차이를 구별해 각각의 경험에 합당하게 해석하는 것이 중요하다.

교회에서는 어떤 사람이 "강도를 당한(즉 불행을 당한)" 이유는 하나님이 교훈을 주시기 위함이거나 죄 때문이라고 가르칠 때가 많다. 그러나 어떤 고난은 성장 과정의 일부이기도 하다.

욥의 경우가 그랬다. 그의 고난은 죄의 결과가 아니었다. 오히려 선한 삶을 살았기 때문이었다. 하나님은 욥을 의인의 표상으로 높이셨다(욥 1:8 참조). 그런 다음 뜻하신 목적을 위해 그에게 고난을 허락하셨다(요 9:2-3 참조).

그러나 욥의 친구들은 그 사실을 알지 못했다. 그들이 고난당하는 욥에게 건넨 조언은 오늘날 교회에서 흔히 듣는 내용과 비슷하다. 그들은 욥이 하나님을 의지하지 않았고, 은밀한 죄를 저질렀으며, 하나님의 말씀을 충분히 이해하지 못했고, 또 믿음도 충분하지 않았다는 식으로 말했다. 욥이 고난받는 이유는 그의 영적 상태에 뭔가 문제가 생겼기 때문이라는 것이 그들의 생각이었다. 하나님은 욥의 친구들에게 분노를 발하시며 그들이 옳지 못했다고 선언하셨다(욥 42:7 참조).

따라서 우리가 해야 할 첫 번째 일은 단순한 불행인지 아니면 "성장을 위한 고난"인지를 구별하는 것이다. 물론 누군가가 고난을 당할 때는 치유와 도움과 사랑과 위로를 베풀어야 한다. 고난과 시련으로 인해 연약해진 사람이 있다면 기꺼이 힘과 용기를 북돋아주어야 한다(살전 5:14 참조). 우리는 짐을 서로 지고(갈 6:2 참조), 어려운 때 서로 도와야 한다(이 점은 14장에서 좀 더 자세히 살펴볼 생각이다). 상처를 받았을 때는 도움이 필요하다.

따라서 자신의 고난이나 다른 사람의 고난을 다룰 때는 치유와 도움이 필요한 상처나 고통을 먼저 찾아내야 한다. 자신의 고통이든 자신이 돕는 사람의 고통이든 그 원인을 찾는 것이 중요하다. 그릇된 조언, 즉 고통의 원인을 정확히 찾지 못한 상태에서 주어지는 조언에 귀를 기울이지 않도록 조심해야 한다. 그런 조언은 무익한 처방에 불과하다. 그런 경우는 차라리 입을 다물고 아무 조언도 하지 않는 편이 더 낫다(욥 13:4-5 참조). 또한 고통받고 있는 다른 사람에게 조언을 할 때도 조심해야 한다. 잘못이 없는데도 있는 것처럼 말해서는 곤란하다. 하나님은 그런 조언을 좋아하지 않으신다. 물론 조언을 듣는 사람도 싫어할 것이 분명하다. 사실 그런 조언은 상대방을 하나님으로부터 더욱 멀어지게 만들 뿐이다. 욥은 "낙심한 자가 비록 전능자를 경외하기를 저버릴지라도 그의 친구로부터 동정을 받느니라"(욥 6:14)고 말했다(NASB는 이 구절을 "낙심한 자는 전능자를 경외하는 마음을 저버리지 않도록 친구들로부터 동정을 받아야 한다"고 번역했다-역주).

좋은 고통

방금 말한 대로 어떤 고난은 아무 유익도 없다. 그런 고난을 마치 목적 있는 고난처럼 취급해서는 안 된다. 그것은 믿음과 인내와 다른 사람들에 대한 깊은 동정심을 독려할지는 몰라도 인격의 성장은 그와 같은 방식으로 이루어지지 않는다.

그러나 어떤 고난은 성장을 자극하는 귀중한 역할을 담당한다. 나는 이것을 "좋은 고통"이라고 부른다. 댄은 좋은 고통이 어떻게 우리를 성장으로 이끌 수 있는지를 보여주는 대표적인 경우다.

댄은 인생에서 성공을 거두었다. 큰 사업체를 이루었고, 많은 친구들을 사귀었으며, 아름다운 가정을 꾸렸다. 그는 주위 사람들에게 존경을 받고 교회에서 지도자로 활동했다. 많은 사람에게 댄은 원하는 모든 것을 갖춘 사람이었다.

그러던 중 예기치 못한 두 가지 사건이 댄에게 깊은 상처를 주었다. 먼저, 사업에 문제가 발생했다. 그는 시장 상황이 악화되기 바로 직전에 사업체를 확장했다. 곧 순식간에 파산의 위기에 직면했다. 그의 행동은 변덕스럽게 변했고 동료들에게 짜증과 분노를 표출했다. 동료들은 친구이자 한 인간으로서의 자질은 물론 리더십까지 의심할 수밖에 없는 상황에서 결국 이사회에 이 사실을 보고했다. 처음에 이사회의 의견은 둘로 엇갈렸다. 이사들 가운데는 댄에게 무조건 동의하는 사람들이 있었다. 그들은 선뜻 나서서 댄의 잘못을 깨우쳐주기를 주저했다.

그러던 중 또 다른 사건이 발생했다. 댄의 아내 애비가 그를 떠나고 말았다. 댄의 변덕스런 행동이 가정에까지 영향을 미쳤던 것이다. 그는 종종 자제력을 잃었고, 아내에게서 점점 멀어져갔다. 사실 애비는 오랫동안 결혼생활에 불만족을 느껴온 상태였다. 댄은 항상 일에만 관심을 기울였고 늘 완벽을 추구했기 때문에 가까이 다가가기가 어려웠다. 그러나 그녀는 그런 이유만으로는 결혼생활을 정리하기가 어렵다고 생각하고 있었다.

그러나 이제 상황은 전보다 훨씬 더 악화되었다. 댄은 일터에서 스트레스를 받을수록 집에서 가족들을 분풀이 대상으로 삼았다. 보통 때도 늘 거리감이 있었는데 이제는 부부 사이에 넘을 수 없는 장벽이 생기고 말았다. 애비는 더 이상 결혼생활을 유지하기 어렵다고 생각하고 어느 날 떠나기로 결심했다. 그녀는 짐을 꾸리고 아이들을 데리고 멀리 떨어진 친정집으로 갔다. 그녀가 남긴 쪽지에는 "더는 견딜 수가 없어요. 제가 전화할 테니 전화하지 마세요"라고 적혀 있었다.

집안 형편이 그 지경이 되자 댄은 일터에서 더욱 거친 행동을 내보였다. 마침내 이사회가 개입했다. 그들은 직원들의 불평도 있고 회사의 운명도 달려 있으니 즉시 모든 직무를 그만두라고 말했다. 댄은 길길이 날뛰면서 "배신자들!"이라고 소리쳤다. 그러고는 직무를 그만두지 않기 위해 이사들을 상대로 싸우며 그들에게 압력을 가했다. 그러나 이사들은 물러서지 않았다. 그들은 언제라도 돌아올 수 있는 문은 열어놓을 테니 자제력을 회복하면 그때 다시 오라고 권고했다.

댄의 분노는 절망으로 바뀌었다. 그는 스스로를 통제할 수도, 벗어날 수도 없는 상황에 직면해 갈피를 잡을 수가 없었다. 그가 사업가로서 지닌 탁월한 재능은 이사회나 아내에게 아무런 영향도 미치지 못했다. 간청하고 애걸했지만 아무도 귀를 기울여주지 않았다. 그는 점점 우울증에 깊이 빠져들어 급기야는 집 밖 출입을 중단했다.

그 무렵 댄의 고문 가운데 한 사람이 나와 통화해 볼 것을 제안했다. 그의 전화를 받은 나는 즉시 그가 누구인지 알아보았다. 그의 삶과 경력에 관해 들은 바가 있었기 때문이다. 그는 매우 인상적인 인물이었다. 처음 전화를 받았을 때는 상황을 묻지 않고 단지 그의 요청대로 그와 그의 아내를 만나보겠다고 약속했다.

나는 그들과 만난 자리에서 이 만남은 남편인 댄의 생각이었다는 말부터 꺼냈다. 애비가 함께 참석한 이유는 그의 고문이 그녀를 설득했기 때문이었다. 물론 그녀는 남편과의 관계가 개선될 수 있을 것이라고 생각하지 않았다. 그녀는 오랜 세월 동안 그에게 친밀하게 다가가려고 했지만 모두 허사였다고 말했다.

"지금이라고 해서 무엇이 달라질 수 있을까요?"

그녀는 자신의 입장을 이야기하면서 그동안 숱한 상처 속에서 절망스럽고 넌더리나는 삶을 살았다고 털어놓았다. 그녀는 그런 말을 하면서 스스로도 놀라워했다. 그저 상황의 절박성을 깨닫지 못한 채 늘 훌륭한 그리스도인 아내가 되려고만 노력해 온 그녀였다.

댄은 자신의 입장을 설명하면서 앞으로는 달라지겠다고 거듭 다짐하면서 아내에게 돌아오기를 바란다고 말했다. 전에는 무심하기 짝이 없던 남편이 이혼의 위기에 직면해 충격을 받고 현실을 비로소 의식할 때 흔히 나타나는 전형적인 태도였다.

나는 기둥 같은 지도자였던 그가 불과 몇 달 만에 완전히 무너져내린 것을 확인할 수 있었다. 불과 얼마 전만 해도 사람들은 그의 우정과 조언을 원했고, 함께 어울리기를 좋아했다. 그랬던 그가 지금은 패잔

병처럼 참혹하게 변해버렸다. 그는 자신을 걱정해 주는 사람들을 피해 숨었다.

나는 그에게 성장 배경을 물었다. 그러자 비로소 그 이유를 알 것 같았다. 아버지는 그가 아주 어렸을 때 세상을 떠났다. 어머니는 화를 잘 내는 괴팍한 여성이었다. 그는 일찍부터 독립심을 길렀고, 자신의 재능과 지성과 매력을 이용해 삶을 헤쳐 나가는 법을 터득했다. 고등학교와 대학교에서 인기 있는 운동선수였기 때문에 사람들과 좋은 인연을 맺을 수 있었을 뿐 아니라 그런 관계를 바탕으로 열심히 노력해 사업에서도 성공을 거두었다. 그는 진정한 영적 성장보다는 직책을 중시하는 풍토가 조성된 교회를 다녔기에 그곳에서도 지도자로서 두각을 나타냈다.

그의 삶과 정체성과 안전감은 모두 모래 위에 지은 성과 같았다. 그는 온통 성취와 칭찬과 직위만을 중시하는 삶을 살았다. (성경은 이 모든 것이 한갓 지푸라기요 쉬 없어지는 안개와 같을 뿐이라고 말씀한다.) 어려움이 찾아오자 그런 토대는 시련의 풍파를 견딜 수 없었다. 모래 위에 지은 성은 곧 무너져내렸다(마 7:24-27 참조). 이것이 댄이 처한 상황이었다.

댄은 이혼의 두려움 때문에 온갖 약속을 만들어가면서 자신을 변호하기에 급급했다. 또한 그의 성격은 매우 까다로웠다. 그럼에도 불구하고 나는 그에게 동정심을 느꼈다. 나는 그가 자신이 가장 잘 알고 있는 방법으로 상황을 통제하기 위해 노력할 때 본래의 모습을 되찾게 되리라는 것을 의식했다. 물론 그 외에도 희망적인 요소가 하나 더 있었다.

나는 "지금이라고 해서 무엇이 달라질 수 있을까요?"라는 애비의 질문을 가만히 되씹으면서 그녀에게 대답할 말을 찾았다. 애비와 댄이 지금까지는 매우 힘든 시간을 보냈지만(나는 이를 "나쁜 고통"이라고 부른다. 이는 아무런 변화도 가져다주지 못하는 고통을 말한다) 이번에는 다를 것이라는 확신이 들었다. 왜냐하면 그들이 지금 당하고 있는 고통은 내가 "좋은 고통"이라고 부르는 것에 해당하기 때문이었다. 댄은 이번만큼은 전에 시도했던 대처 방법이 더 이상 먹혀들지 않는 상황에 부딪쳤다. 그런 방법은 모두 쓸모없게 되었다.

댄은 과거에는 열심히 일해서 성공을 거두고, 다른 사람들에게 칭찬을 받는 생활을 통해 공허감을 메우려고 했다. 그는 성공 가도를 달리면서 우쭐한 마음을 가졌지만 항상 자신을 만족시킬 또 다른 무언가를 찾아야 했다. 그러나 이번에는 그를 만족시켜줄 수 있는 것이 나타나지 않았다. 막다른 골목에 부딪쳤다. 내면의 고통과 무기력함이 그를 온통 사로잡았다. 그동안은 스스로를 과시하며 의기양양하게 살아왔지만 이제는 더 이상 아무것도 자랑할 것이 남아 있지 않았다. 그와 친밀한 관계를 맺지 못하면서도 항상 곁에서 그를 편안하고 안락하게 만들어 주었던 애비조차 그의 비위를 맞추는 역할을 포기하고 말았다. 댄에게 남은 것은 오직 고통뿐이었다.

애비는 댄이 과거의 방법으로 자기를 똑같이 대하리라고 걱정할 필요가 없었다. 과거의 댄은 이미 죽어가고 있었다. 하나님이 그를 죽이셨다. 그러나 하나님은 자신의 자녀를 십자가에 못 박으실 때마다 다시 영광스럽게 부활시키신다. 나는 댄과 애비가 고난을 통해 새로운 변화를 모색하는 과정을 성실히 거친다면 그들 자신과 그들의 관계가 새롭게 회복될 것이라는 사실을 알았다.

처음에 댄은 내가 모든 고통을 단숨에 없애주기를 바랐다. 나는 그런 그에게 유일한 탈출구는 정면 돌파뿐이라는 점을 일깨워주었다. 그는 고통스런 현실을 직시해야 했다. 한 번 그렇게 하고 나면 두 번 다시 그렇게 할 필요가 없었다. 결국에는 모래가 아니라 단단한 땅에 서게 될 것이기 때문이었다.

우리는 본격적인 작업에 들어갔다. 댄은 고독의 고통을 감내해야 했다. 스스로 모든 것을 통제하려는 태도를 포기하는 데서 오는 불안감을 극복해야 했다. 또한 오랫동안 숨겨온 상처와 아픔을 직시하고, 항상 외적인 성취를 통해 메우려고 시도했던 마음 깊은 곳의 강한 열등감을 처리해야 했다.

시간이 제법 많이 걸렸지만 마침내 댄은 좌절을 경험한 덕분에 더 온전한 상태로 변화되었다. 그와 애비는 서로 더욱 깊은 관계를 맺는 법을 터득했다. 그는 처음으로 다음 사업 거래를 성사시키는 것보다 아내와 함께 지내는 시간을 통해 더 큰 만족을 얻었다. 또한 더욱 건전한 방법으로 일하는 법도 배웠고, 일터에서 사람들을 대할 때의 태도도 한결 나아졌다. 스트레스를 푸는 방법도 완전히 달라졌다. 그는 다시 일터로 돌아갈 수 있었고, 이번에는 완전히 다른 태도로 일에 임했다. 재능은 예전과 똑같았지만 과거의 불도저 같은 태도는 사라졌다. 나는 야고보서의 말씀이 생각났다.

"내 형제들아 너희가 여러 가지 시험을 당하거든 온전히 기쁘게 여기라 이는 너희 믿음의 시련이 인내를 만들어내는 줄 너희가 앎이라 인내를 온전히 이루라 이는 너희로 온전하고 구비하여 조금도 부족함이 없게 하려 함이라" (약 1:2-4).

댄은 처음에 시험을 당해 삶이 온통 시련에 직면했을 때 그것을 온전히 기쁘게 여기지는 않았다. 자신이 곧 죽고 말 것이라고 생각했다. 물론 실제로 죽지는 않았지만 그는 죽음을 경험했다. 죽은 것은 그의 옛 기질과 성격이었다. 하나님은 그의 옛 기질과 성격이 죽기를 바라셨다. 그 결과 그는 새로운 삶, 곧 "하나님의 생명"(엡 4:18)에서 비롯하는 참된 삶을 얻었다. 죽었기 때문에 진정으로 살게 되었다.

야고보의 말대로 댄은 지난날의 삶의 방식이 산산이 부서지는 시련을 통해 인내심을 배웠고, 그런 고통을 거치면서 온전해졌다. 그는 조금도 부족함이 없는 상태로 나아갔다. 그의 영혼 안에 다른 사람들과 관계를 맺을 수 있는 능력과 사랑이 생겨났다. 그는 치유와 회복을 통해 진정한 자아를 되찾았다. 불 시련이 효력을 나타냈다. 그릇된 행동양식 때문에 큰 좌절에 부딪쳤지만 하나님은 그가 그런 고통을 직시하지 않을 수 없도록 상황을 섭리하셨다. 마침내 댄은 전보다 훨씬 더 건강한 모습을 되찾았다.

영혼의 근육을 움직여 시련을 이겨내라

사람은 누구나 고통을 은폐하고, 두려움을 극복하고, 관계의 무능력에 대처하고, 상황을 통제하는 등 자구책을 나름대로 갖추고 있다. 시련과 고난은 그런 자구책이 더 이상 효과를 보지 못하는 상태에 처하게 만들어 성장의 필요성을 의식하게 해준다. 그 순간, 좀 더 깊은 차원에서 진정한 영적 성장이 이루어지기 시작한다. 즉 일시적인 자구책을 활용하는 대신 건전하고 의로운 인격의 변화를 추구하게 된다.

이런 고통은 좋은 고통이다. 좋은 고통은 영혼의 연약한 근육을 없애고 더 강한 근육으로 대체한다. 바울은 이렇게 말했다.

"다만 이뿐 아니라 우리가 환난 중에도 즐거워하나니 이는 환난은 인내를, 인내는 연단을, 연단은 소망을 이루는 줄 앎이로다"(롬 5:3-4).

운동을 할 때는 고통을 이겨내야 한다. 달리기 선수는 한 발자국도 더 내디딜 힘이 없는 듯 느껴질 때도 기량을 향상시키기 위해 계속 나아간다. 역기를 드는 사람은 다시 역기를 쳐들 힘이 없더라도 연습을 반복해 새로운 단계에 이른다.

인격의 성장도 그와 똑같은 과정을 거친다. 성장하려면 영혼의 근육을 움직여야 한다. 두려움과 연약함과 고통을 이겨내야 한다. 한 단계 더 높은 곳으로 나아가려면 고난을 감내해야 한다. 두렵고 고통스런 일을 당하더라도 힘을 다해 헤쳐 나가야 한다며 우리 자신과 다른 사람들을 독려해야 한다.

- 절망 속에 주저앉지 않는다.
- 절망스런 마음을 솔직하게 드러낸다.
- 죄와 실패를 자기 자신과 다른 사람들에게 고백한다.
- 상처와 고통을 직시하고 다른 사람들의 도움을 요청한다.

- 새로운 행동의 변화를 모색한다.
- 더 솔직해지려고 노력한다.
- 용기 있게 관계의 변화를 시도한다.
- 과거의 고통과 상처를 처리한다.
- 마땅히 주장할 것을 주장한다.
- 필요한 것을 채우기 위해 적극적으로 생활한다.
- 자신의 약점을 겸손히 인정하고 극복해 나간다.
- 슬퍼하는 법을 배운다.
- 용서하는 법을 배운다.
- 용서를 구하고 잘못을 보상하는 법을 배운다.
- 힘든 관계를 화해로 이끄는 법을 배운다.

이런 목록은 끊임없이 이어진다. 신약 성경은 도처에서 이와 같은 취지의 말씀을 제시한다. 하나님은 우리에게 많은 것을 요구하신다. 사실 모든 것을 요구하신다. 우리의 목표는 성장과 완성이다. 하나님은 우리가 결코 완전해질 수는 없으나 그럼에도 불구하고 항상 완전을 목표로 달려가라고 독려하신다(빌 3:12; 엡 5:13-16 참조). 이것은 좋은 고통, 즉 어딘가 분명한 목적지를 향해 우리를 인도하는 고통이다. 앞서 말했지만 징계는 당장에는 즐거워 보이지 않고 고통스러워 보인다. 그러나 그것은 의와 평강의 열매를 맺는다(히 12:11 참조). 예수님이 겪으셨던 일은 또한 우리가 겪어야 할 일이기도 하다.

"그는 육체에 계실 때에 자기를 죽음에서 능히 구원하실 이에게 심한 통곡과 눈물로 간구와 소원을 올렸고 그의 경건하심으로 말미암아 들으심을 얻었느니라 그가 아들이시면서도 받으신 고난으로 순종함을 배워서 온전하게 되셨은즉 자기에게 순종하는 모든 자에게 영원한 구원의 근원이 되시고"(히 5:7-9).

예수님의 고난은 우리의 본보기다. 그분은 고난을 옳게 감당하는 법을 보여주셨다. 그분은 죄를 짓지 않으시고 오로지 복종하는 마음으로 고난을 이겨내셨다. 이것이 고난을 통해 좋은 결과를 얻는 사람과 그렇지 못한 사람의 차이다.

댄이 발견한 대로 우리 인격의 일부가 죽지 않으면 우리가 필요로 하는 치유를 얻을 수 없다. 예수님은 심지어 죽음을 감당하시면서까지 고난의 길을 헤쳐 나가셨다. 그분은 고난을 당하실 때 오로지 하나님만 바라보셨다. 하나님이 원하시면 자신을 구원하실 수 있다고 믿으셨다. 또한 하나님이 고난을 당하게 하시는 데는 분명히 큰 뜻이 있을 것이라고 확신하셨다. 우리도 그런 태도로 고난을 이겨내야 한다.

따라서 스스로 성장을 추구할 때나 다른 사람들을 도울 때 고난을 오히려 귀하게 여기고 그것을 옳게 받아들일 수 있는 태도를 길러야 한다. 사람들이 '이 일을 통해 무엇을 배울 수 있을까?' 라는 질문을 생각하며 시련을 바라볼 수 있도록 이끌어라.

야고보서 1장 5절 말씀대로 그들의 삶 속에서 무엇이 성장과 완성에 이르는 발판이 될 수 있는지를 식별할 수 있는 지혜를 구하라고 독려하라. 그 과정을 온전히 이루면 같은 과정을 다시 거칠 필요가 없게 될 것이다.

나쁜 고통

나쁜 고통은 새로운 변화를 가져다줄 고난을 회피하고 과거의 행동 습관을 되풀이할 때 생겨난다. 사람들이 고통을 받는 이유는 대개 스스로의 인격적 결함 때문이다. 사람들은 누군가가 고통을 받고 있는 것을 보면 하나님이 시련 속에서도 그와 함께하신다는 말로 위로하고 격려하려고 애쓴다. 그들은 그런 경험을 무죄한 사람을 시험하기 위한 것으로 받아들인다. 따라서 "믿음을 굳게 붙잡으세요. 그러면 하나님이 그 인내에 기꺼이 보상해 주실 것입니다"라고 말한다.

문제는 그런 조언이 고통을 겪는 이유가 그들의 인격적 결함에 있다는 점을 지적하지 않는다는 데 있다. 고난이 그들의 잘못을 일깨워주지 못한다면 그것은 아무 소용이 없다. 그런 상황은 아무 명분 없는 순교와 비슷하다. 이혼자 회복 그룹에 참석한 사람을 그저 헤어진 배우자의 잘못으로 인해 고통당한 희생자로만 생각하고 도움을 베풀 때 종종 그런 잘못이 발생한다. 그가 새로운 결혼관계에서는 절대 되풀이해서는 안 될 태도나 습관을 지니고 있는데도 그것을 일깨워주지 않고 무조건 동정만을 일삼아서는 곤란하다.

직업을 잃은 경우에도 그런 식으로 잘못된 도움을 베풀 가능성이 있다. 업무 태도나 실적이 미비해 직장을 잃었는데도 친구들과 가족들은 그저 사장이나 회사가 나빠서 희생양이 된 것이라고 생각한다. 그때는 오히려 이렇게 충고하는 것이 좋다. "회사 사람들이 한 말 가운데 진실한 면이 있다고는 생각해 보지 않았나요? 직장에서 일할 때 당신의 태도 때문에 문제가 되었던 적은 없었나요? 그 나쁘다는 사장들이 당신에 대해 말한 것 가운데 공통점은 없었나요?"

나쁜 고통은 무익한 고통을 의미한다. 성장에 이르는 좋은 고통을 회피하다 보면 그런 고통을 겪을 수밖에 없다. 극복해야 할 슬픔과 상처를 애써 외면하려고 노력하다 보면 그 고통은 헛되이 낭비될 뿐이다. 사랑을 잃어도 좋다는 각오로 담대하게 고통에 맞서지 않고, 그저 상대방이 나를 사랑하고 인정해 주기를 바라며 고통을 감당하는 것은 헛된 수고에 지나지 않는다. 나쁜 고통의 사례를 몇 가지 열거하면 다음과 같다.

- 고통을 회피하는 데서 비롯하는 고통. 예를 들어 슬픔을 피하는 데서 오는 우울증이나 영혼의 내면에 있는 고민을 직시하지 않는 데서 비롯하는 불안감이 여기에 해당한다.
- 변화가 필요한 인격적 태도를 직시하지 않는 데서 비롯하는 고통. 예를 들어 한계를 설정하지 못하고 상대방의 뜻을 무조건 받아주는 상호의존적인 사람은 헛되고 불필요한 고통을 당하게 된다.
- 친구 관계나 애인 관계에서 잘못된 사람을 선택함으로써 생기는 고통. 이런 고통은 현실의 힘든 측면을 직시하지 않고 다른 사람들과 맹목적으로 관계를 맺을 때 흔히 발생한다.
- 일이나 직무 수행에서 실패가 거듭되면서 발생하는 고통. 이런 고통은 약점이나 무책임한 태도, 또는 미숙한 재능이나 부족한 기술을 직시하지 않는 데서 비롯한다.
- 중독 현상이나 기타 병적 징후에서 비롯하는 고통
- 성장을 회피하는 데서 비롯하는 고통. 인생은 노력을 요구한다. 미성숙한 상태에 머물러 있는 한 인생을 올바로 살아갈 수 없다.

- 파괴적인 가정환경, 즉 "조상들의 죄"에서 벗어나지 못하는 데서 비롯하는 고통. 이런 경우 파괴적인 행동 유형이 다음 세대에 또다시 반복될 수 있다.
- 용서하지 않고, 나쁜 관계나 상처를 떨쳐내지 못하는 데서 비롯하는 고통
- 다른 사람들을 의지하는 법을 배우지 않고 혼자 고립되는 데서 비롯하는 고통

나쁜 고통은 이 밖에도 많다. 여기서 말하고자 하는 요점은 고통을 일으키는 원인을 직시하지 않는 데서 많은 고통이 발생한다는 것이다. 성경은 "개가 그 토한 것을 도로 먹는 것같이 미련한 자는 그 미련한 것을 거듭 행하느니라"(잠 26:11)고 말씀한다. 또한 예수님은 이렇게 말씀하셨다.

"더러운 귀신이 사람에게서 나갔을 때에 물 없는 곳으로 다니며 쉬기를 구하되 얻지 못하고 이에 이르되 내가 나온 내 집으로 돌아가리라 하고 가서 보니 그 집이 청소되고 수리되었거늘 이에 가서 저보다 더 악한 귀신 일곱을 데리고 들어가서 거하니 그 사람의 나중 형편이 전보다 더 심하게 되느니라"(눅 11:24-26).

예수님의 말씀에는 그 사람의 집 안에서 무엇인가 변화가 일어나야 한다는 뜻이 담겨 있다. 그는 자신의 집을 영적 성장으로 가득 채워 어둠의 세력이 다시 들어올 여지를 남기지 않았어야 했다. 직시해야 할

성장을 직시하지 못하면 더 많은 고통을 당하게 된다. 그 고통은 갈수록 더욱 심해진다.

나쁜 고통을 피하고 좋은 고통을 받아들이는 법

성장하기 원하는 사람들과 그들을 돕는 사람들이 기억해야 할 점은 세 가지다. 첫째, 인격의 결함 때문에 생겨난 고통과 고난을 성장을 위한 고통으로 생각해서는 안 된다. 그런 고통은 경각심을 일깨우는 고통으로 받아들여야 한다. 그렇지 않으면 아무 짝에도 쓸모가 없다. 이는 고통이 헛되이 낭비되는 결과를 낳을 뿐 아니라 똑같은 고통이 지속되거나 거듭 반복되는 현상을 불러일으킨다. 그것은 좋은 고난이 아니다. 그런 고난은 성장을 가져오지 못한다.

얼마 전에 우연히 10년 동안 보지 못했던 친구를 만났다. 그의 사연은 슬펐다. 내가 마지막으로 그를 보았을 때와 마찬가지로 직업 생활에 아무 발전이 없는 상태로 머물러 있었다. 나는 그에게서 특별한 한 가지 행동 습관을 발견했다. 그는 대화를 나눌 때마다 자신의 인생에서 이루어지고 있는 것들을 모두 다른 사람의 탓으로 돌리는 습성에 젖어 있었다. 그의 말에 의하면 그가 잘못된 이유는 모두 사장, 대학원 교수, 교회, 친구들, 이웃들에게 있었다. 자신에게는 아무 책임이 없었다. 나는 그가 무슨 문제든 자신의 부족한 능력이나 일을 미루는 습관이나 적극적이지 못한 태도나 실천의 부족 때문이라고 말하는 소리를 단 한 번도 들어보지 못했다. 그가 교훈을 깨닫지 못하는 것 같아 마음이 서글펐다. 동시에 그가 10년이 지난 뒤에도 여전히 그런 식으로 살아가는 것이 당연하다는 생각이 들었다.

그가 지난 10년 동안 경험했던 상처와 실패는 아무 유익이 없었다. 지난날의 고통을 통해 아무것도 깨우치지 못했다. 그가 시련을 통해 교훈을 깨달았더라면 댄처럼 좋은 결과를 얻을 수 있었을 것이다. 물론 그의 주변 사람들에게도 부분적으로 책임이 있었다. 예를 들어 그의 아내는 그를 깨우쳐주지 못했다. 성경은 다른 사람을 꾸짖어 문제를 직시하게 하지 않을 때는 우리도 그 잘못에 동참하는 것이나 같다고 가르친다(겔 3:18-21; 레 19:17 참조).

둘째, 사람들이 무익한 고통을 선용해 좋은 고통으로 바꿀 수 있게 도와야 한다. 고통의 원인이 자신의 인격적 결함에 있다는 사실을 알게 되면 잘못을 뉘우치고 새로운 변화를 시도할 수 있다. 자신의 그릇된 태도를 인정하면 변화될 수 있다. 그러나 그런 고통을 희생자로서 억울하게 당하는 고통으로 생각하면 좋은 결과를 얻을 수 없다.

셋째, 무익한 고난을 구속(救贖)을 위한 고난으로 바꾸어야 한다. 다시 말해 문제를 해결할 수 있도록 도와야 한다. 사람들이 스스로를 선한 사마리아인의 비유에 등장하는 희생자처럼 생각하지 않도록 이끌어라. 성장을 위한 좋은 고난을 회피하려고 했기 때문에 고통받게 되었다는 사실을 일깨워주고, 그 문제를 해결할 수 있게 도와라. 인간에게는 징계와 성장을 위한 고난을 피하려고 애쓰는 속성이 있다. 그러나 지혜가 커질수록 성장의 고통을 귀하게 여기고, 그런 고통을 회피하려는 습성을 버릴 수 있다.

마땅히 직시해야 할 것을 직시하게 하고, 그것을 극복하도록 도움을 아끼지 말라.

베드로의 변화

전에 훈련 세미나에서 목회자와 교회 성장 지도자 100여 명을 모아 놓고 강연을 한 적이 있었다. 그날의 주제는 "영적으로 성장하기 원하는 사람들에게 어떻게 실질적인 도움을 베풀 수 있는가?" 하는 문제였다. 나는 한 가지 질문을 가정함으로써 강연을 시작했다.

"교인들을 무장시켜 죄로부터 스스로를 보호하게 하려면 어떻게 해야 할까요? 그들이 입어야 할 가장 훌륭한 갑옷은 무엇이라고 생각하십니까?"

여기저기에서 손을 들었다. 나는 그들을 하나씩 지목하며 대답을 들었다.

"기도입니다."

"좋습니다. 기도는 훌륭한 수단입니다."

"하나님의 말씀을 굳게 붙잡는 것입니다."

"그것도 좋습니다. 하나님의 말씀 안에서 강해지는 것이야말로 정말 필요한 일이지요. 또 다른 의견은 없습니까?"

"교제입니다."

"유혹에 빠지지 않도록 조심하는 것입니다."

"도움을 많이 구하는 것입니다."

"모두 좋은 의견입니다. 다 영적으로 성장하고 강해지는 데 필요한 매우 중요한 요소들입니다. 그러나 죄를 막아주는 갑옷으로서 특별히 영적 성장에 필요한 것이 하나 더 있습니다. 그것이 무엇인지 아는 분 계십니까?"

아무도 손을 들지 않았다.

"좋습니다. 저도 오랫동안 그것을 깨닫지 못했습니다. 성경 말씀을 한 곳 읽어드리겠습니다. 베드로전서 4장 1-2절 말씀입니다. '그리스도께서 이미 육체의 고난을 받으셨으니 너희도 같은 마음으로 갑옷을 삼으라 이는 육체의 고난을 받은 자는 죄를 그쳤음이니 그 후로는 다시 사람의 정욕을 따르지 않고 하나님의 뜻을 따라 육체의 남은 때를 살게 하려 함이라.' 성경은 고난을 수용하는 태도야말로 죄로부터 우리를 보호하는 갑옷이 될 수 있다고 말씀합니다. 왜 그런지 그 이유를 설명하면 이렇습니다."

나는 청중에게 고난을 탐탁지 않게 생각했던 베드로의 이야기를 들려주었다. 베드로 사도는 고난을 회피하는 사람에서 고난을 귀히 여기는 사람으로 변화되었다. 처음에 그는 고난을 전혀 염두에 두지 않았다. 그는 예수님이 고난과 죽음을 당하게 될 것이라고 말씀하시자 그런 일이 절대 일어나지 않을 것이라고 말했다(마 16:21-22 참조). 예수님은 즉시 그를 꾸짖으셨다. 또한 거기에서 멈추지 않으시고 깊은 가르침으로 고난의 가치를 깨우쳐주셨다.

> "누구든지 나를 따라오려거든 자기를 부인하고 자기 십자가를 지고 나를 따를 것이니라 누구든지 제 목숨을 구원하고자 하면 잃을 것이요 누구든지 나를 위하여 제 목숨을 잃으면 찾으리라"(마 16:24-25).

베드로는 예수님께 고난을 피하시라고 간청했지만(사실 예수님은 고난을 받기 위해 오셨다. 그분은 우리에게 고난이 부활에 이르는 길이라는 것을 보여주셨다), 그분은 고난을 피하지 말고 기꺼이 받아들이라고 말씀하셨다.

그분은 스스로를 구원하려고 노력하지 말고 십자가를 짊어지고 죽으라고 말씀하셨다. 우리는 이 가르침이 성장의 관점에서 어떤 의미를 지니고 있는지 생각해야 한다.

댄은 오랫동안 "제 목숨을 구원하고자" 노력했다. 그는 자신의 영혼에 필요한 성장을 외면하고 스스로의 힘으로 잘해 나갈 수 있다고 생각했다. 다시 말해 자신의 상처와 아픔과 성격 유형을 직시하는 고통을 회피할 수 있다고 생각했다. 스스로의 재능과 능력을 통해 치유와 구원을 얻을 수 있다고 확신했다. 그러나 오히려 예수님의 말씀이 사실로 드러났다. 스스로를 구원하려는 댄의 시도는 그로 하여금 큰 대가를 치르게 만들었다. 그의 노력은 마치 암세포처럼 영혼과 직업 활동과 결혼 생활을 파괴했다. 그는 모든 것을 잃기 직전에 이르렀다.

그러나 댄이 자신의 십자가를 짊어지고 예수님을 따르기로 결심했을 때 그는 "고난으로 순종함"(히 5:8)을 배웠다. 그가 자신의 십자가를 직시하고, 죽어야 할 성격을 죽이고, 과거에 경험했던 상처와 아픔 등 모든 것을 기꺼이 받아들이자 전에 알지 못했던 새로운 삶에 이르렀다. 그는 고난을 받아들임으로써, 곧 십자가를 짊어지고 인격의 변화와 성장에 뒤따르는 고통을 감내함으로써 죄로부터 구원을 받았다.

베드로도 그와 똑같은 경험을 했다. 그 역시 처음에는 댄처럼 고난과 죽음을 염두에 두지 않았지만 나중에는 "그리스도께서 이미 육체의 고난을 받으셨으니 너희도 같은 마음으로 갑옷을 삼으라"(벧전 4:1)고 말했다. 베드로는 고난을 갑옷으로 생각하게 되었다. 즉 고난을 죄를 막아주는 보호책으로 여겼다. 그는 필요한 고난을 기꺼이 감당한다면 "죄(또는 특별한 성장 단계와 관련된 죄)를 그치게 된다"고 믿었다. 댄의 경우에는 결혼생활의 압박감과 스트레스를 막아줄 갑옷이 없었다. 그는 처음에는 성장에 필요한 고통을 감수하려고 하지 않았기 때문에 영혼과 인격을 왜곡시키는 죄의 영향에 몹시 취약했다. 그러나 고난을 받아들이는 법을 배우자 삶을 파괴하는 성격을 고칠 수 있었다. 앞서 언급한 10년 만에 처음 본 친구도 이와 같은 교훈을 깨달았더라면 좋았을 것이다.

그리스도의 고난

"그리스도께서 이미 육체의 고난을 받으셨으니…이는 육체의 고난을 받은 자는 죄를 그쳤음이니"(벧전 4:1).

우리가 예수님처럼 실제로 십자가에서 잔혹하게 죽을 가능성은 거의 없다. 그렇다면 우리는 어떻게 그리스도의 고난과 하나 됨을 느낄 수 있을까? 어떻게 해야 그분과 같은 마음과 태도로 우리 자신을 무장할 수 있으며, 또 다른 사람들이 그렇게 할 수 있도록 도울 수 있을까? 그 방법은 매우 다양하다. 그 가운데 몇 가지는 성장 과정과 밀접하게 연관된다.

케노시스: 하나님처럼 되려는 마음을 비우기

그리스도의 마음으로 우리를 무장할 수 있는 첫째 방법은 우리 자신을 비우는 것이다. 예수님은 "하나님과 동등됨"을 포기하심으로써 자신을 비우셨다. 바울은 이러한 비움(헬라어로 "케노시스")을 다음과 같이 묘사했다.

> "너희 안에 이 마음을 품으라 곧 그리스도 예수의 마음이니 그는 근본 하나님의 본체시나 하나님과 동등됨을 취할 것으로 여기지 아니하시고 오히려 자기를 비워 종의 형체를 가지사 사람들과 같이 되셨고 사람의 모양으로 나타나사 자기를 낮추시고 죽기까지 복종하셨으니 곧 십자가에 죽으심이라"(빌 2:5-8).

하나님처럼 되려는 마음을 비우는 것은 일평생 지속되는 고난과 겸손의 과정이다. 앞서 2장에서 하나님처럼 되려고 노력할 때 나타나는 결과를 살펴보았다. 우리는 스스로 생명의 근원이 될 수 없고, 또 모든 것을 통제할 수도 없다. 우리는 스스로 주권자나 심판자가 되거나 규칙을 정하는 등 하나님께 속한 일을 행할 수 없다. 우리가 하나님의 역할을 행하는 것은 불가능하다. 그럼에도 불구하고 우리는 그렇게 하려고 노력한다. 성장의 길은 우리를 끊임없이 낮추고 하나님의 종으로서 충실하는 데 놓여 있다. 종이 되어 복종하면 더 작아짐으로써 성장하는 역사가 일어난다. 바꾸어 말해 우리는 내려감으로써 올라간다. 이것이 성장의 시작이다.

3장에서 언급한 대로 리치와 스테파니는 하나님처럼 되려는 노력을 포기하고 스스로를 낮추기까지 많은 고통을 감수해야 했다. 그러나 그 결과 그들의 결혼생활이 새롭게 회복되었다. 하나님이 결혼생활을 비롯해 인간생활에 필요한 것들을 계획하신 목적은 그분 자신을 위해서가 아니라 우리를 위해서다. 삶은 우리가 피조물인 인간의 자리로 되돌아갈 때 비로소 제 기능을 발휘하기 시작한다. 우리가 하나님의 역할을 하려고 하면 삶은 제 궤도를 이탈하게 된다.

하나님의 뜻에 복종하기

그리스도의 마음으로 우리를 무장할 수 있는 둘째 방법은 하나님의 뜻에 복종하는 것이다. 우리는 예수님이 겟세마네 동산에서 경험하신 것과 우리를 일치시킴으로써 그분의 고난을 본받을 수 있다. 예수님은 십자가의 죽음이 가까이 온 것을 아시고 "땀이 땅에 떨어지는 핏방울같이 될" 때까지 깊이 고뇌하시며 하나님께 가능하면 고난을 피할 수 있게 해달라고 기도하셨다. 그분은 자신이 겪어야 할 고난을 피하고 싶어 하셨다. 그러나 하나님이 정해 주신 길에 복종하셨고, 거기에 따르는 모든 고난을 감수하셨다. 고난에 복종하는 것이 핵심이다. 예수님은 하나님께 고통을 덜어달라고 간청하셨지만 결국에는 "내 원대로 마시옵고 아버지의 원대로 되기를 원하나이다"(눅 22:42)라고 기도하셨다.

성장을 원한다면 우리의 길을 고집하기보다 하나님의 길에 복종해야 한다. 예수님이 스스로 감당하셔야 할 고난을 회피하셨다면 우리도 그렇게 할 수 있을 것이다(물론 우리는 그렇게 하려고 노력할 때가 많다). 그러나 성장하려면 고난을 회피하지 말고 하나님의 뜻에 복종해야 한다.

고난을 피하려고 하면 하나님의 길이 아니라 우리의 길을 선택하는 결과를 낳게 된다. 사탄의 해결책을 받아들여 고통을 직시하지 말고 적당히 외면하라는 유혹에 굴복하는 순간, 우리는 우리 자신의 길을 선택할 수밖에 없다. 성 중독과 약물(육신의 정욕), 성취(이생의 자랑), 물질(안목의 정욕) 등은 고난을 피하도록 부추긴다. 그것들은 구원을 가져다주지 못하는 고통을 야기하고, 결국에는 우리가 감추려고 애쓰는 문제에 짓눌려 질식하게 만든다. 우리의 뜻이 아니라 하나님의 뜻에 복종하면 그런 그릇된 해결 방법을 버리고 문제 자체를 직시할 수 있다.

하나님의 길이 아니라 우리의 길을 선택하는 과정은 이보다 좀 더 은밀한 방법으로 이루어지기도 한다. 그것은 곧 우리의 옛 조상처럼 방어적인 태도를 취하는 것이다. 아담과 하와는 무화과나무 잎으로 겉은 물론 속까지 은폐하려고 했다. 우리도 그런 방법을 취한다. 우리의 뜻이 아니라 하나님의 뜻에 복종하려면 우리의 방어 수단을 직시하고 그것을 깨끗이 포기해야 한다. 그렇게 할 때 우리는 문제를 처리할 수 있고 깊은 인격의 성장을 경험할 수 있다.

토니는 이 모든 것이 사실이라는 것을 발견했다. 그는 이성과 교제를 할 때마다 결혼으로 이어지지 못하고 중간에 애정이 식어버리는 이유를 알기 위해 상담을 요청했다. 그는 훌륭한 여자친구를 많이 사귀었지만 무슨 이유에서인지 항상 도중에 흥미를 잃고 결별을 선언하곤 했다.

그가 이성과 관계를 맺는 방식을 점검한 결과 무엇인가가 발견되었다. 즉 여자친구가 그에게 충고의 말을 할 때마다 그는 말다툼을 하며 스스로를 방어했다. 그리고 상대방의 질책을 피하기 위해 그녀를 "통제가 심하다", "요구하는 것이 많다", "너무 비판적이다"라고 규정했다. 그가 몇 차례 여자친구와 교제하는 모습을 관찰한 결과 그런 행동 유형이 더욱 분명하게 드러났다.

나는 그에게 스스로의 태도를 좀 더 신중히 생각해 보라고 권했다.

처음에 그는 내 말에 반론을 제기했다. 내가 자신의 여자친구들을 잘 몰라서 그런다고 말했다. 만약 내가 그녀들을 좀 더 잘 알았더라면 자신이 옳다고 말했을 것이라고 주장했다. 나는 토니에게 그가 여성들과의 관계를 스스로 왜곡하고 있다는 점을 깨우쳐줄 수가 없었다. 따라서 다른 방법을 시도하기로 결정했다.

"토니, 당신의 말이 옳다고 합시다. 그래서 어떻단 말인가요? 그녀가 비판적이라고 해서 그것이 결별을 선언해야 할 정당한 사유가 된다고 생각하나요? 어떤 여성이든 당신이 좋아하지 않는 일을 할 텐데 말입니다."

"물론 그렇지요. 그런데 이 경우는 정말 심해요." 그는 그렇게 말하면서 자신의 태도를 정당화했다.

"그렇다고 하더라도 당신이 어린아이처럼 행동한다는 사실에는 변함이 없습니다. 누군가에게 충고의 말을 들으면 깊이 생각해 보지도 않고 그저 견딜 수 없다고만 생각하는데 대체 왜 그런가요? 왜 늘 도망만 치려고 하지요? 저는 당신이 좀 더 강한 사람이 되어야 한다고 생각합니다."

그는 여전히 스스로의 방어적인 태도를 정당화하려고 노력했다. 그러나 나는 마침내 그에게 중요한 교훈을 깨우쳐줄 수 있었다. 그것은 "누군가가 잘못된 일을 저질렀다고 해서 나도 꼭 그래야 할 필요는 없다"는 것이었다. 예수님은 다른 사람들과의 관계를 통해 우리에게 이러한 교훈을 가르치셨다. 그분은 악을 악으로 갚지 않으셨다. 상대방이 자신을 어떻게 대하든 항상 은혜와 진리로 대응하셨다.

나는 토니에게 여자친구가 통제가 심하고 비판적이라고 해도 그렇게 행동하는 빌미가 될 수 없다는 점을 깨닫게 했다. 다시 말해 그의 관계가 건강해지려면 상대방이 어떻게 나오든 의롭게 행동해야만 했다.

그러나 토니는 여자친구와의 관계를 건강한 방향으로 이끌어가기를 원하지 않았다. 그는 내가 비판적인 여성을 참고 받아들이라고 말하는 것처럼 생각했다. 나는 단지 깨달은 교훈을 깊이 생각하고 건강한 인격을 지닌 사람으로 거듭나는 것이 중요하다는 뜻일 뿐임을 강조했다. 그녀와 결혼을 하든 말든 그것은 중요하지 않다고 설명했다. 그는 하나님이 원하시는 방식대로 관계를 맺는 법을 배울 필요가 있었다.

마침내 토니는 자신의 방어적인 태도에 관심을 기울이기 시작했다. 그는 힘들지만 "내 뜻대로 마시고 주님의 뜻대로 하옵소서"라고 말해야 했다. 그는 자신의 방어적인 행동 유형이 상대방이 어떻게 나오든 상관없이 하나님의 뜻에 부합하지 않는다는 사실을 고백해야 했다.

토니는 많은 대화를 통해 자신의 문제를 해결하려고 노력했다. 그는 분위기가 격해지면 관계를 멀리하고, 상황이 불편하면 가만히 뒷걸음을 치는 자신의 행동 유형을 인정해야 했다. 그렇게 하자 새로운 것을 발견할 수 있었다. 그의 방어적인 행동 유형의 저변에는 두려움과 상처가 도사리고 있었다. 그는 어렸을 때 많은 통제와 상처를 받고 자랐다. 문제의 원인은 거기에 있었다. 첫째, 그는 자신의 내면에 있는 상처와 두려움을 직시하지 못했다. 둘째, 그는 여성들과 교제할 때 일정한 거리감을 느끼게 만들어 스스로의 존재감을 과시하고자 하는 그릇된 관계 방식을 시도해 왔다. 셋째, 그는 자신의 존재감을 느끼게 만들 수 있는 올바른 방법(곧 정직한 태도로 상대방과 진심을 나누는 것)을 알지 못했다.

그러나 그가 자신의 방어적인 행동 유형을 극복하고, 자신의 뜻이 아니라 하나님의 뜻에 복종하고자 노력하기 시작하자 결국에는 진정한 자아를 되찾을 수 있었다.

처음에는 행복해하지 않았지만 나중에는 상처와 약점과 두려움을 직시할 수 있는 용기를 얻었다. 또한 갈등을 옳게 처리할 수 있는 능력을 회복했고, 새로운 관계의 기술을 발전시켜나갔다. 그 과정에서 다른 것들도 함께 변화되었다.

토니는 점차 강해져 상처를 덜 받게 되자 여성들을 다른 관점에서 바라보게 되었다. 그들을 위협적으로 생각하지 않았다. 그는 충고를 달게 받았고, 갈등 상황에서도 뒤로 물러서지 않았다. 더 이상 스스로를 방어하기 위해 움츠러들지 않았고, 솔직하고 정직하게 행동하는 법을 배웠다.

그는 여자친구가 옳을 때는 그 말을 기꺼이 인정했을 뿐 아니라 충고를 반박하지 않고 오히려 겸손히 잘못을 인정하는 태도를 보였다. 토니는 오래지 않아 사랑에 빠졌고, 이번 관계는 끝까지 이어졌다. 그는 훌륭한 여성을 만나 결혼에 골인했다.

한 가지 흥미로운 사실은 토니가 결혼한 여성이 그동안 데이트를 해 온 여성들보다 성격이 훨씬 더 강했다는 점이다. 그녀가 화를 내거나 주장을 내세울 때 그는 애교로 받아들이거나 그녀의 심정을 이해하고 무엇인가 도움이 될 수 있는 방법을 찾으려는 태도를 취했다. 오로지 그녀를 사랑하며 그녀의 강한 반응을 너그럽게 받아주었다. 그는 두 번 다시 방어적으로 행동하지 않았으며 힘든 상황 속에서 하나님의 뜻에 복종하신 예수님처럼 행동할 수 있는 강한 인격의 소유자로 거듭났다.

악을 악으로 갚지 말라

그리스도의 마음으로 우리를 무장할 수 있는 셋째 방법은 보복하지 않는 것이다. 앞서 말한 대로 토니는 악을 악으로 갚지 않는 방법을 터득했다. 그가 이 방법을 깨달은 것은 그의 여자친구들이 나쁜 사람이 아니라 좋은 사람이라는 사실을 확인하는 것과는 크게 상관이 없었다. 물론 그런 사실을 아는 것은 중요했지만 가장 중요하지는 않았다. 설혹 그가 상대 여성이 선하다는 사실을 알았더라도 스스로의 문제를 의식하지 못한다면(마 7:5 참조) 아무 유익이 없었을 것이다. 예를 들어 그 선한 여성이 혹시라도 선하지 않은 일을 저지른다면 어떻게 할 것인가? 스스로의 문제를 깨닫지 못하는 한 그는 그것을 빌미 삼아 자신의 방어적이고 역기능적인 습성, 심지어는 죄에 해당하는 태도까지도 옳다고 정당화할 것이 분명하다. 상대방이 선해야만 자신도 선하게 행동할 수 있다는 생각에서 벗어나지 않는 한 계속해서 관계를 맺어도 결국에는 더 큰 난관에 봉착할 뿐이다.

그가 깨달아야 할 교훈은 다음과 같다. 즉 그의 건강과 성숙함의 깊이는 상대방에게 의존하지 않는다. 만일 그렇다면 그는 상대방의 미성숙한 태도에 좌지우지될 뿐이다.

나는 토니에게 상대방으로부터 어떤 대우를 받든 받은 것보다 더 나은 것으로 되갚아주어야 한다고 말했다. 그는 선으로 악을 이겨야 했다. 그래야만 다른 사람이 성숙하지 못한 반응을 보이더라도 거기에 좌우되지 않고 스스로를 올바로 지켜낼 수 있다. 다른 사람이 얼마나 통제적이냐는 중요하지 않다. 바울의 말대로 "악에게 지지 말고 선으로 악을"(롬 12:21) 이겨야 한다.

당시에 토니가 우려했던 문제는 갈등과 관계를 처리하는 능력이 부족한 것이었다. 나는 그에게 이렇게 조언했다. "여자친구가 화를 낼 때마다 방어적인 태도를 취하며 달아난다면 누구하고도 결혼하지 못할 것입니다. 그런 행동은 의존심이 많은 어린아이나 하는 것이지요. 어린아이는 결혼할 수 없습니다."

궁극적으로 하나님이 관계를 맺으시는 방식대로 관계를 맺어야만 건강한 삶을 살아갈 수 있다. 하나님은 항상 솔직하시고, 사랑과 용서를 즐겨 베푸시며, 의사전달이 분명하실 뿐 아니라 기꺼이 도움을 요청하신다. 이것이 건강한 삶이고 의로운 삶이다. 건강한 삶은 올바른 관계에서 비롯한다. 다른 사람의 잘못된 행동 때문에 나도 잘못된 행동을 드러낸다면 그것은 건강하지 못한 징후다. 내가 대접받은 그대로 갚아준다면 그것은 내가 아닌 다른 사람들에게 내 삶을 맡기는 것이나 다름없다.

결혼관계가 깨지는 주된 이유 가운데 하나는 자신의 문제를 처리하지 못하기 때문이다. 서로 상대방이 자신을 비참하고 어렵게 만들었기 때문에 이혼을 결심했다고 주장하는 탓에 영원히 등을 돌리고 마는 부부가 많다. 이 경우, 두 가지 문제가 발생한다. 첫째, 상대방이 건강해져 올바른 태도로 관계에 충실하기를 바라는 태도를 고집하는 한 스스로의 성장은 이루어지지 않는다. 둘째, 앞으로도 제대로 된 결혼생활을 할 수 없다. 왜냐하면 자신의 행동 유형을 고친다면 배우자를 스스로 깨닫게 만들어 관계 전체가 새로워지는 결과가 나타나겠지만 그렇게 하지 않기 때문에 다음번의 결혼관계에서도 여전히 똑같은 상황이 반복될 가능성이 높다「『No!라고 말할 줄 아는 남편과 아내』(*Boundaries In*

Marriage)를 참조하라].

예수님은 다른 사람들의 잘못된 행동으로 인해 많은 고통을 받으셨지만 그들처럼 행동하지 않으셨다. 성경은 고난을 받아들이시는 예수님의 태도를 본받아야 할 필요가 있다고 가르친다.

> "부당하게 고난을 받아도 하나님을 생각함으로 슬픔을 참으면 이는 아름다우나 죄가 있어 매를 맞고 참으면 무슨 칭찬이 있으리요 그러나 선을 행함으로 고난을 받고 참으면 이는 하나님 앞에 아름다우니라 이를 위하여 너희가 부르심을 받았으니 그리스도도 너희를 위하여 고난을 받으사 너희에게 본을 끼쳐 그 자취를 따라오게 하려 하셨느니라 그는 죄를 범하지 아니하시고 그 입에 거짓도 없으시며 욕을 당하시되 맞대어 욕하지 아니하시고 고난을 당하시되 위협하지 아니하시고 오직 공의로 심판하시는 이에게 부탁하시며" (벧전 2:19-23).

예수님은 어떤 일을 당하시든 상관없이 오직 옳은 것을 행하시는 데만 관심을 기울이셨다. 우리가 그분처럼 고난을 받아들인다면 건강을 되찾고 신속하게 성장할 수 있을 것이다. 사람들이 성숙하지 못한 태도를 보여도 괘념하지 말고, 또 무슨 대접을 받든지 항상 성장의 길을 추구해야 한다. 그렇게 하면 그 과정에서 다른 사람들을 구원할 수도 있다.

십자가를 짊어지라

앞서 말한 대로 베드로는 예수님께 고난을 피하시라고 간청했다. 그러자 예수님은 두 가지를 말씀하셨다. 하나는 십자가를 짊어지라는 말씀이었고, 다른 하나는 스스로 목숨을 구원하려고 하면 잃을 것이며 예수님을 위해 목숨을 버리면 생명을 얻게 될 것이라는 말씀이었다. 이것이 그리스도께서 감당하신 고난의 본질이다. 우리는 그분의 십자가를 본받아야 한다. 그 고난에 복종하면 거룩한 삶을 살아갈 수 있다. 우리는 스스로를 구원하기 위해 방어적이거나 공격적인 태도를 취해서는 안 된다.

신자들이 예수님의 고난을 본받는 방식은 다양하다. 모든 것을 내버리고 믿음을 위해 목숨을 바치는 경우도 있고, 안락한 삶을 포기하고 먼 나라에 가서 힘든 선교 사역을 행하는 경우도 있으며, 믿음을 포기하지 않는다는 이유로 온갖 박해를 당하는 경우도 있다.

그러나 외부로부터 어떤 고난을 당하든지와 상관없이 인격의 성장에 필요한 내면의 고통은 그리스도의 고난을 본받는 모든 신자에게 일평생 계속되는 과정이다. 다시 말해 우리는 스스로를 겸손히 낮추고 하나님의 역할을 대신하려는 시도를 포기해야 한다. 우리는 "내 뜻이 아니라 주님의 뜻대로 하소서"라고 말할 수 있어야 한다. 악을 악으로 갚지 말고 선으로 악을 이겨야 한다(롬 12:21 참조). 이런 태도는 성장에 매우 지대한 영향을 미친다.

슬픔 : 옳지 않은 것을 치유하시기 위한 하나님의 방법

슬픔은 우리가 감당해야 할 가장 힘든 고통에 해당한다. 물론 슬픔이 최악의 경험은 아니다. 왜냐하면 얼마든지 극복할 수 있기 때문이다.

그러나 슬픔은 가장 극복하기 어려운 경험에 해당한다. 슬픔을 극복하려면 슬픔을 온전히 받아들여야 하기 때문이다. 다른 경험은 외부로부터 우리에게 일어나는 것이다. 상처, 피해, 불안, 실패 등은 모두 맞서 싸울 수 있지만 슬픔은 그렇게 할 수 없다.

물론 이런 속성만이 슬픔과 다른 고통을 구별하는 것은 아니다. 슬픔이 다른 고통과 다른 또 한 가지 이유는 슬픔이 다른 모든 고통을 치유하는 가장 중요한 고통이라는 점이다. 하나님이 슬픔을 온전히 감당하기를 원하시는 이유가 여기에 있다. 슬픔은 치유하고 회복하고 잘못된 일을 변화시킨다. 더욱이 슬픔은 상황이 잘못되었을 때 위로를 찾을 수 있는 유일한 길이다. 따라서 하나님도, 상담사들도 "슬픔을 받아들이라"고 권고한다. 솔로몬은 이렇게 말했다.

"슬픔이 웃음보다 나음은 얼굴에 근심하는 것이 마음에 유익하기 때문이니라 지혜자의 마음은 초상집에 있으되 우매한 자의 마음은 혼인집에 있느니라"(전 7:3-4).

슬픔이 그토록 특별한 이유는 무엇일까? 슬픔이 "치유하는 고통"인 이유는 무엇일까? 이는 슬픔이 삶의 부정적인 요소를 처리하는 하나님의 방법이기 때문이다. 슬픔은 부정적인 요소를 극복하고 그것을 내버리는 과정이다. 슬픔은 부정적인 요소를 깨끗이 처리하는 과정이기 때문에 새로운 것, 좋은 것을 받아들일 수 있는 여지를 만들어낸다. 즉 우리의 영혼이 고통스런 경험에서 벗어나 자유롭게 새롭고 좋은 경험을 추구할 수 있게 한다.

우리의 영혼은 그릇된 것을 청산할 수 있는 능력을 부여받았다. 슬픔은 영혼의 기능 가운데 하나다. 컴퓨터가 특정한 회로를 통해 작동하도록 설계되었듯 우리의 영혼은 슬픔의 길을 따르도록 설계되었다. 솔로몬이 "그 기능에 충실하라"고 권고했던 이유는 우리의 영혼이 그렇게 지어졌기 때문이다. 슬퍼하라. 그러면 행복해질 수 있다. 울어라. 그러면 모든 상처가 아물어 심령이 새로워질 수 있다.

그렇다면 우리가 겪게 되어 있는 이 슬픔의 과정, 즉 우리의 마음을 비참한 상태에서 벗어나게 하는 이 과정의 본질은 무엇일까? 또 그것은 어떤 단계를 거쳐 이루어질까?

불행한 일-명백한 현실

슬픔은 불행한 일이 있을 때 찾아온다. 인생은 고해와 같기 때문에 슬픔은 누구에게나 찾아오고, 누구나 치유가 필요한 입장이 될 수 있다. 예수님은 "세상에서는 너희가 환난을 당하나"(요 16:33)라고 말씀하셨다. 불행은 아무도 피할 수 없는 현실이다. 불행의 몇 가지 예를 들면 다음과 같다.

- 사랑하는 사람의 죽음
- 꿈의 좌절
- 여러 가지 희생(자녀 양육, 돈벌이 등)
- 관계의 단절
- 계획의 차질
- 실패

- 중요한 사람의 사랑이나 인정을 받지 못하는 것
- 자신이 원하는 사람이 되지 못하는 것(이상적인 자아의 상실)
- 원하는 것을 바라지 못하는 것
- 질병으로 인한 건강 악화
- 경제적인 추락
- 필요로 하거나 원하거나 바라는 것을 얻지 못하는 것

항변, 타협 – 이것이 사실이 아니기를

다음으로, 현실에 대한 항변이다. 이것은 눈앞의 현실을 부인하거나 아니면 충격으로 인해 아무 생각도 할 수 없는 형태로 이루어진다. 사람들은 사랑하는 사람을 잃으면 처음에는 사실이 아니라고 생각한다. 그들은 '이것이 사실일 리가 없어'라고 생각한다. 감정이 현실을 인식하지 못하는 것이다. 이런 감정은 항변의 일종이다. 우리는 일어난 일이 사실이 아니기를 바란다.

현실에 대한 항변은 "아니야! 그런 일은 절대 있을 수 없어"라는 부인의 형태를 띤다. 누군가를 잃고 충격에 빠진 사람들은 처음에는 "아니야, 절대 아니야!"라고 소리를 지른다. 이는 불행한 일을 당한 인간의 자연적인 반응이다. 이것은 슬픔의 과정 가운데 "분노의 단계"에 해당한다.

그다음에는 대개 현실을 바꾸려고 노력한다. 즉 일어난 일을 되돌리려고 애쓴다. 항변이 타협으로 바뀌는 것이다. 타협을 통해 현실 도피를 시도한다. 일어난 일을 되돌리기 위해 할 수 있는 모든 일을 시도한다. 사랑하는 사람을 잃은 사람들은 "다 끝났습니다. 더 이상 할 수 있

는 일은 없습니다. 운명하셨습니다"라는 의사의 말을 듣게 되면 대개 현실을 항변하며 "계속해 보세요. 더 충격을 가해 보세요!"라고 소리친다. 그들은 그것이 사실이라고 믿지 않으려고 한다.

흔히 볼 수 있는 이런 정상적인 항변은 언제나 쉽게 인식할 수 있다. 그러나 불행한 일이 그렇게 구체적이지 않을 때의 항변이나 타협은 인식하기가 분명하지 않다. 예를 들어 어렸을 때 부모에게 사랑을 받지 못했다고 생각하는 사람은 그런 현실이 사실이 아니기를 바라며 오랫동안 타협을 시도한다. '내가 좀 더 잘한다면 사랑을 받을 거야. 좀 더 예쁘고 날씬하고 똑똑해지면 사랑을 받을 수 있어.' 그는 오래전에 잃어버렸던 삶을 보상받기를 바라며 그런 자신의 마음을 헤아려줄 사람을 찾아 나선다.

절망, 또는 우울-자포자기

항변과 타협이 효과를 발휘하지 못할 때는 결국 일어난 일이 현실이라는 사실을 깨닫게 된다. 현실은 절망적이다. 되돌릴 수 없다. 슬픔은 이때부터, 즉 불행한 현실을 수용하는 데서부터 시작한다.

이 점에서 절망은 희망을 완전히 잃은 상태가 아니라 "일어난 일이 사실이 아니기를 바라는 마음을 잃어버린 상태"를 가리킨다. 다시 말해 아무리 타협을 시도하고 원하고 되돌리려고 노력해도 현실은 변하지 않는다는 것을 의식하는 단계다. '이것은 현실이다'라는 생각이 드는 순간 우리는 절망에 부딪친다. 현실이 의식되는 순간 슬픔이 몰려들기 시작한다.

우리는 더 많은 타협과 항변을 시도하거나 어떤 식으로든 행동을 취해 슬픔을 달래려고 노력한다. 약물을 복용하기도 하고, 새로운 관계를 맺기도 하고, 옛 관계로 되돌아가기도 하고, 일을 더 많이 하기도 하는 등 가능한 모든 방법을 동원해 진실을 회피하려고 애쓴다. 현실을 인정해야 마땅한데도 그것이 사실이 아니기를 바라는 마음이 한 차례 더 반복된다. 오직 현실을 인정할 때만 그런 헛된 바람에서 자유해질 수 있다.

슬픔, 손실, 애통 – 불행한 현실과 작별하기

일어난 일이 사실이라는 것을 깨닫고 절망에 부딪치는 순간, 우리는 진정한 손실을 경험한다. 가슴이 무너져내리면서 눈물이 터져 나온다. 슬픔과 더불어 현실은 떠나가고, 다시 되돌릴 수 없는 것과의 작별이 이루어진다.

그러나 그것은 또한 진정한 치료의 시작이기도 하다. 이것이 "얼굴에 근심하는 것이 마음에 유익하기 때문이니라"는 솔로몬의 말에 담긴 뜻이다.

이때부터 한번 잃어버린 것에 대해 감정을 쏟아내는 일이 중단되기 시작한다. 바울의 표현대로 모든 것을 잃어버린 것으로 여기고 소원과 바람을 중단한다. 되돌릴 수 없는 것을 떠나보내고, 현실과 마음과 생각과 영혼이 하나가 되어 눈물로 변해 흐른다. 많은 눈물을 흘린 끝에 모두 잊는다. '결코 이루어지지 않을 테니 이제 떠나보내야 해'라고 생각한다. 나무 위에서 시냇물로 떨어진 잎사귀처럼 아픈 기억은 멀리 사라져간다.

문제 해결과 재탄생 – 이해와 새로운 삶을 받아들일 여력이 생겨남

그렇게 슬픔은 사라져간다. 솔로몬의 말대로 마음이 행복해진다. 왜냐하면 새로운 것들(새로운 소망, 새로운 사랑, 새로운 희망, 새로운 활력 등 인생의 봄이 가져다주는 모든 것)을 받아들일 수 있는 여력이 생겨나기 때문이다. 겨울이 지나고 이제 새로운 삶의 씨앗을 뿌릴 때가 되었다.

또한 과거에 배웠던 지식과 이해와 경험을 새로운 삶을 위해 활용하기 시작한다. 좋은 것이든 나쁜 것이든 잃어버린 것은 그 자체로 하나의 경험이다. 그것은 남은 삶을 사는 데 유익한 지식과 지혜를 가져다준다.

그 과정이 완성되면 성장이 이루어진다. 과거는 이제 과거일 뿐 현재에 영향을 미치지 못한다. 사랑하는 사람에 대한 유쾌한 추억이나 더 많은 지혜만 남는다. 죽음의 경험은 이제 새로운 삶의 부활에 자리를 내준다.

슬픔이 우리에게 그렇게 좋은 것이라면 왜 슬퍼하지 않는가?

슬픔이 인생의 많은 문제에 대한 해답이라면 왜 슬퍼하지 않는가? 슬픔이 마음을 행복하게 만든다면 왜 "슬픔의 파티"를 열지 않는가? 사실 파티를 연다. 그것은 장례식이라 일컫는다. 장례식은 우리가 슬퍼할 수 있고, 그 슬픔을 처리하기 위한 모임이다. 장례식은 하나님의 가족이었던 이스라엘 백성의 관습 가운데 하나였다. 우리도 그에 비하면 규모가 매우 작기는 해도 여전히 장례식을 거행한다. 이스라엘 백성의 경우에는 애도하는 기간이 정해져 있었고, 사람들은 그 기간에 모두 함께 슬퍼했다.

"이스라엘 자손이 모압 평지에서 모세를 위하여 애곡하는 기간이 끝나도록 모세를 위하여 삼십 일을 애곡하니라"(신 34:8).

"애곡하는 기간"이라는 표현은 성경에 여러 차례 등장한다. 이스라엘 백성은 그것을 올바른 일로 생각했다. 솔로몬은 "울 때가 있고 웃을 때가 있으며 슬퍼할 때가 있고 춤출 때가 있으며"(전 3:4)라고 말했다.

우리는 누군가가 죽으면 장례식을 치른다. 그러나 다른 일에 대해서도 슬퍼하는 것이 필요하다. 문제는 우리가 그런 일들을 상실로 여기지 않는다는 데 있다. 우리는 오랫동안 현실을 부인하거나 항변한다. 예를 들어 토니는 여성을 만날 때마다 "사랑 많은 어머니"와 같은 모습을 발견할 수 없다며 항변했다. 그는 항변과 타협을 계속 시도하는 바람에 새로운 삶에 다가갈 수가 없었다.

사람들이 슬퍼하지 못하는 또 하나의 중요한 이유는 슬퍼할 것이 없기 때문이다. 슬픔은 아픔을 내려놓고 놓아 보내는 것을 의미한다. 내려놓아야 할 것이나 놓아 보낼 것이 없으면 그렇게 할 수 없다. 예를 들어 우리의 안팎에 우리를 지탱해 줄 충분한 사랑이 없다면, 심지어 좋지 않은 기억조차 없다면 놓아 보낼 것이 아무것도 없다.

"왜 그녀는 그 일을 잊지 못할까?"라거나 "왜 그는 그 일을 떨쳐버리지 못할까?"라는 물음에 대한 대답을 여기서 찾을 수 있다. 사실 그들이 그렇게 하지 못하는 이유는 그들의 안이든 밖이든 슬퍼할 것이 아무것도 없기 때문이다. 공중그네가 좋은 예가 될 수 있다. 지금 잡고 있는 그네를 놓아 보내려면 붙잡을 다른 그네가 있어야 한다.

슬퍼하기 위해서는 두 가지가 필요하다. 첫째는 사랑과 도움과 위로다. 바울은 "우는 자들과 함께 울라"(롬 12:15)고 말했다. 성경은 공동체 안에서 서로 슬픔을 나누어야 한다고 가르친다. 그렇지 않으면 잃어버린 것을 떠나보낼 때 우리를 지탱해 줄 사랑을 받을 수 없기 때문에 절망에 빠지거나 헛된 바람에 치우치기 쉽다. 이는 기근이 심할 때는 썩은 빵이라도 내버릴 수 없지만 새로운 음식이 주어지면 그것을 미련 없이 던질 수 있는 이치와 같다.

둘째는 체계가 필요하다. 즉 슬퍼할 수 있는 시간과 공간 및 체계적인 활동이 필요하다. 시간을 정해 놓고 함께 모여 대화도 나누고 활동도 같이 할 수 있는 좋은 지지 그룹이 슬픔을 극복하는 데 많은 도움이 되는 이유가 여기에 있다. 이처럼 슬퍼하려면 경험을 체계화하는 데 도움이 되는 시간과 장소와 공간 및 활동 과제가 필요하다.

이것이 하나님이 우리의 눈에 눈물샘을 만들어주신 이유다. 슬픔은 관계 안에서 이루어지는 경험이다. 우리는 눈과 눈을 통해 서로의 고통을 들여다볼 수 있다. 우리가 울고 있을 때 누군가가 우리를 바라봐야 하고, 우리도 누군가가 울고 있을 때 그 사람을 바라봐야 한다.

그러면 우리가 혼자가 아니라는 사실, 누군가가 우리의 눈물과 울음소리를 보고 듣고 있다는 사실을 깨닫게 된다. 예수님은 "애통하는 자는 복이 있나니 그들이 위로를 받을 것임이요"(마 5:4)라고 말씀하셨다.

우리의 심정을 헤아려주고, 동정심을 나타내고, 격려와 위로를 아끼지 않는 누군가가 있을 때 슬픔의 고통을 이겨내는 데 필요한 생명을 공급받을 수 있다.

나는 내가 좀 더 일찍 이런 과정을 이해했더라면 좋았을 것이라고 생각한다. 골프 선수가 되겠다는 꿈을 잃었을 때 나는 얼른 슬픔의 과정을 밟지 못했다. 만일 그랬더라면 많은 고통을 피할 수 있었을 것이다.

나는 옛것을 슬퍼하지 않은 채 새로운 삶을 발견하려고 노력했다. 늘 새로운 꿈, 새로운 의미만을 찾으려고 애썼다. 하나님이 슬픔을 계획하시고 나의 상처를 직시하는 데 필요한 도움과 지원 체계를 제공하시기 전까지 나는 이미 잃어버린 것을 놓아버리지 못하고 오히려 나 자신을 잃어버리는 고통을 맛보아야 했다. 그러던 중 하나님과 그분의 몸이 제공해 준 도움과 지원 체계 덕분에 슬픔의 과정을 거칠 수 있었고, 마침내 잃어버린 것을 직시하고 깨끗이 놓아 보냄으로써 다시 나를 되찾았다.

자신이나 자신이 돕는 사람들에게서 틀에 박힌 듯 아무 변화가 없는 삶이 이루어지고 있다면 슬픔이 그 해결책이 될지도 모른다. 어쩌면 오래전에 잃어버린 현실을 부정하거나 결코 실현되지 않을 꿈을 꾸며 고집을 부리고 있는지도 모른다. 그렇다면 이제 그 모든 것을 포기하고 슬퍼할 때가 되었다. 슬퍼하면 마음이 다시 행복해질 수 있다.

그러나 그렇게 하려면 진공상태에서 빠져나와야 한다. 즉 새로운 삶을 시작할 수 있는 도움과 지원 체계가 필요하다. 그래야만 죽은 것이 새 생명을 얻을 수 있고, 슬픔이 위로받을 수 있다.

시편 저자는 "저녁에는 울음이 깃들일지라도 아침에는 기쁨이 오리로다"(시 30:5)라고 옳게 말했다. 성경은 슬픔을 긍정하고 요구한다. 이는 과학적으로도 입증된 사실이다. "좋은 슬픔"이라는 것은 분명히 존재한다.

성장하기 원하는 사람을 위한 조언

- 고통에 대한 자신의 생각을 살펴보고, 파괴적인 고통이나 성장의 고통이 있었는지 찾아보라. 혹시 성장의 고통이 지니는 가치를 모르고 파괴적인 고통에만 시달리며 살지는 않았는가? 지금까지 어떤 조언을 받았는지 생각해 보라.

- 자신의 인생관에 좋은 고통을 수용할 수 있는 여지를 만들어라.

- 앞서 나열한 인생의 불행한 일들을 살펴보고 더 보탤 것이나 수정할 것이 있는지 찾아보라. 당신이 경험한 불행한 일은 무엇인가?

- 자신의 삶에서 용기 있게 직시해 처리해야 할 나쁘고 무익한 고통이 있는지 살펴보라. 그런 고통이 있다면 유익한 고통으로 전환시켜라. 자신이 수용해야 할 것이 무엇인지 생각해 보라.

- 무익한 고통을 달래기 위해 헛된 위로를 구하지 않도록 주의하라.

- 자신의 삶에서 마땅히 인정해야 할 행동 습관이 있는지 찾아보라.

- 고난에 대한 베드로의 태도를 본받아라. 그것은 우리의 갑옷이다.

- 그리스도의 고난은 케노시스(비움), 즉 자신의 뜻을 버리고 하나님의 뜻에 복종하기, 고통을 직시하기, 방어적인 태도를 취하지 않기, 헛된 수단으로 고통을 달래지 않기, 악을 악으로 갚지 않기 등과 같은 중요한 요소들을 포함한다. 당신의 삶 속에서 이런 원리들이 작용하고 있는가?

- 처리해야 할 슬픔이 무엇인지 모두 찾아보라. 그리고 필요한 도움을 구한 뒤 극복하라.

성장을 돕는 사람을 위한 조언

- 고난에 대한 자신의 생각을 살펴보고 적절한 균형을 갖추고 있는지 파악하라. 이유가 있어 고난을 당하는 경우도 있고 아무 잘못도 없는데 고난을 당하는 경우도 있다고 생각하는가? 사람들의 경험 속에서 노상강도를 당한 것처럼 불필요하게 고통을 당하는 경우는 없는지 살펴보라.

- 좋은 고통의 가치를 가르치고 그런 고통을 기꺼이 수용할 수 있는 문화를 정착시켜라. 그런 문화를 발전시킬 수 있는 환경과 프로그램을 제공하라.

- 앞서 나열한 인생의 불행한 일들을 직시할 수 있는 환경을 조성하고 필요한 교훈을 제시하라.

- 사람들이 나쁜 고통에 시달릴 때는 즉시 깨우쳐주라. 나쁜 고통을 직시하고 그것을 좋은 고통으로 전환시킬 수 있는 환경과 프로그램을 제공하라.

- 사람들이 반복적인 행동 유형을 보일 때는 잘못을 즉시 일깨워주라. 그런 행동 유형을 파괴적인 것으로 간주하고 그 점을 분명히 깨우쳐주라. 사람들에게 잘못을 뉘우치라고 권고하라.

- 그리스도께서 베드로에게 가르치시고, 베드로가 우리에게 가르친 것(즉 고통은 죄를 막아주는 갑옷이라는 것)을 가르쳐라. 그런 보호책을 제공하라.

- 그리스도의 고난을 경험할 수 있는 수단과 환경을 제공하라.

- 슬픔의 과정이 지니는 가치를 가르치고 사람들이 그 과정을 거칠 수 있는 환경을 제공하라. 슬픔을 정상적인 것으로 받아들이고 그것이 새로운 삶을 시작하게 만드는 강력한 수단이라는 점을 깨우쳐주라. 그런 일이 일어날 수 있는 지원 체계를 구축하라.

성장의 열매를 기대하라 : 의로운 사람으로 거듭나기

"우리는 선한 사람이 되기 위해서가 아니라 살아 있기 위해 하나님의 나라와 그분의 의를 구해야 한다."

　나(헨리)는 절망에 부딪쳤을 때 마태복음 6장 33절 "너희는 먼저 그의 나라와 그의 의를 구하라 그리하면 이 모든 것을 너희에게 더하시리라"는 말씀을 통해 새로운 삶의 전환점을 마련했다. 나는 그 말씀을 통해 하나님이 내가 새로운 삶을 살 수 있게 도와주실 것이라는 믿음을 갖게 되었다. 당시에 나는 이 말씀을 내가 구하는 모든 것의 해답은 오로지 하나님께 있기 때문에 그분을 구하면 모든 것이 다 해결될 것이라는 의미로 이해했다. 나는 내 힘으로 삶을 이끌려고 했지만 이제는 하나님만 구하면 새로운 삶이 저절로 찾아올 것이라고 생각했다. 일종의 거래가 성사된 듯한 느낌이었다.

　그런데 삶의 변화를 원했던 내가 미처 염두에 두지 못한 것이 있었다. 그것은 "그분의 의"였다. 나는 하나님을 구하고, 그분이 나를 위해 무엇인가를 해주시기만 기대했다.

　물론 하나님의 의를 구하는 것이 법정적인 의, 곧 행위가 아니라 믿음을 통해 하나님 앞에서 죄 사함을 받는 것을 의미한다는 사실을 곧 깨달았다. 나는 열심히 노력해서가 아니라 오직 믿음으로만 그분 앞에서 의롭게 될 수 있었다. 그것은 명백한 사실이었다. 하나님은 예수님의 사역을 근거로 나를 받아들이시고, "의롭다"고 선언하셨다(롬 10:4 참조).

그러나 내가 미처 깨닫지 못한 점이 있었다. 그것은 내가 필요로 하는 모든 것이 이미 주어졌기 때문에 구원의 의와는 다른 식으로 의를 추구해야 한다는 점이었다. 즉 하나님이 보시기에 의로운 사람이 되어야 할 뿐 아니라 영혼과 삶이 실제로 의롭게 되는 것이 필요했다. 나는 그 점을 나의 계획에 포함시키지 못했다.

삶을 개선하기 위해 하나님께 도움을 구하는 사람들은 대개 그분이 자신을 위해 해주실 것만 생각한다. 일터에서 일이 잘 풀리지 않으면 사람들은 새로운 직장이나 직업을 찾게 해달라고 기도한다. 관계가 잘 풀리지 않을 때면 새로운 관계를 허락하시거나 관계를 맺고 있는 상대방을 변화시켜달라고 기도한다. 또한 우울증이나 중독에 사로잡혀 있을 때는 치유와 구원을 간구한다. 우리는 모두 하늘을 올려다보며 하나님이 더 나은 삶을 허락해 주시기를 바란다. 그러나 하나님은 우리에게 직업과 관계를 비롯해 여러 가지 축복을 내려주실 때 삶만이 아니라 우리 자신이 더 나은 사람으로 거듭나기를 원하신다. 이 점을 잊어서는 안 된다.

이 말에는 두 가지 의미가 담겨 있다. 첫째, 우리가 하나님께 구하는 것들 가운데는 우리가 그분과 협력해 좀 더 성숙하고 의로운 사람이 되어야만 비로소 주어지는 것들이 있다. 그런 것들을 소유하지 못하는 이유는 곧 우리가 하나님이 원하시는 방법으로 성장하거나 변화하지 못하는 데 있다. 예를 들어 어떤 직업을 원할 경우 그 일을 책임 있게 수행할 수 있는 능력이 없으면 불가능하다. 둘째, 하나님은 우리의 성장이 이루어져 충분히 사용할 수 있다고 판단하시는 것만을 허락하신다. 따라서 충분한 성장이 이루어지지 않으면 그런 것을 소유할 수 없다.

내가 하나님께 구한 한 가지는 심각한 우울증에서 벗어나는 것이었다. 당시 나는 우울증을 앓고 있다는 사실을 알지 못했다. 매일 아침 잠에서 깨어날 때마다 마음이 천근처럼 무거웠다는 것밖에 알지 못했다. 나는 남부감리교대학교 예배당에서 기도를 드리면서 하나님이 그 무거운 감정을 없애주시기를 원했다.

하나님이 나를 치유해 주시기를 바랐지만 아무 결과도 나타나지 않았다. 치유는 하나님이 성장의 과정을 거치면서 나 자신에 관한 여러 가지 사실을 깨닫게 하셨을 때 비로소 이루어졌다. 나의 우울증과 관련해 특히 두 가지 사실이 기억났다. 첫째, 7장에서 말한 대로 나는 해결되지 않은 고통을 안고 다녔다. 그러던 중 하나님이 그 문제를 해결할 수 있도록 도와주시자 마음이 한결 가벼워졌다. 둘째, 나는 사람들과 어울리기를 좋아하는 사교적인 사람이었지만 사람들이 내게 가까이 다가오는 것을 허용하지 않았다. 물론 내가 친하다고 생각하는 친구들이 있었지만 내 마음은 다른 사람들과 단절되어 있었다.

나는 당시에는 하나님이 무슨 일을 하고 계시는지 몰랐다. 심리학자가 된 지금은 해결되지 않은 슬픔과 감정적인 단절이 우울증의 가장 큰 원인 중 두 가지에 해당된다는 것을 알고 있다. 하나님은 이 두 가지 원인을 치료하셨다. 물론 이 치유는 감나무에서 감이 떨어지듯 어느 날 갑자기 이루어진 것이 아니라 내가 좀 더 성숙한 사람으로 거듭나는 과정을 통해 서서히 이루어졌다. 하나님의 나라와 그분의 의를 구하면서 성장하는 동안 그 구절의 약속대로 건강한 감정이 내게 주어졌다.

나는 다른 사람들과 깊고 지속적인 관계를 맺는 것은 물론 나의 인격과 성품이 하나님을 닮아 좀 더 의롭게 변화되는 것이 그분의 방법이라는 사실을 발견했다. 그러자 우울증이 치료되기 시작했다. 좀 더 의롭게 되었다는 말은 내가 온전히 거룩한 사람이 되었다거나 다른 사람들보다 더 나은 사람이 되었다는 뜻과는 전혀 거리가 멀다. 그것은 나의 문제를 야기하는 여러 가지 요인과 행동 유형을 바꾸어나갔다는 뜻이다. 그렇게 했을 때 상황은 더 나아졌다.

어느 날 저녁, 내가 참여했던 그룹이 내게 관심을 집중했다. 누군가가 나의 삶에 관해 물었고, 나는 어렸을 때 다리를 다쳐 몇 년 동안 다리 보호대를 착용한 상태로 휠체어 신세를 져야 했다고 말했다.

나는 농담조로 "다리병신이었던 어린아이"라고 말하면서 나의 이야기를 이어나갔다. 그러나 그룹은 그런 농담에 아랑곳하지 않고 내가 감정적으로 단절된 상태에 있다고 지적했다. 지금 생각하니 내가 감정을 드러내지 않으면서 고통스런 일을 쉽게 이야기할 수 있는 사람이라는 것을 눈치 챘던 모양이다. 그들은 나를 추궁하기 시작했다. 다리 보호대를 착용하고 휠체어 신세를 져야 했을 때 어떤 감정이 느껴졌느냐고 물었다. 그들은 내가 감정을 배제한 채 덤덤한 반응을 보이는 것에 만족하지 않았다. 감정을 솔직하게 드러내게 만들었다.

매우 고통스런 일이었다. 그러나 그런 과정을 거치면서 내가 느꼈던 감정을 좀 더 솔직하게 고백한 결과, 나는 내 마음을 되찾을 수 있었다. 나는 다시 감정을 회복하고 사람들을 신뢰하기 시작했다. 시간이 지나면서 사람들에게 더욱 솔직해졌고, 그들이 더 가까이 다가오도록 허용했다.

변화란 내 방식을 버리고 하나님의 방식을 따르는 것을 의미한다. 우리가 찾는 생명과 성장을 얻으려면 하나님의 방식대로 일을 처리하는 사람으로 변화되어야 한다. 하나님의 방식대로 일을 처리하는 사람은 세 가지 특성을 지닌다.

- 옛 방식을 버리고 하나님의 방식에 복종한다(회개).
- 가장 좋은 것을 이해하고 분별할 수 있는 능력을 구한다(이해와 총명).
- 성장을 위해 징계의 고통을 기꺼이 감내한다(훈련).

이 세 가지 요소(회개, 이해와 총명, 훈련)를 한 가지씩 좀 더 자세히 살펴보면 다음과 같다.

회개

하나님의 방식대로 일을 처리하는 사람의 첫째 특징은 회개다. 회개가 어떻게 이루어지는지에 대해서는 앞서 자세히 설명했다. 여기에서의 초점은 우리가 원하는 생명을 발견하려면 그 생명이 하나님의 방식을 따를 때 주어진다는 사실을 이해해야 한다는 데 있다. 그러면 하나님의 방식을 따르는 것이 중요하다는 사실을 어떻게 사람들에게 주지시킬 수 있을까? 어떻게 그들에게 동기를 부여해 그분의 방식을 따르게 할 수 있을까?

사람들에게 변화의 동기를 부여할 수 있는 기본적인 방법은 두 가지다. 하나는 종교적인 방법이고 다른 하나는 현실적인 방법이다. 종교적인 방법이란 옳은 일이기 때문에 옳은 일을 해야 하며, 옳은 일을 하지 않는 것은 잘못이라고 말하는 것이다. 그러나 옳게 살라는 말은 변화의 동기를 부여하는 데 그리 효과적이지 못하다. 사람들은 항상 올바른 방법보다는 자신의 방법을 고집하는 경향이 있기 때문이다. 종교적인 방법이 지니고 있는 또 하나의 문제점은 "해야 한다"는 의무에 대한 사람들의 반응에 있다. 사람들에게 옳기 때문에 이런 일, 또는 저런 일을 해야 한다고 말하면 그들은 대개 반항심을 느끼고 듣지 않는다. 바울 사도는 이렇게 말했다.

"전에 율법을 깨닫지 못했을 때에는 내가 살았더니 계명이 이르매 죄는 살아나고 나는 죽었도다 생명에 이르게 할 그 계명이 내게 대하여 도리어 사망에 이르게 하는 것이 되었도다 죄가 기회를 타서 계명으로 말미암아 나를 속이고 그것으로 나를 죽였는지라"(롬 7:9-11).

바울은 이러한 방법을 포기하고 현실적인 방법을 강조했다. 그는 생명을 얻기 위해 그 일을 행해야 한다고 말했다. 그는 잠시 뒤에 "너희가 육신대로 살면 반드시 죽을 것이로되 영으로써 몸의 행실을 죽이면 살리니"(롬 8:13)라고 말했다. 살려면, 즉 우리가 원하는 생명을 찾으려면 하나님의 방식에 따라 살아야 한다. 이것이 현실이고 효과적인 방법이다. "해야 한다"는 의무감에서 올바른 삶을 생각하기보다 그것이 생명을 얻을 수 있는 유일한 길이기 때문이라고 생각하는 순간 사람들의 삶은 놀랍게 변화되기 시작한다.

- 정직함을 단지 미덕으로서만이 아니라 친밀한 관계를 맺을 수 있는 유일한 길로 생각하게 된다.
- 고통과 고난을 참아야 할 것으로만 생각하지 않고 우울증이나 중독에서 벗어날 수 있는 유일한 길로 생각하게 된다.
- 잘못을 고백하고 인정하는 행위를 수치스럽고 부끄럽게 여기지 않고 성장과 목표를 이루는 데 필요한 일로 생각하게 된다.
- 사람들의 충고와 견책에 귀를 기울이게 된다. 즉 자신을 나쁘다고 질책하는 소리가 아니라 생명을 가져다주는 고마운 조언으로 받아들이게 된다.
- 성적 순결을 하나님의 진노를 피하기 위한 방편이 아니라 만족스런 사랑을 발견할 수 있는 유일한 방법으로 생각하게 된다.
- 다른 사람들을 용서하는 일을 율법이 아니라 자유와 화해에 이르는 길로 생각하게 된다.

다시 말해 올바른 행위가 하나님이 부여하신 규칙이 아니라 생명에 이르는 길이라는 사실을 깨닫게 된다.

성장하고 싶은 열정을 느끼려면 올바른 일을 행하는 것이 생명에 이르는 유일한 길이라고 생각해야 한다. 그렇지 않으면 올바른 일을 행하는 것에서 만족을 느끼기는커녕 오히려 갈수록 부담감만 가중되는 결과가 나타날 수 있다. 이는 오랫동안 자신이 건강하다고 확신하고 있다가 갑자기 심장마비를 일으켜 거의 죽게 된 사람의 경우와 비슷하다. 그 후부터 그는 건강을 당연하게 여기지 않고 생명 유지의 필수 조건으로 생각하게 된다.

따라서 우리는 하나님의 나라와 그분의 의를 구하는 것을 훌륭한 그리스도인이 되라는 의미가 아니라 생명에 이르는 길을 찾으라는 의미로 받아들이고, 또 성장을 돕는 사람들에게도 그렇게 가르쳐야 한다.

예수님은 "내가 온 것은…생명을 얻게 하고 더 풍성히 얻게 하려는 것이라"(요 10:10)고 말씀하셨다. 하나님은 이스라엘 백성에게 이렇게 명령하셨다.

> "후일에 네 아들이 네게 묻기를 우리 하나님 여호와께서 명령하신 증거와 규례와 법도가 무슨 뜻이냐 하거든 너는 네 아들에게 이르기를…여호와께서 우리에게 이 모든 규례를 지키라 명령하셨으니 이는 우리가 우리 하나님 여호와를 경외하여 항상 복을 누리게 하기 위하심이며 또 여호와께서 우리를 오늘과 같이 살게 하려 하심이라 우리가 그 명령하신 대로 이 모든 명령을 우리 하나님 여호와 앞에서 삼가 지키면 그것이 곧 우리의 의로움이니라 할지니라"(신 6:20-25).

하나님이 이스라엘 백성에게 "종교적인 율법"을 수여하신 목적은 그들의 삶이 잘되고 번영하게 하시기 위함이었다. 그분은 우리에게도 똑같은 일을 행하신다. 이것은 이해하기가 매우 어려운 진리 가운데 하나다. 우리는 선한 사람이 되기 위해서가 아니라 생명을 유지하기 위해 하나님의 나라와 그분의 의를 구해야 한다.

사람들이 성장해 가치 있는 삶을 살게 하려면 하나님의 나라와 그분의 의가 암시하는 두 가지 일을 행해야 한다. 하나는 하나님의 방식을 추구하는 것이고, 다른 하나는 그 방식대로 살면서 그것을 내면화하는 것이다. 하나님의 방식을 추구하는 것은 그분의 나라를 구하는 것이고, 그분의 방식대로 사는 것은 곧 그분의 의를 구하는 것이다. 예수님은 산상설교에서 그러한 삶의 길을 다음과 같이 묘사하셨다.

> "심령이 가난한 자는 복이 있나니 천국이 그들의 것임이요 애통하는 자는 복이 있나니 그들이 위로를 받을 것임이요 온유한 자는 복이 있나니 그들이 땅을 기업으로 받을 것임이요 의에 주리고 목마른 자는 복이 있나니 그들이 배부를 것임이요 긍휼히 여기는 자는 복이 있나니 그들이 긍휼히 여김을 받을 것임이요 마음이 청결한 자는 복이 있나니 그들이 하나님을 볼 것임이요 화평하게 하는 자는 복이 있나니 그들이 하나님의 아들이라 일컬음을 받을 것임이요 의를 위하여 박해를 받은 자는 복이 있나니 천국이 그들의 것임이라 나로 말미암아 너희를 욕하고 박해하고 거짓으로 너희를 거슬러 모든 악한 말을 할 때에는 너희에게 복이 있나니"(마 5:3-11).

성경이 가르치는 참 성장을 경험하기 원하는 사람은 삶의 방향을 180도 전환시켜 세상의 길을 버리고 하나님 나라의 길을 추구해야 한다. 왜냐하면 하나님 나라의 길만이 온전한 삶에 이르는 길이기 때문이다.

연약한 자, 애통하는 자, 의로운 자, 마음이 청결한 자를 요구하는 하나님 나라는 힘과 승리만을 구하는 세상 나라와는 완전히 다르다. 성경이 가르치는 대로 삶을 바라본다면 거룩한 삶을 사는 것이 그다지 어렵게 느껴지지 않을 것이다. 예수님이 산상설교에서 가르치신 하나님 나라의 삶은 대충 훑어보아도 선한 삶을 보여주는 훌륭한 청사진이라는 것을 한눈에 알 수 있다. 산상설교의 가르침을 간단히 정리하면 다음과 같다.

- 공동체 내에서 선한 행위를 함으로써 좋은 영향을 미치고, 하나님이 어떤 분이신지 보여주라.
- 하나님의 방식에 따라 살며 다른 사람들에게도 그렇게 하라고 가르쳐라.
- 위선자들보다는 더 나은 삶을 살라.
- 직접적인 살인 행위만을 자제하지 말고 분노와 증오와 욕설과 같은 내면의 태도도 아울러 자제하라.
- 상처를 준 사람에게 보상하고, 다른 사람들과의 갈등을 잘 해결하라.
- 배우자를 속이지 말라. 정욕과 음란한 생각을 품지 말라. 배우자를 순결하게 사랑하라.
- 삶을 파괴하는 일들을 멀리하라.
- 결혼생활에 헌신적으로 임하라. 아무 이유 없이 배우자를 버리지 말라.
- 자신이 한 말을 실천하라. 그러면 사람들로부터 신뢰를 받게 될 것이다.
- 악을 악으로 갚지 말라. 누군가로부터 피해를 입었더라도 앙갚음을

하지 말고 오히려 선대하라.
- 선을 베푸는 사람들에게만 선을 베풀지 말라. 모든 사람에게 선을 베푸는 선한 사람이 되라.
- 사람들의 관심을 끌기 위해 선을 행하지 말고 다른 사람을 진정으로 도와라.
- 경건한 척 자랑하지 말고 진실하게 행동하라.
- 정직한 태도로 진심을 다해 하나님께 기도하라. 하나님을 공경하고 그분께 필요한 것을 구하라. 세상에 선을 베풀어주시기를 구하고, 악에서 보호해 달라고 기도하라. 잘못을 고백하고 용서를 구하라. 누군가로부터 피해를 당했다면 하나님이 용서하신 대로 그를 용서하라. 그래야 공평하다.
- 물질에 대한 탐욕을 버려라. 시간과 금전을 하나님의 길과 사람들과 같이 영원히 지속될 것에 투자하라.
- 영혼의 눈을 항상 밝게 유지해 자신의 삶을 올바로 파악하라.
- 삶을 염려하지 말라. 하나님을 구하라. 그러면 훌륭한 사람이 되고 원하는 생명을 얻게 될 것이다.
- 다른 사람을 판단하지 말고 자신의 행위를 먼저 살펴라.
- 자신의 삶에 있는 선한 것들과 마음을 악한 사람들로부터 굳게 지켜라.
- 생명과 자신이 필요로 하거나 원하는 것을 구하라. 하나님께 나아가 그분의 인도를 구하라. 그러면 응답받을 것이다. 하나님의 보살피심을 확신하라.
- 스스로 대접받고자 하는 대로 다른 사람을 대접하라. 그러면 굳이 다른 삶의 규칙들을 지키려고 노력하지 않아도 될 것이다.

- 참 생명에 이르는 길은 쉽지 않고, 또 그것을 발견하는 사람도 많지 않다.
- 거짓 교사들을 조심하라. 그들의 행위와 그들을 따르는 사람들에게 일어나는 일을 보면 누가 참 교사인지 알 수 있을 것이다.
- 진실한 마음으로 하나님을 섬겨라. 하나님은 장차 그런 사람만을 인정하실 것이다.
- 예수님의 가르침 위에 삶을 건설하라. 그러면 굳센 삶의 토대를 갖게 될 것이다. 무슨 일이 일어나더라도 능히 이겨낼 수 있을 것이다.

이것은 신앙이 아니라 건강한 삶에 관한 가르침이다. 하나님 나라의 방식에 따라 의롭게 사는 것과 건강한 삶은 서로 똑같다. 이것은 이 책이 전하려는 메시지 가운데 하나다.

이해와 총명

하나님의 방식을 따르는 사람들의 또 다른 특징은 이해와 총명을 구하는 것이다. 가장 좋은 것이 무엇인지 이해하고 그것을 삶에 적용하는 법을 알아야 한다. 바울은 이렇게 말했다.

"내가 기도하노라 너희 사랑을 지식과 모든 총명으로 점점 더 풍성하게 하사 너희로 지극히 선한 것을 분별하며 또 진실하여 허물 없이 그리스도의 날까지 이르고 예수 그리스도로 말미암아 의의 열매가 가득하여 하나님의 영광과 찬송이 되기를 원하노라"(빌 1:9-11).

"지식과 모든 총명"은 최소한 두 가지를 가리킨다. 먼저, 하나님 나라의 길과 하나님이 우리에게 명령하시는 일을 항상 배우는 것이다. 우리는 늘 관계와 치유와 삶의 원리를 배워야 한다. 가르침, 성경 공부, 성장 그룹, 책과 설교 테이프, 세미나 등이 성장의 과정에 매우 중요한 이유가 여기에 있다. 우리는 하나님이 우리에게 원하시는 것이 무엇인지 알아야 한다.

그러나 지식만으로는 충분하지 않다. 그 지식을 삶에 적용하는 방법을 알아야 한다. 그래야만 의의 열매에 이르는 순결한 삶을 살아갈 수 있다. 총명의 범위에는 일, 다른 사람들의 조언과 견책, 마음과 영혼의 깊은 성찰, 기도, 성격 유형이나 기질 등을 이해하는 것이 모두 포함된다.

우리는 이것들을 앞서 이미 논의했다. 여기서 기억해야 할 점은 의롭게 되기 위해서는 자신에게 가장 좋은 것이 무엇인지를 깊이 이해해야 한다는 것이다. 자신의 삶이나 다른 사람들의 삶에 어떤 체계나 성장 방법을 적용하든 삶을 파괴하는 요인들을 모두 찾아내 처리해야 한다. 그래야만 새로운 삶을 살아가기 위한 방법을 배울 수 있다.

다윗은 "자기 허물을 능히 깨달을 자 누구리요 나를 숨은 허물에서 벗어나게 하소서 또 주의 종에게 고의로 죄를 짓지 말게 하사 그 죄가 나를 주장하지 못하게 하소서 그리하면 내가 정직하여 큰 죄과에서 벗어나겠나이다"(시 19:12-13)라고 기도했다. 우리는 우리 자신을 볼 수도, 이해할 수도 없다. 우리 자신은 하나님과 다른 사람들을 통해 알 수 있다. 다윗은 하나님께 자신의 악한 행위를 드러내 선한 길로 인도해 주시기를 간구했다(시 139:23-24 참조). 또한 성경은 다른 사람들을 통해서 우리 자신을 알 수 있다고 말씀한다.

"사람의 마음에 있는 모략은 깊은 물 같으니라 그럴지라도 명철한 사람은 그것을 길어내느니라"(잠 20:5).

패트릭은 큰 교회의 장로였다. 그는 교회에서 여러 가지 사역을 시작했는데, 그 사역들은 대부분 성경에 근거한 것이었다. 그는 성경을 철저히 신봉했다. 따라서 무슨 사역이든 항상 성경 말씀에 일치해야 했다.

그의 교회는 회복 운동을 전개하면서 자신의 문제를 좀 더 깊이 성찰하기를 원하는 사람들에게 도움을 주기 위해 몇몇 회복 그룹을 조직했다. 사람들은 새로운 방법으로 자기 자신과 하나님에 관한 것을 배웠고, 그 사역을 통해 개인적으로 성장하는 법을 알게 되었다고 말했다. 패트릭은 장로로서 그런 말을 듣자 매우 즐거웠다. 그는 사람들이 사역을 통해 도움을 받는 것을 행복하게 여겼다. 그러나 개인적으로 그런 그룹에 크게 관심을 기울이지는 않았다. 그 이유는 그런 그룹이 생각했던 것보다 상담에 더 많은 비중을 두는 것처럼 보였기 때문이다. 그는 그런 종류의 그룹은 문제가 있는 사람들을 위한 것이라고 생각하고, 자신은 말씀 안에 굳게 선 것으로 만족하며 소그룹 성경 공부에만 참여했다. 그는 소그룹 성경 공부야말로 진정으로 성숙한 신자를 위한 프로그램이고, 또 그곳에서 내용이 충실한 교리를 배울 수 있다고 믿었다.

그러나 패트릭은 성경 지식이 많았는데도 어떤 부분에서는 전혀 성장이 이루어지지 않았다. 예를 들어 관계, 특히 아내와의 관계는 늘 정체 상태에 머물렀다. 그는 머리로는 성경과 중요한 교리에 관한 지식을 많이 알고 있었지만 아내의 감정적 욕구를 충족시켜주는 능력에는 조금도 변화가 없었다. 마침내 그의 결혼생활은 난관에 봉착했다. 아내는 그에게 함께 상담을 받아보자고 요구했다. 그렇게 해서 그들은 나를 찾아왔다.

나는 부부인 그들을 상담하는 일이 즐거웠다. 그들은 상담에 매우 잘 임했다. 그러나 패트릭이 다른 몇 사람과 함께 참여한 그룹이 베푼 도움에 비하면 상담을 통해 주어진 도움은 그리 크지 않았다. 그 그룹 회원들 가운데 몇 사람은 서로에게서 발견한 것들을 어렵지만 정직하게 알려주는 일을 오랫동안 해왔다.

패트릭은 그룹 안에서 자신이 관계를 맺는 방식에 문제가 있다는 것을 깨닫게 되었다. 그는 성경을 가르치는 일에 그토록 오랫동안 열심을 기울여왔지만 정작 행동과 태도는 성경을 존중하는 것과 다소 거리가 멀었다.

결국 자신이 스스로에게 항상 솔직하지는 않았다는 사실을 발견했다. 즉 모든 것이 잘되고 있는 것처럼 행동함으로써 다른 사람들에게 자신의 문제를 숨겼다. 그는 자신에게 엄격하고 비판적인 성향이 존재한다는 사실을 알게 되었다. 따라서 자신의 문제를 솔직하게 인정하고 처리해야 했다. 자신의 자기 비판적인 성향을 인정해야 했고, 또 그동안 다른 사람들에게는 하나님의 은혜를 가르쳤으면서도 정작 자신은 그 은혜를 깨닫지 못했다는 점을 솔직히 고백해야 했다.

또한 패트릭은 위협을 느끼거나 사람들이 공격을 가해 올 때면 논쟁적이고 방어적인 태도를 취했다는 사실도 아울러 깨닫기 시작했다. 그런 성격은 결혼생활에도 영향을 미치고 있었다. 그는 아내가 부부관계의 문제를 꺼낼 때면 종종 방어적인 태도를 취하곤 했다. 패트릭이 속한 그룹은 그의 방어적인 태도와 미성숙한 감정과 교회 지도자라는 외관 뒤에 숨은 교만한 성품을 강력하게 지적했다.

나는 물론 패트릭을 놀라게 한 것은 그런 지적이 모두 사실이었다는 것이다. 패트릭은 교회 지도자이자 선한 사람으로서 성공적인 삶을 살고 있었기에 그의 의롭지 못한 측면을 깨우쳐줄 수 있는 사람은 겉으로 드러난 현상 아래를 깊이 들여다볼 수 있을 정도로 가까운 사람이어야 했다. 아내가 그런 위치에 있었지만 그는 그녀의 말에 귀를 기울이지 않았다. 그 일을 감당한 사람은 바로 그룹 회원들이었다.

패트릭은 성경이 가르치는 의를 배우고 전하는 것에 그치지 말고 인격적인 차원에서 실천에 옮겨야 한다는 교훈을 깨달았다. 그룹에 참여하지 않았다면 그런 교훈을 결코 깨닫지 못했을 것이다. 그는 내면의 삶을 하나님의 의와 일치시키는 방법을 비로소 깨닫고 그것을 다른 사람들에게 가르쳐줄 수 있게 되었다.

일주일에 한 차례 설교를 듣고 다시 일상생활로 돌아가는 일을 반복해서는 결코 성장할 수 없다. 하나님의 방식(그분의 나라)에 관해 더 깊이 이해하고, 그 방식을 우리의 삶에 적용하는 방법(그분의 의)을 알아야 한다. 참된 실상을 깨닫고 다른 사람들의 충고를 통해 자신의 행동 유형을 파악하고 다르게 행동할 수 있는 방법을 찾아야만 비로소 성장할 수 있다. 이것이 우리가 체계적인 그룹을 통해 관계와 같은 구체적인 문제에 대한 성경의 가르침을 일깨워주는 활동을 적극적으로 지지하는 이유다.

훈련

훈련은 성장의 길에 꼭 필요한 요소이자 시간을 요하는 과정이다(19장 참조). 그러나 이 훈련의 과정과 시간은 의를 구하는 일과 관련해서도 매우 중요하다.

우리는 단번에 우리를 성장시킬 수 있는 방법을 찾는다. 원하는 것을 당장 손에 쥐고 싶어 한다. 우리는 당장에 고통이 끝나고, 직업생활에 발전이 있고, 관계가 개선되기를 원한다. 그러나 성경과 삶과 각종 연구조사는 성장이 시간을 요하는 과정이라고 가르친다. 앞서 인용한 성경 말씀을 다시 읽어보자.

"무릇 징계[훈련]가 당시에는 즐거워 보이지 않고 슬퍼 보이나 후에 그로 말미암아 연단받은 자들은 의와 평강의 열매를 맺느니라" (히 12:11).

우리는 모두 의의 열매를 원한다. 우리는 잘되기를 원하고, 마태복음 6장 33절 말씀처럼 삶의 좋은 것들이 우리에게 가져다주는 열매를 거두고 싶어 한다. 그러나 열매를 거두기 위해서는 훈련을 받아들여야 한다. 오랫동안 그룹에 참여해 대화를 나누고, 상담사의 조언을 구하고, 직업과 관련된 강의를 듣고, 사업을 성장시킬 수 있는 방법을 배워야 한다. 또한 친밀한 부부관계를 형성하기 위해 결혼생활에 많은 노력을 기울여야 하고, 삶을 파괴하는 그릇된 행동을 고치기 위해 매주 영혼을 깊이 성찰해야 한다. 이 모든 일은 시간을 필요로 한다. 또한 별로 즐겁지 않은 활동일 때가 많다. 사실 훈련은 즐거워 보이지 않는다. 그러나 11장(고난)과 13장(훈련)에서 논의하고 있는 대로 고통은 일시적이고 그 열매는 영원하다는 사실을 깨달을 때 비로소 참 성장이 이루어진다.

따라서 다른 사람들과 함께 노력하든 아니면 혼자서 노력하든 성장은 시간이 걸리는 과정이자 고통과 고난을 동반한다는 점을 잊어서는 안 된다. 고통은 위대함에 이르는 길이다. 일전에 어떤 사람은 "고통은 몸에서 약점을 없애준다"고 말했다. 우리 안에 있는 약점이나 질병도 마찬가지다. 약점을 극복하거나, 약점에서 벗어나거나, 약점을 제거하기 위해서는 고통이 뒤따른다. 그러나 그런 고통은 좋은 결과를 가져온다. 고통은 일단 지나가면 다시 되풀이되지 않고, 고통을 통해 배운 교훈만 영원히 남는다.

회복

하나님과의 관계가 우리가 구하는 모든 것의 대답이다. 하나님을 먼저 구한다는 것은 은혜의 하나님이 우리를 위하신다는 사실을 아는 것을 의미한다. 그분은 우리가 필요로 하는 것을 공급해 주신다. 우리는 우리가 고안한 자기 계발 프로그램을 모두 포기해야 한다. 물론 하나님을 구한다고 해서 저절로 그분을 소유할 수 있고, 모든 것을 해결할 수 있는 것은 아니다. 우리 자신이 우리가 원하는 삶의 열매를 맺을 수 있는 사람으로 변화되어야 한다. 하나님의 길을 발견하고, 그분의 방식대로 사는 법을 배울 때 우리는 변화될 수 있다.

하나님은 은혜의 하나님이시요 또한 진리의 하나님이시다. 진리를 많이 깨달아 실천해야만 올바로 성장할 수 있다. 진리를 깨닫는 것은 의를 구함으로써 비로소 온전해진다. 의를 구하라는 말은 알쏭달쏭한 종교적인 허튼소리가 아니다. 이는 물리학의 법칙을 구하라는 말이 비행기 설계사에게 결코 허튼소리가 아닌 것과 같다. 만일 그가 물리학의 법칙을 이해해 자신의 일에 적용하는 방법을 알지 못한다면 그가 설계한 비행기는 추락하고 말 것이다.

 삶과 의도 그와 똑같다. 삶은 관계와 성공을 지배하는 법칙으로 이루어졌다. 그 법칙이 치유와 성장을 지배한다. 치유와 성장이라는 비행기를 날게 하려면 그것들을 지배하는 법칙을 이해해야 한다. 의를 구하는 것은 단순히 종교적인 활동이 아니다. 그것은 삶을 배우고, 삶 자체가 되는 것이다. 결국 의로운 길이 유일한 길이다.

성장하기 원하는 사람을 위한 조언

- 의에 관해 어떻게 생각하고 있는가? 마음속에서 의를 거부하고 있는지 살펴보라. "옳은 것이 진정한 유익을 가져다준다"는 개념을 받아들여라. 원하는 생명을 얻으려면 의의 길을 걸어가야 한다. 의의 길을 걷는 것은 단지 착하게 사는 개념을 훨씬 뛰어넘는다. 그것은 선한 삶에 이르는 길이다.

- 자신의 삶에 의롭지 못한 요소가 있는지 샅샅이 살펴보라. 그런 요소들은 원하는 것을 얻지 못하게 할 뿐 아니라 심지어는 삶을 파괴하기까지 한다. 의롭지 못한 요소가 있다면 즉시 회개하라.

- "해야 한다"는 의무감을 버리고 의가 참으로 필요하다고 생각하라. 하나님과 올바른 관계를 맺어야 하는 이유는 그것이 "해야 할 일"이기 때문이 아니라 진정으로 "필요한 일"이기 때문이다.

- 자기 자신과 자신의 삶에 존재하는 의롭지 못한 부분을 찾아내기 위해 이해력과 총명을 기를 수 있는 방법을 찾아보라. 그 과정은 단지 개념을 이해하는 단계를 훨씬 뛰어넘는다. 개념을 이해하는 목적은 자신의 실상을 깨달아 변화를 시도하려는 데 있다.

성장을 돕는 사람을 위한 조언

- 진정한 삶을 살려면 율법적인 의무감에서가 아니라 진정한 의를 실천해야 한다는 점을 깨우쳐주라. 의로운 삶과 성공적인 삶과 관계는 서로 하나라는 점을 일깨워줄 수 있는 분위기를 조성하라.

- 사람들의 삶 속에서 의롭게 변화시켜야 할 부분을 찾아낼 수 있는 방법과 환경을 제공하라. 사람들이 스스로를 좀 더 깊이 들여다보고 변화가 필요한 부분을 찾아낼 수 있는 환경과 활동 프로그램을 제공하라.

가지를 쳐라: 가지치기 훈련

"훈련은 우리의 성장을 독려하는
사랑을 얻을 수 있는 기회를 제공한다."

카라라는 이름의 젊은 여성이 내(존) 사무실에 찾아와 자신의 가정생활을 털어놓았다. "제 문제는 이거예요. 저는 구제불능이에요. 질서 있는 생활을 하기가 어려워요. 경제관념도 없구요. 매사에 동작이 느려요. 그래도 결혼을 하고 아이들을 낳아 기르기 전까지는 아무 문제가 없었어요. 그런데 이제는 너무나 문제가 많아요."

"그 이유에 대해 혹시 짐작이 가는 것이 있나요?"

"글쎄요. 어렸을 때 부모님이 저를 참 많이 사랑해 주셨어요. 저를 위해 모든 것을 다 해주셨지요. 저는 돈과 일정을 관리하는 법은 물론이고 심지어는 제 방을 깨끗하게 정리하는 법도 배우지 못했어요. 그러다가 저를 사랑하고 잘 돌봐주는 남편과 결혼했지요. 저는 결혼생활과 저의 삶에 만족하고 있어요. 그러나 아무리 노력해도 잘 안 되더라구요. 자녀 양육, 청소, 심부름 등 잘해 보려고 해야 할 일들을 목록으로 만들어 노력하지만 거의 제대로 이루어지는 법이 없어요. 집은 항상 엉망진창이고, 심부름도 제대로 처리하지 못하고 있어요. 그렇다고 아이들이 특별히 성가시게 군다거나 해야 할 일이 어마어마하게 많은 것은 절대 아니에요. 친구들은 저와 똑같은 상황인데도 아무 문제가 없거든요. 저는 매사에 쉽게 싫증을 내거나 친구와 전화로 수다를 떨며 시간을 보내요. 그래서인지 아무것도 되는 게 없어요."

"그렇다면 구제불능이라는 것은 조직적이지 못하고, 절도가 없고, 집중력이 없는 사람을 뜻하는 것이군요."

"네, 그래요. 남편이 일을 마치고 집에 돌아왔을 때 실망한 듯한 얼굴 표정을 짓는 것이 너무 싫어요. 물론 그는 사람을 통제하거나 완벽주의를 추구하지는 않아요. 오히려 여러 가지로 많은 도움을 주지요. 남편이 원하는 것은 우리의 삶이 약간의 질서를 갖추는 것뿐이에요. 그러나 저는 해야 할 일을 적어놓고서도 거의 하지 못해요. 제가 다 자란 성인인가 의심이 들 정도예요."

"문제를 극복하기 위해 어떤 일을 해보았나요?"

"주의력 결핍장애 검사를 해보았어요. 검사 결과는 음성이었어요. 저는 기도를 많이 했어요. 여러 번 결심을 굳히고, 하나님께 온전히 헌신하려고 노력했지요. 그때마다 잠시 도움은 되었지만 오래가지 못했어요."

"만일 당신이 막 걸음마를 시작한 어린 자녀에게 저녁 식사를 준비하라고 한다면 어떻게 될까요?"

카라는 다소 혼란스런 표정을 지으며 "도무지 할 수 없겠지요"라고 대답했다.

"맞습니다. 왜 그럴까요?"

"아직 그럴 만한 능력이 없기 때문이지요."

"그러면 그런 능력은 어떻게 생겨날까요?"

"오랫동안 거듭 훈련을 쌓아야겠지요."

그녀는 그렇게 말하고 나서 잠시 뒤에 "제가 그렇게 해야 한다는 말씀인가요?"라고 물었다.

"어떤 점에서는 그렇지요. 당신은 스스로 자기 훈련을 쌓을 능력이 없어요. 내면에 그런 능력이 존재하지 않지요. 따라서 자기 훈련이 부족하다고 생각될 때는 외부로부터 다른 사람들을 통해 훈련을 받아야 합니다. 그들의 도움을 받아 훈련을 발전시켜나가야 하지요."

"그러면 어떻게 해야 하나요?"

"제가 지금 보기에는 질서 있는 삶을 거부하려는 은밀한 성향이 있는 것 같지도 않고, 또 게으름을 피우려는 의도도 없어 보입니다. 남편을 포함해 친구들의 도움을 구하라고 조언하고 싶군요. 그들이 당신의 하루를 관찰하면서 해야 할 일의 목록이 어떻게 진행되고 있는지 점검하고, 또 필요한 격려를 할 수 있도록 말이지요. 그렇게 하면 하루의 일을 처리 가능한 단위로 나눠 실천에 옮길 수 있기 때문에 부모와 자식의 관계가 아니라 동등한 친구의 관계 안에서 누가 그 일에 대해 묻더라도 책임 있게 대답해야 한다는 것을 스스로 의식할 수 있을 것입니다. 일단 그렇게 해보세요." 이어서 나는 다음과 같이 덧붙였다.

"그리고 그런 방법이 통하지 않을 때는 다른 방법을 시도해 보세요. 예를 들면 당신이 해야 할 일을 하지 못했을 때는 친구의 구두를 닦아 주거나 아니면 아이스크림을 사들고 친구의 집을 찾아가는 벌칙을 고려해 볼 것입니다."

"그 방법은 마치 제가 아이들을 양육하는 것과 비슷하군요."

"그렇습니다. 왜냐하면 당신의 마음속에 어린아이와 같은 요소가 있기 때문이지요. 한 가지 차이가 있다면 누군가가 이 일을 대신해 주지 않고, 당신이 먼저 시작해야 한다는 거예요."

카라는 나의 조언을 실천에 옮겼다. 내가 그녀에게서 발견한 장점은 그녀가 친구들에게 거리낌 없이 의존했고, 또 자신이 구제불능이라는 사실을 솔직하게 시인했다는 것이다. 그녀는 겉으로 의롭게 보이거나 착하게 보이려고 하기보다 자신의 성장에 더 많은 관심을 기울였다. 바리새인과 세리의 비유에서 알 수 있듯(눅 18:9-14 참조), 하나님은 항상 그런 태도를 존중하신다. 따라서 나는 그녀가 얼마 뒤에 전화를 걸어 상황이 훨씬 나아졌다고 말하는 것을 들었을 때 조금도 놀라지 않았다. 그녀는 생각보다 더 많은 구두를 닦아야 했지만 자신의 문제를 극복하기 위한 능력을 더욱 크게 기를 수 있었다.

고통이란 무엇인가?

모든 사람이 영적 성장 과정에서 카라와 같은 문제를 안고 있는 것은 아니다. 그러나 성경은 성장하려면 누구나 훈련과 견책을 감당해야 한다고 가르친다.

"내 아들아 여호와의 징계를 경히 여기지 말라 그 꾸지람을 싫어하지 말라" (잠 3:11).

이 책에서 다루는 성장의 다른 요소들과 마찬가지로 훈련과 견책은 반드시 필요하다. 사실 이는 가장 중요한 요소에 해당한다. 우리가 말하고자 하는 것은 이렇다. 성경에 사용된 "징계"라는 말에는 훈계, 교정, 교훈, 책망, 경고 등 많은 의미가 담겨 있다. 여기서 우리가 설명하고자 하는 징계 역시 삶에서 문제가 되는 부분을 극복하는 데 필요한 자제력을 기르는 훈련이라는 포괄적인 개념을 함축하고 있다.

사실 징계(훈련)라는 말에는 과정과 결과가 동시에 들어 있다. 하나님이 우리를 훈련하시는 이유는 우리를 훈련된 사람으로 만드시기 위해서다. 즉 우리는 외부의 견책과 삶의 결과를 통해 우리 내면과 경험을 훈련하게 된다. 우리는 하나님과 다른 사람들을 통해 훈련을 받음으로써 훈련된 사람으로 거듭난다.

그러면 훈련을 통해 자제력을 길러야 하는 이유는 무엇일까? 우리는 어린아이들처럼 실수를 저지르거나 빼뚤어질 수 있기 때문에 적절한 행동 규범이 필요하다. 절제는 성령의 열매 가운데 하나다(갈 5:23 참조). 절제는 하나님의 훈련을 통해 서서히 형성된다. 절제의 열매가 맺히면 하나님의 통치에 복종하며 살아갈 수 있다. 어린아이들이 자라면서 그런 성품의 열매가 맺히듯 우리도 훈련을 거치면 외부의 힘을 빌리지 않고서도 스스로를 통제할 수 있는 힘을 기를 수 있다.

따라서 훈련은 영적 성장의 필수 요소 가운데 하나다. 자기 훈련은 카라의 경우처럼 일을 조직적으로 처리하지 못하는 경우만이 아니라 그보다 훨씬 더 많은 문제에 적용된다. 사실 우리가 태도에서부터 관계의 갈등을 비롯해 신앙의 문제에 이르기까지 제대로 처리하지 못하는 삶의 문제는 무엇이든 훈련을 필요로 한다. 예를 들어 매우 조직적이고 집중력이 강한 사람도 감정상의 문제를 지닐 수 있다. 예를 들어 스트레스를 받거나 분노를 느낄 때는 자신을 필요로 하는 사람들에게 사랑을 주지 않고 움츠러드는 태도를 취할 수 있다. 그가 그런 태도를 취할 때 다른 사람이 사랑의 견책을 통해 잘못을 지적해 주면 스스로의 행동 습관을 깊이 의식하고 그런 문제에 대해 좀 더 책임 있게 행동할 수 있게 된다.

절제력은 사랑할 수 있는 능력을 제공한다. 내적 훈련을 받은 사람은 하나님의 사랑이 자신에게서 충만하고 풍성하게 흘러나오도록 자신의 삶을 이끌어가는 방법을 터득할 수 있다. 그런 사람은 정직함, 책임감, 충실함, 의존자 의식과 같은 내면의 자질을 여실히 드러낸다. 그는 일시적인 충동에 이끌리지 않는다. 사랑을 사람의 심장에 비유한다면 훈련은 형체를 이루고 보호해 주는 뼈대에 해당한다고 할 수 있다.

그러나 훈련은 고통스럽다. 예를 들어 사랑과 도움과 이해를 받으리라 기대하고 성장 그룹에 참여하는 사람들이 많다. 물론 좋은 성장 환경은 그런 요소들을 제공한다. 그러나 성장 그룹이 그런 것들만을 제공한다면 회원들은 사랑만 많이 받은 어린아이가 될 뿐 자신이 고민하는 삶의 문제를 해결할 능력을 갖출 수 없게 된다. 그 이유는 성장에 필요한 훈련과 견책을 받지 못하기 때문이다.

어떤 사람들은 훈련이 징벌, 단죄, 판단, 심지어는 학대를 의미한다고 생각한다. 다른 사람들이 훈련이라는 명목으로 자신에게 상처를 입힐 수 있다는 이유에서다. 그런 이유로 그들은 훈련을 회피한다. 그러나 하나님이 생각하시는 훈련은 그런 것과는 사뭇 다르다. 성경에서 "징계"를 뜻하는 헬라어는 "양육"의 의미를 담고 있다. 즉 훈련은 사랑으로 성장을 돕는 것을 의미한다. "주께서 그 사랑하시는 자를 징계하시고 그가 받아들이시는 아들마다 채찍질하심이라"(히 12:6)는 말씀대로 훈련의 동기는 분노나 징벌이 아니라 보살핌에 있다. 예를 들어 나는 부모님이 내게 설거지와 청소를 시키는 것을 별로 달가워하지 않았다. 부모님이 사랑도 없고 좀 야비하다는 생각이 들었다. 그러나 지금은 그런 일을 자연스레 하고 있다. 이따금 아내가 지적하는 것을 제외하면 대개는 누가 시키지 않아도 스스로 그런 일들을 한다. 그런 습관이 몸에 밸 때까지 나를 훈련하기 위해 시간과 노력을 아끼지 않은 부모님이 참으로 감사하다.

훈련은 고난과 똑같지는 않지만(11장 참조) 그 과정에서 고통을 느끼게 만든다. 고난이란 심각하게는 사랑하는 사람을 잃는 불행에서부터 사소하게는 교통 범칙금을 내는 일에 이르기까지 우리가 겪어야 하는 온갖 불편과 관련 있다. 고난은 불편한 경험이나 고통, 또는 손실과 관련을 맺고 있는 반면, 훈련은 성장의 목표를 이루고 절제력을 기르는 데 초점을 맞춘다. 예를 들어 다이어트와 식이 요법을 시도하는 경우에는 허기, 먹고 싶은 유혹, 무기력, 피로와 같은 고통이 뒤따른다. 그러나 그런 고통을 이겨내고 나면 몸을 적절히 통제하는 능력을 기를 수 있다. 그것은 훈련에 충실히 임한 결과이자 열매다.

우리는 스스로를 훈련할 수 없다. 우리의 내면에는 그런 능력이 존재하지 않는다. 외부의 힘을 빌려 우리에게 주어지게 만들어야 한다. 그리고 그것을 의지해 성장해야 한다. 이는 우리가 사랑이 없을 때 다른 사람이 우리를 견책할 수 있게 허용하거나, 그룹 회원들이 우리 자신에 관한 진실을 말해도 좋다고 동의하는 것을 의미한다. 훈련을 받으려면 우리 자신이 상황을 통제하려는 노력이나 방어적인 태도를 버려야 한다. 하나님은 성장을 우리가 모든 것을 통제해 나가는 과정으로 만들지 않으셨다. 성장은 믿음을 요구한다(히 11장 참조).

물론 훈련이 우리가 받아들여야 하는 과정이라고 해서 수동적인 태도를 일관할 필요는 없다. 훈련은 자발적이고 능동적인 태도를 아울러 요구한다. 바울은 이렇게 말했다.

> "내가 내 몸을 쳐 복종하게 함은 내가 남에게 전파한 후에 자신이 도리어 버림을 당할까 두려워함이로다"(고전 9:27).

우리는 훈련 과정에 능동적으로 참여해야 한다. 예를 들어 두 사람이 서로 충고를 주고받기로 결정했다고 가정해 보자. 한 사람이 상대방에게 "너는 때로 솔직하지 못하고 좀 에둘러 행동하는 버릇이 있어"라고 충고했다. 그 충고를 받아들인 상대방은 다음에 행동할 때는 친구에게 감정적으로 좀 더 솔직한 태도를 취할 수 있다. 이것은 능동적인 노력에 해당한다.

훈련의 요소

우리의 내면에서 성장을 돕는 훈련의 요소가 몇 가지 있다. 그 가운데 일부는 훈련을 받는 사람이 제공하는 것이고, 나머지는 훈련의 과정에서 주어지는 것이다. 훈련이 효과를 발휘하려면 이 모든 요소가 서로 협력해야 한다.

성장하기 원하는 사람이 제공하는 요소

수용적 태도: 우리는 훈련을 적극 수용해야 한다. 필요한 성장의 고통을 적극 수용할수록 더 많은 열매를 맺을 수 있다(히 12:11 참조). 수용적 태도는 매우 중요하다. 나는 훈련을 성실하게 받아들여 성화의 단계가 크게 향상된 경우를 많이 목격했다. 반면 훈련을 거부한 탓에 그 결과로 큰 고통을 당하는 경우도 많이 봤다. 다윗 왕은 죄를 지었을 때 하나님의 징계를 겸손히 받아들였다. 그 결과 그의 나라는 영원히 지속되었다. 반면 애굽의 바로는 하나님의 징계를 받고서도 마음을 강퍅하게 한 탓에 불행한 결말을 맞이했다.

성장을 돕는 사람은 이런 수용성을 성장의 요소에 포함시켜야 한다. 진실과 사랑을 바탕으로 한 견책이 필수 요소가 되게 하라. 정직하고 솔직한 태도가 사랑에 속한다는 사실을 깨우쳐주라. 수용적 태도를 지닌 사람은 훈련에 적극적일 뿐 아니라 다른 사람들에게 주는 인상에 대해 솔직한 충고를 구할 것이다. 수용적 태도를 지니지 못한 사람의 경우에는 적절한 격려를 통해 훈련을 거부하는 자신의 성향을 깨닫도록 지도하라.

고백: 고백이란 진실에 동의하는 것을 의미한다. 하나님이나 다른 사람들이 훈련할 때는 자신의 문제를 인정해야 한다. 문제를 인정할 때 성장과 회복의 과정이 비로소 시작된다(약 5:16 참조). 그러나 문제를 인정하지 않으면 훈련이 가져다주는 유익한 결과를 경험할 수 없다.

하나님과 더욱 친밀한 관계를 맺고 싶어 하는 어떤 남성이 성장 그룹에 참여한 적이 있었다. 그룹 회원들은 그를 격려하려고 노력했지만 곧 그가 감정적으로 자신들을 받아들이려고 하지 않는다는 사실을 발견했다. 그는 마음의 태도가 문제로 떠오르자 솔직한 감정을 숨긴 채 생각이나 견해만을 제시하려 했고, 때로는 대화의 주제를 바꾸려고 노력했다. 그는 한동안 자신의 문제가 "수직적인" 차원에만 해당될 뿐 "수평적인" 차원에서는 아무 문제가 없다고 주장했다. 그는 하나님과의 관계에서 아무런 발전도 이루지 못했다.

그러던 어느 날 밤, 그는 자신이 몹시 외롭다고 고백했다. 그러나 그는 다른 사람이 자신의 내면을 들여다보는 것을 두려워했다. 그와 좀 더 친밀해진 그룹 회원들은 그의 감정을 알아채고 큰 연민을 느꼈다. 그러자 놀라운 일이 일어났다. 그는 비로소 자신의 내면에서 하나님과 다른 사람들의 존재감을 의식하기 시작했다. 이제 더 이상 사람들을 거부하지 않았다. 그의 고백은 회복의 과정으로 이어졌다.

회개: 하나님의 훈련을 받을 때는 기꺼이 진실에 동의해야 할 뿐 아니라 진실을 실행에 옮겨야 한다. 다시 말해 삶을 돌이키려는 노력, 즉 회개가 필요하다. 회개는 변화시킬 필요가 있는 것을 진정으로 변화시키는 것을 의미한다. 여기서 기억해야 할 중요한 사실은 회개한다고 해서 문제가 저절로 해결되는 것은 아니라는 점이다. 회개로 모든 것이 해결된다면 성장은 더 이상 필요하지 않다. 회개는 단지 올바른 일을 행하고 그릇된 일을 피하는 것을 뜻한다[이는 우리의 미성숙하고 부패한 본성으로는 행할 수 없는 일이다(롬 7장 참조)].

따라서 회개를 최선이 아닌 것에서 돌이켜 좋은 것을 추구하려는 태도로 생각하는 것이 더 바람직하다. 여기에는 삶을 살아가는 방식을 변화시키는 노력이 포함된다. 예를 들어 돈을 헤프게 낭비하는 사람의 경우 변화를 원한다고 해서 즉시 그의 내면에 검소한 성품이 형성되는 것은 아니다. 그러나 그에게 있어 회개는 사랑받지 못한다고 느낄 때나 기분이 나쁠 때 돈을 쓰기보다 친구들에게 도움을 요청함으로써 그런 감정이나 기분을 해소하는 것을 의미한다. 이런 식의 회개는 죽음에서 생명으로 나아가도록 도와준다.

성장 과정이 제공하는 요소

<u>훈련의 원천</u>: 앞서 언급한 대로 훈련은 외부로부터 주어진다. 훈련은 자제력을 갖춰 성숙한 단계로 성장하게 만든다. 하나님은 훈련의 수단을 다양하게 제공하신다.

첫째, 하나님은 우리를 직접 정화하시고 올바르게 교정하신다. 이러한 하나님의 사역은 그분이 만드신 최초의 인간을 에덴동산에서 쫓아내실 때부터 시작되었다(창 3:23-24 참조). 그것은 아담과 하와에게 고통스러운 경험이었지만 궁극적으로는 그들을 유익하게 하는 결과를 낳았다. 내 친구 중 하나는 불황을 맞아 고수익 직업을 잃고 말았다. 그러한 피해는 그의 잘못과는 전혀 무관했지만 그가 가족이나 내면의 삶보다는 일에 더 많은 관심을 기울이고 있을 때 발생했다. 그는 나중에 하나님이 좀 더 경건한 가정을 만들기 원하셔서 그런 직업의 위기를 허락하셨다고 생각한다고 말했다. 그는 그런 생각을 실천에 옮겼다.

둘째, 다른 사람들 역시 훈련을 제공하는 원천이 된다. 그리스도의 몸의 중요성은 아무리 강조해도 지나치지 않다. 자상하고 정직하고 현명한 사람들, 곧 우리를 사랑하기 때문에 잘못했을 때 바로잡아줄 수 있는 사람들이 필요하다. 다윗에게는 나단이 있었고(삼하 12:1-14 참조), 베드로에게는 바울이 있었다(갈 2:11 참조).

셋째, 현실도 훈련을 제공하는 원천이다. 하나님은 우주를 일정한 법칙에 따라 움직이도록 만드셨다. 따라서 그런 법칙에 복종하지 않으면 고통이 뒤따른다(『No!라고 말할 줄 아는 남편과 아내』, 5장을 참조하라). 예를 들어 누군가의 감정을 이해하지 못하면 그와의 관계가 소원해질 수밖에 없다. 그러한 불편은 다른 사람의 마음에 다가갈 수 있도록 우리를 이끈다.

다른 사람들의 동정심: 훈련은 온유하고 친절한 태도로 이루어져야 한다. 우리를 훈련하는 사람이 우리를 사랑한다는 것을 알면 훈련 과정에서 빚어지는 불편한 고통을 훨씬 더 쉽게 감당할 수 있다. 하나님과 다른 사람들이 우리를 징벌하기 위해서가 아니라 잘못을 바로잡아주기 위해 훈련한다는 사실을 알면 훈련 과정의 어려움을 잘 이겨낼 수 있다.

고통: 훈련이 효율적으로 이루어지려면 반드시 고통이 뒤따르기 마련이다. 고통은 우리가 관심을 기울여야 할 문제가 무엇인지 보여준다. 하나님과 사람과 현실에서 비롯하는 훈련을 통해 적절한 고통이 주어지면 문제가 드러나 스스로의 잘못을 고칠 수 있는 길이 열린다.

고통의 양과 정도는 우리의 필요에 따라 달라진다. 자기 중심적이거나 고집이 센 사람은 수용적 태도를 지닌 사람에 비해 충고를 받아들이는 일에 더 많은 고통을 느낀다. 예를 들어 어떤 남편의 경우, 아내가 "당신은 저의 감정을 잘 이해하지 못하고 마음을 잘 헤아려주지 못해요. 그래서 제 마음에 상처가 커요. 그것만 고쳐주면 좋겠어요"라고 말할 때 아내에게 상처를 준 것을 미안하게 여기고 사랑하는 사람을 더 이상 해롭게 하지 않겠다고 결심하고 곧 행동을 고친다. 반면 어떤 남편의 경우, 아내의 말을 무시하다가 부부관계가 거의 파국에 이를 지경이 되어서야 비로소 행동을 고칠 필요성을 의식한다.

성장을 돕는 사람은 주의를 기울여 고통의 양을 적절히 조절해야 한다. 유익한 조언을 몇 가지 제시하면 다음과 같다.

- 먼저 은혜(사랑과 친절)를 베풀어라.
- 상대방에게 충고할 수 있는 자격이 있는지 스스로를 살펴라.
- 잘못을 지적할 때는 온유한 태도를 취하라.
- 벌칙을 부여하기 전에 말로 설득하라.
- 구체적인 조언을 통해 문제점을 찾을 수 있게 도와라.
- 판단하거나 정죄하는 말을 사용하지 말라.
- 솔직하고 분명한 태도를 취하라.
- 결과와 행동 양식을 구별하라. 훈련이 필요한 것은 결과가 아니라 행동 양식이다.
- 상대방의 감정 상태를 배려하라. 우리의 감정은 감당할 수 있을 만큼의 진실만을 감당할 수 있다.
- 상대방의 행동이 다른 사람에게 어떤 영향을 미치는지 알게 하라.
- 말이 통하지 않을 때는 주의 깊게 벌칙을 가하라(『No!라고 말할 줄 아는 남편과 아내』를 참조하라).

세상에는 훈련의 고통 외에 다른 종류의 고통이 존재한다. 예를 들어 사랑하는 사람을 잃는 경우, 꼭 경각심을 일깨우기 위한 징계는 아니다. 그것은 단지 타락한 세상에서 살아가는 탓에 견뎌야 할 슬픈 현실 가운데 하나일 수 있다. "남편을 잃은 것은 하나님의 말씀에 복종하지 않았기 때문입니다"라는 식으로 모든 고통을 훈련의 필요성을 위한 근거로 내세워 불필요하게 서로에게 상처를 주는 경우가 적지 않다.

시간: 때로 훈련은 매우 신속하게 진행될 수도 있고 그렇지 않을 수도 있다. 훈련의 속도는 다음의 요소에 따라 달라진다.

- 성장하기 원하는 사람의 태도
- 다뤄야 할 문제의 난이도
- 문제가 발생한 시기
- 도움을 제공해 줄 영적, 감정적 수단의 정도

예를 들어 최근에 무질서한 삶으로 인해 약간의 문제를 겪고 있는 사람이 있다고 가정해 보자. 그의 경우 태도가 좋고, 또 지지 그룹도 적극적으로 돕고 있기 때문에 질서와 집중력을 회복하는 데 그다지 많은 시간이 걸리지 않을 것이다. 반면 무질서한 삶의 정도가 매우 심한 데다 그 책임을 다른 사람들에게 전가할 뿐 스스로 도움을 받기 위해 노력하지 않는 사람의 경우 성장의 속도가 훨씬 더딜 것이다.

내면화: "내면화"란 감정적인 학습의 과정으로 훈련의 경험을 습관

으로 정착시켜나가는 것을 의미한다. 훈련의 경험을 통해 교훈을 배우고 문제를 극복하면 더 이상 외부의 지원을 받거나 훈련의 고통을 견딜 필요가 없다. 내면화는 단순히 방법을 적어놓은 목록을 외우는 것과 다르다. 내면화는 머리와 마음을 동시에 필요로 한다.

예를 들어 내가 이끄는 그룹에 참여했던 한 여성은 항상 대화의 주제를 자신에게 집중시켜 분위기를 주도하려는 성향이 있다는 것을 깨달았다. 그룹 회원들은 그런 성격 때문에 자신들과 관계가 원만하지 못하다고 지적했다. 그들은 그녀와 좀 더 가까워지고 싶다면서 그런 성격을 고치라고 충고했다. 그녀는 충고를 듣고는 속이 몹시 상했지만 훈련 과정을 적극적으로 받아들였다. 그리고 그런 일이 다시 발생하거든 지체 없이 지적해 달라고 부탁했다. 회원들은 그 일을 충실하게 이행했다. 그녀는 차츰 시간이 지나면서 다른 사람이 말하기 전에 먼저 나서서 상황을 주도하려고 하는 자신의 모습을 깨닫게 되었다. 그 뒤로 계속 성장을 거듭한 결과 회원들과 훨씬 더 가깝게 지내게 되었다. 전과는 달리 자신이 분위기를 장악하려고 하는 의도가 전혀 보이지 않았다. 그녀는 회원들의 사랑 어린 훈련을 통해 얻은 경험을 효과적으로 내면화시켰다.

훈련이 필요한 부분

그렇다면 무엇을 교정하고 무엇을 내버려야 할지 어떻게 알 수 있는가? 이것은 매우 중요한 문제다. 왜냐하면 이와 관련해 여러 가지 극단이 발생하기 때문이다. 마치 도덕적인 문제를 감시하는 경찰관처럼 행동하며 다른 사람들이 상처를 받을 때까지 책망의 말을 쏟아놓는 사람들도 있고, 그와는 반대로 훈련의 가치를 무시하고 사람들의 잘못을 전혀 지적하려고 하지 않는 사람들도 있다. 다음 몇 가지 지침을 염두에 둔다면 훈련이 극단에 치우치는 결과를 피할 수 있다.

무지 때문에 발생하는 문제: 어떤 사람들은 자신의 문제를 모르는 탓에 삶이나 관계에서 어려움을 겪는다. 그들은 문제를 거부하거나 부인하지는 않는다. 단지 자신의 문제가 무엇인지 모를 뿐이다. 예를 들어 내 친구 하나는 목소리가 매우 컸다. 그녀는 의식하지 못했지만 나는 공공장소에서 그녀가 큰 소리로 말하는 것을 보았다. 내가 목소리가 너무 크다고 말하자 그녀는 잠시 목소리를 낮추었다. 물론 그녀는 자신이 목소리를 많이 낮추었다고 생각하는 듯했지만 그래도 일반인이 생각하기에는 조금 컸다. 그러나 그녀는 자신의 문제를 무시하지 않았다. 내가 목소리가 크다고 지적했을 때 조금도 기분 나쁘게 생각하지 않고 겸손히 충고를 받아들였다.

훈련을 감당할 수 있는 능력의 부족: 훈련을 감당할 수 있는 능력의 부족이 영적 성장 그룹에서 문제로 떠오르는 경우가 적지 않다. 카라의 경우처럼 다른 사람들과 함께 문제를 해결해 나가는 능력이 부족한 사람들이 종종 있다. 그들은 목표에 대한 집중력이 부족하고, 올바른 선택을 하거나 장기적인 관점에서 생각하는 능력이 뒤떨어진다. 훈련 과정은 이런 단점을 안고 있는 사람들에게 매우 유익하다. 왜냐하면 체계적인 훈련 과정이 그들이 안고 있는 부족한 부분을 채워줄 수 있기 때문이다.

놀러 나갈 생각에 마음이 바빠 단 몇 초 동안도 숙제에 집중하지 못하는 아이를 생각해 보라. 그런 아이는 하루 종일 잔소리를 해도 숙제에 집중하기가 어렵다. 그러나 사랑으로 적절한 한계를 정해 주고 필요할 때 벌칙도 가하는 등 훈련 체계를 제공한다면(예를 들어 공부하는 시간을 구체적으로 정해 주고 공부에 집중하지 않을 때는 그만큼의 시간을 놀이 시간에서 빼는 것과 같은 벌칙) 아이는 시간이 지나면서 꾸준하게 공부에 집중하는 능력을 기를 수 있다.

성격 유형: 우리는 문제를 일으킬 수 있는 성격 유형을 의식할 필요가 있다. 개인의 성격 유형은 하나님과 다른 사람들과 세상과의 관계에서 문제를 일으킬 수 있다. 그런 성격 유형은 우울증, 불안, 결혼생활이나 이성교제의 문제, 경제적인 문제, 약물 남용 등과 같은 문제의 원인이 될 수 있다. 그런 성격 유형을 몇 가지 나열하면 다음과 같다.

- 감정적으로 거리를 두려는 태도
- 소극적인 태도
- 사랑의 가치를 경시하는 태도
- 다른 사람들을 통제하려는 태도
- 무책임한 태도
- 자기 중심적 태도
- 완벽주의를 추구하는 태도

이런 태도를 보이는 이유는 우리의 성격이 오랫동안 미성숙한 상태로 존재해 왔기 때문이다. 이런 문제를 극복하기 위해 훈련을 받으면 자신의 그릇된 태도를 좀 더 잘 관찰할 수 있다. 또한 문제를 극복하기 위한 지혜와 도움을 얻을 수 있다. 그런 문제들은 태도가 교정되어 성숙한 상태에 이르면 자연히 해결된다.

데이브는 다른 사람들의 관심과 배려에 큰 가치를 두지 않았다. 그는 스트레스를 받거나 일터나 가정에서 일이 잘 풀리지 않을 때면 '사람들은 나를 절대로 위하지 않아. 그들은 내가 불평이 심하고 이기적이라고만 생각할 거야'라고 여기곤 했다. 그가 참여하는 성경 공부 그룹 회원들은 저녁에 몇 차례 함께 모여 성경을 공부하는 동안 그에게 그런 문제가 있다는 것을 알아차렸다. 그들은 그가 슬픈 안색을 하고 있는 것을 보았고, 또 감정적으로 매우 움츠러든 상태라는 것을 느꼈다. 고민이 있으면 솔직히 말하라고 이야기했지만 그는 응하지 않았다. 그룹 회원들은 그의 문제를 더욱 분명하게 의식하고는 그런 태도를 보일 때마다 즉시 지적해 주기 시작했다.

어느 날 저녁, 한 회원이 "데이브, 그렇게 우리를 멀리하기만 하면 우리가 몹시 힘듭니다. 왜냐하면 당신에게 아무 도움도 되지 못할 것 같은 생각이 들기 때문입니다"라고 말했다. 데이브는 자신이 그룹 회원들에게 그토록 중요한 영향을 미치고 있다는 사실, 곧 자신이 그들과의 관계를 파괴하는 원인이 되고 있다는 사실을 알고는 그만 깜짝 놀랐다. 그는 자신의 태도를 더욱 분명히 의식하게 되자 마음의 문을 조금씩 열어 그들을 받아들이기 시작했다.

위로가 더 필요한 경우: 영적 성장에 대한 관심이 필요한 상황에서는 견책보다 사랑이 더 중요할 수 있다. 예를 들어 사정이 몹시 딱해 마음이 상심한 사람은 견책을 통해서도 도움을 받을 수 있지만 안전감과 위로와 사랑을 더 많이 필요로 할 것이다. 성장을 돕는 사람은 이 문제에 관심을 기울여 단지 위로가 필요한 사람에게 엄격한 훈련을 가해 상처를 주지 않도록 조심해야 한다.

분노의 감정에 시달리는 한 사람이 있었다. 그의 성장 그룹은 견책을 통해 그의 잘못을 바로잡아주려고 노력했다. 그는 충고를 잘 받아들였지만 잘못을 지적받을 때마다 죄책감과 무기력함이 더 커지는 것을 느꼈다. 마침내 그의 상담사는 그가 분노하는 원인이 우울증 때문이라는 사실을 알아차렸다. 그의 우울증은 과거에 겪은 아픈 상처와 깊은 관계가 있었다. 그가 슬픔을 통해 과거의 상처를 극복하자 우울증과 분노가 동시에 해결되었다.

훈련을 거부하는 이유

안타깝게도 우리 모두는 성장 과정을 거부하려는 성향이 있다. 따라서 성장을 돕는 사람은 하나님이 원하시는 성장의 길에서 벗어나게끔 유도하는 여러 가지 요인을 잘 분별할 수 있어야 한다. 왜냐하면 그런 요인들을 해결하지 않으면 영적 성장이 무효로 돌아갈 수 있기 때문이다.

부인: 부인은 문제에 관한 진실을 인정하지 않는 것을 의미한다. 부인에는 두 가지 종류가 있는데, 하나는 정신적 충격처럼 상처가 되는 문제를 애써 의식하지 않으려는 태도를 보이는 경우이고, 다른 하나는

이기적인 행동처럼 스스로 문제가 있다는 것을 알면서도 일부러 책임을 회피하는 태도를 취하는 경우다. 후자의 경우는 전자보다 훨씬 더 심각하다.

예를 들면 다른 사람들을 습관적으로 비판하는 태도를 지니고 있으면서도 사람들이 그 점을 지적하면 "아니요. 전 그렇지 않아요"라고 부인하는 사람이 후자에 속한다.

합리화: 합리화란 변명이나 빌미를 내세워 책임을 회피하려는 태도를 가리킨다. 이 경우는 문제가 있다는 것은 인정하지만 그것이 자신의 책임은 아니라고 발뺌한다. 예를 들면 "제가 비판적인 것은 사실이에요. 그러나 건설적인 이유에서 그렇게 하는 것일 뿐이에요"라고 말하는 경우다.

문제 축소: 문제 축소란 말 그대로 문제를 온전히 의식하지 않거나 적당히 얼버무리는 것을 가리킨다. 예를 들면 "당신이 생각하는 만큼 제가 비판적이지는 않아요. 당신이 너무 예민하게 받아들이는 거예요"라고 말하는 경우다.

책임 전가: 책임 전가란 자신의 책임을 다른 사람에게 짊어지우는 것이다. 내가 아닌 다른 모든 사람이나 상황에 책임을 미루는 행위가 여기에 해당한다. 예를 들면 "제가 비판적인 이유는 당신이 그렇게 하도록 만들었기 때문이에요. 당신은 언제나 약속 시간에 늦게 나타나잖아요"라고 말하는 경우다.

훈련을 거부하는 이런 모든 이유의 저변에는 자신의 잘못을 그릇된 방식으로 처리하려는 심리가 도사리고 있다. 이런 태도를 가리켜 "투사"라고 한다. 형제의 눈 속에 있는 티를 빼내려고 하기 전에 자신의 눈 속에 있는 들보를 먼저 빼내라고 하신 예수님의 말씀이 이 경우에 해당한다(마 7:1-5 참조). 사람들은 자신의 문제를 다른 곳에 투사시켜 스스로의 약점과 죄로 인한 불편을 감수하려고 하지 않는다. 그들은 자신의 약점을 알고 있는 사람들을 두려워한다. 따라서 상대방을 위험한 사람으로 몰아붙이며 그를 통제해 곤경에 빠뜨리려고 한다. 따라서 성장을 돕는 사람은 부인, 합리화, 문제 축소, 책임 전가 등과 같은 문제를 발견했을 때는 사랑으로 단호히 잘못을 지적해야 한다. 그런 식의 투사는 사람들을 분열시키고 성장 과정을 방해한다.

나의 경험

지금까지의 논의는 나의 경험과도 무관하지 않다. 이 장을 쓰면서 나는 시간을 잘 지키지 못하는 문제에 봉착했다. 다른 일과 활동이 많은 관계로 원고 일정을 맞추지 못했다. 여러 노력을 기울여봤지만 아무 효과가 없었다. 더 잘해 보려고 시간을 따로 정해 놓고, 굳은 결심 아래 기도도 하고, 밤늦게 커피도 마셔봤지만 모두 허사였다.

마침내 나는 나의 성장 그룹 회원들에게 전화를 걸어 나를 위해 세 가지 일을 해달라고 부탁하지 않을 수 없었다. 그 세 가지 일이란 첫째, 원고 마감 일정을 복사한 용지를 나눠줄 테니 그것을 보고 내가 원고를 마쳐야 할 때를 상기시켜달라고 부탁했다. 둘째, 하루에 두 번씩 전화를 걸어 원고 진행 상황을 물어달라고 부탁했다. 셋째, 내가 돈을 기부할 단체를 결정해 달라고 부탁했다. 내가 좋아하는 단체가 아니라 그들이 좋아하는 단체에 기부금을 보내야 한다면 더욱 열심히 일정에 맞추려고 노력할 것 같아서였다. 그러자 효과가 나타났다. 친구들이 나와 연락을 주고받으면서 나를 도와주고 있다고 생각하니 원고 일정을 맞추는 데 많은 도움이 되었다.

한 친구는 이런 방법을 사용했다는 말을 듣고는, "훈련이 아니라 위로를 구하는 편이 더 낫지 않았나요?"라고 물었다. 나는 그녀에게 "그 시점에서는 그런 방법이 불가능했어요"라고 대답했다. 위로는 나중에, 즉 내가 원고 마감 일정을 맞췄을 때 자연히 찾아왔다.

하나님은 사랑하시는 자들을 징계하신다. 징계가 없다는 것은 곧 사랑받지 못하고 있다는 증거다. 올바른 과정을 올바르게 통과한다면 사랑과 믿음 안에서 더욱 성숙한 사람으로 성장할 수 있다. 훈련은 성장에 필요한 체계를 제공한다. 이 외에도 성장과 훈련에 더욱 적극적으로 임할 수 있도록 도와주는 요소가 하나 더 있다. 다음 장에서 그 요소를 살펴볼 예정이다.

성장하기 원하는 사람을 위한 조언

- 자제력이 부족한 탓에 문제가 생긴 삶의 분야가 있는가? 영적 측면, 관계적 측면, 성적 측면, 또는 자녀 양육, 직업 활동, 집안일, 또는 식습관 등과 관련해 문제가 발생한 경우가 있는지 일일이 점검해 보라.

- 그런 분야에서 훈련을 받지 못하는 이유를 생각해 보라. 다른 사람들과 책임 있는 관계를 맺지 못하기 때문인지, 훈련이 지나치게 어렵기 때문인지, 훈련 과정에 성실히 임하기를 거부하기 때문인지 살펴보라. 사랑에서 우러나는 편견 없는 충고를 들을 수 있는 훈련 과정에 참여하려면 어떻게 해야 할지 계획을 세워보라.

- 훈련은 의지력이나 스스로의 결심 등 자신의 내면에 있는 것들을 통해 이루어지지 않는다는 사실을 잊지 말라. 자제력이 부족할 때는 다른 사람들의 도움을 통해 자제력을 기를 수 있는 환경, 곧 훈련을 내면화시킬 수 있는 외부적인 지원 체계에 의지해야 한다.

- 하나님의 징계가 주어졌을 때는 그것을 징벌이 아닌 사랑과 은혜로 받아들여라.

- 무엇보다도 자제력이 부족한 책임을 다른 곳에 전가하거나 축소하거나 합리화하거나 부인하는 성향이 없는지 살펴보라. 그런 성향이 있다면 솔직히 고백하라. 그러면 좋은 훈련을 받을 수 있는 기회를 갖게 될 것이다.

성장을 돕는 사람을 위한 조언

- 훈련을 무의미한 고통이나 징벌이 아니라 하나님이 허락하시는 사랑과 성장을 위한 방법 가운데 하나로 받아들일 수 있게 하라.

- 올바른 훈련을 받지 못하는 것, 교만이나 두려움 때문에 훈련을 거부하는 것, 자제력이 부족한 것 등이 사람들의 삶에 어떠한 영향을 미쳐왔는지 알려주라.

- 사람들의 삶에 훈련과 교정이 필요한 부분이 무엇인지 일깨워주라.

- 사람들이 안심하고 훈련을 받아들일 수 있는 환경을 조성하라. 견책에서부터 삶의 결과에 이르기까지 모든 훈련 과정이 자제력을 어떻게 발전시켜나가는지 알게 하라.

- 훈련을 학대나 통제와 동일시하는 경향이 있는지 파악하고, 안전한 관계 속에서 훈련에 자발적으로 임할 수 있도록 이끌라.

14

더 깊은 우물에서
물을 길어 올려라 : 영적 빈곤

"영적 빈곤은 우리의 실상을 경험하는 것이다."

헨리와 나(존)는 한 대형 기독교 단체를 상대로 일을 시작했다. 논의의 주제는 교회에서의 소그룹 활동이었다. 우리는 소그룹 활동이 많은 가치를 지니고 있다고 설명하며 강력히 그 필요성을 주장했다. 또한 소그룹 활동을 통해 충족되어야 할 필요, 소그룹을 운영하는 방법 등에 관해 논의했다. 단체의 실무진 가운데 지인이 한 명 있었다. 그는 "건강한 사람들을 위한 소그룹과 건강하지 못한 사람들을 위한 소그룹의 차이점은 무엇인가요?"라고 물었다. 헨리와 나는 서로를 바라보며 "한 가지 종류의 그룹밖에는 없습니다"라고 대답했다.

이 이야기는 영적 성장을 바라보는 일반 교회의 관점에 내재되어 있는 문제점을 분명하게 드러낸다. 우리가 영적 성장을 필요로 한다는 데는 아무런 이견이 없다. 우리는 하나님과 친밀한 관계를 맺고, 서로 사랑하고, 성경을 읽고, 진리를 적용해야 한다. 그러나 성장해야 할 이유가 우리가 지극히 불완전하고 부족한 상태이기 때문이라고 생각하는 사람은 그다지 많지 않다.

성경은 우리 모두가 그런 상태에 놓여 있다고 가르친다. 바리새인과 세리의 비유(눅 18:9-14 참조)와 옳은 일을 행할 수 없는 무능력함을 탄식해야 했던 바울의 고백(롬 7:15-24 참조)은 모든 사람이 하나님의 은혜와 자비를 얼마나 절실히 필요로 하는지를 보여준다. 우리는 본질상 하나님 외에는 아무런 희망도 가질 수 없는 타락한 인간에 불과하다.

물론 모든 사람이 다 스스로의 부족함을 의식하는 것은 아니다. 바리새인은 자신의 부족함을 의식하지 못했다. 그러나 더러는 그 사실을 의식한다. 예수님은 그런 사람들을 "심령이 가난한 자"(마 5:3)라고 일컬으셨다. "심령이 가난한 자"로 번역된 헬라어는 굽실거리는 걸인, 곧 생존을 위해 다른 사람들에게 전적으로 의존해야 하는 사람을 가리킨다. 이 표현에 우리를 칭찬하는 듯한 의미는 전혀 없다. 우리는 교회에서 서로 인사를 나눌 때 "와우, 당신은 굽실거리는 걸인 같은 사람이군요. 당신이 저의 멘토가 되어주셨으면 좋겠습니다"라고 말하지 않는다. 그러나 하나님의 나라는 그런 의존감을 경험하는 사람들에게 속한다.

영적 빈곤은 현실 속에서 사는 것을 뜻한다. 이 점을 이해하려면 영적 빈곤을 하나님 앞에서 우리의 불완전한 상태를 경험하는 것으로 생각하면 된다. 영적 빈곤은 우리의 약점, 충족되지 않은 필요, 감정의 상처, 다른 사람들이 가한 피해, 미성숙함과 죄에서 비롯한다. 우리의 현재 모습이 본래의 참 모습과 거리가 있고, 또 그 거리를 우리의 힘으로 좁힐 수 없다고 느끼는 순간 영적 빈곤이 찾아온다. 깊은 차원에서 부족함과 불완전함과 의존감을 경험하는 순간(사실 우리는 실제로 그렇다), 우리는 무너져내릴 수밖에 없다. 영적 빈곤은 나르시시즘과 자기 의를 비롯해 온갖 문제를 치료하는 치유책이다. 우리의 눈이 열려 스스로의 비참한 실상을 보는 순간 우리 자신이 제법 그럴싸하다는 생각이 깡그리 사라지고, 무엇인가 크게 잘못되었다는 느낌이 밀려온다.

그러나 예수님은 그런 상태를 복된 상태라고 말씀하셨다. 왜냐하면 하나님께 더 가까이 나갈 수 있게 도와주기 때문이다. 우리의 불완전한 상태는 우리 자신이 아니라 하나님을 치유와 희망의 근원으로 바라보게 만든다. 독자적으로 편안하게 살 수 있는 상황에서는 하나님의 필요성을 절실히 의식할 수 없다.

애통하는 마음은 영적 빈곤과 관계가 있다. 이는 상처나 불의, 손실이나 불행한 상황, 또는 다른 사람들 때문에 마음이 몹시 상심한 상태를 의미한다. 감정이나 관계, 또는 직업 문제로 인한 상처 때문에 실망을 느끼는 경우가 이 상태에 해당한다. 하나님은 그런 사람을 특별히 불쌍히 여기신다.

"여호와는 마음이 상한 자를 가까이하시고 충심으로 통회하는 자를 구원하시는도다"(시 34:18, 147:3; 사 61:1 참조).

애통하는 마음은 우리의 필요를 깨닫게 함으로써 종종 영적 빈곤을 의식하게 만든다.

이 책의 주제에 관해 낯선 사람과 대화를 나눌 때면 영적 빈곤에 관한 그들의 견해를 알 수 있다. 예를 들어 비행기 안에서 옆 자리에 앉은 사람과 대화를 나눈다고 가정해 보자. 내가 책을 쓰고 있다고 말하면 그는 "그래, 무슨 책을 쓰시나요?"라고 물을 것이다. "영적, 감정적,

인격적 성장에 관한 책을 쓰고 있습니다." 나는 무슨 말을 들어도 상관없다는 각오로 그렇게 대답할 것이다. 그러면 그는 대개 따분한 듯한 눈빛을 띠며 "그거 재미있군요"라고 짧게 말하고 나서 곧바로 화제를 돌려 스포츠나 정치에 관한 이야기를 꺼낼 것이다. 그러나 때로 대화의 주제가 마음속으로 중요하게 생각하고 있는 문제와 관련 있다고 생각하는 사람은 초롱초롱한 눈빛으로 자신의 문제나 고민을 털어놓으며 그것을 극복할 수 있는 방법을 물어올 것이다.

물론 이런 논의에 무관심한 사람을 비판하고 싶은 마음은 조금도 없다. 그런 사람은 성장 그룹이나 성장 과정에서 상처를 받았을 수도 있고, 또 큰 문제 없이 인생을 살아가는 사람일 수도 있다. 내가 여기서 말하고자 하는 요점은 성장이 이루어지려면 반드시 스스로의 부족함을 느껴야 한다는 것이다.

영적 빈곤의 역할

하나님과 성장을 추구하는 사람들 가운데는 앞서 말했던 지인처럼 그룹 참여자들에 관해 이원적인 사고방식을 지닌 이들이 많다. 그들은 그리스도를 더 많이 닮고 싶어 하며 깊이 있는 삶과 하나님과의 더욱 친밀한 관계를 원한다. 그러나 자신들이 우울증, 중독, 불안, 결혼과 가정과 관계의 문제, 직업 활동의 장애 등과 같은 삶의 문제를 지니고 있는 사람들과는 다르다고 생각한다. 그런 문제가 없는 사람들은 문제가 있는 사람들을 염려하며 동정심을 느낄 수 있지만 그들과 깊은 관계를 맺지는 못한다. 그들은 때로 다른 사람들이 왜 문제를 극복하지 못하고, 서둘러 그곳에서 빠져나와 하나님을 의지하지 못하는지 궁금해한다. 왜냐하면 자신에게는 그런 해결책이 효과가 있다고 생각하기 때문이다.

그러나 그런 방식으로 다른 사람들에게 조언할 경우 상대방은 더욱 낙심하게 되고, 심지어는 하나님을 믿는 믿음조차 유지할 수 없는 지경에 이를 수도 있다.

물론 그렇다고 해서 삶의 문제를 안고 있는 사람이 모두 심령이 가난한 자라는 말은 아니다. 어떤 사람은 자신의 현실을 부인하고, 어떤 사람은 자신의 문제에 대한 책임을 다른 사람에게 전가한다. 또 어떤 사람은 충분한 시간이 주어진다면 혼자의 힘으로 문제를 해결할 수 있다고 믿는다. 그들은 아직 절망의 단계에 이르지 않았다. 여기서 절망의 단계란 현실을 겸손히 인정함으로써 자신이 처한 처지를 이해하고 슬퍼하며 탄식하는 단계를 가리킨다(약 4:9-10 참조).

그러나 삶의 문제를 안고 있는 사람은 그렇지 않은 사람에 비해 하나님의 치유를 더욱 절실히 염원할 가능성이 높다. 왜냐하면 자신의 눈으로 직접 그렇게 할 수밖에 없는 현실을 바라보고 있기 때문이다.

또한 문제가 없는 사람들도 얼마든지 현실을 부인할 수 있다. 아무 불행 없이 하나님을 사랑하고, 행복한 결혼생활을 영위하며, 경제적으로 넉넉한 삶을 살아가는 신자들이 많다. 그들은 아무것도 숨기지 않는다. 누구를 속이거나 야비하게 굴지도 않는다. 그러나 그런 현상에 매여 자신의 부족함을 의식하지 못하는 탓에 스스로가 얼마나 비참한 존재인지 깨닫지 못한다.

최근에 수년 동안 같은 기독교 단체에서 함께 활동했던 옛 친구를 우연히 만났다. 그동안의 안부를 묻는 과정에서 그는 획기적인 영적 변화를 경험했노라고 말했다. 그가 믿음이 매우 굳세고 헌신적인 사람이라고 알고 있었던 나는 그의 말에 바짝 호기심을 느꼈다.

"그게 무슨 말인가? 어서 말해 보게."

"과거의 문제를 다루는 영적 성장 세미나에 참석했네. 그 모임이 나와 관련 있다고는 생각하지 않았지만 마음을 열고 진지하게 참여하고 싶었다네. 강사는 우리의 가정환경이 우리의 영적 생활에 어떻게 영향을 미치는지를 설명했다네. 결론부터 말하자면 나는 나의 가정환경이 나에게 영향을 미쳤다는 것을 의식하게 되었네. 나의 부모님은 자상하고 책임감이 강한 기독교 신자였다네. 그렇지만 사람들과 감정적인 거리감을 두면서 판단을 일삼는 경향이 있었네. 나도 내 감정과는 무관한 상태로 성장하면서 일과 사역에만 몰두했어. 또 다른 사람들을 부당하게 비판하는 경향도 없지 않았지.

나는 그런 과거의 상처가 나의 결혼생활은 물론 아이들과 친구들에게까지 영향을 미치고 있다는 사실을 깨달았네. 그 순간 갑자기 내가 받은 상처와 부지중에 다른 사람들에게 준 상처가 생각나 크게 슬퍼하며 탄식하지 않을 수 없었다네. 시간이 지나면서 나는 다른 사람들과 솔직한 관계를 맺으려고 노력했고, 나 자신과 다른 사람들에 대한 비판과 판단을 중단했다네. 물론 과거에 자네에게도 내가 거리감을 두거나 판단을 일삼았는지 알고 싶다네."

순간 내 눈에서 눈물이 흘러내렸다. 그가 준 상처가 생각나서가 아니라 그가 그토록 오랫동안 마음속에 상처를 안고 있었으면서도 자신의 문제를 의식하지 못한 채 최선을 다해 하나님을 섬기려고 했던 일이 생각났기 때문이었다. 나는 그를 매우 친절한 사람으로 기억하고 있었지만, 그런 말을 듣고 있자니 내가 알던 사람과는 전혀 다른 사람이 된 듯한 느낌을 받았다. 그는 과거보다 훨씬 솔직하고 좀 더 쉽게 다가갈 수 있는 관계 지향적인 사람으로 변해 있었다.

이 이야기는 영적 빈곤이 사람들의 성장에 어떤 도움을 주는지 보여 준다. 내 친구는 자신의 영적 빈곤, 곧 지난날의 상처와 공허함과 아픔을 의식했다. 그 결과 그의 관계나 사역은 물론 신앙생활 전체가 새롭게 변화되었다.

영적 빈곤이 가져다주는 풍요로움

영적 빈곤은 말 그대로 "영적" 빈곤이기 때문에 우리의 영적 성장을 도와준다. 마태복음 5장 3절("심령이 가난한 자")에 사용된 "심령"이라는 헬라어는 삶의 영적 차원을 가리키는 용어다. 다시 말해 빈곤의 경험은 실질적이면서도 영적이다. 자신의 불완전함을 의식하는 순간 우리는 하나님과 그분의 길을 찾게 되고, 하나님은 우리의 회복과 성장에 필요한 모든 것을 준비하신 채 우리를 기다리신다.

영적 빈곤은 여러 가지 면에서 영적 성장에 크게 기여한다. 그 이유를 설명하면 다음과 같다.

영적 빈곤은 구원 신앙의 필요 조건이다

정도의 차이는 있지만 혼자 힘으로는 죄책과 죄의 속박에서 도저히 자유로울 수 없다는 절박한 의식이 없으면(곧 스스로의 부패함과 무기력함을 인정하지 않으면) 진정한 그리스도인이 될 수 없다(롬 3:23 참조). 그런 의식이 없으면 예수님의 희생은 불필요하고 무의미한 것으로 전락하고 만다. 구원 신앙을 가지려면 깨져야 한다. 그런데 문제는 자신의 부족함을 인정하고 그리스도를 구주로 영접하고 난 뒤부터는 마치 완전해진 것처럼 살아가는 경우가 많다는 데 있다. 비록 하나님이 우리 안에 거하시지만 우리에게는 여전히 성장과 성화가 필요한 부족한 면이 많이 남아 있다. 이것이 성경이 처음 믿음을 가졌을 때처럼 계속 믿음으로 행하라고 가르치는 이유다.

"그러므로 너희가 그리스도 예수를 주로 받았으니 그 안에서 행하되"(골 2:6).

영적 빈곤은 하나님을 갈망하게 만든다

영적 빈곤은 우리의 부족함을 해결할 수 있는 방법을 찾게 만들고, 궁극적으로는 하나님을 추구하게 한다. 자신의 부족함을 진정으로 깨달은 사람은 하나님을 더욱 열심히 찾는다. 절박한 상황에 처한 사람은 그로 인한 어려움 때문에 심령이 겸손해진다. 그는 간절한 마음으로 하나님을 찾는다.

"곤고한 자가 이를 보고 기뻐하나니 하나님을 찾는 너희들아 너희 마음을 소생하게 할지어다"(시 69:32).

하나님의 길에 무관심했던 사람들도 절박한 상황에 직면하면 자신의 문제를 극복할 수 있는 영적 해결책을 찾게 된다. 부족함과 공허함을 느끼는 사람들은 스스로 문제를 해결하려고 애쓰다가 결국 절망에 이르러서는 갈급하게 하나님을 찾는다. 자신의 삶을 돌아보고 어려운 때가 있었는지 생각해 보라. 또한 하나님을 더욱 갈망했던 때가 있었는지 살펴보라.

성경이 영적으로 빈곤한 상태를 복되다고 일컫고, 영적으로 만족한 상태를 안일하다고 꾸짖는 이유가 여기 있다. 빈곤하지 않으면 하나님을 찾는 열망이 생겨나지 않는다. 그런 사람은 미지근한 태도를 취하기 마련이다. 예수님은 차지도 뜨겁지도 않은 라오디게아교회를 호되게 꾸짖으셨다.

"네가 말하기를 나는 부자라 부요하여 부족한 것이 없다 하나 네 곤고한 것과 가련한 것과 가난한 것과 눈 먼 것과 벌거벗은 것을 알지 못하는도다"(계 3:17).

이것이 영적 성장의 역설이다. 문제는 많으나 심령이 가난한 사람이 문제가 적으면서 심령이 가난하지 않은 사람보다 성장할 가능성이 훨씬 높다. 문제가 많은 사람들이 더 큰 성장의 고통을 겪을 것이라고 생각하기 쉽다. 물론 그렇다. 그러나 나는 상담을 해오면서 그런 빈곤한 상태가 영적 성장을 갈망하게 만드는 것을 수없이 목격했다.

일전에 한 그리스도인 부부와의 상담은 이런 설명이 상당한 근거를 가지고 있다는 것을 뒷받침해 준다. 남편의 문제는 술과 성 중독과 과격한 성격이었다. 그의 삶은 엉망진창이었지만 마음은 영적 갈망으로 가득 차 있었다. 그는 자신의 문제와 영적 상태가 심각한 지경에 이르렀다는 사실을 의식하고는 스스로와 하나님과 가족들을 해롭게 한 일을 깊이 뉘우치며 길고 고통스런 성장 과정을 거치기 시작했다. 보상할 수 있는 것은 모두 보상하려고 노력했고, 일주일에 한 번씩 상담을 받으면서 지지 그룹의 도움을 요청했으며, 성경과 성장에 관한 책을 손에 잡히는 대로 읽어나갔다. 그는 성장을 돕는 사람들 앞에서 솔직하고 겸손한 태도를 취했고 잘못을 고쳐나가려고 노력했다. 성장하기까지는 오랜 시간이 걸렸지만 결국 그는 새 사람으로 거듭났다. 그는 하나님이 베푸신 모든 은혜에 감사하면서 다른 사람들을 도와주며 많은 결실을 거두고 있다.

한편 그의 아내는 질서 있고 책임 있는 삶을 살았지만 영적인 것을 그다지 절실하게 갈망하지 않았다. 그녀는 교회에 다니며 시간이 있을 때마다 성경을 읽고 기도했으며 도덕적인 삶을 살았다. 그런 그녀는 내가 처음에 만났을 때와 달라진 것이 거의 없었다. 그녀는 엉망진창인 남편이 자신의 유일한 문제였는데 이제 그가 새 사람이 되었기 때문에 삶도 더 나아졌다고 생각했다. 나는 그녀의 상처와 문제에 관해 대화를 나누려고 애썼지만 그녀는 모든 것을 기피했다. 그녀는 영적 허기를 느끼지 못했다. 오늘날 그녀는 비록 선량한 삶을 살고 있지만 아무에게도 깊은 영향을 주지 못하고 있다. 그녀는 하나님을 비롯해 그 누구도 선뜻 받아들이려고 하지 않았다. 자녀들은 자라면서 그녀에게서 점점 멀어져갔다. 그녀가 아무도 받아들이지 않으려고 하기 때문이다. 단지 친구들과 점심을 먹고 쇼핑을 하면서 나름대로 바쁜 나날을 보내고 있을 뿐이다.

애통하는 마음이 클수록 하나님의 은혜로 성장할 수 있는 가능성이 더 커진다.

영적 빈곤은 성장의 고통을 감당할 수 있게 해준다

영적 성장은 매우 힘든 과정이다. 이는 희생과 고통과 포기와 헌신을 요구한다. 영적 성장은 찾는 사람이 적은 좁은 길과 같다(마 7:13-14 참조). 그리스도 안에서 생명을 발견하려면 과거에 안락했던 것들은 물론이고 목숨까지 잃을 각오를 하지 않으면 안 된다(마 16:25 참조). 때로는 무엇 때문에 소그룹에 참여해야 하고, 문제를 직시해야 하며, 기도를 해야 하고, 성경을 읽어야 하는지 잘 이해가 되지 않을 때도 있다. 그러나 성장은 우리의 문제를 해결할 수 있는 유일한 길이다. 문제로 인한 고통보다는 차라리 성장의 고통이 감당하기가 더 쉽다.

영적 빈곤을 느끼는 사람은 성장의 과정에서 뒷걸음질치지 않는다. 일단 눈이 열려 자신의 빈곤한 상태를 알게 되면 아무 문제도 없는 듯 살아가기가 어렵다. 그것은 마치 한번 열리고 난 뒤에는 절대로 닫히지 않는 문과 같다.

영적 성장을 간절히 열망하는 한 여성과 상담을 나눈 적이 있었다. 상담 과정에서 그녀는 가족들을 사랑해서 한 일들이 오히려 그들의 성장을 방해해 스스로 책임 있게 문제를 해결해 나가지 못하게 했다는 사실을 깨달았다. 그녀는 자신의 행동이 가족들과 자신에게 상처를 입히고 있다는 사실을 깨닫게 되었다. 그 후로 가족들을 대하는 행동을 제한하고 잘못을 깊이 뉘우쳤다. 기도에 더욱 열심을 냈고 그룹 활동에도 적극적으로 참여했다. 그녀는 가족들을 어린아이처럼 일일이 챙겨주는 자신의 습성이 의존심이 강했던 어머니 밑에서 성장한 데서 비롯되었다는 사실을 깨달았다. 그녀는 그런 어머니 때문에 강한 아이로 성장해야 했다. 그녀는 어른다운 어머니를 원했지만 그녀의 어머니는 그렇지 않았다. 따라서 그녀는 자라면서 감정적인 소외감과 깊은 외로움을 느껴야 했다. 그런 문제를 극복하는 과정에서 많은 고통을 감당해야 했지만 영적 성장을 결코 포기하지 않았다. 나는 그녀가 그 모든 과정을 거치는 것을 보면서 "이 과정을 시작하지 않았다면 좋았을 것이라고 후회해 본 적이 있나요?"라고 물었다.

"전에는 그랬지요. 하지만 다시 돌아설 수 없다는 것을 깨달았어요. 저에게는 힘든 일이었지만 하나님과 현실과 진리와 친구들이 저를 도와주었어요. 잘못된 것을 옳은 것처럼 생각하며 살아갈 수는 없어요. 제가 여기까지 오게 된 것이 참으로 복되다고 생각해요."

그녀는 영적 빈곤이 하나님의 길을 추구하게 만든 덕분에 성장의 고통을 모두 견뎌냈다.

영적 빈곤은 다른 사람들과 관계를 맺고 살아가도록 도와준다

영적 빈곤과 애통하는 마음은 하나님은 물론 안전한 사람들과 감정적으로 관계를 맺도록 만든다. 절망에 부딪치면 어린아이처럼 무력하고 연약한 상태로 바뀌게 된다. 예수님은 그런 상태를 좋게 생각하셨다. 그분은 "내가 진실로 너희에게 이르노니 누구든지 하나님의 나라를 어린아이와 같이 받들지 않는 자는 결단코 그곳에 들어가지 못하리라"(막 10:15)고 말씀하셨다. 어린아이는 관계 지향적인 속성을 지니고 있다. 어린아이는 고통이나 어려움을 당할 때면 보호와 위로를 줄 수 있는 어른을 찾는다. 어린아이는 굳이 생각하지 않아도 본능적으로 관계를 원한다. '마음을 강하게 먹고 이 위기를 잘 넘길 테야'라거나 '긍정적인 생각을 해야 해'라고 생각하지 않는다. 어린아이는 자기 외에 다른 사람의 도움을 구한다.

영적 빈곤이 가져다주는 축복 가운데 하나는 하나님이 계획하신 삶, 즉 관계에 근거한 삶을 회복할 수 있게 도와준다는 것이다. 우리는 다른 사람들의 도움과 사랑과 위로를 받아들여야 한다. 그래야만 힘차게 삶을 살아갈 수 있다. 관계는 삶의 동력이다. 인내하며 성장하려면 살아가는 동안 다른 사람들과의 관계를 통해 늘 배우고 깨달아야 한다.

영적 빈곤은 더 깊은 삶을 살 수 있게 도와준다

애통하는 마음은 영적으로 성숙하지 못한 상태에서 벗어나 더욱 깊이 있는 믿음의 삶을 살아가게 해준다. 우리는 갓난아기 상태로 영적 생활을 시작하지만(벧전 2:2 참조) 하나님은 우리가 그런 상태로 머물러 있기를 원하지 않으신다. 우리는 초보적인 상태에서 벗어나 그리스도 안에서 성장해야 한다(히 6:1 참조). 영적 성장은 하나님의 본성에 관한 신비, 성경의 경이로움, 인간 심리의 복잡한 특성, 인격, 다른 사람들과의 친밀한 관계 등과 같은 주제를 깊이 이해하게 도와준다.

영적 빈곤은 얄팍한 상태로 머물게 놔두지 않는다

일단 성장의 길에 들어서면 새로운 차원에서 계속 성장해 나가야 한다. 시편 저자는 "깊은 바다가 서로 부르며"(시 42:7)라고 말했다. 우리는 성장하고 변화될 수 있을 뿐 믿음의 끝에는 결코 도달할 수 없다. 항상 앞으로 나가거나 뒤로 물러날 뿐이다. 다른 사람들과 관계를 맺지 않고 홀로 만족스러워하거나 영적 생활을 지루하게 생각하지는 않는지 살펴보라. 자신의 상태가 어떻게 보이는지 다른 사람들에게 물어보라. 만일 그렇다면 가난한 심령으로 더 깊은 차원에서 하나님을 추구하게 해달라고 기도해야 한다.

영적 빈곤은 구체적인 성장이 이루어질 수 있게 도와준다

영적 빈곤은 치유해야 할 문제를 발견할 수 있게 도와준다. 허기를 느끼는 사람은 항상 같은 것을 먹으려고 하지 않는다. 고기나 채소, 또는 과일을 먹고 싶어 한다. 영적으로 굶주린 사람도 항상 똑같은 것을 원하지 않는다. 영적 빈곤은 성장이 필요한 부분을 구체적으로 발견할 수 있도록 돕는다.

자신의 필요와 문제를 교회 지도자에게 토로했지만 "당신의 문제는 믿음이 없는 것, 은밀한 죄, 복종하지 않는 태도, 말씀 안에서 살아가지 않는 것입니다"라는 식의 말을 들었다고 말하는 이들이 많다. 안타까운 일이다. 물론 그런 문제들을 해결하는 것도 중요하지만 때로는 원인이 다른 데 있을 수도 있다. 옛 중국 속담에 "가진 도구가 망치뿐이라면 모든 문제를 못으로만 보려고 할 것이다"라는 말이 있다. 영적 빈곤을 극복하려고 할 때는 "한 가지 크기면 모든 것에 다 맞는다"는 식의 사고방식을 지녀서는 안 된다.

그렇다면 영적 빈곤은 어떻게 우리의 필요를 충족시켜주고, 또한 우리를 성숙하게 만들까? 영적 빈곤은 우리를 구하는 자로 만든다. 구하는 자는 도움과 해결책을 얻기 위해 여러 가지 노력을 기울인다. 그는 하나님께 자신의 처지에 관해 깨달음과 지혜를 구한다. 성경을 열심히 읽으며 성숙한 사람들에게 조언을 구한다. 하나님은 구하는 자에게 때가 되면 받을 것이라고 약속하셨다. 그분은 우리가 구하기를 원하신다.

어떤 사람들은 영적 빈곤을 통해 사람들과의 관계 안에서 그들의 사랑을 받아들이지 못하는 잘못을 깨닫는다. 성경은 "사랑 가운데서 뿌리가 박히고 터가 굳어"(엡 3:17)져야 한다고 가르친다. 그러나 위로와 도움을 받지 못하고 사는 사람은 그렇게 할 수 없다. 또 어떤 사람들은 자제력과 책임 의식이 강하지 못한 삶을 살아간다. 그들은 다른 사람들의 지배를 받거나 자제력을 잃고 음식을 마구 섭취하는 등 무절제한 삶을 살아간다. 그들은 삶을 주체적으로 살아가지 못한다. 그 밖에도 자신의 불완전한 모습을 증오하거나 자책을 일삼는 사람들도 있다. 그들은 실수를 저지르면 심한 자괴감에 빠진다.

영적 빈곤은 그들을 도와 고통스러운 진실을 깨닫게 만든다. 사람들은 성장이 필요한 문제를 찾아내면 이 책에서 말하는 영적 성장 과정을 거치게 된다. 따라서 성장이 필요한 부분을 찾아내는 것이 매우 중요하다. 예를 들면 다음과 같다.

- 하나님을 사랑하고 경배하며 그분의 길에 복종하기
- 다른 사람들과 깊고 솔직한 관계를 유지하기
- 두려움이나 죄책감이 아니라 가치에 근거해 결정을 내리기
- 우리의 실상을 알고, 우리의 책임이 아닌 것을 분별하기
- 우리의 약점과 부패한 본성을 인정하기

- 삶과 관계에 있어 어린아이가 아니라 성인답게 행동하기
- 직업 활동에 있어 유능한 능력을 기르기
- 분명하고 균형 있는 도덕성을 기르기

영적 빈곤을 느끼는 방법

영적 빈곤은 우리가 할 수 있는 가장 부자연스러운 일 가운데 하나다. 영적 빈곤은 모든 것을 다 갖춘 상태에서 승승장구하는 것과는 정반대다. 그러나 이는 영적 성장의 유일한 희망이다. 사실 우리는 알든 모르든 이미 빈곤한 상태에 있다. 따라서 영적으로 가난해지려고 노력하기보다 이미 우리에게 있는 영적 빈곤을 깨달아야 한다. 영적 빈곤이라는 내적 자질을 발전시킬 수 있는 방법을 몇 가지 제시하면 다음과 같다.

하나님께 구하라

영적 빈곤을 깨닫는 것은 하나님이 주시는 선물이다. 왜냐하면 하나님이 우리에게 원하시는 것들을 이루게 도와주고, 그분의 목적을 성취하기 때문이다. 하나님은 우리의 연약한 부분을 깨닫게 해주시기를 기뻐하신다.

앞서 교회에 두 종류의 그룹(즉 건강한 사람들을 위한 그룹과 건강하지 못한 사람들을 위한 그룹)이 있다고 생각하는 지인이 있었다고 말한 바 있다. 겉으로는 경건하고, 사랑이 많고, 책임 있게 살아가는 것처럼 보여도 사실은 죄와 약점과 아픔을 지닌 사람이 있다. 또한 교회나 소그룹을

이끌고, 성경 공부를 가르치며, 아무 문제 없이 사역을 행하는 사람도 있다. 어떤 경우가 되었든 하나님 앞에 무릎을 꿇고 가난한 심령을 갖게 해달라고 기도하라. 왜냐하면 천국은 심령이 가난한 자들의 것이기 때문이다(마 5:3 참조). 그렇게 기도하면 하나님이 부족함과 불완전함을 깊이 느끼게 만드시어 그분께로 가까이 이끄실 것이다.

정직한 사람이 되라

자신의 과거와 현재의 삶을 정직하게 평가하라. 고통을 회피하거나, 문제를 부인하거나, 진실한 사람들을 멀리하거나, 그릇된 것을 옳다고 생각하는 태도가 없는지 살펴보라. 필요를 부인하고 교만과 자기 만족에 치우쳐 살고 있지는 않은지 정직하게 살펴보라.

자신이 회피하는 부정적인 문제를 직시하라. 자신의 실상을 솔직하게 인정하는 것은 영적 빈곤을 통해 성장에 이르는 기나긴 과정의 첫 단계에 해당한다. 하나님께 은혜와 사랑을 구해 자신의 내면에서 무엇이 발견되는지 확인하라(시 139:23-24 참조). 문제의 범주를 몇 가지 열거하면 다음과 같다.

죄: 이기적이고 반항적인 행동이나 태도가 없는지 살펴보라. 그런 문제에 대해 이미 용서를 받았더라도 여전히 회개와 고백이 필요하다. 특히 겉으로 드러난 행위를 뛰어넘어 마음의 동기를 헤아려라. 사랑을 주지 않으려는 태도, 복수심, 시기심, 책임 전가 등이 없는지 살펴보라.

상처와 아픔: 우리 모두는 죄를 지었을 뿐 아니라 다른 사람들의 잘

못을 통해 상처를 받는다. 자신에게 상처를 안겨준 사람들이 누구인지 생각해 보라. 질병이나 경제 문제, 또는 실직 등과 같은 삶의 실패와 아픔을 생각해 보라.

약점: 자신의 삶을 방해하는 성격상의 결함이나 아무리 멈추려고 해도 멈출 수 없는 일들을 생각해 보라. 예를 들면 무책임한 태도, 지배욕, 허약함, 사람들을 기쁘게 하려는 태도, 완벽주의 등이 여기에 해당한다.

이러한 문제들은 상호 작용하기 때문에 너무 형식적으로 범주를 나눠 생각할 필요는 없다. 예를 들어 무책임한 태도는 죄와 약점 모두에 해당한다. 또한 상처 때문에 생겨난 것일 수도 있다. 그러나 이 문제들은 하나님의 필요성을 의식하게 만드는 데 도움을 준다.

영적 빈곤을 가르치는 성경 구절을 읽어라

"심령이 가난한", "부족한", "통회하는" 등과 같은 용어를 찾아보고, 성경이 거기에 대해 어떻게 가르치고 있는지 살펴보라. 하나님이 구약시대에 이스라엘 백성과 어떤 관계를 맺으셨는지 살펴보라. 하나님은 이스라엘 백성이 자기 만족에 치우치거나 반항을 일삼을 때 그들을 가혹하게 징계하셨고, 그들이 가난하고 통회하는 태도를 취할 때 그들을 축복하셨다. 예수님이 부족한 사람들과 (바리새인들처럼) 모든 것을 다 갖추었다고 생각하는 사람들에 관해 어떻게 말씀하셨는지 살펴보라. 성경은 도처에서 영적 빈곤이 성장의 필수 요소라고 가르친다.

다른 사람들의 충고를 받아들여라

영적으로 빈곤한 사람의 특징은 다른 사람들을 의지하며 그들에게 도움을 요청하는 태도에 있다. 그는 서로 함께 모여 약점을 솔직하게 드러내고 서로를 돕고 위로하는 것을 진정한 그리스도인의 삶이라고 생각한다. 영적 빈곤을 느끼려면 신뢰할 만한 사람들에게 자신이 진정으로 부족하고 가난한 심령을 지니고 있는지 확인해 달라고 부탁해야 한다. 정직한 사람들은 부드러운 태도로 진실을 깨우쳐주고, 우리가 처한 처지를 깊이 이해해 줄 것이다.

아내 바비와 나는 "인격의 시간"이라는 가족 프로그램을 시작했다. 우리는 저녁에 가족이 함께 모이는 시간을 정해 놓고 다가올 한 주간의 일을 논의하며 문제를 처리하고, 성경을 읽고, 기도를 드린다. 우리는 그런 시간을 통해 서로 가난한 심령을 지니도록 독려한다. 두 아들 리키와 베니를 비롯해 온 가족이 각자 하나님과 다른 사람들의 도움이 필요한 문제나 약점을 고백한다. 그렇게 몇 년을 지내오면서 우리가 발견한 인격의 문제를 열거하면 다음과 같다.

- 이기심
- 화가 났을 때 이유를 설명하지 않고 움츠러드는 태도
- 집안일에 무책임한 태도
- 일만 많이 하고 가족들과 충분히 시간을 보내지 않는 태도
- 항상 행동이 굼뜬 태도
- 그만두라고 말해도 끝까지 다른 사람을 괴롭히는 태도
- 손톱을 물어뜯는 버릇

- 너무 쉽게 화를 내는 태도
- 아이들에게 심부름을 시키고 그것을 "질적인 시간"이라고 일컫는 행위
- 규칙적으로 경건의 시간을 갖지 못하는 것
- 약속을 하고 지키지 않는 태도
- 문제가 있을 때 대화를 하지 않고 다툼을 벌이는 태도

이 글을 읽고 우리 가정을 문제 가정으로 생각하지는 말기 바란다. 아무튼 우리 가족은 인격과 관련된 문제를 혼자서 해결하려고 하지 않는다. 우리는 서로에게 "제가 혹시 식구들을 귀찮게 하는 일이 있나요?"라고 묻고 대화를 통해 문제를 해결하기 위한 방법을 찾는다. 그리고 서로를 위해 기도한다. 그다음 주에는 온 가족이 각자 얼마만큼의 진보가 있었는지 보고한다. 이 경우에도 우리는 서로에게 우리의 행위가 얼마나 개선되었다고 생각하는지를 물어본다. 우리는 "이번 주에 제가 얼마나 잘했나요?"라고 묻고, 똑같은 문제를 계속 해결하고자 노력하거나 아니면 새로운 문제를 논의한다. 변화가 이루어지기까지는 대개 많은 시간이 걸린다.

우리 아들들은 처음에는 그런 모임을 반대했다. 왜냐하면 부모가 자신들을 통제하려는 또 다른 방법일지도 모른다고 생각했기 때문이다. 그러나 부모가 그 과정에 함께 동참하는 것을 보더니 생각이 달라졌다. 모두가 제각기 문제가 있었기 때문에 가난하고 겸손한 마음으로 스스로의 부족한 점을 인정하는 것이 중요했다. "인격의 시간"은 그런 태도를 유지하는 데 많은 도움이 되었다. 상호 지원, 솔직한 태도, 주체의

식 등이 그 시간을 통해 배양되었다.

가난한 심령을 실제로 느끼려고 노력하라

가난한 심령은 생각으로만 불완전함과 부족함을 인정하는 데서 한 걸음 더 나아가게 도와준다. 그것은 자아 전체, 특히 마음에 영향을 미친다. 하나님 앞에서 참 모습을 깨닫게 되면 의존감, 슬픔, 후회와 같은 강렬한 감정을 느끼기 마련이다. 심리학자들은 이런 상태를 "통합된 상태", 즉 머리와 가슴이 서로 하나가 되는 상태라고 일컫는다. 하나님을 구하듯 이런 경험을 구하는 것이 중요하다.

하나님은 부족함을 느끼는 심령을 기뻐하신다고 거듭 말씀하신다. 그러나 우리의 삶의 경험은 부족함을 느끼지 못하도록 부추긴다. 그런 경우에는 믿음으로 용단을 내려 하나님과 신뢰할 만한 사람들에게 자신의 영혼을 솔직히 내보여야 한다. 영적 빈곤은 하나님이 우리를 위해 예비하신 것으로 충만해질 수 있는 유일한 방법이다. 우리의 영적 상태를 솔직하게 인정하면 다음 장에서 다룰 주제(즉 복종)의 중요성을 좀 더 쉽게 이해할 수 있을 것이다.

성장하기 원하는 사람을 위한 조언

- 영적 빈곤은 부정적인 말처럼 들리지만 사실은 복된 상태이자 하나님의 성장과 치유를 경험할 수 있는 유일한 방법이다. 자신과 하나님께 대해 그런 태도를 취할 수 있기를 바란다.

- 삶의 경험을 돌아보고, 영적 빈곤을 느낄 수 있는 방법을 찾아보라(예를 들면 과거의 상실이나 실패, 또는 하나님을 향한 열망이나 자신이 불완전하다는 의식 등). 하나님이 그런 경험들을 통해 그분께 어떻게 더 가까이 이끄시는지 살펴보라.

- 자신의 비참함을 의식하라. 그런 상태가 죄가 아니라는 사실을 기억하라. 그런 심정을 느끼는 이유는 누군가의 잘못으로 피해를 입었거나 타락한 세상으로부터 상처를 입었기 때문이다. 자신의 비참함을 혼자서 감당하려고 하지 말고 하나님과 다른 사람들과 함께 감당해 나가는 방법을 배워라.

- 하나님과 신뢰할 수 있는 사람들에게 약점, 마음을 상하게 만든 요인들, 미성숙함 등을 솔직하게 고백하라. 혼자의 힘으로는 그런 문제들을 극복할 수 없다는 사실을 인정하라.

성장을 돕는 사람을 위한 조언

- 성장하기 원하는 사람에게 영적 빈곤이 영적 성장의 필요 조건이라는 점을 깨우쳐주라. 그들을 도와 불완전함과 부족함을 경험하는 것이 많은 유익을 가져다준다는 사실을 알게 하라.

- 자기 만족의 죄를 극복할 수 있게 도와라. 자기 만족은 언뜻 옳아 보여도 사실은 하나님이 성장을 위해 마련하신 것들을 받아들이지 못하게 방해하는 원인이라는 점을 깨우쳐주라. '나는 괜찮아. 나에게는 부족한 것이나 문제가 없어'라는 사고방식을 지녔다면 즉시 견책하라. 성장 그룹에 참여한 사람들이 다른 사람들의 삶과 행위에 대해 하는 말을 귀담아 들을 수 있게 가르쳐라.

- 마음이 상심한 사람들이 상처나 아픔에 대해 죄책감을 느끼지 않도록 도와라. 또한 자신의 상처를 책임 있게 처리할 수 있도록 돕고, 그 상처를 성장의 발판으로 삼을 수 있도록 이끌어라. 문제를 부인하거나 자신은 희생자일 뿐이라고 생각하는 극단에 치우치지 않도록 인도하라.

- 영적 빈곤을 통해 하나님과 다른 사람들과 더 깊은 관계를 맺을 수 있다는 점을 주지시켜라.

농부의 지시에 따르라 : 복종

"영적 성장에서 복종은 자기 지향적이 아니라
하나님 지향적인 속성을 띤다."

복종은 단순하게 들린다. 사람들은 "믿고 복종하기만 하면 된다", "예수님만 따르면 된다", "성경 말씀에 복종하기만 하면 된다"고 말한다. 그러나 성장을 위해 노력해 본 사람들은 대부분 "…하기만 하면 된다"라는 표현을 없애는 것이 더 정확한 표현이 될 것이라고 생각한다. 왜냐하면 하나님이 복종하도록 도와주실지라도 복종은 그렇게 단순한 문제가 아니기 때문이다.

세 아내 이야기

다음 세 아내의 이야기는 이 점을 구체적으로 보여준다. 세 아내는 모두 성품이 좋고 선한 그리스도인들이었다. 그들은 하나님을 사랑하며 행복한 결혼생활을 원했다. 그런데 그들은 결혼생활을 하면서 서로를 통제하려 하고, 또 의사소통에도 문제가 있는 등 해결해야 할 문제가 적지 않았다. 그들은 하나님께 복종하며 자신의 문제를 성경적으로 해결하기를 원했다. 그러나 세 사람이 복종을 바라보는 관점은 제각기 달랐다. 또한 그런 관점들이 결혼생활에 미치는 영향도 다르기는 마찬가지여서 이야기의 결론까지도 서로 큰 차이가 있었다.

재키

재키의 남편은 당면한 대화의 주제(가정 경제, 자녀 양육, 식사 시간 등)에 대해 일방적으로 법칙을 정해 놓고 아내의 의견은 아예 들으려고조차 하지 않았다. 어느 날 밤, 그들은 곧 있을 데이트에 관해 대화를 나누었다. 남편은 식사를 마치고 집에 와서 텔레비전을 보기 원했지만 재키는 마을에서 공연 중인 뮤지컬을 관람하고 싶었다. 그녀가 자신의 생각을 말하자 남편은 즉시 "나와 함께 저녁 식사를 하러 가든지 아니면 혼자 뮤지컬을 보러 가든지 알아서 해. 결정이 되면 알려줘"라고 말했다. 재키는 자신이 그 뮤지컬을 좋아하는 이유를 말하고 싶었지만 감정의 문은 이미 굳게 닫히고 말았다. 그녀는 속이 몹시 상했다.

재키는 남편과의 대화를 원했다. 그러나 남편은 그때마다 대화를 기피하거나, 화를 내거나, 마음을 굳게 닫아버리곤 했다. 순응적이고 소극적인 성격을 지닌 그녀는 남편의 벽을 넘어설 방법을 알지 못했다. 남편을 사랑하고 또 사랑받고 싶었기 때문에 마음이 서글펐다.

재키는 하나님과 그분의 말씀에 깊이 헌신했다. 기도, 성경 공부, 고백 등의 영적 훈련을 충실하게 이행했다. 그녀는 목회자와 동료 신자들의 도움과 성경 말씀에 근거해 결혼생활에서 일어나는 문제를 해결하고자 했다. 다시 말해 신앙생활에 더욱 열심을 내는 것을 해결 방법으로 삼았다. 하나님께 온전히 복종하며 그분이 자신을 다스려주시기를 원했다. 그녀는 자신이 의식하고 있는 죄를 모두 고백하고, 미처 깨닫지 못한 죄까지 생각나게 해달라고 기도했다. 일주일에 여러 차례 예배와 성경 공부 모임에 참여하면서 예수님이 삶의 모든 측면을 이끌어주시기를 원했다.

그뿐 아니라 그녀는 특히 아내로서 하나님께 복종하려고 노력했다. 그녀는 남편에게 사랑과 관심을 기울이며 그의 뜻에 복종하려고 애썼다. 남편에게 잘못한 일이 있으면 기꺼이 용서를 구했고, 그와 그의 삶을 위해 기도했으며, 자신이 깨달은 영적 교훈을 그에게 알려주기도 했다.

그렇게 시간은 흘러갔고 재키의 결혼생활은 계속되었다. 그러나 결혼생활은 여전히 불만족스러웠다. 남편은 그녀가 종교에 광신적으로 심취해 있을 뿐 아니라 신앙에 관한 말을 너무 많이 한다고 생각했다. 그는 아내가 정중한 태도로 자신을 대하는 것을 남편으로서 응당 받아야 할 대접으로 생각하고 그녀에게 아무런 관심도 기울이지 않았다. 재키는 남편에게서 점점 멀어져갔고, 교회와 신앙생활에 더욱 몰두하게 되었다. 그녀는 하나님과 친밀한 사귐을 갖고 그분의 사랑을 느꼈다. 그러나 그토록 열심히 신앙생활을 하는데도 삶의 보상은 아무것도 주어지지 않는 것처럼 보였다. 그녀는 결혼생활의 공허감으로 인해 마음이 몹시 우울했지만 그 모든 문제를 하나님께 맡기려고 노력했다. 하나님과 자신의 영적 성장에 깊이 헌신했지만 그것이 남편과 함께 살아가는 일상과 어떤 관련이 있는지는 이해하지 못했다.

복종에 관한 재키의 관점은 헌신적이면서 외형적인 성격을 띠었다.

킴

킴과 그녀의 남편도 재키 부부와 비슷했다. 그녀는 마음이 곱고 순종적이었다. 그에 반해 남편은 무뚝뚝하고 권위적이었다. 킴은 한동안 재키처럼 신앙적인 접근을 시도했지만 그런 노력이 아무 효과가 없다고 결론지었다. 그녀는 성경의 가르침이 율법적이고, 엄격하고, 비현실적이라고 생각했다. 따라서 성경 공부나 종교적 헌신에 열심을 내기보다는 성경 외에 다른 곳에서 도움을 얻어 문제를 해결하려고 노력했다. 그녀는 결혼과 관계에 관한 책들을 읽고, 결혼생활의 문제로 고민하는 여성들을 위한 지지 그룹에 참여했다. 그 결과 자신에게는 두려움 때문에 할 말을 하지 못하는 태도와 버림을 받을까봐 걱정하는 마음처럼 성장을 가로막는 요인들이 있고, 남편에게는 친밀한 관계를 두려워하는 성향과 자유를 잃을까봐 걱정하는 마음 같은 요인들이 있다는 사실을 발견했다. 그런 깨달음은 그녀가 상황을 좀 더 잘 이해할 수 있도록 도왔다.

킴은 자신이 깨달은 것을 남편에게 알려주고 결혼상담을 받아보자고 제안했다. 남편은 그녀의 제안을 받아들였고, 한동안 상담을 받았다. 결혼생활의 문제가 다소 개선되었다. 남편은 감정적으로 좀 더 쉽게 다가갈 수 있는 사람으로 바뀌었고, 킴도 남편과의 관계에서 좀 더 능동적으로 행동할 수 있는 사람으로 성장했다. 그러나 시간이 흐르면서 킴의 남편은 상담에 싫증을 내기 시작했고, 결국은 상담을 더 이상 받기 싫다고 말했다. 그는 상담 덕분에 좀 더 나은 사람이 되었지만 킴의 경우처럼 성장 과정에 온전히 헌신하지는 않았다. 실망한 그녀는 자신의 삶과 사랑이 남편과의 결혼생활로 인해 헛되이 낭비되고 있다고 생각했다.

그와 동시에 킴은 서서히 믿음을 잃어갔다. 그녀가 반항적이거나 복종적이지 못해서가 아니었다. 그 이유는 그녀가 성경에 근거한 기독교 신앙이 개인의 성장과 결혼생활의 문제를 해결하는 데 현실적이거나 적절하지 못하다고 생각했던 데 있다. 그녀는 자신의 그리스도인 친구들이 전통과 엄격한 규칙에 얽매여 허구적인 삶을 살아가고 있다고 생각했다. 또한 그들이 수준 이하의 결혼생활에 노예처럼 굴종하고 있고, 삶에서 얻을 수 있는 것을 모두 향유하지 못하고 있다고 판단했다. 그녀는 자비와 사랑이 충만하신 하나님이 어떻게 공허한 결혼생활을 하도록 놔두시는지 도무지 이해할 길이 없었다.

그러던 중 킴은 직장에서 한 남성을 만나게 되었다. 그는 감정이 풍부하고 배려심이 많은 사람이었다. 그들은 서로 정을 통하게 되었고, 킴은 결국 남편을 버리고 그와 결혼했다. 그러나 그들의 결혼생활 역시 순탄하지 않았다. 그들은 불륜을 저지른 데서 비롯한 많은 상처와 문제를 극복해야 했다.

킴은 지금도 여전히 성장을 추구하면서 새로운 깨달음을 얻고자 노력하고 있다. 그녀는 자신과 하나님이 서로 화해했다고 믿는다. 또한 하나님에 관한 생각을 바꿈으로써 과거에 그분께 실망을 느꼈던 생각을 극복했다. 그리고 이제는 하나님이 자신이 관계를 맺는 사람들과 자신의 마음을 통해 삶을 인도하신다고 생각한다. 그녀는 감정적으로 더욱 깊어지면서 하나님과 그분의 성품에 관해 더 많은 것을 알아가고 있다고 말한다.

킴은 유익한 노력을 많이 기울였다. 그 결과 감정도 깊어지고 관계도 더욱 향상되었다. 그러나 복종을 바라보는 그녀의 관점은 스스로 하나님의 역할을 하려고 하는 경향을 드러냈다. 그녀는 자신의 감정과 관계에 있어 하나님의 방식과 뜻을 자기 실현을 위한 도구로 이용하려고 했다. 어떤 점에서는 하나님을 성장의 근원이 아니라 성장 과정 자체로 생각했다. 즉 킴은 하나님의 본성이나 초월성을 무시한 채 그분이 창조하시는 것의 열매들(사랑, 성장, 관계)에만 초점을 맞추었다.

앨리슨

앨리슨의 결혼생활에도 비슷한 문제가 있었다. 그녀는 결혼생활을 올바른 방향으로 이끌기 위해 많은 노력을 기울였다. 그러나 그녀는 복종을 문제 해결의 수단으로 생각하면서도 사뭇 다른 접근방식을 시도했다.

앨리슨도 처음에는 앞의 두 아내처럼 하나님을 열심히 믿으며 그분의 도움을 구했다. 하나님의 뜻을 따르려고 노력했다. 앨리슨은 재키처럼 기도, 성경 공부, 교회 출석, 도움을 주는 사람들과의 관계에 많은 시간을 할애했다. 그녀는 자신이 하나님 중심적인 삶을 살고 있고, 그분의 길을 좇으며, 사람들과 바람직한 관계를 맺고 있다고 확신했다. 또한 결혼생활을 하면서 지은 죄가 있으면 하나님과 남편에게 기꺼이 용서를 구하는 태도를 보였다.

그러나 앨리슨은 재키보다 한 단계 더 나아갔다. 그녀는 자신을 살펴 인격상의 문제, 미성숙함, 약점, 아픔 등 결혼생활에 문제를 일으킬 소지가 있는 것들을 찾았다. 기도하며 성경과 결혼생활과 개인의 성장을 다루는 책들을 읽었을 뿐 아니라, 한 건강한 교회에서 이루어지고 있는 영적 성장 그룹에 참여했다. 그룹 회원들은 그녀에게 위로와 편견 없는 조언을 제시했다. 킴은 앨리슨처럼 사람들에게 실망을 주지 않고 그저 기쁘게만 하려는 성향과 같이 결혼생활의 문제를 야기할 수 있는 개인적인 약점을 찾아냈다. 그리고 책임 있는 태도로 그런 약점을 극복하기 위해 노력했다. 시간이 지나자 앨리슨은 하나의 독립된 인격체로서 남편과 좀 더 정직하고 자유로운 관계를 맺을 수 있었다.

앨리슨 부부도 상담을 받기 시작했다. 앨리슨의 남편도 킴의 남편처럼 한동안 상담에 임하다가 흥미를 잃고 말았다. 앨리슨은 실망이 컸다. 그녀는 하나님의 뜻을 따르며 행복한 결혼생활을 누리고 싶었다. 그러나 남편은 그녀에 비해 그런 열망이 부족했다.

앨리슨도 다른 두 아내처럼 비슷한 시점에서 새로운 변화를 모색했다. 그러나 그녀는 재키처럼 결혼생활에 실망을 느끼고 종교 활동에 몰두하지도 않았고, 킴처럼 자신의 죄를 합리화하며 새로운 관계를 도피처로 삼지도 않았다. 그녀는 하나님을 끝까지 의지하며 기도와 성경 공부와 고백을 통해 영적 성장을 추구했다. 성장을 원하는 친구들과 관계를 맺고 자신의 약점을 솔직하게 드러냈으며, 확고하고 변함없는 각오로 결혼생활에 온전히 헌신했다. 그녀는 최선을 다해 훌륭한 아내가 되기 위해 노력했다. 남편을 깊이 사랑하는 법을 배웠으며, 그를 존중하는 태도로 내조를 아끼지 않으면서 시간을 두고 기다렸다. 뿐만 아니라 남편이 상처를 줄 때는 적절히 잘못을 견책하기도 했다. 그녀는 그를 무작정 용납하지 않고 일정한 한계를 제시했다.

앨리슨은 지금도 결혼생활을 유지하고 있다. 남편은 그녀만큼 성장에 열정을 느끼고 있지는 않지만 아내의 사랑을 느끼면서 그녀를 존중해 준다. 그는 서서히 좀 더 깊은 성장의 길로 나아가고 있지만 그 속도는 그녀와 크게 차이가 난다. 앨리슨은 남편에게 매우 헌신적이면서도 성장 활동과 관계와 봉사에 열심을 내면서 삶의 재미도 느끼는 등 충만하고 균형 있는 삶을 살아가고 있다.

그녀의 가장 큰 소원은 남편이 영혼의 친구가 되는 것이다. 그 바람은 아직 이루어지지 않았지만 모든 상황이 그 목표를 향해 움직이고 있다. 소원이 이루어지지 않으면 매우 슬플 테지만 그래도 그녀는 평화를 잃지 않을 것이다. 그녀의 삶은 남편의 태도가 아니라 하나님의 길과 그분이 허락하시는 삶에 근거하기 때문이다. 따라서 그녀는 어떤 상황에서든 흔들리지 않을 것이다.

복종을 바라보는 앨리슨의 관점은 다른 두 아내의 장점만을 취했다. 그녀는 전통적인 영적 훈련과 믿음의 요건을 충분히 갖추고 있으면서 동시에 성경이 가르치는 성품과 관계를 지향하고 있다(시 139:23-24 참조). 그녀의 복종은 삶 전체에 영향을 미치고 있으며 좋은 결실을 맺어 가고 있다.

이들 세 아내의 삶은 세상에서 발견되는 세 종류의 기독교적 삶을 예시한다. 재키와 같은 사람들은 하나님과의 친밀한 관계가 모든 문제를 해결해 주기를 바라고, 킴과 같은 사람들은 기독교 신앙이 적절하지 못하다고 생각하며 자신의 방법으로 개인적인 성장을 추구한다. 이들과 달리 앨리슨 같은 사람들은 두 가지 과정을 종합해 하나님과의 친밀한 관계 속에서 개인의 성장을 추구하는 길을 선택한다. 우리는 앨리슨의 방법에 동의한다. 우리는 복종을 다루는 이 장을 통해 그와 같은 접근 방식을 탐구할 생각이다.

복종의 본질

복종이 영적 성장에 핵심적인 역할을 한다는 것을 부인할 그리스도인은 아무도 없다. 그러나 앞서 보았듯 그리스도인들은 성경이 가르치는 복종을 종종 오해하는 경향이 있다. 성경이 가르치는 복종의 의미 가운데 하나는 "듣는 것"이다. 하나님의 말씀을 듣고 행하는 것은 서로 깊은 연관이 있다.

> "너희는 너희의 하나님 여호와를 따르며 그를 경외하며 그의 명령을 지키며 그의 목소리를 청종하며 그를 섬기며 그를 의지하며"(신 13:4).

하나님을 우리의 바람에 맞추려고 하지 말고 그분의 뜻을 액면 그대로 받아들여라. 그때 우리는 참된 복종을 향해 나갈 수 있다.

하나님 지향적인 태도

영적 성장과 관련해 복종을 정의하자면 자기 지향적이 아니라 하나님 지향적인 태도라고 말할 수 있다. 복종이란 우리가 아닌 하나님의 뜻에 따라 결정을 내리고 그분 안에서 삶의 목적과 가치를 발견하는 것을 의미한다. 복종은 하나님이 우리보다 우리의 갈 길을 더 잘 인도하실 수 있다는 사실을 인정하는 데서부터 시작한다. 사실 진정한 삶을 살아갈 수 있는 유일한 길은 오직 복종뿐이다. 왜냐하면 하나님은 생명 자체이시기 때문이다. 성경은 "네 하나님 여호와를 사랑하고 그의 말씀을 청종하며 또 그를 의지하라 그는 네 생명이시요"(신 30:20)라고 말씀한다. 이것이 우리를 향한 하나님의 가장 큰 바람 가운데 하나다. 복종하지 않으면 영적으로 성장할 수 없다. 우리는 하나님과 동떨어져 살 수 없다. 그분은 우리의 생명이시다.

그러나 복종을 "누려야 할 것을 누리지 못하는 상태"로 생각하는 사람들이 많다. 그들은 규칙을 엄격하게 준수하고 자기 훈련에 철저한 사람이 되는 것을 복종의 의미로 받아들인다. 하나님이 "진정으로 선한 삶을 살아야 한다. 어떤 재미나 즐거움도 찾으려고 해서는 안 된다"고 말씀하신다고 믿고, 그런 삶은 세상에서는 아무 유익이 없고 나중에 천국에 가서나 보상을 받을 수 있는 삶을 뜻한다고 생각한다. 재키의 경우가 그랬다.

그러나 이보다 더 잘못된 생각은 없다. 복종은 우리에게 온갖 좋은 것을 가져다준다. 하나님이 인도하시는 대로 살아가면 많은 유익을 거둘 수 있다. 사실 행복한 삶의 근본 요소인 생존과 번영은 모두 복종에 달려 있다. 복종과 불순종의 결과는 서로 전혀 다르다.

"여호와께서 우리에게 이 모든 규례를 지키라 명령하셨으니 이는 우리가 우리 하나님 여호와를 경외하며 항상 복을 누리게 하기 위하심이며 또 여호와께서 우리를 오늘과 같이 살게 하려 하심이라"(신 6:24).

"너희가 즐겨 순종하면 땅의 아름다운 소산을 먹을 것이요 너희가 거절하여 배반하면 칼에 삼켜지리라 여호와의 입의 말씀이니라"(사 1:19-20).

그 이유는 무엇일까? 하나님이 삶이 그런 식으로 작동하도록 설계하셨기 때문이다. 하나님의 길을 따르면 삶은 형통해진다. 예를 들어 성경은 "어리석은 자는 온갖 말을 믿으나 슬기로운 자는 자기의 행동을 삼가느니라"(잠 14:15)고 말씀한다. 속이는 사람의 말을 순진하게 받아들이면 해를 당하는 것이 당연하지 않겠는가? 충분히 생각하지 않고 섣부르게 결정하면 어려움을 당할 수밖에 없지 않겠는가? 그러나 말씀에 복종하면 그런 불행을 피할 수 있다.

복종의 범위

어떤 사람들은 복종을 종교적인 삶이나 도덕적인 삶에만 국한시키는 경향이 있다. 그들은 복종을 하나님과 관계를 맺고 올바른 일을 행하는 것으로만 받아들인다. 그러나 그런 생각은 하나님이 계획하신 온전하고 포괄적인 삶의 길을 고려하지 않는 소치다. 성경의 가르침은 재능, 사역, 경제, 성, 사랑 등 삶의 모든 분야를 망라한다.

우리의 외면과 내면

복종의 범위는 삶 전체에 미칠 뿐 아니라 우리의 외면과 내면을 모두 포괄한다. 복종은 단지 거짓말, 도적질, 간음 등과 같은 외형적인 죄를 삼가는 것 이상의 의미를 지닌다. 복종은 우리의 가치관과 감정과 마음을 그리스도의 주권 앞에 내려놓는 것을 의미한다. 하나님은 온전한 헌신을 요구하신다. 예수님은 "네 마음을 다하고 목숨을 다하고 뜻을 다하여 주 너의 하나님을 사랑하라 하셨으니 이것이 크고 첫째 되는 계명이요"(마 22:37-38)라고 말씀하셨다. 이보다 더 중요한 것도 없고 더 큰 의무도 없다. 사실 복종은 목숨까지 요구한다. 그것이 곧 구원의 길이다(막 8:35 참조).

이렇듯 복종의 외면적인 본질과 내면적인 본질은 우리의 영적 성장을 돕는다. 복종은 서로 갈등을 일으키거나 서로로부터 멀어지게 만드는 인격적인 요소들을 하나로 통합할 수 있게 도와준다. 예를 들어 사람을 신뢰하지 못해 친밀한 관계를 맺기를 두려워하는 사람이 있다고 가정해 보자. 그런 그의 습성은 결혼생활, 직장생활, 친구 관계 등에서 많은 문제를 야기한다. 그는 자신을 솔직하게 내비치고 싶지만 그로 인해 상처를 받거나 이용당할까봐 두려워한다. 또한 사람들과 거리를 두면서 안전한 삶을 살고 싶은 마음도 있다. 그러려면 혼자 외롭게 살아가야 한다. 그는 두 가지 딜레마 사이에서 이러지도 저러지도 못하는 상태다. 그런 상태는 그의 삶을 혼란스럽게 하고 주변 사람들에게 피해를 준다.

그러던 중 그는 선한 사람들과 영적 성장 과정을 시작하게 되었다. 그리고 자신의 마음속에 두 가지 갈등이 존재한다는 사실을 의식하게 되었다. 여기서 두 가지 종류의 복종을 적용하면 그의 회복을 도울 수 있다. 그는 누군가와 친밀한 감정을 느끼는가 싶으면 습관적으로 다른 일에 몰두하거나 텔레비전을 보는 방법으로 신속히 거리를 두었다. 그런 방법으로 안전한 도피처를 찾았다. 그때마다 그는 그룹 회원 중 한 사람에게 전화를 걸어 관계를 피하고 혼자 있고 싶은 충동을 느낀다고 말할 수 있다. 그와 같은 방식으로 외부의 도움을 구하려는 노력을 통해 사람들과 관계를 유지할 수 있으며, 혼자 있고 싶은 충동에서 벗어날 수 있다(히 10:25 참조).

그와 동시에 그는 친밀한 관계를 두려워하는 탓에 사람들과 거리를 두며 혼자서 자유롭게 지내고 싶은 충동을 고백할 수 있다(약 5:16 참조). 이것은 내면적인 복종에 해당한다. 그룹 회원들이 이해심 있는 태도로 안전한 분위기를 조성해 주면 그는 두 가지 갈등을 하나로 통합할 수 있다. 즉 적절한 한계를 정해 다른 사람들의 통제를 받지 않으면서도 스스로의 약점을 솔직히 드러내며 자유롭게 관계를 맺을 수 있다.

이렇듯 외면적인 복종은 감정의 충동을 억제하고 견딜 수 있게 도와주고, 내면적인 복종은 내적 습성을 극복하는 효과를 발휘한다. 이 이야기는 매우 단순하지만 복종의 과정을 포괄적으로 이해하는 것이 매우 중요하다는 사실을 여실히 보여준다.

복종은 영적 미성숙함이나 결함의 원인과 결과를 극복할 수 있게 도와준다. 예를 들어 경제적인 문제를 안고 있는 부부를 생각해 보자. 남편은 충동적인 소비 성향을 지닌 사람이고 아내는 매우 검소한 절약가다. 외면적인 복종(경제적인 계획)에 초점을 맞춰 도움을 주려고 하면 그들은 약속을 어기기 일쑤고, 내면적인 복종(분노를 달래기 위해 소비를 일삼는 남편의 습성과 스스로를 통제하기 위해 지나치게 검약을 일삼는 아내의 습성을 극복하는 것)에 초점을 맞추면 그들의 습성이 고쳐지기까지 경제적인 갈등이 계속될 수밖에 없다. 그런 경우 성장을 돕는 사람은 외면적인 방법을 적용해야 할 때와 그럴 필요가 없는 때를 구별하는 것이 중요하다. 이 경우에 지켜야 할 큰 원칙은 통제를 벗어난 행동에 한계를 설정해 주는 것이다. 왜냐하면 필요한 도움을 제공할 때 견책을 통해 잘못을 깨우쳐주지 않으면 행동을 고치지 못할 것이기 때문이다.

성장이 진행됨에 따라 과제도 달라진다

영적 성장은 또 다른 복종의 차원으로 우리를 인도한다. 우리는 삶의 기본 요건과 관련해 하나님께 복종해야 할 의무가 있다. 즉 우리는 하나님과 다른 사람들을 사랑해야 하고(마 22:36-40 참조), 그분을 구해야 하며(암 5:4 참조), 의롭고 자비롭고 겸손한 태도로 그분과 동행해야 하고(미 6:8 참조), 또한 믿음으로 살아야 한다(합 2:4 참조). 이 모든 계명의 핵심은 우리의 뜻이 아니라 하나님과 그분의 뜻에 따라 살아야 한다는 데 있다.

우리는 그런 명령에 복종해야 한다. 그러나 성장이 이루어지면 그런 계명들과 관련해 우리가 해야 할 일도 달라진다. 영적 성장에는 발달의 차원과 단계가 있다(요일 2:12-14 참조). 예를 들어 관계의 성장을 생각해 보자. 감정적으로 거리를 두고 살아가는 사람은 다른 사람들과 좀 더 친밀해지기 위해 노력해야 하고, 이미 친밀한 관계를 맺고 있는 사람은 다른 사람들을 이해하고 동정하는 능력을 길러야 한다. 복종을 "한 가지 크기면 모든 것에 다 맞는다"는 식으로 생각해서는 곤란하다. 하나님은 각자의 수준에 맞게 우리를 대하시고, 제각기 다른 성장의 단계를 제시하신다.

실패: 타락의 가장 명백한 결과 가운데 하나는 지속적인 복종이 불가능하다는 것이다. 우리는 여러 가지 방법으로 죄를 짓고 실패에 부딪친다. 하나님의 영적 성장 과정은 이런 요소를 십분 감안해 우리를 회복시켜 다시 성장의 길로 걸어가도록 이끈다. 하나님은 심지어 우리의 실패를 이용하시어 성장을 돕기까지 하신다.

이런 현실은 우리에게는 별로 좋은 소식이 못 된다. 왜냐하면 실패는 불가피할 뿐 아니라 또한 순전히 우리의 잘못에서 비롯된다는 결론에 도달하기 때문이다. (이런 현실은 하나님의 주권과 인간의 자유의지와 관련 있다. 이는 매우 중요한 신학적 문제이지만 여기서 자세히 다루기에는 지면이 허락하지 않는다. 그러나 각자 언제라도 깊이 연구해 볼 만한 가치를 지니는 주제다.) 심지어 신자가 되어 아무리 열심히 노력해도 실패에서 자유로울 수는 없다. 죄와 미성숙함은 하나님이 정하신 삶의 기준에서 벗어나게 만든다. 실패는 불가피할 뿐 아니라 우리의 잘못이자 문제에 해당한다. 이것이 부당하게 느껴지는 사람들도 있겠지만 어쩔 수 없는 현실이다.

이 딜레마를 해결하기 위한 영적 성장의 접근방식은 서로 크게 엇갈린다. 어떤 사람들은 실패할 필요가 없다고 말한다. 그들은 예수님을 삶의 주인으로 모시면 그분 안에서 항상 승리하는 삶을 살아갈 수 있다고 주장한다. 따라서 실패한다면 그것은 곧 하나님께 온전히 복종하지 않았다는 증거다. 물론 때로는 그런 경우도 없지 않다. 그러나 이런 접근방식의 문제점은 우리가 평생 동안 죄의 유혹을 받으며 살아간다는 현실을 부인한다는 데 있다(롬 7:15-19 참조).

또한 어떤 사람들은 죄를 짓는 것은 영적으로 미성숙한 증거라고 주장한다. 그들에 따르면 죄는 복종의 문제가 아니라 성장의 문제에 해당한다. 따라서 성장할수록 죄는 줄어든다. 성숙한 신자는 죄를 많이 짓지 않는다. 물론 성장할수록 더욱 의로워져야 마땅하다. 그러나 성경의 가르침에 따르면 죄를 지을 가능성은 항상 존재한다. 바울 사도는 누구보다 성숙한 신자였지만 스스로를 죄인 중의 괴수라고 불렀다(딤전 1:15 참조).

이 딜레마를 해결하기 위한 또 하나의 접근방식은 실패의 본질에 초점을 맞춘다. 그들은 실패할 수 있다는 것을 인정하지만 그런 실패가 온전히 나쁜 것만은 아니라고 말한다. 그들은 죄와 실수가 그렇게 큰 도덕적 의미를 지니고 있지 않다고 생각한다. 따라서 죄와 실패의 심각성을 무시하고(롬 6:23 참조) 죄를 가볍게 생각하는 태도를 취한다.

비록 실패할지라도 그것은 우리의 잘못이 아니라는 견해도 이와 비슷하다. 이 견해에 따르면 우리가 실패하는 이유는 다른 사람들(부모, 상처를 주는 관계, 사회, 마귀, 심지어는 하나님까지)의 잘못 때문이다. 따라서 실패했을 때는 그 원인이 다른 사람들에게 있다고 생각하고 상처를 치유하기 위해 노력해야 한다. 상처를 치유하고 용서를 베풀면 실패에서 벗어날 수 있다.

물론 사랑을 준 관계든 상처를 준 관계든 다른 사람들과의 관계가 우리의 인격과 삶에 크게 영향을 미치는 것은 사실이다. 또한 용서하는 법을 배우는 것도 매우 중요하다. 그러나 우리의 실패는 우리의 그릇된 선택에서 비롯할 때가 많다. 결정과 선택에 대한 궁극적인 책임은 우리 자신에게 있다(고후 5:10 참조).

성경의 가르침을 토대로 하는 우리의 견해는 앞의 네 가지 견해보다 더 엄격하다. 우리는 실패를 할 수밖에 없다. 실패는 결코 바람직하지 않다. 그 책임이 모두 우리에게 있다는 사실을 깨닫는 것은 매우 절박한 상황이 아닐 수 없다. 그러나 다행히도 이런 딜레마는 우리를 예수님의 품으로 인도하는 계기가 될 수 있다. 우리에게는 스스로 해결할 수 없는 문제가 있다. 예수님의 죽음은 그분이 우리의 죄를 속죄하기 위해 희생당하셨다는 사실을 믿는 사람들을 위한 해결책이다. 우리는 살면서 성장하는 동안 우리 자신의 방법에 의지하지 않고 그분의 사랑과 용서와 은혜를 믿는 법을 배운다. 이런 점에서 우리의 실패는 예수님과 좀 더 가까이 동행할 수 있는 결과를 가져다준다.

우리는 여러 가지 형태로 실패를 맛본다. 영적으로 성장하기 위해서는 잘못을 저지를 때마다 안전한 환경에서 우리의 잘못을 깨달아 옳게 고쳐나가야 한다.

회개: 따라서 우리는 영적 성장 과정에서 실패가 있으리라는 것을 알고 있어야 한다. 실패하더라도 놀랄 필요는 없다. 왜냐하면 하나님이 우리가 실패할 것을 잘 알고 계시기 때문이다. 베드로는 예수님을 세 번이나 부인했다(눅 22:34 참조). 우리도 베드로처럼 죄를 뉘우치면 된다. 회개를 통해 죄와 실패를 처리하면 더 많은 성장과 사랑과 책임감과 만족감이 찾아온다. 베드로는 회개한 덕분에 가장 능력 있는 전도자 중 한 사람이 되었다. 회개는 예수님과 세례 요한의 가르침에서 핵심을 차지한다(마 3:2, 4:17 참조).

회개란 간단히 말해 "방향의 전환"이다. 회개는 파멸에 이르는 길에서 돌이켜 하나님의 길로 향하는 것을 뜻한다. 회개하려면 겸손한 태도가 필요하다. 왜냐하면 잘못을 저질렀다는 것을 진심으로 인정해야 하기 때문이다. 겸손한 태도를 취하면 하나님의 거룩하신 성품 앞에서 우리의 한없는 부족함과 죄와 실패를 깨닫는 눈이 열려 기꺼운 마음으로 우리의 길을 버리고 그분의 길을 따르게 된다.

회개는 다음과 같은 사실을 깨달을 때 이루어진다.

- 하나님의 본성(욥 42:2-6 참조)
- 하나님의 거룩하심과 위엄(사 6:1-5 참조)
- 하나님의 배려와 사랑(겔 36:24-31 참조)

- 하나님의 능력(눅 5:8 참조)

회개를 '견책을 받는 것을 두려워하는 것은 잘못이야' 라는 식으로 단순히 생각이나 마음의 변화로 생각하는 사람들도 있고, '당신의 감정을 다치게 해서 미안합니다' 라는 식으로 후회의 감정으로 생각하는 사람들도 있으며, '앞으로는 술을 마시지 않을 거야' 라는 식으로 의지적인 행동으로 생각하는 사람들도 있다. 물론 모두 다 회개에 필요한 요소들이지만 그 자체만으로는 불충분하다. 회개는 생각과 감정과 의지를 모두 포함한다.

전인적 회개를 보여주는 구체적인 사례를 한 가지 소개하면 다음과 같다. 한 남성이 자신이 참여하는 성경 공부 그룹에서 일에만 너무 몰두한 나머지 남편과 아버지로서의 역할을 충실히 감당하지 못했다는 사실을 깨달았다. 비로소 자신의 잘못을 알게 된 것이었다. 그는 가족들과 시간을 보내지 못했던 일과 무심했던 행동 때문에 가족들이 많은 상처를 받았다는 생각이 들자 마음이 몹시 슬프고 후회스러웠다. 그는 하나님께 기도하며 가까운 친구들과 함께 일중독에 빠지게 된 원인과 일만을 중요시했던 가정환경 속에서 자라난 배경에 관해 대화를 나누었다. 그는 그런 요인들이 자신에게 영향을 미쳤다는 사실을 발견하고, 그동안 살아오면서 일을 통해 인정받고 삶의 정당성을 확보하려고 했던 태도를 극복하기 위해 노력했다. 그리고 하나님과 친구들에게 인정받는 것에 관심을 기울였다. 그러자 일중독 현상이 사라지기 시작했다.

그는 사람들과 가까이 지내는 일에 익숙하지 않았기 때문에 한동안은 관계를 맺는 일이 어렵게만 느껴졌다. 그러나 시간이 지나자 그 문제도 해결되기 시작했다. 즉 단순히 대화나 논의의 차원에서가 아니라 개인적인 차원에서 사람들과 관계를 맺는 능력이 생겨났다. 그는 좀 더 자유로운 사람이 되어 일하는 시간을 적당히 제한하고 가족들과 친밀한 시간을 보낼 수 있었다. 성장 과정을 통해 그는 새로운 사람으로 거듭났다.

영적 성장 과정에서 처리해야 할 실패와 잘못은 모두 이런 식의 전인적인 회개를 필요로 한다.

복종의 대상

복종은 대상을 요구한다. 즉 누구에게, 또는 무엇에 복종해야 할지 알아야 한다. 우리가 복종해야 할 대상은 여러 가지다.

성경의 명령: 성경에는 우리의 삶을 인도하는 보편적인 원리와 명령이 많이 들어 있다. 아울러 십계명(출 20:3-17 참조)과 예수님이 가르치신 두 가지 큰 계명(마 22:36-40 참조)은 그 모든 명령과 원리를 간단하게 요약한다. 우리는 성경에서 발견되는 많은 원리들과 이 두 가지 근본 계명을 배워야 한다. 성경 공부와 성경 읽기가 그토록 중요한 이유가 여기에 있다. 성경 공부와 성경 읽기는 이런 삶의 원리를 발견하도록 도와준다.

성령: 우리 안에 내주하시는 성령께서는 복종해야 할 말씀을 깨우쳐 주실 뿐 아니라 구체적인 상황에서 복종을 원하는 이들을 인도해 주신

다(막 13:11 참조). 예를 들어 성령께서는 용기를 내 다른 사람들과 관계를 맺음으로써 감정적인 친밀함을 느낄 수 있도록 인도하신다.

권위: 성장은 권위에 대한 복종을 요구한다. 교회 지도자들과 교사들의 리더십이 성경적으로 타당하다면 기꺼이 순종해야 한다. 이는 영적 성장 과정에 반드시 필요한 요소다. 예를 들어 성경 공부 지도자는 개인의 문제를 극복하는 데 도움이 되는 가르침과 조언을 제공할 수 있다.

친구들: 하나님은 안전한 관계를 통해 우리에게 말씀하신다. 그분은 그런 관계를 통해 상심한 마음을 솔직히 고백하게 하시거나 문제를 직시하고 극복할 수 있게 도와주신다[우리의 책, 『나는 안전한 사람인가?』(*Safe People*)를 참조하라]. 앨리슨처럼 균형 잡힌 견해를 지니고 있는 친구들과 관계를 맺고 그들의 말에 귀를 기울여라.

상황: 하나님은 여러 가지 상황으로 우리를 인도하신다. 따라서 우리의 삶에서 일어나는 일들을 적절히 해석할 수 있는 지혜가 필요하다. 현명한 멘토나 상담사, 또는 목회자의 조언을 구하라.

우리를 이끄는 이런 지시 수단들은 서로 상충되거나 제각기 따로 작용하지 않는다. 하나님은 한 분이시다(신 6:4 참조). 그분에게는 갈등이나 모순이 존재하지 않는다. 앞의 수단들이 서로 상충되어 어떻게 복종해야 할지 알 수 없을 때는 어느 것이 진정한 하나님의 음성인지 알려 달라고 기도하라.

성장하기 원하는 사람의 과제

성장하기 원하는 사람은 복종의 중요성을 이해해야 한다. 그가 해야 할 과제를 몇 가지 열거하면 다음과 같다.

그리스도의 주권에 복종하라

우리의 삶은 하나님의 뜻에 따를 때 비로소 올바른 방향을 향할 수 있다. 하나님의 권위와 보호에 우리의 삶을 더욱 내맡길수록 본래 계획된 삶에 더욱 가까워질 수 있다. 그리스도를 삶의 주인으로 모시는 일을 단번에 확실하게 결정하는 사람들도 있고, 점진적인 과정을 거쳐 조금씩 이루어가는 사람들도 있다. 두 경우 모두 영적 성장을 통해 그리스도를 삶의 중심으로 모시는 결과에 도달할 수 있다.

매일 그리스도께 복종하라

복종은 매일 해야 한다. 복종은 연속적인 과정이다. 이번의 소그룹 모임은 이것으로 족하고, 다음번의 소그룹 모임은 또 그것으로 족하다는 식으로 성장 과정을 따로따로 구분하지 않도록 주의하라. 하나님이 성경이나 성령, 또는 사람들이나 상황을 통해 하시는 말씀에 항상 주의를 기울여라.

인격적인 문제를 처리하라

하나님께 복종하는 방법 가운데 하나는 인격적인 약점을 찾아내 처리하는 것이다. 완벽주의적인 성향이나 불안감(그것을 부추기는 교만)을 고백하고, 자신의 모습을 있는 그대로 받아들이려고 노력하며, 다른 사람들에게 자신의 약점을 솔직하게 드러내고, 완전한 존재가 될 수 없다는 사실을 기꺼이 인정하는 것(그래야만 자괴감과 자책감에서 벗어날 수 있다)도 하나님께 대한 복종에 해당한다. 우리는 "모든 생각을 사로잡아 그리스도에게 복종하게"(고후 10:5) 해야 한다.

성장을 돕는 사람의 책임

성장을 돕는 사람이 복종을 성장 과정의 중요한 일부로 만들 수 있는 방법을 몇 가지 소개하면 다음과 같다.

복종이 삶 전체를 포괄한다는 점을 깨우쳐주라

성장하기 원하는 사람들에게 복종이 종교적, 도덕적, 윤리적 삶의 차원을 훨씬 뛰어넘는 의미를 함축하고 있다는 사실을 알게 하라. 복종은 삶의 모든 측면에서 하나님의 말씀에 귀를 기울이는 것을 의미한다. 복종과 영성이 일상생활 전체에 영향을 미치도록 이끌어라.

복종이 삶에 유익한 결과를 가져온다는 점을 깨우쳐주라

하나님께 삶을 맡긴다고 해서 꼭 궁핍한 생활을 하거나 희생적인 삶을 감당해야 하는 것은 아니다. 복종은 오히려 삶의 문제를 줄여주고, 우리의 삶을 더욱 풍요롭고 형통하게 만든다.

외면과 내면의 문제를 모두 처리하도록 이끌어라

재키의 경우처럼 복종을 단지 외형적인 경건의 차원에만 국한시키는 사람들이나 킴의 경우처럼 성경의 절대 원리를 무시한 채 단지 감정적인 성장의 차원에만 국한시키는 사람들이 있는지 살펴보고, 앨리슨을 본보기로 내세워라. 그녀는 마음에서 이루어지는 내면의 복종을 무시하거나 성경이 제시하는 삶의 기준을 지켜야 하는 중요성을 도외시하지 않았다. 그 둘을 동시에 추구해야만 영혼 안에 존재하는 부조화를 해결하고 인격을 성장시키는 내적 체계가 확립될 수 있다.

복종(즉 하나님 중심적인 태도)은 영적 성장에 반드시 필요한 과정이다. 하나님이 우리의 삶의 방식과 관계와 내적인 문제에 관해 어떻게 말씀하시는지 항상 주의를 기울여라. 하나님의 음성을 따르는 사람은 "주여 영생의 말씀이 주께 있사오니 우리가 누구에게로 가오리이까"(요 6:68)라고 말했던 베드로 사도처럼 복종만이 유일한 길이라는 사실을 깨닫게 될 것이다.

복종의 길은 곧 성장의 길이다. 그러나 그 길에는 위험이 도사리고 있다. 따라서 우리는 죄와 유혹의 문제를 극복하는 법을 배워야 한다. 다음 장에서는 이 문제를 살펴볼 예정이다.

성장하기 원하는 사람을 위한 조언

- 복종은 한두 가지 계명에 순종하는 것 이상의 의미를 지닌다. 복종은 선한 열매와 성공을 가져다줄 삶의 길을 의미한다. 이 점을 잊지 말라.

- 외면적인 복종과 내면적인 복종의 본질을 이해하라. 자신의 삶에 문제가 발생했거든 이 두 가지 복종의 차원을 살펴 무엇이 잘못되었는지 찾아보라.

- 하나님께 무엇을 구체적으로 복종해야 할지 깨우쳐달라고 기도하라. 그래야만 그분께 복종하며 성장의 길로 나아가는 법을 알 수 있다.

- 복종하지 못하고 죄를 짓는 일이 얼마든지 있을 수 있다는 점을 잊지 말라. 고백과 회개를 통해 다시 성장의 길로 되돌아갈 수 있는 방법을 찾아라.

- 복종을 관계의 차원에서 생각하라. 자신의 삶이 하나님이나 다른 사람들에게 어떤 영향을 미치고 있다고 생각하는가? 하나님과 다른 사람들과 좀 더 온전한 관계를 맺으려면 어떻게 복종해야 할까?

성장을 돕는 사람을 위한 조언

- 성장하기 원하는 사람들에게 복종의 삶이 성장과 의미 있는 관계와 치유와 성공에 이르는 유일한 첩경이라는 점을 깨우쳐주라. 복종이 유익을 가져다준다는 점을 깨닫도록 도우라.

- 복종은 곧 하나님께 대한 복종을 의미한다는 점을 깨우쳐주라. 하나님을 의지하지 않는 태도가 가장 큰 불순종이라는 사실을 알려주라.

- 복종의 내면적 차원을 간과하지 않도록 이끌라. 예를 들어 행동으로 성적인 죄를 저지르지 않더라도 마음으로 얼마든지 하나님에게서 멀어질 수 있다.

- 내면의 세계만이 중요하다고 말하는 심리학적 이론을 경계하라. 복종의 내면적 차원과 외면적 차원에 모두 관심을 기울여야 한다는 점을 일깨워주라.

- 하나님께 복종해야 할 것들이 무엇인지 찾아내 처리할 수 있게 도와라. 그 과정을 시작하는 법을 가르쳐라.

잡초를 제거하라:
죄와 유혹의 문제

"우리는 우리의 죄에 대해 책임이 있을 뿐 아니라
죄에서 완전히 자유로울 수 있는 능력이 없다."

1980년대의 일이다. 당시 한 목회자가 교회 안에서 유행한 회복 운동과 관련해 자신의 견해를 제시했다. 그의 어조는 몹시 격앙되어 있었다. 그는 사람들이 모든 것을 너무 가볍게 처리하고 있는 듯하다고 생각했으며, 그런 방법에 찬동할 수 없다고 말했다. 지금도 그의 말이 귓가에 생생하다.

"사람들이 자신들의 중독 현상에 대해 무기력하다니, 대체 그게 무슨 말입니까? 깨닫지 못하시나요? 이것은 성경의 가르침이 아닙니다. 사람들은 자유로운 도덕적 존재이고 스스로의 죄에 대해 책임이 있습니다. 무기력하다고만 주장하지 마십시오. 사람들은 죄를 선택하고, 그 선택에 대해 책임을 져야 합니다. 그것은 죄입니다."

그는 사람들이 "12단계 회복 원리" 가운데 1단계("우리는 술에 대해 우리가 무기력하다는 것, 곧 우리의 삶이 통제 불능 상태가 되었다는 것을 인정한다")에 관해 대화를 나누는 소리를 듣고 화를 냈던 것이 분명하다. 그에게 무기력함은 변명에 불과했다. 그는 그런 표현이 사람들에게 문제를 회피할 수 있는 빌미를 제공한다고 생각했다. 그의 입장은 사람들이 그릇된 것을 선택했다는 사실을 솔직히 인정하고 올바른 것을 선택해 나가야 한다는 것이었다. 사람들은 짓지 말아야 할 죄를 지었다. 따라서 그의 해결책은 분명했다. 당장 죄를 중단하라는 것이었다.

나(헨리)는 그 말을 듣고 있던 중독자들을 생각하며 안타까운 심정을 느꼈다. 그의 메시지는 그들이 전부터 들어왔던 것이었다. 그것은 그들에게 그리 큰 도움이 되지 못했다.

그와 동시에 그 목회자의 말에 담겨 있는 진실과 오류를 떠올렸다. 중독자들의 선택이 죄라는 주장은 잘못되지 않았다. 그 점에 대해서는 모두가 동의한다. 그러나 "사람들은 자유로운 도덕적 존재이고 스스로의 죄에 대해 책임이 있습니다"라는 말은 논란의 소지가 많다. 이 말은 죄에 대한 사람들의 생각과 그것을 극복하는 방법과 관련해 많은 문제를 야기한다. 그의 말은 절반만 옳다. 즉 사람들은 "죄에 대해 책임을 져야 하는 도덕적 존재"다.

그러나 절반의 진실은 다른 데 있다. 성경은 우리가 죄에 대해 책임이 있다고 가르친다. 그것은 다른 누구도 아닌 바로 우리 자신의 문제다. 그러나 성경은 그보다 훨씬 더 가혹하고 엄격한 진리를 가르친다(아마도 그가 이 사실을 알았더라면 놀라워했을 것이 틀림없다). 왜냐하면 성경은 우리가 죄에 대해 책임이 있을 뿐 아니라 죄에서 완전히 자유로울 수 있는 능력이 없다고 가르치기 때문이다. 생각해 보라. 우리는 변화될 수 없다. 그런데도 스스로 변화시킬 수 없는 일을 책임져야 한다. 이런 현실은 한 가지 결론으로 귀결된다. 즉 우리에게는 구원자가 필요하다.

나는 그 목회자가 무슨 의도로 그런 말을 했는지 충분히 이해할 수 있다. 우리 자신을 무기력한 존재로 생각하면 쉽게 문제를 회피할 빌미를 찾을 수 있다. 비유하면 그것은 혈우병처럼 유전적 문제로 야기된 질병이나 불건전한 행동 습관으로 야기된 간경변과 같은 질병이 큰 차이가 없다는 말과 다름없다. 우리는 대개 그릇된 선택으로 인해 질병을 앓게 된 사람보다는 유전적 문제로 질병을 앓는 사람에게 더 많은 동정심을 느낀다.

그러나 절반의 진실(즉 우리가 변화시킬 수 없는 일을 책임져야 한다는 것)을 더하면 그 목회자가 사람들을 몰아넣으려 했던 궁지보다 훨씬 더 혹독한 궁지에 처할 수밖에 없다. 그릇된 선택을 한 사람은 감옥에 가야 마땅하지만 선택을 달리하면 그런 신세를 면할 수 있다는 것이 그의 생각이었다. 즉 회개하고 새로운 사람이 되기만 하면 감옥을 피할 수 있는 것이다. 그는 죄에 대해 단호한 입장을 취했지만 이상하게도 그 안에는 희망이 존재했다. 우리가 자유롭게 선택할 수 있다면 얼마든지 다른 선택이 가능하다. 그런데 왜 그릇된 행동 습관이 삶을 다시 지배하도록 놔두는 것인가? 더 잘하면 된다. 마치 "어리석은 행위를 당장 그만두라. 죄가 삶을 파괴하도록 더 이상 방치하지 말라. 생명을 선택하라. 올바른 것을 선택하면 승리할 것이다"라는 식으로 사람들에게 동기를 부여하기 위해 기염을 토하는 말이 당장이라도 귓가에 들려오는 듯하다.

그러나 "죄에 책임을 져야 할 뿐 아니라 그렇게 할 능력이 없다"는 견해는 감옥에 가야 할 뿐 아니라 그곳에서 빠져나올 희망도 없다는 의미를 담고 있다. 왜냐하면 스스로를 개선할 수 있는 능력이 없기 때문이다. 이것이 성경이 가르치는 것이자 모든 중독자가 한목소리로 증언하는 것이다. 강박적인 행동이나 인격적인 문제에 사로잡힌 사람은 더 나은 선택을 하기 위해 아무리 노력해도 효과를 거두기 어렵다. (일시적인 다이어트를 해본 사람에게 물어보라. 잠시는 효과가 있을지 몰라도 곧 실패로 돌아간다.) 그는 자신의 문제는 물론 그로 인한 황폐한 결과(관계, 건강, 직업 활동에 미치는 악영향)에 대해 책임을 져야 한다.

간단히 말해 우리는 감옥에 갇혀 있는 상태다. 성경의 표현을 빌리면 우리는 "죄의 종"이다. 바울은 이렇게 말했다.

> "내 속 곧 내 육신에 선한 것이 거하지 아니하는 줄을 아노니 원함은 내게 있으나 선을 행하는 것은 없노라 내가 원하는 바 선은 행하지 아니하고 도리어 원하지 아니하는 바 악을 행하는도다" (롬 7:18-19).

우리는 선택을 한다. 그러나 처음부터 끝까지 우리에게 진정한 자유는 없다. 이것은 앞의 목회자가 전했던 단호한 메시지보다 훨씬 더 가혹하다. 그러나 은혜롭게도 성경은 우리를 그런 상태로 방치하지 않는다. 우리가 가석방의 희망도 없이 감옥에 갇혀 있을 때 성경은 우리에게 "구원자가 필요한가?"라고 묻고 구원자를 제공한다. 예수님은 우리가 갇힌 감옥에 오셔서 우리를 구출하겠다고 말씀하신다. 이것이 복음이다.

지금까지 말한 내용을 간단히 정리하면 다음과 같다.

- 우리는 문제가 있다. 그 문제는 죄다.

- 우리는 죄에 대해 책임이 있다.
- 우리는 그 책임을 온전히, 충분하게 감당할 수 없다.
- 더 나아지려고 노력해도 소용없다. 죄는 우리 자신과 다른 사람에게 해를 끼치기 때문에 누군가의 도움이 필요하다.
- 그 도움이 복음을 통해 우리에게 주어졌다.

이 장의 목적은 죄의 문제가 우리의 삶에 어떤 영향을 미치고, 또 복음이 어떻게 죄를 극복하고 성장의 길로 나아갈 수 있게 하는지를 살펴보는 데 있다.

주의할 점

죄를 개인의 성장을 가로막는 문제로 다룰 때는 한 가지 주의할 점이 있다. 즉 어떤 사람이 안고 있는 고민이나 문제의 원인이 모두 다 개인의 죄에 있다고 말해서는 안 된다. 자신이 저지르지도 않은 잘못으로 인해 고통을 받는 사람들이 교회에서 비난받는 일이 너무나도 흔하다.

욥이 가장 대표적인 사례다. 욥은 자신이 저지르지도 않은 일 때문에 큰 손실과 고통을 당했다. 사실 그는 의로운 사람이었다. 사탄이 하나님 앞에 그를 시험의 대상으로 제시한 이유는 바로 그의 의로움 때문이었다. 욥은 오히려 선했기 때문에 고난을 당했다. 그러나 누가 그 고통의 진정한 이유를 알 수 있겠는가?

이 문제는 너무 복잡해 온전히 이해하기 어렵다. 이 세상에는 우리가 이해할 수 없는 고통이 많다. 예수님은 태어나면서부터 소경이 된 사람이 누구의 죄 때문에 그렇게 된 것인지를 묻는 물음에, "이 사람이나 그 부모의 죄로 인한 것이 아니라 그에게서 하나님이 하시는 일을 나타내고자 하심이라"(요 9:3)고 대답하셨다. 어떤 일들은 우리로서는 이해하기가 매우 어렵다.

더욱이 사람들은 다른 사람들의 죄 때문에 고통당한다. 우리는 물론 우리 이웃 가운데는 다른 사람의 학대로 인해 오랫동안 고통을 겪는 이들이 있다. 예수님은 선한 사마리아인의 비유에서 그런 고통에 대처하는 법을 가르쳐주셨다. 한 사람이 강도에게 맞아 심한 상처를 입었다. 길을 지나가던 한 사마리아인이 그를 발견하고는 상처를 싸매준 뒤 여관으로 데려가 여관 주인에게 돈을 주고 그를 보살펴달라고 부탁했다. 이처럼 우리는 다른 사람들 때문에 고통을 당하는 사람들에게 도움을 베풀어야 한다. (이 문제는 뒤에 가서 좀 더 자세히 생각해 볼 예정이다.)

따라서 우리는 죄의 문제를 다룰 때 죄와는 상관없이 다른 이유 때문에 고통을 받거나 성장이 지연될 수 있다는 점을 잊지 말아야 한다. 이 점을 이해하지 못하면 욥의 친구들처럼 상처 입은 사람을 무고히 질책하는 잘못을 범할 수 있다. 그러면 우리는 "쓸모없는 의원"이 될 수밖에 없다. 그러려면 차라리 "잠잠하는" 편이 낫다(욥 13:4-5 참조).

율법의 무기력함

앞서 4장에서 은혜의 하나님을 다룰 때 율법이 삶을 변화시키는 데 무기력하다는 사실을 심도 깊게 다룬 바 있다. 여기서는 죄와 사망의 율법이 무엇이고, 또 왜 죄를 극복하는 데 효과가 없는지 간단하게 살펴보는 것으로 만족하고 싶다. 이 점을 기억하면 죄를 극복하고자 노력할 때 아무 효과가 없는 일을 반복하는 잘못을 피할 수 있다.

율법 아래 있다는 것은 계명을 지키면 의롭다고 인정받고, 계명을 지키지 않으면 정죄를 당하는 체계 안에서 살아가는 것을 의미한다. 이러한 간단한 등식은 그 자체로 아무 문제가 없다. 우리가 해야 할 일을 알고 그것을 단지 행동에 옮기기만 하면 죄의 문제를 해결할 수 있다.

이런 원칙은 과거에는 아무 문제가 없었다. 아담과 하와는 에덴동산에 살면서 올바른 것을 선택하고 그릇된 것을 피할 수 있는 자유가 있었다. 그들이 그 원칙을 올바로 지켰더라면 아무 문제도 일어나지 않았을 것이다. 그러나 그들은 그렇게 하지 못했고, 그로 인해 인류는 큰 문제에 봉착했다. 우리는 아무리 하고 싶어도 더 이상 자유롭게 올바른 것을 선택할 수 없게 되었다. 그리고 자유 대신 "죄의 정욕"(롬 7:5)에 사로잡히고 말았다. 죄의 정욕은 우리로 하여금 이롭지 못한 것을 선택하도록 부추긴다. 우리에게는 무익한 일은 물론 때로는 우리를 파멸시키는 일을 추구하려는 성향이 있다.

물론 상황은 이보다 훨씬 더 심각하다. 즉 율법이 우리가 해서는 안 될 일을 추구하도록 부추기고 있다(롬 7:5, 8-10 참조). 우리는 이중적 위험에 직면해 있다. 우리는 질병에 걸렸고, 우리를 건강하게 만들어야 하는 것조차 질병을 더욱 악화시키는 데 기여할 뿐이다. 바울은 이렇게 말했다.

"우리가 육신에 있을 때에는 율법으로 말미암는 죄의 정욕이 우리 지체 중에 역사하여 우리로 사망을 위하여 열매를 맺게 하였더니"(롬 7:5).

우리에게는 죄의 본성이 있다. 이 본성은 계명을 통해 살아난다(롬 7:9 참조). 이 점은 어린아이에게서 쉽게 확인할 수 있다. 어린아이는 몇 번이나 "그렇게 해서는 안 된다"는 말을 듣고서도 여전히 그 일을 행하려고 한다. 성인의 경우에도 잘 관찰해 보면 크게 다를 바가 없기는 마찬가지다. 우리는 해서는 안 되는 일을 하고 싶어 한다.

기독교 내에서 율법을 적용한 세 가지 수단이 그릇된 일을 멈추지 않는 사람들에게 아무 효험이 없는 이유가 여기 있다.

- 회개하라는 외침과 함께 죄를 격렬하게 꾸짖는 설교
- 사람들을 통제하려는 율법적인 규칙
- 해결책은 더 나은 선택을 하는 데 있다는 권고

이들 방법은 제각기 약간의 진실을 담고 있지만 효력이 없기는 마찬가지다. 왜냐하면 모두 인간이 옳은 선택을 할 수 있다는 것을 전제로 하고 있기 때문이다. 성경은 이들 방법이 앞의 두 가지 이유(죄의 본성과 죄를 부추기는 율법) 때문에 효과를 발휘할 수 없다고 가르친다. 따라서 사람들을 도우려면 죄를 저질렀으니 회개하고 옳게 행동해야 한다는 충고에 그쳐서는 안 된다. 그것은 율법의 기능으로, 사람을 변화시키는 데 무력하다(히 7:18-19; 롬 8:3 참조).

더욱이 그런 방법은 사람들에게 율법으로 인한 감정을 불러일으켜 문제를 더욱 복잡하게 만든다. 사람들이 율법에 사로잡히는 경우에는 세 가지 반응이 나타난다. 그것은 죄책감(정죄), 분노(반항), 두려움이다. 율법은 이런 감정을 불러일으키고, 성경은 그 영향에서 벗어나야 한다고 가르친다(롬 5:9-10, 20-21, 6:14, 8:1-2 참조). 따라서 사람들에게 올바른 일을 하라고만 말하고 온전한 복음을 제시하지 않으면 우리가 기대하지 않은 결과(실패와 악감정)만을 거두게 될 뿐이다. (많은 사람이 교회를 싫어하는 이유는 그런 감정을 부추기는 교회에 다녀본 경험이 있기 때문이다.)

내 친구의 친구인 더크(4장)를 기억하라. 그는 체중을 줄이기 위해 노력했다. 그가 체중을 줄이지 못했던 이유는 간단하다. 그가 스스로 기울였던 노력이 그 자체로 율법의 기능을 했기 때문이다. 그는 "해야 한다"는 기준을 세운 뒤 체중을 줄이려고 노력했지만 실패하고 말았다. 결국 그는 정죄당한 죄인처럼 죄책감을 느꼈으며 체중이 줄기는커녕 더 불어났다. 그런 악순환은 반복되었다. 그의 경우는 율법과 죄가 어떤 식으로 역사하는지를 잘 보여준다.

더 나은 길: 회개와 성령으로 행하기

성경은 더 나은 길을 제시한다. 바울은 이렇게 말했다.

> "율법이 육신으로 말미암아 연약하여 할 수 없는 그것을 하나님은 하시나니 곧 죄로 말미암아 자기 아들을 죄 있는 육신의 모양으로 보내어 육신에 죄를 정하사 육신을 따르지 않고 그 영을 따라 행하는 우리에게 율법의 요구가 이루어지게 하심이니라"(롬 8:3-4).

율법(또한 율법을 적용한 모든 방법들)은 할 수 없지만 예수님은 하실 수 있다. 그분은 율법으로 행하는 삶을 성령으로 행하는 삶으로 대체하셨다. 죄로 인해 초래되는 모든 문제를 해결할 수 있는 길이 여기 있다. 죄의 문제를 해결할 수 있는 방법은 오직 하나, 성령을 따라 행하는 삶뿐이다.

우리가 변화시키기 원하는 것을 변화시키려면 먼저 그 문제를 고백하고 우리 스스로는 그것을 변화시킬 수 없다고 인정해야 한다. 그런 다음 예수님과 관계를 맺고 자유를 얻어야 한다. 예수님과의 관계는 율법의 정죄와 죄책감을 해결한다. (바울은 예수님과 관계를 맺은 사람들에게는 "정죄함이 없다"고 말했다. 9장에서 살펴본 대로 죄책감과 정죄는 아무런 변화도 일으킬 수 없다.) 더크는 자신이 인정받고 사랑받는다는 사실을 깨닫기 전에는 변화될 수 없었고 체중 조절과 같은 문제를 해결할 수도 없었다. 그는 죄의 심각성을 의식하고 생각과 방향을 전환해야 했다. 그리고 마침내 체중을 줄이지 않으면 심장마비로 죽을 수도 있다는 점을 깨달았다. 그런 생각의 변화를 성경은 "회개"라고 부른다(회개란 문제의 심각성을 의식하고 생각과 방향을 완전히 전환하는 것을 의미한다).

회개한 다음에는 앞의 성경 말씀이 가르치는 대로 성령을 따라 행함으로써 자유를 얻어야 한다. 대부분 이 단계에서 많이 실패한다. 사람들은 죄를 고백하고 하나님께 도움을 구해야 한다는 것을 알고 있다. 그러나 6장에서 살펴본 대로, 그보다는 성령을 따라 행하는 것이 훨씬 더 중요하다. 성령을 따라 행하려면 하나님께 다음과 같은 것들(즉 하나님이 성령을 통해 행하시는 것들)을 구해야 한다.

- 하나님이 항상 우리와 함께하신다는 사실과 우리가 그분 안에 거해

야 한다는 사실을 깨닫도록(시 139:7; 요 14:18, 15:5-8 참조)

- 우리의 마음을 살펴 변화가 필요한 부분을 알게 하시도록(시 7:9; 잠 20:27; 롬 8:27; 고전 2:10 참조)
- 우리가 무력할 때 우리가 해야 할 일을 행할 수 있는 능력을 주시도록(출 31:3; 신 34:9; 삿 14:6; 삼하 23:2; 막 13:11 참조)
- 우리를 인도하시고 보호해 주시도록(왕상 18:12; 대상 28:12; 느 9:20; 시 143:10; 요 16:13; 행 13:4, 16:6 참조)
- 진리를 보여주시고 가르치시도록(요 14:26, 15:26, 16:13; 고전 2:13; 요일 2:27 참조)
- 깨우침과 도움을 베푸시도록(요 14:26, 15:26, 16:13 참조)
- 우리가 필요로 하는 삶을 살게 도와주시도록(롬 7:6, 8:2, 4-6, 9, 11, 13, 26 참조)
- 우리를 다스리시고 충만하게 하시도록(롬 8:6; 엡 5:18 참조)
- 우리를 온전하게 하시도록(약 1:4 참조)
- 우리의 잘못을 책망하시고 바로잡아주시도록(시 139:23-24; 요 16:8; 롬 9:1; 고전 4:4; 빌 3:15 참조)
- 우리를 변화시키시도록(고후 3:18; 갈 3:3, 5:16-25 참조)
- 은사를 주어 서로를 돕게 하시고 그리스도의 몸을 하나로 세우시도록(고전 12:7-12 참조)
- 친히, 혹은 다른 사람들의 은사를 통해 우리를 치유하시도록(시 147:3; 사 61:1; 엡 4:16; 벧전 4:8, 10 참조)

다시 말해 죄와의 싸움에서 승리를 거두려면 성령께서 허락하시는 삶을 살면서 온전한 성장 과정을 거쳐야 한다. 우리는 원하는 승리를 얻기 위해 많은 일을 행해야 한다. 중독을 비롯해 그릇된 습관은 '이것은 죄야. 나는 이 죄를 더 짓지 않을 거야'라는 식으로 단순한 결심만 가지고서는 해결할 수 없다. 승리를 얻으려면 성령의 삶에 헌신함으로써 온전한 변화가 이루어져야 한다.

결심만으로 해결되지 않는 그릇된 습관도 온전한 성장 과정을 거치면 깨끗하게 해결될 수 있다. 즉 우리는 스스로의 무력함을 고백하고, 하나님과 다른 사람들의 도움을 구하고, 회개하고, 우리를 지지해 주는 환경에 머물고, 상처의 치유를 구하고, 용서를 받고, 용서해야 할 사람을 용서하고, 하나님께 복종해야 한다. 그러면 오랫동안 문제되어 온 그릇된 행동 습관을 바꿀 수 있다. 이것이 성경이 가르치는 온전한 성장의 과정이다.

그리스도인들은 죄를 너무 피상적으로 생각하는 경향이 있다. 따라서 죄를 처리하는 능력이 턱없이 부족할 뿐 아니라 죄를 철저히 극복하지도 못한다. 우리는 죄를 멈출 수 없다. 죄로부터 구원받아야 한다. 다시 말해 단순히 악한 행위를 중단하는 차원을 넘어서서 온전한 치유 과정이 필요하다. 예수님은 자신의 사역을 치유의 사역으로 정의하셨다.

"인자가 온 것은 잃어버린 자를 찾아 구원하려 함이니라" (눅 19:10).

이 말씀에서 "구원하다"로 번역된 헬라어는 실제로는 "치유하다", 또는 "온전하게 하다"를 의미한다. 죄로부터의 구원은 보다 깊은 차원의 회복과 치유를 뜻한다. 사람들은 "그 행위를 중단하라"는 말보다 "하나님과 우리가 도와주겠다"는 말을 필요로 한다. 성경이 가르치는 죄를 극복하는 과정만이 진정한 치유를 가져다줄 수 있다. 그 밖의 치유 과정은 무엇이든 충분치 못하다.

성경은 죄에 대해 항상 "회개하라"고 명령한다. 성경이 명령하는 회개는 한 가지 행위를 고치는 데 그치지 않고 생각을 완전히 바꾸어 온전한 삶을 향해 나가는 것을 의미한다. 이처럼 회개는 죄의 심각성(즉 사망을 가져다주는 파괴적인 영향력)을 의식하고, 그것을 처리하는 방법을 달리하는 것을 뜻한다. 좀 더 구체적으로 말하면 생각을 바꾸고, 성령을 따라 행하는 삶을 살기 시작하는 것이 바로 회개다.

반역

그렇다고 해서 '우리는 병들었고 무기력하기 때문에 치유받기를 원한다'는 생각에 안주해서는 곤란하다. 죄를 다른 측면에서 바라보면 그렇게 하기가 어렵다는 것을 알 수 있다. 다시 말해 우리를 곤란에 빠뜨리는 죄를 중단할 수 있는 능력이 우리에게 없다는 생각만으로는 충분하지 않다. 사실 우리는 때로 죄를 삼갈 수도 있고, 그릇된 것을 선택하지 않을 수도 있다. 또한 아담과 하와가 본성이 부패하기 전에 했던 대로 반역을 저지를 수도 있다. 우리는 비록 죄의 본성을 지니고 있지만 원한다면 우리의 인격을 얼마든지 통제할 수 있다. 그러나 우리는 그런 통제력을 발휘하려고 하지 않는다. 이런 경우를 가리키는 가장 적합한 말은 "반역"이다.

사라와 조의 이야기를 예로 들어보자. 그들은 5년 동안 부부로 살아오면서 힘든 관계를 맺었다. 처음에는 사랑에 빠져 서로를 이상형으로 생각하고 선뜻 결혼식을 올렸다. 그러나 오래지 않아 서로 격렬하게 다투기 시작했다. 때로는 심각한 문제로 말다툼을 하기도 했지만 대부분은 조의 성격에 그 원인이 있었다.

어느 날 사라는 내 사무실에서 울먹이며 말했다.

"어떻게 해야 좋을지 모르겠어요. 남편을 통제하거나 상처를 줄 생각은 전혀 없어요. 하지만 남편은 저에게 너무 지나치게 화를 내요. 더 이상 감당할 수가 없어요."

그녀는 남편 때문에 너무 많은 상처를 입어 그에 대한 감정이 차갑게 식어간다고 말했다. 나는 그녀가 더 이상 참지 못하고 잘못된 결정을 내릴까봐 걱정스러웠다.

한편 조는 나에게 사라와 함께 살기가 몹시 힘들다고 말하면서 자신의 분노를 정당화하려고 노력했다.

"선생님도 제 아내와 살면 저처럼 될 것입니다."

나는 그에게 자신의 내면을 들여다보라고 조언했지만 아무 소용이 없었다. 그러던 어느 날 조는 사라의 고통이 몹시 심하다는 사실을 알고 나서 생각을 달리하기 시작했다. 성경의 용어를 빌려 말하면, 회개를 경험했다. 그는 자신의 행동을 심각하게 고려했다. 그리고 더 이상 자신을 정당화하지 않고 스스로의 행동을 해롭고 파괴적인 것으로 생각했다. 그는 사랑하는 사람을 아프게 하고 있는 자신의 현실을 깨달았다.

조는 마침내 분노를 극복하기로 동의했다. 그로부터 몇 달 동안 그는 분노를 억제하지 못할 때마다 사라와 함께 나를 찾아오곤 했다. 그러나 이번의 상담은 그전의 상담과는 달랐다. 우리는 아무것도 정당화하지 않은 상태에서 분노의 감정을 극복하는 데만 초점을 맞추었다. 그는 지지 그룹에 참여했고, 기도 동역자와 함께 기도했으며, 나와는 분노의 배후에 숨겨진 상처와 원인을 찾기 시작했다.

조는 천천히 성령 안에서의 삶을 살기 시작했다. 바울이 말한 대로 성령의 열매들을 맺기 시작했다. 그는 절제와 사랑과 인내의 열매를 맺었다(갈 5:22-23 참조). [그의 경우는 성령의 열매가 어떻게 맺히는지를 보여주는 또 하나의 사례다. 그는 동산(성령 안에서의 삶)을 가꾸었고 그 결과, 열매를 거두고 있었다.] 그는 점점 사라가 원하는 자상한 남편이 되어갔다.

그러던 어느 날 문제가 발생했다. 그들은 힘든 주말을 보내며 격렬한 말다툼을 벌였다. 사라는 크게 상처를 입었다. 그녀가 조의 행동을 설명하는 말을 듣고 나는 충격을 받았다. 왜냐하면 그동안 많은 성장이 이루어져 그렇게까지 행동할 정도는 아니라는 생각이 들었기 때문이었다. 처음에는 사라는 물론 조에게까지 동정심이 느껴졌다. 그가 다시 죄를 저질렀기 때문이었다(갈 6:1 참조). 무엇이 그의 분노를 자극했는지, 또 무엇 때문에 그가 자제력을 잃었는지 궁금했다.

그런데 조의 말을 듣고 있자니 동정심이 분노로 바뀌었다. 내가 화가 난 이유는 당연했다. 조의 분노를 자극한 것이나 자제력을 잃게 만든 것은 아무것도 없었다. 그는 그런 식으로 행동하지 않을 수 있는 능력이 충분히 있었다. 그런데도 그렇게 했다. 너무나도 비열한 행위였다. 나는 그를 책망하지 않을 수 없었다.

"'제 문제가 다시 터져나왔어요'라는 식으로 얼버무리려고 하지 마세요. 당신은 스스로를 억제할 수 있었는데도 일부러 비열한 행동을 저질렀습니다. 약점 때문이 아니에요. 스스로 선택한 것입니다. 추악한 죄라고밖에는 달리 할 말이 없군요."

나는 당시 조의 눈빛과 표정을 결코 잊지 못할 것이다. 그는 난처한 표정을 지었다. 그러고는 약간 겸연쩍은 듯한 얼굴로 말했다.

"선생님의 말씀이 옳습니다. 다 옳아요. 제가 정신이 나갔습니다. 아내에게 몹쓸 짓을 했네요. 잘못된 행동이었습니다."

그는 유순한 태도를 취했다. 그러더니 고개를 돌려 사라를 보고 "미안해요"라고 말했다. 사라의 태도도 누그러졌다. 그녀는 사과를 받아들였다. 둘 사이는 다시 좋아졌다.

그러나 조는 매우 중요한 교훈을 깨달았다. 그의 깨달음은 다른 행동 습관에도 영향을 미쳤다. 구체적으로 말해 그는 우리가 할 수 없는 일들 때문이 아니라 기꺼이 하려고 하지 않는 일들 때문에 삶의 문제가 발생하기도 한다는 사실을 깨달았다. 그는 자신이 옳고 참되다고 알고 있는 것을 일부러 거부했다. 그렇게 하니 한동안은 기분이 좋았다. 그러나 다른 모든 죄와 마찬가지로 그것은 잠시의 즐거움에 지나지 않았다. 그 순간이 지난 다음에는 관계의 소외라는 대가를 치러야 했다.

때로는 우리가 마땅히 해야 할 일을 할 수 없는 때가 있다. 그런 경우에는 성령의 더 많은 역사가 필요하고, 또 유혹에서 도망쳐 도움을 청하러 달려가야 한다. 그러나 때로는 우리가 가지고 있는 능력을 사용하지 않고 일부러, 의도적으로 죄를 선택하는 경우도 있다. 다윗은 이렇게 말했다.

"또 주의 종에게 고의로 죄를 짓지 말게 하사 그 죄가 나를 주장하지 못하게 하소서 그리하면 내가 정직하여 큰 죄과에서 벗어나겠나이다"(시 19:13).

우리에게는 그릇된 일을 고의로 저지를 수 있는 능력이 있다. 이를 해결하기 위한 방법은 고백, 후회, 회개, 보상, 상처를 입힌 사람과의 화해에 있다. 오늘날 성장이라는 미명 아래 회개가 필요한 죄들이 용납되는 경우가 많다. 그런 경우에는 자제력의 열매가 필요한 것이 아니라 그 능력을 실제로 행사하는 것이 필요하다.

조는 자신의 문제를 직시하고 나의 견책을 마음에 깊이 받아들였다. 나의 견책은 그의 일부가 되었다. 그는 스스로에게 "그런 일을 해서는 안 돼"라고 말할 수 있는 능력을 지니게 되었다. 그는 죄를 고백했고, 용서를 구했으며, 회개했고, 사라와 화해했다. 그 순간 그들의 관계는 더욱 깊어졌고, 조의 성장은 새로운 차원으로 발전하기 시작했다. 즉 그는 자신에게 더 많은 자유와 책임이 주어졌다는 사실을 알게 되었다.

변명하지 말라

어느 날 한 남성이 내게 자신의 불륜 사실을 털어놓았다. 우리는 그 행위가 결혼생활에 미친 결과를 극복하기 위해 함께 노력하던 중이었다. 그의 불륜 행위는 아내에게 심각한 상처를 입혔다. 그러나 그는 아내의 감정을 잘 이해하지 못하는 것 같았다. 상담을 거치는 동안 어렴풋이 아내에게 준 고통을 이해하는 듯했지만, 그러한 문제를 좀 더 깊이 파헤치려고 하는 순간 대화의 초점을 다른 곳으로 돌리려고 했다.

"이 모든 일이 저를 슬프게 만든 데는 또 다른 이유가 있습니다."

"그게 무엇입니까?"

"아내가 저의 욕구를 충족시켜주었다면 다른 곳에 가서 욕구를 해소하려고 하지 않았을 것입니다."

나는 무슨 말을 해야 할지 생각했다. 그의 잘못을 비난하지는 않았다. 그와 상담하는 동안 나는 종종 예수님이 간음하다 붙잡힌 여인에게 보이신 반응을 생각했다. 예수님은 그녀를 용서하고 받아주셨다. 따라서 내가 화가 난 이유는 그의 죄 때문이 아니었다. 단지 책임을 전가하려는 그의 태도 때문이었다. 그의 말은 마치 아내가 불륜 행위의 원인인 듯한 뉘앙스를 지녔다. 불륜을 저지르는 것 외에 다른 방법으로도 얼마든지 아내에 대한 불만을 해소할 수 있었을 텐데 그런 생각은 결코 하지 못했다. 다시 말해 그는 파괴적인 행동보다는 건설적인 행동을 할 수 있었다.

나는 그 외에 또 다른 사실을 하나 더 생각했다. 즉 나 역시 때로는 나의 잘못된 행동을 다른 사람들의 탓으로 돌리는 경향이 있다는 것이었다. "당신이 그렇게 하지 않았다면 내가 그렇게 하지 않았을 거예요"라는 변명은 나에게도 너무 익숙했다. 그런 생각을 하자니 스스로 부끄러웠다. 바로 그때 아담과 하와의 이야기에서 도움이 될 만한 사실을 기억해냈다. 그의 태도는 아담의 태도와 영락없이 닮았다. 아담은 "하나님이 주셔서 나와 함께 있게 하신 여자 그가 그 나무 열매를 내게 주므로 내가 먹었나이다"(창 3:12)라고 말했다. 아담은 하나님과 하와를 동시에 비난했다. 하와도 똑같이 책임을 회피했다. 하나님이 꾸짖으시자 그녀는 뱀에게 책임을 전가했다.

책임 전가는 인간의 부패한 본성의 일부다. 우리는 잘못을 인정하기 싫어하고, 그 책임을 다른 곳에 전가한다. 내가 아는 한 여성은 실수를 저지르면 마치 어린아이처럼 "아무도 저를 말리지 않았어요"라고 둘러댄다. 누군가가 미리 주의를 주었다면 실수를 저지르지 않았을 것이라는 식이다. 책임 전가는 인간의 본성이다.

그러나 죽음도 인간의 본성에 속하기는 마찬가지다. 성경은 죄의 책임을 전가해 잘못을 적당히 얼버무린다면 죽게 될 것이라고 말씀한다. 죄는 우리를 죽이고, 책임 전가는 죄를 살아나게 만든다. 책임 전가는 우리의 삶 속에서 죄가 왕성하게 활동하게 만든다.

치유 과정에서도 많은 책임 전가가 일어난다. 사람들은 과거의 일(즉 성장하면서 경험했던 일이나 경험하지 못했던 일)을 이용해 자신의 행동을 변명한다. 예를 들면 "제가 그렇게 한 이유는 어머니 때문이에요"라고 말한다. 행동에 동기를 부여하는 근원을 파헤치는 것은 매우 중요하다. 그런 동기와 충동 가운데는 우리의 잘못과 무관한 것이 많다. 그러나 그렇다고 해서 우리의 행동이 우리의 책임이 아니라는 뜻은 결코 아니다. 만일 어떤 사람의 아버지가 그가 자랄 때 비열한 행위를 일삼은 탓에 모든 권위를 증오하고 거부하는 성격을 지니게 되었다면, 그 아버지의 비열함이 그러한 행동에 대한 동기를 제공했다고 말할 수 있다. 그런 경우에는 상처와 분노를 느낄 수밖에 없다. 그러나 그가 과거의 상처를 파괴적인 방법으로 해소하는 원인이 전적으로 그의 성장 배경에만 있는 것은 아니다. 그것은 그의 타락한 본성 때문이다.

그런 상처와 분노는 앞서 설명한 치유 과정을 통해 극복되어야 한다. 그 문제는 악을 악으로 갚지 않는(롬 12:17, 21 참조) 방법으로 얼마든지 처리할 수 있다. 곧 과거의 상처를 말끔히 씻고, 분노에 대해 용서를 구한 뒤, 더 이상 분노하지 않겠다고 결심하고, 가능한 한 아버지와 화해를 시도해야 한다.

이처럼 다른 사람들이나 우리의 상처, 잘못, 또는 행동의 동기를 극복하고자 할 때는 우리가 당한 일과 그 문제를 처리하는 것이 서로 별개라는 사실을 기억해야 한다.

죄는 외면적인 행위를 넘어서는 차원을 지닌다

앞의 사례들은 죄의 또 다른 차원을 보여준다. 죄는 단순한 행위가 아니라 행위의 근원을 포괄한다. 우리는 죄를 외면적인 관점에서만 생각하는 경향이 있다. 예수님은 "너희 바리새인은 지금 잔과 대접의 겉은 깨끗이 하나 너희 속에는 탐욕과 악독이 가득하도다 어리석은 자들아 겉을 만드신 이가 속도 만들지 아니하셨느냐"(눅 11:39-40)라고 엄히 꾸짖으셨다.

앞의 두 가지 사례(아내에게 상처를 받은 남성과 부모에게 상처를 받았다고 가정한 사람의 경우)는 내적 동기를 처리하는 것이 매우 중요하다는 사실을 보여준다. 해결되지 않은 분노와 상처는 복수심이나 욕정으로 발전할 수 있다. 권위에 대한 증오심은 직업생활에 많은 피해를 야기할 것이다. 인간의 마음 한구석에는 많은 괴물이 도사리고 있다. 예수님은 이렇게 말씀하셨다.

"사람에게서 나오는 그것이 사람을 더럽게 하느니라 속에서 곧 사람의 마음에서 나오는 것은 악한 생각 곧 음란과 도둑질과 살인과 간음과 탐욕과 악독과 속임과 음탕과 질투와 비방과 교만과 우매함이니 이 모든 악한 것이 다 속에서 나와서 사람을 더럽게 하느니라"(막 7:20-23).

많은 질병과 실패와 중독과 관계의 어려움과 파괴적인 행동은 마음의 생각에서 비롯한다. 예수님은 열매로 나무를 알 수 있다고 말씀하셨다(마 12:33-35 참조). 우리의 내면을 들여다보고 그곳에서 발견되는 문제를 해결하는 것이 겉을 선하게 만들 수 있는 첩경이다. 우리 안에 악한 것이 가득하면 행동도 악할 수밖에 없고, 선한 것이 가득하면 행동도 선할 수밖에 없다.

그러나 진실은 우리 모두 안에 악한 것이 가득하다는 것이다. 이는 우리의 부패한 본성 때문이다. 예수님의 표현을 빌리자면 우리는 죄의 질병을 앓고 있다(막 2:17 참조). 건강을 회복하려면 내면을 들여다보고 그곳에서 발견되는 것을 고백하고 슬퍼하고 회개하고, "유혹의 욕심을 따라 썩어져가는 구습을 따르는 옛사람을 벗어버리고 오직 너희의 심령이 새롭게 되어 하나님을 따라 의와 진리의 거룩함으로 지으심을 받은 새 사람을"(엡 4:22-23) 입어야 한다. 우리는 안에서부터 새롭게 되어야 한다. 그러려면 우리 안에 있는 추악한 것들을 직시하는 데서부터 출발해야 한다.

도덕적 중립 상태에서 도덕적 타락 상태로의 전락

내면의 추악한 것들만 우리를 죄에 빠뜨리는 것은 아니다. 선한 것들도 마찬가지다. 앞서 살펴본 남성은 아버지에 대한 증오심과 복수심 때문에 모든 권위를 거부하기에 이르렀다. 그렇다면 그의 영혼의 상처는 어떻게 해야 할까? 증오심은 잠시 잊고 상처에만 초점을 맞춰보라. 그런 사람이 분노를 표출하지도 않고, 또 그 상처를 치유하지도 않는다면 어떻게 될까?

치유되지 않은 상처는 그 자체로 상처다. 마음의 상처가 치유되지 않은 사람은 고통을 느낄 수밖에 없다. 그런 사람은 종종 고통을 달래기 위해 무엇인가를 행한다. 즉 기분이 나아지게 하기 위해 성적 행위나 음식, 또는 술에 의존할 수 있다. 또는 왜소한 감정을 숨기기 위해 물욕에 사로잡히거나 권력을 탐하기도 한다. 어떤 방법을 선택하든 치유되지 않은 상처는 죄를 짓도록 부추길 수 있다. 상처는 죄가 아니지만 고통과 공허감을 달래기 위해 사용하는 방법이 죄가 될 수 있다. 정당한 욕구를 그릇된 방법으로 충족시키려고 하면 그런 결과를 피할 수 없다.

성경이 가르치는 이러한 유혹의 속성이 간과될 때가 많다. 누가복음 4장은 예수님이 광야에서 시험을 받으신 사건을 기록하고 있다. 예수님은 관계와 음식 등 인간의 기본 욕구와 관련된 것들이 결여된 상태에서 40일을 지내셨다. 그분은 모든 것이 결여된 상태에서 사탄의 시험을 받으셨다. 사탄은 예수님께 다가와 그분이 가장 연약하실 때 기분을 좀 더 나아지게 만드는 방법들을 제안했다.

유혹은 정확히 그런 식으로 다가온다. 사탄은 우리가 가장 연약할 때 우리를 유혹하거나 우리의 가장 약한 부분을 골라 공격을 가한다. 상처를 달래려면 무엇인가가 필요하다. 그렇지 않으면 고통을 느껴야 한다. 어떤 사람들은 그런 순간에 유혹에 이끌린다. 사랑이 필요한 사람이 외로움을 느낄 때는 사랑인 양 위장한 채 다가오는 불법적인 성적 유혹(육신의 정욕)에 빠지기 쉽다. 또한 인정을 받고 싶어 하는 사람에게는 권력의 매력과 "이생의 자랑"이 유혹의 덫이 될 수 있다. 그런 사람은 권력을 쥐고 있는 동안은 잠시 자신의 존재가 가치를 지닌 것처럼 느낀다. 이 밖에도 자신이 충분히 선하다고 느끼지 못하는 사람은 물질의 매력과 "안목의 정욕"을 통해 일시적으로 그 고통을 달랠 수 있다. 요한은 이 세 가지 유혹의 범주에 관해 이렇게 말했다.

> "이 세상이나 세상에 있는 것들을 사랑하지 말라 누구든지 세상을 사랑하면 아버지의 사랑이 그 안에 있지 아니하니 이는 세상에 있는 모든 것이 육신의 정욕과 안목의 정욕과 이생의 자랑이니 다 아버지께로부터 온 것이 아니요 세상으로부터 온 것이라"(요일 2:15-16).

세상은 그 나름대로 고통과 욕구를 해결하는 방법을 갖고 있다. 우리는 그런 방법으로 우리의 상처를 치유하고 싶어 하는 유혹을 느낄 수 있다. 성경의 기록은 우리가 오직 하나님만이 채워주실 수 있는 욕구를 우리 스스로 만든 우상으로 채우려고 노력한다는 사실을 여실히 보여준다. 우리는 유일하신 참 하나님 대신에 우상을 의지한다. 이것은 그릇된 의존감이다. 죄는 하나님을 의지하지 않을 뿐 아니라 다양한 형태로 주어지는 그분의 은혜를 받아들이지 못하는 데서 비롯한다. 우리는 예수님을 본보기로 삼아야 한다. 그분은 모든 것을 박탈당하신 상태에서도 죄가 아니라 하나님을 의지하는 믿음으로 자신의 필요를 채우려고 하셨다. 히브리서 저자는 "우리에게 있는 대제사장은 우리의 연약함을 동정하지 못하실 이가 아니요 모든 일에 우리와 똑같이 시험을 받으신 이로되 죄는 없으시니라"(히 4:15)고 말했다.

때로 우리는 필요한 것이 결여된 상태가 우리를 연약하게 만들어 죄의 본성이 요구하는 일에 쉽게 미혹되도록 이끈다는 사실을 잘 이해하지 못한다. 신자들도 누군가의 죄를 다룰 때 그릇된 행동을 유발시킨 원인이나 고통이 아니라 그런 행동 자체만을 처리하려고 노력한다. 우리는 그릇된 것만을 다룰 뿐 선한 것을 더하지 않는다. 죄의 극복은 단지 나쁜 것을 제거하는 것으로 끝나지 않는다. 항상 선한 것을 더해야 한다. 예수님은 사망을 없애실 뿐 아니라 생명을 주시기 위해 오셨다. 이것이 성경이 "옛것을 벗고 새것을 입으라"고 말씀하는 이유다(엡 4:24; 골 3:10, 14 참조). 예수님은 세상을 심판하기 위해서가 아니라 구원하기 위해(즉 치유하고 회복하기 위해) 온 것이라고 말씀하셨다(요 12:47 참조).

따라서 우리는 그릇된 행위를 넘어서 무엇이 그런 죄를 부추기고 자극하는지를 파악해야 한다. 죄는 궁극적으로 하나님의 생명에서 떠나 있는 것 때문에 발생하고 영속화된다. 바울 사도에 따르면 이것이 모든 죄의 이면에 숨어 있는 동기다. 그는 신자들에게 이방인들처럼 행동하지 말라고 당부했다.

> "그들의 총명이 어두워지고 그들 가운데 있는 무지함과 그들의 마음이 굳어짐으로 말미암아 하나님의 생명에서 떠나 있도다 그들이 감각 없는 자가 되어 자신을 방탕에 방임하여 모든 더러운 것을 욕심으로 행하되"(엡 4:18-19).

하나님의 생명에서 떠나 있으면 진정한 생명을 소유하지 못하고 그 공허감을 다른 방법으로 채우려고 노력할 수밖에 없다. 하나님의 생명 안에는 관계, 지지, 정직함, 재능, 치유, 고백, 회개, 교정, 징계 등이 포함된다. 따라서 상처를 받은 사람은 하나님이 친히 공급하시거나 사람들을 통해 제공하시는 치유를 발견해야 한다. 그래야만 더 이상 욕구에 시달리지 않고 유혹에 저항하는 힘을 가질 수 있다. 결핍이 사라지고 힘과 생명이 찾아온다. 사람들의 마음과 생각 속에 하나님이 공급하시는 생명이 충만하면 유혹이 파고들 여지가 크게 줄어든다.

언젠가 서른한 살 된 여성과 대화를 나눈 적이 있었다. 그녀는 남자친구가 늘 상처만 주는데도 그를 떠나지 못하고 있었다. 그녀는 그와 잠자리를 같이하는 것이 파괴적인 영향을 미친다는 사실을 알면서도 어찌할 도리가 없었다. 그러던 중 마침내 최악의 상태에 직면해 하나님께 도움을 구했다. 그러자 하나님의 성령과 그분의 백성들이 그 필요를 채워주기 시작했다. 그녀는 남자친구에게서 떠날 수 있었고, 성적 유혹도 아울러 사라졌다. 하나님과 그분이 제시하시는 생명의 길이 그녀의 필요를 채우고 고통을 치유했다. 그녀는 죄를 극복했다. 잘못을 뉘우쳤을 뿐 아니라 자신이 필요로 했던 선한 것들을 얻었다.

그릇된 행위의 동기 가운데는 나중에 알고 보면 그렇게 나쁘지만은 않은 것이 더러 있다. 사실 정당한 욕구와 고통과 상처를 그릇된 방법으로 달래려고 하는 데서 모든 문제가 발생한다. 물론 그렇다고 그 행위를 변명할 수는 없다. 또한 그들이 행한 죄만을 다루려고 하는 반쪽짜리 복음도 그 정당성을 확보할 수 없기는 마찬가지다. 우리 자신과 우리가 돕는 사람들이 승리를 거두려면 전적으로 하나님이 제공하신 것에 근거해야 한다. 다시 말해 그분의 생명과 연결되지 않은 고통과 필요를 극복해야 한다.

죄를 피하라

그러나 그런 결과를 쉽게 얻을 수는 없다. 그 과정에는 항상 유혹이 도사리고 있기 때문이다. 유혹은 저절로 사라지지 않는다. 회복의 과정을 거치는 동안 아무 노력도 기울이지 않고 가만히 앉아 유혹이 사라지기를 기다려서는 안 된다. 성경은 죄를 피할 수 있는 방법을 제시한다. 그 방법은 다음과 같다.

기도

"우리를 시험에 들게 하지 마시옵고 다만 악에서 구하시옵소서" (마 6:13).

"시험에 들지 않게 깨어 기도하라 마음에는 원이로되 육신이 약하도다" (마 26:41).

도망치고 피하라

"사람이 감당할 시험 밖에는 너희가 당한 것이 없나니 오직 하나님은 미쁘사 너희가 감당하지 못할 시험 당함을 허락하지 아니하시고 시험 당할 즈음에 또한 피할 길을 내사 너희로 능히 감당하게 하시느니라" (고전 10:13).

"음행을 피하라 사람이 범하는 죄마다 몸 밖에 있거니와 음행하는 자는 자기 몸에 죄를 범하느니라"(고전 6:18).

"청년의 정욕을 피하고 주를 깨끗한 마음으로 부르는 자들과 함께 의와 믿음과 사랑과 화평을 따르라"(딤후 2:22).

이런 방법은 그 자체로 너무나 명백하기 때문에 굳이 많은 설명이 필요하지 않다. 문제는 실천에 옮기지 않는 사람이 많다는 데 있다. 죄를 심각하게 생각해 그것을 피하기 위해 끊임없이 기도하는 사람이 과연 얼마나 될까? 성경은 유혹에서 도망치는 것을 매우 중요하게 취급한다. 유혹의 먹이가 되지 않으려면 피해야 한다고 가르친다. 유혹이 있는 곳은 매우 위험한 장소다. 따라서 가장 좋은 방법은 도망치는 것이다. 유혹이 닥쳐왔을 때 저항하려면 그 주변을 서성거려서는 안 된다. 스스로 약점이 있는 경우든 약점이 있는 사람을 돕는 경우든 유혹 앞에서는 도망치는 것이 최선의 전략이다.

성적 유혹을 당하는 사람들은 그런 유혹을 느끼게 만드는 상황을 피해야 한다. 예를 들어 위험한 사람과 단 둘이 있는 상황을 만들어서는 안 된다.

알코올 중독자들은 술집을 피해야 하고, 과체중의 문제가 있는 사람들은 아이스크림 가게를 피해야 하며, 포르노그래피 중독자들은 아무도 없는 데서 인터넷을 열어서는 안 된다. 이것은 몇 가지 예에 불과하다. 그러나 원리는 분명하다. 즉 유혹을 느낀 후가 아니라 느끼기 전에 유혹을 부추기는 것들을 멀리해야 한다. "도망치라"는 것은 성경의 조언이다. 위험에 처했을 때는 그곳에서 싸워 이기려고 하지 말고 도망쳐야 한다. 위험한 것은 피하는 것이 좋다.

죄의 본질을 기억하라

유혹에 빠져 죄의 본질을 망각하는 일이 있어서는 안 된다. 2장에서 논한 신학적 교훈을 기억하는가? 하나님이 인간을 창조하신 목적은 서로가 맡은 역할의 한계 내에서 관계를 맺게 하시기 위해서다. 우리는 창조주가 아니라 피조물의 역할에 충실해야 한다. 다시 말해 하나님과의 관계 안에서 그분의 주권에 복종해야 한다.

그러나 우리는 하나님의 역할을 빼앗아 스스로 신이 되려고 했다. 이것이 바로 죄의 본질이다. 죄란 하나님으로부터 독립해 살면서 그분처럼 되고 싶어 하는 성향을 가리킨다. 따라서 죄가 있는 곳에는 다음과 같은 문제가 자연스레 뒤따른다.

- **독립**: 생명의 근원이신 하나님을 의지하는 것을 버리고, 그분과 그분의 백성과 동떨어진 채 자신의 욕구를 채우려고 노력하는 것
- **관계의 상실**: 하나님과 다른 사람들로부터 소외되는 것
- **스스로 주인이 되려고 하는 것**: 하나님께 복종하지 않는 것
- **통제**: 우리가 통제할 수 없는 것들이나 다른 사람을 통제하려고 애씀으로써 자제력을 잃고 하나님의 주권에 복종하지 못하게 되는 것
- **판단**: 삶이나 다른 사람들을 진정으로 경험하지 못하고 자아와 다른 사람들에 대한 판단을 일삼는 것
- **자력 생존**: 자신의 관점에서 삶을 계획해 나가는 것

죄는 하나님에게서 독립해 그분의 역할을 빼앗아 대신하려는 성향이 행위의 형태로 드러나는 것을 가리킨다. 겉으로 드러난 그릇된 행위에

만 관심을 기울여 그 본질을 놓쳐서는 곤란하다. 그러한 행위 이면에는 오직 하나님 앞에 겸손히 복종해야만 비로소 치유할 수 있는 내적 성향이 존재한다. 그래야만 관계가 회복되고 다시금 본래 창조된 위치(즉 하나님이 아닌 인간)로 되돌아갈 수 있다.

당부하는 말

고백과 회개가 없으면 죄와 유혹을 극복할 수 없다(9장을 참조하라). 이 장에서 논의된 내용은 모두 이 점을 전제로 한다. 왜냐하면 죄와 유혹을 극복하려면 고백과 회개가 반드시 필요하기 때문이다. 아울러 회개의 좀 더 깊은 의미를 살펴보았다. 우리는 앞으로 두 장에 걸쳐 고백과 복종의 과정을 더욱 깊이 다룰 생각이다. 회개는 이 두 가지로 구성된다. 따라서 이 장에 다룬 내용을 기억해 두기 바란다.

두 가지 큰 계명

죄에 대해서는 영적인 관점이 아니라 종교적인 관점에서 생각하기 쉽다. 그러나 앞서 살펴본 대로 종교는 죄를 극복하는 데 그다지 큰 역할을 하지 못한다. 성경은 죄에 맞서 싸우려면 참된 영성을 지녀야 한다고 가르친다. 이는 궁극적으로 사랑과 관계가 있다. 참된 영성이란 하나님을 사랑하고 이웃을 내 몸같이 사랑해야 한다는 두 가지 큰 계명을 깨닫는 것을 의미한다(마 22:36-40 참조). 예수님은 모든 계명이 이 두 가지 계명에 근거한다고 가르치셨다. 그렇다면 이 두 가지 계명은 죄를 극복하는 문제와 어떤 관련을 맺고 있을까?

앞서 논의한 대로 하나님을 사랑하는 것은 그분께 복종하고 그분의 방식대로 살아가는 것을 가리킨다. 따라서 죄의 문제를 극복하려면 그런 태도와 삶이 필요하다. 그러나 다른 사람을 사랑하는 것도 자아가 저지르는 많은 죄를 치유하는 데 일익을 담당한다. 다른 사람들을 잘못 대함으로써 지은 죄는 그들에 대한 사랑을 회복하는 것으로 치유될 수 있다. 예를 들어 우리가 조의 경우처럼 비열한 행위를 저질렀다면 다른 사람들에 대한 사랑은 그런 행위를 중단하는 것을 의미한다. 이는 매우 명백한 일이다.

그러나 그보다 덜 명백한 일이 있다. 그것은 다른 사람에 대한 사랑이 우리 자신의 문제를 치유하는 방법이기도 하다는 것이다. 4장에서 언급한 더크의 예를 들어보자. 그는 체중을 줄이려고 노력하는 과정에서 실패로 인해 죄책감을 느끼고, 또다시 결심을 더 굳세게 다지는 과정을 되풀이하는 방법으로 죄를 극복하려고 했다. 우리는 그가 그런 잘못에서 벗어나려면 더 깊은 회개가 필요하다고 말했고, 또 그를 도울 수 있는 여러 가지 은혜의 측면에 관해서도 심도 있게 논한 바 있다. 그러나 그의 궁극적인 치유가 이루어지는 데 필요한 또 한 가지 요소가 있다. 그것은 곧 다른 사람들에 대한 사랑이다.

더크에게는 자녀들이 있었다. 그의 과체중은 건강을 위협했다. 그는 어느 날 갑자기 심장마비로 사망할 수도 있었다. 나는 더크를 돕는 친구에게 죄책감 속에서 또다시 더 철저한 체중 감소 계획을 세우는 것을 중단하고, 아내와 자녀들을 사랑하는 데 초점을 맞추게 할 것을 제안했다. 아이들이 어린 나이에 아버지를 잃으면 어떻게 될지 생각해 보라고 권하게 했으며, 딸들이 나중에 커서 아버지의 사랑이 그리운 나머지 자유분방한 성관계를 맺거나 남성들과 교제하는 것을 아예 회피하게 된다면 어떻게 될지 생각해 보게 하라고 제안했다. 또한 나의 제안에는 그의 아내와 자녀들이 앞으로 30년 동안 그가 없이 살아가게 될 상황, 곧 그가 사라졌을 때 일어날 일들에 대해 글로 써보게 하라는 것도 포함되었다. 그가 없으면 가족들은 무엇으로 생계를 꾸려나갈 수 있을까? 누구의 인도를 받아야 할까? 가족들에게 무슨 일이 일어날까? 그는 과연 가족들이 그런 고통과 어려움을 당하는 것을 좌시할 수 있을까?

더크가 상황을 그런 식으로 생각한다면 음식을 먹기만 하고 운동은 하지 않는 죄가 단지 게으름과 폭식의 문제에 그치지 않는다는 사실을 깨닫게 될 것이다. 그의 문제는 곧 많은 사람을 사랑하지 않는 마음에 있었다. 그가 그 점을 깨닫는다면 하나님께 대한 사랑이 그분을 탄식하시게 하지 않도록 우리를 이끌어주듯 사람들에 대한 사랑 때문에 그들을 슬프게 만들지 않을 수 있을 것이다.

이것은 죄수들이 범죄의 희생자들과 일대일로 마주앉게 하는 죄수 갱생 프로그램을 통해 이미 효과가 입증된 방법이다. 범죄자들은 자신이 야기한 고통을 직시하는 순간 변화된다. 사랑은 규칙과 헌신만으로는 이룰 수 없는 일을 할 수 있다. 예수님이 다른 모든 율법과 규칙이 사랑에 근거한다고 말씀하신 이유가 여기 있다.

따라서 우리는 어떤 죄에 맞서 싸우든 사랑의 법칙을 기억해야 한다. 누가 어떤 문제로 고통을 받고 있든 그 죄로 인해 다른 누군가가 또 고통을 받고 있을 가능성이 높다. 중독은 가족에게 상처를 주고, 정욕은 배우자에게 고통을 주며, 무책임한 행동은 많은 사람에게 상처를 입힌다. 희생자 없는 범죄는 없다. 성경이 죄로 고통을 겪는 사람에게 내리는 처방은 이렇다. "네 죄로 인해 다른 사람들이 어떻게 고통을 받고 있는지 생각하라. 규칙으로는 할 수 없지만 그 생각을 하면 그릇된 행위를 중단할 수 있을 것이다." 모든 율법과 선지자가 사랑의 법칙에 근거한다는 사실을 잊지 말라.

성경에 근거한 심리학

이 장을 읽다 보면 심리학자의 관점에서 죄에 관해 너무 많은 말을 하는 것처럼 느껴질지도 모른다. "심리학이란 결국 문제의 원인을 어린 시절의 박탈감을 비롯해 학대, 해결되지 않은 슬픔, 고통, 유전학적 문제 등에서 찾으려는 시도가 아닌가?"라고 물을지도 모른다. 그러나 우리의 관점은 그렇지 않다. 우리는 인격적으로 성장하려면 다른 사람들의 죄는 물론 우리 자신의 죄를 처리해야 한다고 굳게 믿는다. 죄는 우리가 저지른 죄와 다른 사람이 우리에게 저지른 죄라는 두 가지 형태로 삶에 영향을 미친다.

고백, 용서, 회개를 통해 영혼의 부패한 본성을 극복함으로써 우리가 저지른 죄를 처리하는 방법은 오래전부터 있어왔다. 앞서 살펴본 대로 회개는 하나님의 생명으로 돌이켜 그분의 좋은 것을 우리 영혼 안에 가득 채우는 것을 의미한다. 다른 사람이 우리에게 저지른 죄를 처리하는 방법도 마찬가지다. 그것도 고백과 용서, 하나님의 생명으로 상처를 치유하기, 가능하면 가해자와 화해하기 등과 같은 과정을 통해 이루어진다. 두 종류의 죄 모두 하나님의 은혜를 필요로 할 뿐 아니라 우리 자신이나 다른 사람들에 관한 진실을 직시하고, 우리에게 필요한 생명을 받아들이고, 용서를 주고받고, 가능한 한 화해를 시도하는 과정을 거쳐 해결된다.

죄를 처리하는 데는 새로운 방법이 있을 수 없다. 왜냐하면 하나님이 오래전에 그 길을 우리에게 알려주셨기 때문이다. 성경의 관점에서 성장을 바라보는 우리로서는 이 사실이 매우 고무적이라고 생각한다. 이는 고도의 이해력을 요구하는 것이 아니라 복음이다. 복음은 참으로 놀랍다. 복음은 우리 모두의 죄를 치유하는 해결책이다. 따라서 진정 좋은 소식이 아닐 수 없다.

성장하기 원하는 사람을 위한 조언

- 자신의 죄에 대해 무책임하고 무기력하다고 생각하는가? 의지력만으로 충분할 뿐 아니라 죄에 지배될 때는 "더 잘하려고 노력하면 된다"는 사고방식을 버려라. 그것은 스스로를 현혹하는 것이다.

- 죄의 심각성과 그 파괴력을 상기하라. 죄는 우리가 삶을 통해서나 하나님과 다른 사람들과의 관계를 통해 경험할 수 있는 모든 좋은 것을 가로막는다. 자신이 이런 사실을 어떤 식으로 부인하고 있는지 점검하라.

- 잘못을 솔직하고 당당하게 책임져라.

- 개인의 죄가 삶에서 일어나는 나쁜 모든 것의 원인은 아니라는 점을 기억하라. 타락한 세상에 살고 있기 때문에 당하는 불행도 있다. 아울러 다른 사람들의 죄가 자신의 삶 속에 악한 영향을 미친 경우가 있는지 살펴보라.

- 자신의 삶 속에 존재하는 율법(좀 더 열심히 하겠다고 결심하고, 실패하고, 죄책감을 느끼고, 또다시 더 열심히 하려고 노력하는 것으로, 이는 성령을 따라 행하는 삶과 대조된다)을 제거하라.

- 죄에 맞서 싸울 때는 온전한 영적 성장의 과정을 거쳐야 한다. 자신의 의지력이나 단순히 하나님께 도움을 청하는 것이나 심지어는 그 밖의 다른 좋은 수단들을 의지하더라도 하나님이 성령을 통해 우리에게 공급하시는 모든 것을 의지하지 않으면 안 된다. 하나님이 제공하시는 무기를 모두 다 사용하지 않고, 그 가운데 몇 가지를 사용하는 것만으로는 죄에 맞서 싸울 수 없다.

- 반역의 죄를 버려라. 반역의 죄는 가장 악한 죄 가운데 하나다. 그것은 삶을 파괴한다.

- 회개하는 심령을 유지하려고 노력하라.

- 죄를 변명하지 말라.

- 외면적인 죄만이 아니라 내면적인 죄까지 고려하라. 하나님과 다른 사람들에 대해 마음속으로 지은 죄까지 처리해야 한다는 것을 잊지 말라.

- 죄를 유발시키는 필요 욕구나 박탈감이 있는지 살펴보고 찾아내 처리하라. 하나님의 생명에서 떠난 것이 있는지 파악하라.

- 유혹을 피해 도망치지 못하는 것이 있는지 살펴보라. 하나님은 피할 길을 약속하셨다. 유혹에 맞서 싸울 수 있다고 생각하지 말라. 도망치는 것이 최선이다.

- 죄의 본질을 상기하라(2장 참조). 원죄의 영향과 그것이 자신의 삶에 어떤 식으로 역사하고 있는지 파악하라. 생명의 근원이신 하나님과의 관계가 단절된 곳이 있는지 살펴보라. 그분을 주권자로 인정하고 그분과의 관계를 가장 우선적으로 생각하고 있는가? 인간이 해야 할 역할에 충실한가? 그렇지 못하다면 그 원인을 찾아내 처리하라.

성장을 돕는 사람을 위한 조언

- 죄를 좀 더 깊은 차원에서 이해하게 하라. 인간이 죄에 대해 무기력하면서도 또한 죄를 책임져야 한다는 사실을 깨우쳐주라. 죄의 심각성을 보기 좋게 꾸미지 말라. 어떤 죄에 지배되더라도 그 죄를 인간이 스스로 중단할 수 있다는 생각을 버리게 하고, 무기력함과 영적 빈곤을 깨닫게 하라.

- 죄의 심각성과 파괴성을 직시할 수 있는 기회를 제공하라. 문제를 부인하는 것이 얼마나 심각한 것인지 깨우쳐주라. 죄를 책임 있게 처리하는 것이 곧 생명의 길이라는 점을 깨달을 수 있는 환경을 조성하라.

- 무슨 고통이든 개인의 죄에 그 원인이 있다는 그릇된 생각을 버려라. 다른 사람들의 문제를 처리할 때는 누군가의 죄 때문에 아니라 타락한 세상에 살고 있는 탓에 당하는 고통이나 고난도 있다는 사실을 염두에 두어야 한다.

- 성경은 율법을 변화의 수단으로 보지 않는다. 성경은 율법이 은혜의 필요성을 깨닫게 만든다고 가르친다. 성경이 가르치는 대로 가르쳐라. 성장이 이루어지지도 않았고 또 성령 안에서의 삶과 관계되지도 않은 상태에서 "실패를 극복하고, 용서를 베풀고, 다시 더 열심히 노력하라"는 식으로 조언하지 않도록 조심하라. 개인의 열정과 의지력만이 유일한 도구라는 생각을 버려라. 그 밖에 죄를 처리하는 것과 관련해 온전하지 못한 견해가 있다면 무엇이든 포기하라. 죄를 극복하지 못하고 실패만 거듭한다면 그 과정에서 무엇이 빠져 있는지 살펴보라. 필요한 도움, 필요 욕구를 처리하는 방법, 견책, 지원 체계를 비롯해 성령 안에서 생명을 주는 요소들이 모두 포함되어 있는지 점검하라.

- 반역의 죄는 단호하게 견책하고 그 파괴적인 영향력을 일깨워주라. 반역의 죄를 직시할 수 있는 기회를 제공하라.

- 죄는 외면적이면서 동시에 내면적인 특성을 지닌다는 점을 일깨워주라. 사람들이 외면적인 죄는 물론 내면적인 죄를 고백해 처리할 수 있는 환경과 프로그램과 경험을 제공하라. 은혜가 지배할 수 있게 하라.

- 성장하면서 충족되지 않은 욕구, 곧 죄를 부추기는 내면적 동기를 찾아내 처리하고, 그것을 보상해 줄 수 있는 것을 제공하라. 충족되지 않은 욕구 때문에 죄를 지을 수 있다는 점을 깨우쳐주고, 그것을 하나님의 생명과 연결할 수 있게 이끌어라.

- 유혹을 피해 도망쳐야 하는 이유를 설명하라.

- 2장에서 다룬 죄의 본질이 사람들의 삶 속에서 어떻게 역사하고 있는지 살펴보라. 그로 인해 야기되는 문제를 극복하는 데 항상 주의를 기울여라. 사람들이 그런 문제에 단호히 맞설 수 있게 하라. 생명의 근원이신 하나님과의 관계가 단절된 곳이 있는지, 그분을 주권자로 인정하는지, 그분과의 관계를 가장 우선적으로 생각하고 있는지, 인간이 해야 할 역할에 충실한지 생각해 보게 하라. 당신에게 그런 문제가 있다면 찾아내 처리하라.

현실을 직시하라:
진리가 성장을
심화시키는 과정

"진리가 친구라는 것을 깨달을 때 성장은 더욱 심화된다."

나(존)는 최근에 나의 성장에 도움을 준 진리를 발견했다. 아침에 일터로 향하기 전에 아내가 "요즘 당신이 무엇인가에 골똘한지 좀 냉랭하게 느껴져요"라고 말했다. 아내의 말은 내가 그녀에게 무심한 것 같은데 무슨 일이 있느냐는 의미였다. 나는 아무 일도 없다고 대답했다. 일터에서는 고객이 내가 상담에 진지하게 관심을 기울이지 않는 듯하다고 말했다. 나는 전혀 그렇지 않다고 대답했다. 점심 식사 시간에는 친구가 "몸은 이곳에 있는데 생각은 다른 곳에 있는 것 같군"이라고 말했다. 나는 이전과 아무것도 달라진 것이 없다고 대답했다. 그쯤 되자 아무렇지도 않은 나를 그렇게 말하는 사람들 때문에 조금 짜증이 났다.

그날 저녁 성경을 읽다가 고린도후서 6장 12절, "너희가 우리 안에서 좁아진 것이 아니라 오직 너희 심정에서 좁아진 것이니라"는 말씀을 발견했다. 그 말씀을 묵상하는 동안 내게 여러 통로를 통해 똑같은 진리가 전달되었다는 사실을 깨달았다. 또한 최근에 불거진 사업 문제에 골몰하느라고 다른 사람들과의 관계에 진지하게 관심을 기울이지 못했다는 사실을 알게 되었다. 내가 깨달음을 얻기 전에 하나님이 여러 사람을 통해 진실을 깨우쳐주셨다고 생각하니 마음이 숙연해졌다. 그와 동시에 하나님이 나를 포기하지 않으시고 깨달을 때까지 계속 메시지의 전령들을 보내주셨다고 생각하니 무척이나 감사했다.

우리는 진리(또는 진실)를 항상 은혜롭게만 생각하지는 않는다. 그럼에도 불구하고 진리는 우리의 성장을 돕는 하나님의 중요한 수단 가운데 하나다. 하나님은 여러 가지 통로를 통해 성장에 필요한 다양한 진리를 깨우쳐주신다. 이것이 이 장의 주제다. 우리는 앞서 10장에서는 성경을 이용해 우리에게 필요한 진리를 깨닫는 법을 살펴보았고, 13장에서는 훈련과 징계에 관해 다룰 때 진리가 우리의 잘못을 깨우쳐주는 중요한 수단이라는 점을 살펴보았다. 이제 여기서는 (성경과 훈련을 포함해) 진리를 일반적으로 다루면서 그것이 영적 성장과 어떤 관련을 맺고 있는지 살펴보려고 한다.

사랑으로 말하지 않은 진리 때문에 상처를 받았거나 진리를 두려워하는 경우라면 아무쪼록 진리를 사랑하고 구하는 법을 배울 수 있기를 바란다. 진리는 때로 고통스럽지만 항상 우리를 돕는 친구와 같다. 왜냐하면 진리는 하나님께로부터 오는 것이기 때문이다. 하나님의 사랑과 진리는 우리를 보호한다(시 40:11 참조). 그분이 우리에게 진리를 깨우쳐주시는 이유는 은혜와 긍휼이 풍성하시기 때문이다. 하나님이 허락하시는 다른 모든 것과 마찬가지로 진리도 우리를 대적하지 않고 우리를 위한다.

진리는 무엇인가?

진리는 이해하기가 어려운 개념이다. 진리를 이해하는 가장 기본적인 방법은 진리가 "존재하는 것"을 뜻한다는 것이다. 진리는 존재하는 것, 곧 현실을 가리킨다. 때로는 사랑처럼 선한 것일 수도 있고, 때로는 속임수처럼 나쁜 것일 수도 있지만 모두 다 진리에 속한다. 반대로 존재하지 않는 것은 우리가 아무리 있기를 바라더라도 사실일 수 없다.

그런 경우가 영적 성장과 관련해 종종 일어난다. 나쁜 것은 사실이 아니기를 바라고, 존재하지 않는 좋은 것은 사실이기를 바라는 경우에는 특히 그렇다. 예를 들어 어떤 사람은 자신이 이기적인 사람(나쁜 현실)이 아니라 모든 것을 아낌없이 내주는 관대한 사람(좋은 비현실)이 되기를 바란다. 우리는 때로 현실과 진리를 왜곡시켜 우리가 만든 틀에 맞추려고 한다. 그런 노력은 항상 실패로 끝난다.

성경 학자들은 진리의 어려운 개념을 이해시키기 위해 여러 가지 방법으로 진리를 범주화했다. 그 가운데 하나는 모든 현실을 가리키는 "존재론적" 진리이고, 다른 하나는 현실에 관한 통합된 진술을 가리키는 "명제적" 진리다. 예를 들어 성경은 명제적 진리에 속한다. 성경은 하나님이 우리가 이해하기를 원하시는 존재론적 현실을 묘사한다. 그리스도의 몸에 속한 누군가가 친구의 문제 해결을 거들어 그의 영적 성장을 도왔다면 그의 돕는 행위는 존재론적 현실에 해당하고, "너희가 짐을 서로 지라 그리하여 그리스도의 법을 성취하라"(갈 6:2)는 성경의 명령은 그 과정을 묘사하는 명제적 진리에 해당한다.

진리의 또 다른 중요한 범주는 계시다. 계시는 "드러내다"는 뜻이다.

계시는 하나님이 우리가 이해하기를 원하시는 현실을 묘사한다. 학자들은 계시를 성경의 진리를 포함하는 "특별계시"와 관찰된 현실을 뜻하는 "일반계시"로 나누어 말한다. 이 두 가지 계시에 주의를 기울이면 우리의 삶에 유익한 것들을 분별하는 데 도움이 된다.

진리의 다양한 측면

성경은 "진리"라는 말로 일반적으로 사실인 것은 물론 현실의 다양한 측면을 묘사한다(딤전 2:7 참조). 가장 먼저, 현실은 하나님이시다. 하나님은 "진리의 하나님"(시 31:5)으로 불리신다. 예수님은 스스로를 "길과 진리와 생명"으로 일컬으셨다(요 14:6 참조). 성령께서도 "진리"(요일 5:6)로 불리신다. 이런 사실은 진리가 인격적이고 관계적인 속성을 지닌다는 것을 보여준다. 진리는 단지 규칙과 사실을 모아놓은 것에 국한되지 않는다. 진리는 하나님의 본질 안에서 살아 숨 쉬는 현실이다.

진리를 인격의 관점에서 보면 진리를 향해 좀 더 가까이 다가갈 수 있다. 진리와의 관계는 머리로 사실을 암기하는 것을 뛰어넘는다. 진리는 하나님의 본성에 속하고, 우리는 그분의 형상으로 지음받았기 때문에 우리 마음 깊은 곳에는 진리를 인식하는 능력이 존재한다. 시편 저자는 "보소서 주께서는 중심이 진실함을 원하시오니 내게 지혜를 은밀히 가르치시리이다"(시 51:6)라고 말했다. 우리는 진리를 알 수 있고, 또한 경험할 수 있다. 예를 들어 나는 하루 종일 무엇인가에 골몰해 있는 동안 하나님이 내게 말씀하시는 것을 지성적으로는 물론 감정적으로 이해할 수 있었다. 이것이 진리의 본질이다.

또한 성경은 스스로를 진리로 일컫는다. 성경은 "진리의 말씀"(시 119:43; 딤후 2:15)이다. 예수님도 하나님의 말씀은 진리라고 말씀하셨다(요 17:17 참조). 따라서 성경을 읽으면 성장과 생명에 필요한 진리를 통해 주어지는 하나님의 온전하신 인도를 경험할 수 있다.

이 밖에도 성경에는 정직함과 의로움과 같이 진리에 부합하는 성품이 묘사되어 나타난다. 예를 들어 이드로는 모세에게 불의와 악을 미워하는 진실한 자들을 선택하라고 조언했다(출 18:21 참조). 우리는 참되고 덕스럽고 옳은 것을 생각해야 한다(빌 4:8 참조). 사랑은 진리와 함께 기뻐한다(고전 13:6 참조). 거짓을 미워하고 진실을 사랑하는 사람들은 의롭게 살아간다.

마지막으로 성경은 진리라는 말로 우리를 하나님과 화목하게 하시기 위해 속죄의 죽음을 당하신 예수님에 관한 사실을 묘사한다. "그 안에서 너희도 진리의 말씀 곧 너희의 구원의 복음을 듣고"(엡 1:13)라는 말씀에서 알 수 있듯이 복음은 가장 중요한 생명의 진리다.

이처럼 진리는 여러 가지를 가리킨다. 그러나 서로 전혀 상충되지 않는다. 하나님이 거짓이 없으시기 때문에(딛 1:2 참조) 진리는 항상 일관성을 지닌다.

진리의 통로: 우리는 여러 곳에서 진리를 발견할 수 있다. 하나님은 그 모든 진리의 통로를 통해 우리의 성장을 도우신다.

- 하나님의 성령과 임재(요일 5:6 참조)

- 성경(딤후 3:16 참조)
- 사람들(잠 15:31 참조)
- 우리의 고백(딤전 1:19 참조)
- 상황(고전 10:1-6 참조)

진리가 하는 일

생명에 이르는 길을 제공하는 진리는 영적 성장에서 다양한 역할을 한다. 진리는 무엇보다 성장을 위한 체계를 제공한다. 성장하려면 성장의 과정과 길을 알아야 한다.

진리는 곧 성장의 길이다. 시편 저자는 "내가 성실한 길을 택하고 주의 규례들을 내 앞에 두었나이다"(시 119:30)라고 말했다.

진리의 인도가 없으면 성장은 이루어지지 않는다. 어린아이는 관계, 일, 감정, 신앙 등 인생의 모든 것에 관해 교육을 받아야 한다. 진리의 교육을 받지 못하는 어린아이는 다른 사람들에게 이리저리 이끌리는 사람으로 성장하거나 자제력을 잃고 제멋대로 행동하는 사람으로 성장할 가능성이 높다.

이는 영적 성장의 과정에서도 마찬가지다. 진리로 인도함을 받는 사람들은 어떤 순서를 밟아 성장 과정을 완수해야 할지를 알 수 있다. 예를 들어 하나님을 사랑하고 이웃을 사랑하라는 계명(마 22:38-39 참조)은 가치 있는 삶을 생각하게 하는 것은 물론 어떤 태도로 일상생활에 임해야 하는지를 알려주는 길잡이 역할을 할 수 있다.

진리는 사랑과 은혜와 밀접하게 관련된다

관계는 잘 갖춰진 체계를 요구한다. 성경은 종종 사랑과 은혜를 진리와 함께 묶어 상호 간의 밀접한 관계를 보여준다(시 40:10; 요 1:14; 요이 3절 참조). 사랑이 진리와 분리되면 성장이 이루어지지 않는다. 일전에 한 남성이 내게 편지로 아내를 깊이 사랑하지만 오랫동안 그녀에게 달갑지 않은 진실을 말하는 것이 두려워 결혼생활이 결국 어려움에 처하게 되었다는 사연을 보내왔다. 그는 아내에게 실망하거나 상처를 받았을 때 선뜻 그 사실을 털어놓지 못했다. 그 때문에 부부 간의 문제가 온전히 해결되지 못했다. 아내는 남편에 대한 사랑과 존경심을 잃어버렸고, 부부 관계는 매우 위태로운 지경에 처하게 되었다.

우리는 때로 사랑과 진리를 분리한다. 그런 경우에는 반드시 문제가 발생한다. 왜냐하면 사랑과 진리는 결코 나뉘어서는 안 되기 때문이다. 사랑은 정직해야 한다.

진실은 상대방을 가장 유익하게 한다. 어떤 사람들은 좀 전에 말한 남성처럼 정직함이 사랑을 위태롭게 할까봐 두려워한다. 그러나 하나님은 그렇지 않으시다. 그분은 온전한 진리와 사랑으로 우리를 대하신다. 하나님의 성품 안에서 사랑과 진리가 하나로 통합된다. 시편 85편 10절은 "의[진리]와 화평[관계]이 서로 입맞추었으며"라는 말씀으로 이 사실을 아름답게 표현한다.

사랑과 진리는 적이 아니다. 이 둘은 완전해지기 위해 서로를 필요로 한다. 나의 경험을 돌아보더라도 영적으로 성숙한 사람들은 주님처럼 사랑과 진리가 충만하다는 것을 분명히 알 수 있다.

진리는 생명과 구원을 가져다준다

진리는 생명을 가져다주고 보존한다. 또한 생명을 주는 삶과 관계 속으로 우리를 인도한다. 예를 들어 진리는 하나님의 길을 따르지 않으면 위험하다고 경고한다. 다른 사람들의 성품을 살펴보지 않고 순진하게 그들을 신뢰하는 사람은 상처를 입을 가능성이 높다. 그러나 그 사람의 배경을 살펴보고 진리를 알려고 노력하는 사람은 위험한 지경에 빠질 가능성이 적다. 사람들에게 그들의 배경과 삶에 관한 질문을 던지는 것을 두려워하지 말라. 그런 질문을 달갑지 않게 생각하는 사람들은 대개 진실보다는 외관에 더 많은 관심을 기울인다.

진리는 우리의 삶을 보호할 뿐 아니라 생명을 가져다준다. 진리를 구하면 우리의 삶에서 가장 중요한 것을 얻을 수 있다. 우리는 문제를 해결하기 위해 성경을 읽고, 믿을 만한 친구들에게 고민과 꿈과 소원을 털어놓는다. 진리는 우리에게 해결책과 희망과 대답을 제공한다.

소중하게 생각하는 친구로부터 마지막으로 유익한 깨달음을 얻은 때가 언제인지 생각해 보라. 하나님의 사랑을 확신하지 못한 탓에 고통을 받았던 한 남성이 생각난다. 자신의 잘못으로 하나님과의 관계가 단절될까봐 늘 불안해했던 그는 하나님의 확실한 사랑에 관한 진리(아무도 우리를 하나님의 손에서 빼앗을 수 없다는 진리, 요 10:28-29 참조)와 경험을 통해 알게 된 현실을 깊이 생각했다. 소중했던 사람들이 그의 곁을 떠나자 어떤 사람과 신뢰의 관계를 맺어야 할지 알지 못했다. 그러나 진리와 현실을 통해 깨달음을 얻자 두려움을 느꼈던 이유를 좀 더 잘 이해하게 되었다. 진리는 그를 자유롭게 했고, 그 덕분에 그는 지난날의 관계를 슬픔과 함께 떠나보냈다. 그 결과 하나님과 새로운 사람들이 주는 사랑을 받아들일 수 있었다. 새로운 삶이 시작된 것이었다. 사랑을 새롭게 확신하게 된 그는 이제 많은 사람과 의미 있는 관계를 맺으며 여러 가지 사역에 열심히 종사하고 있다.

진리는 현실과 비현실을 분리한다

진리는 현실과 비현실을 명확하게 판단할 수 있게 도와준다(히 4:12 참조). 예를 들어 부부 가운데 한 사람이 자신의 생각을 솔직하게 말하지 않은 탓에 겉으로는 삶의 문제(예를 들면 가정 경제)에 대해 서로 똑같은 생각을 하고 있다고 착각하는 경우가 있을 수 있다. 그런 경우 진리가 확실하게 드러나면 그들은 비로소 서로의 가치관과 감정이 달랐다는 것을 깨닫고 삶의 문제를 함께 풀어나갈 수 있다. 진리가 감추어지면 많은 문제가 발생한다.

진리는 영적 성장에 중요하다

진리는 여러 가지 범주로 구분된다. 진리의 범주는 모두 영적 성장 과정에 매우 중요하다. 진리를 직접 배우거나 다른 사람들을 인도하는 데 적용하면 성장의 열매를 거둘 수 있다.

하나님의 계획에 관한 진리

우리는 하나님이 우리에게 행복한 삶을 가져다주는 영적 성장의 체계를 계획하셨다는 사실을 알 필요가 있다. 하나님은 "너희를 향한 나의 생각을 내가 아나니 평안이요 재앙이 아니니라 너희에게 미래와 희망을 주는 것이니라"(렘 29:11)고 말씀하셨다. 이 체계가 이 책의 주제다. 우리는 성장을 위한 하나님의 계획을 이해하고, 그 진리를 실천에 옮겨야 한다. 예를 들어 하나님을 추구하고, 가난한 심령을 지니고, 우리의 삶을 책임져야 한다.

우리의 상태에 관한 진리

우리의 상태란 우리 모두가 성장해야 한다는 것을 의미한다. 약점과 죄와 미성숙함과 아픔에서 자유로울 수 있는 사람은 아무도 없다. 우리는 스스로가 완전하지 않다는 것을 알고 있다. 그러나 성장이 특별히 필요한 부분이 무엇인지, 즉 우리의 삶 가운데서 하나님의 치유와 성장하게 하시는 사역이 필요한 부분이 무엇인지를 깨달으면 참된 성장을 이룰 수 있다.

다시 말해 우리 모두는 하나님을 의지하고, 다른 사람들과 관계를 맺고, 생산적인 직업 활동과 사역에 종사하고, 인격의 성장을 도모하며, 하나님이 원하시는 삶의 길을 걸어가야 한다. 이것은 우리가 지향해야 할 삶의 목표다. 우리는 그런 목표를 추구하면서 특별히 부족한 부분이나 실패를 야기하는 원인을 찾아내 극복해 나가야 한다. (이 문제에 대해 좀 더 자세히 알고 싶으면 『크리스천을 위한 마음코칭』와 『사랑하라, 숨지 말고』를 참조하라.)

성장 자원에 관한 진리

영적 성장은 올바로 작용하는 여러 가지 요소를 필요로 한다. 이들 요소를 몇 가지 나열하면 다음과 같다.

- 하나님을 성장의 중심으로 생각할 수 있는 영적 환경
- 사랑과 신뢰를 주고받을 수 있는 지속적인 관계
- 특별한 성장 분야에서의 경험과 능력
- 성장 과정에 필요한 충분한 시간
- 성장하기 원하는 사람의 필요에 맞는 체계와 구성

성장을 돕는 사람은 이런 자원들이 사람들의 필요를 채워줄 만큼 충분히 마련될 수 있는 성장 환경을 조성하는 데 관심을 기울여야 한다.

요구된 과제에 관한 진리

어떤 과제를 처리해야만 성장의 열매를 거둘 수 있는지를 아는 것은 중요하다. 우리는 우리 자신에 관한 진실을 알아야 할 뿐 아니라 그것을 행동으로 옮겨야 한다(약 1:22-25 참조). 다음 장에서는 성장에 필요한 과제에 관해 좀 더 자세히 살펴볼 예정이다.

성장의 방해 요소에 관한 진리

영적 성장을 추구하는 사람은 그 과정에서 부딪치게 될 문제를 의식해야 한다. 사탄의 간계와 인간의 반항적인 마음과 다른 사람들이 일으키는 문제에 대해 미리 대비해야 한다.

빛의 자녀로 거듭나고자 할 때에는 그런 방해 요소가 기승을 부리기 마련이다. 성장 과정에서 문제에 부딪칠 때 실망하고 낙심하는 사람들이 많다(마 13:20-21 참조). 고통은 때로 우리가 올바른 일을 하고 있다는 증거일 수 있다는 점을 잊지 말라.

성장에 필요한 진리의 종류

사람들의 문제와 필요와 고통은 저마다 다르다. 따라서 진리도 우리의 삶에 적용되는 순간 여러 가지 역할을 수행한다. 그 가운데 가장 중요한 역할을 몇 가지 설명하면 다음과 같다.

조명

우리는 내면의 삶을 위한 깨달음과 지혜를 필요로 한다. 하나님은 모든 종류의 진리를 가르치시어 삶을 가장 잘 살아가는 방법을 깨우쳐주신다.

우리 삶에는 밖으로 드러나 극복되어야 할 어두운 면이 있을 수 있고, 또 처리해야 할 문제인데 모르는 채 지나치는 경우도 있을 수 있다. 진리의 조명은 성경 공부의 경우처럼 단순히 진리를 배워가는 과정의 일부일 때도 있고, 때로는 마음속에서 문제를 일으키는 원인을 불현듯 깨닫게 되는 경험일 때도 있다.

예를 들어 자녀들과의 소통이 원활하지 못했던 내 친구 하나는 자신의 어린 시절을 돌아보기 시작했다. 그는 자신과 아버지의 관계가 지금과 비슷했다는 사실을 깨닫고 깜짝 놀랐다. 그 순간 갑자기 내면의 세계가 환하게 밝아오는 듯한 느낌을 받았다. 지난 세월을 회상하는 그의 마음속에서 만감이 교차되었다. 다른 사람들에게 마음을 여는 법을 배우자 많은 치유가 이루어졌다.

그는 하나님이 고아들의 아버지가 되신다는 진리를 통해 큰 도움을 받았다(시 68:5 참조). 그는 자신이 새롭게 받아들인 사랑을 자녀들에게 베풀 수 있었다.

위로

위로는 하나님과 다른 사람들을 통해 느낄 수 있는 따뜻한 감정을 뜻한다. 우리는 그런 감정을 삶의 고통을 견디고 있는 사람들에게 나눠주어야 한다. 위로의 말은 많은 고통을 이겨내고 성장할 수 있게 도와준다.

누군가가 우리의 고통과 고민을 깊이 이해해 주고 그런 마음으로 우리를 대할 때는 많은 위로를 받게 된다. 일전에 성장 그룹에 참여한 한 여성이 단 세 마디 말로 한 남성을 치유하는 것을 목격했다. 그는 직업 생활에 실망을 느꼈고 감정이 매우 격앙된 상태였다. 그는 다른 사람들이 자신을 대하는 것이 부당하다고 항변했고 더 이상 참을 수가 없다며 분노했다. 그녀는 묵묵히 그의 말을 다 들어주고 나서 부드러운 음성으로 "많은 상처를 받으셨군요"라고 말했다. 그러자 그는 흥분과 분노를 일시에 그치고 잠시 침묵을 지키더니 이내 울기 시작했다. 그녀가 건넨 위로의 말이 분노를 슬픔으로 바꾸고 그가 느꼈던 아픔을 치유해 준 것이었다. 우리는 대개 위로와 진실을 관련지어 생각하지 않는 경향이 있다. 그러나 진실이 담긴 위로의 말은 큰 위안을 가져다준다.

규명

영적 성장의 또 다른 중요한 과제는 삶에서 일어나는 일들을 올바로 규명하는 것이다. 우리는 우리의 문제가 스스로의 잘못 때문인지, 다른 사람의 죄 때문인지, 타락한 세상에서 사는 데서 오는 결과인지를 옳게 파악해야 한다. 또한 관계에 있어서 우리 자신의 문제인 것과 아닌 것을 구별해야 한다. 그러려면 진리를 알아야 한다. 예를 들어 다른 사람들이 자신을 통제하고 이용하도록 방치하는 여성이 있다고 가정해 보자. 그녀는 자신의 영혼을 성찰하는 동안 다음과 같은 진리를 발견할 수 있다.

- 자신이 태어난 가정 등 중요한 환경 속에서 발전되어온 관계에 대해 진리를 선뜻 말하지 못하는 습성을 지니게 된 것(다른 사람의 잘못)
- 남편이 회사에서 근무하기가 어려워 다른 곳으로 이사를 하는 바람에 도움을 얻을 수 있는 건강한 교회를 떠나야만 하는 상황(타락한 세상)
- 다른 사람의 뜻을 무조건 받아들이는 태도가 굳어진 탓에 진실을 말하지 못하고 물러서는 태도(자신의 잘못)

이 여성은 진리를 올바로 규명할 때 비로소 크게 성장할 수 있다. 예를 들어 자신의 가족들에 대해 용서를 베푸는 과정을 시작할 수 있다. 또한 과거의 관계를 아쉬움과 함께 떠나보내고 새로운 사람들과 다시 관계를 맺는 한편, 하나님과 믿을 만한 사람들에게 솔직하지 못했던 태도를 고백하고 도움을 얻을 수 있다. 진실 규명은 성장이 필요한 문제를 해결할 수 있는 열쇠를 제공한다.

인도

진리는 성장과 삶을 이끄는 길잡이 역할을 한다. 인생을 살아가다 보면 어린아이처럼 어둠 속에서 길을 잃고 헤맬 수 있다. 다시 말해 관계나 일이나 믿음을 어떻게 이끌어나가야 할지 모르는 경우가 종종 있다. 심지어는 우리의 마음을 어떻게 보호해야 할지조차 모를 때도 있다. 미래를 확신하지 못하고 삶의 방향을 잃은 채 고통을 받는 사람들이 많다. 하나님은 우리의 길을 곧게 하시기 위해 많은 진리를 제공하신다. 시편 저자는 "주의 말씀은 내 발에 등이요 내 길에 빛이니이다"(시 119:105)라고 말했다.

우리를 인도하는 진리 가운데는 다른 사람들을 위한 동정심(눅 6:31 참조), 하나님의 나라를 먼저 구하는 삶(마 6:33 참조)처럼 모두에게 보편적으로 적용되는 일반 원리가 포함되어 있다. 이런 원리들을 적용하는 법을 알게 되면 복잡한 삶의 문제가 많이 해결될 수 있다.

이 밖에도 하나님은 성령의 감동, 상황에 적절한 성경 구절, 믿을 만한 친구의 조언 등과 같은 방법을 통해 개인을 구체적으로 인도하기도 하신다. 우리 가운데 누구도 혼자 살아가지 않는다. 진리는 갈 길을 알지 못해 방황할 때 우리를 도와주는 친구와도 같다.

최근에 십대 딸을 둔 한 친구와 대화를 나눈 적이 있었다. 그녀와 딸의 관계는 시간이 갈수록 소원해졌다. 그녀가 딸에게 올바른 일을 가르치려고 노력할수록 딸은 숨이 막히는 듯한 느낌을 받으며 그녀에게서 더욱 멀리 도망쳤다.

마침내 한 지혜로운 여성이 그녀에게 "남편이 개입하게 하고 당신은 뒤로 물러서세요"라고 조언했다. 그녀 부부 모두에게 어려운 조언이었다. 왜냐하면 남편은 일에 몰두하는 사람이었고, 아내는 관계를 통해 문제를 해결하려는 성향을 지닌 사람이었기 때문이다.

그러나 두 사람은 모두 변화되었다. 남편은 딸과 좀 더 직접적인 관계를 맺었고, 그녀는 입을 다물고 단지 듣기만 했다. 딸은 얼마 지나지 않아 다시 그녀와 관계를 맺기 시작했고, 상황은 많이 개선되었다. 한 지혜로운 여성의 특별한 조언이 그들의 마음을 화합시키는 데 도움을 주었다.

교정

사람들이 하나님의 의로운 길에서 벗어났을 때는 견책이 필요하다. 13장에서 살펴본 대로 견책을 받아들이는 것은 힘들지만 반드시 필요한 일이다.

그러나 주의해야 할 점이 있다. 성장을 돕는 사람은 사람들에게 진리의 역할을 모두 일깨워주어야 한다. 어떤 경우는 특별히 교정의 역할만을 강조하는 경우가 있다. 그때는 균형을 잃은 성장을 독려할 가능성이 높다. 사실 교정의 역할을 옳게 적용하지 않으면 오히려 심각한 상처를 안겨줄 수 있다. 친절한 태도로 견책하지 않으면 실망한 나머지 하나님을 믿는 믿음을 저버리게 만들 수도 있다. 따라서 사람들의 성격, 성숙도, 상황에 따라 진리의 역할을 모두 활용하는 것이 중요하다.

진리에 접근하는 방법

진리에 접근하는 태도에 따라 우리의 삶에 미치는 결과도 달라진다. 진리를 통한 성장과 치유의 효과를 극대화할 수 있는 태도를 몇 가지 소개하면 다음과 같다.

진리를 사랑하라

진리가 생명을 보호하고 구원한다는 사실을 이해하면 진리를 사랑하지 않을 수 없다. 사람은 사랑하는 것을 추구하고 그 주위에 머물기를 좋아한다. 하나님의 진리를 구하라. 정직한 사람들과 어울려라. 믿을 만한 사람들에게 자신에 대한 진실을 말해 달라고 부탁하라. 적극적으로 진리를 추구하라. 다윗처럼 "주의 빛과 진리를 보내시어 나를 인도하시고"(시 43:3)라고 기도하라.

사람들이 진리를 선뜻 사랑하지 못하는 이유는 두 가지다. 하나는 사랑과 무관한 진리로 인해 상처를 받았기 때문이다. 그 원인은 거친 판단을 일삼는 사람들에게 있다. 또 다른 하나는 일관성이 없는 진리로 인해 상처를 받았기 때문이다. 그런 경험이 있는 사람들은 진리가 도움을 주는 것인지, 자신을 징벌하는 것인지 알지 못한다. 그들은 진리를 두려워하고 선뜻 받아들이지 못한다. 그들이 진리를 믿고 사랑하게 되려면 하나님과 다른 사람들에게서 사랑으로 말하는 진리를 들어야 한다.

또 어떤 사람들은 진리보다는 무작정 베푸는 관용에 익숙해져 있다. 그런 사람들은 진리 때문에 자신의 의지나 생각을 포기해 본 적이 없기 때문에 강퍅하고 자기 중심적으로 발전하는 경우가 많다. 그런 사람들의 관점에서 보면 진리는 별로 가치가 없다. 왜냐하면 그들이 원하는 방식대로 삶을 바라보지 못하게 만들기 때문이다. 그런 경우, 하나님의 진리가 아니라 스스로 정한 규칙에 따른 삶의 결과를 경험해 볼 필요가 있다. 다시 말해 그런 결과가 삶을 황폐하게 한다는 것을 알아야 한다. 그런 경험은 진리가 항상 편안한 것은 아닐지라도 본래 계획된 삶에 더욱 충실해지도록 도와준다는 사실을 깨우쳐줄 것이다.

진리의 고통을 견뎌라

진리는 종종 고통스럽고 불편하다. 외과의사의 칼처럼 진리의 치유 능력은 고통을 수반한다. 영적 성장을 추구하는 사람에게 가장 중요한 과제 가운데 하나는 진리가 성장을 돕는 강력한 힘을 가지고 있다는 사실을 기억하고 그로 인한 불편을 감당하는 법을 배우는 것이다. 진리와 관련된 고통스런 경험을 몇 가지 나열하면 다음과 같다.

- 실패로 인한 현실을 직시하는 것
- 우리가 좋아하는 방식이 아니라 하나님의 방식대로 사는 것
- 다른 사람들이 불완전하더라도 그들을 사랑하는 것
- 사랑하는 사람과 진실한 대화를 나누는 것
- 다른 사람이 우리를 잘못 판단해도 자신의 가치관을 굳게 지키는 것
- 우리에게 쉽지도 않고 자연스럽지도 않은 새로운 관계의 방법을 배우는 것

이런 일은 하기가 어렵다. 그러나 진리의 열매는 희생을 감당할 만한 충분한 가치가 있다. 우리가 진리와 함께할 때 하나님이 우리와 함께하신다. 예수님은 "진리를 따르는 자는 빛으로 오나니 이는 그 행위가 하나님 안에서 행한 것임을 나타내려 함이라"(요 3:21)고 말씀하셨다.

사랑이 고통을 달래준다는 사실을 기억하라

사랑을 내면화할수록 더 많은 진리를 감당할 수 있다. 사랑은 어려운 현실을 감당할 수 있는 은혜와 도움을 제공한다. 사랑을 많이 받고 자란 사람은 크게 실망하거나 그릇된 길에 치우치지 않고서도 모든 것을 잘 감당한다. 왜냐하면 사랑에 깊이 뿌리를 내리고 있기 때문이다(엡 3:17 참조).

이러한 공식은 사랑을 많이 받을 때 상황을 좀 더 분명하게 파악할 수 있다는 의미를 담고 있다. 즉 전에는 감당할 수 없었던 슬픔과 죄를

깨닫고 자신의 영혼을 더욱 깊이 들여다볼 수 있는 능력이 생겨난다. 진리를 받아들여 성장을 도모하는 사람들은 차츰 시간이 지나면서 처음 시작할 때보다 상황이 더 암울하다는 사실을 종종 발견하곤 한다.

예를 들어 많은 사람이 이혼, 이성교제 문제, 경제나 건강 문제 등 외적인 위기에서부터 영적 성장의 과정을 시작한다. 처음에는 자신에게는 아무 잘못이 없고 모든 것이 열악한 상황이나 나쁜 사람들을 통해 불행한 일을 당했기 때문인 것처럼 보인다. 그러나 도움을 주는 사람들과 관계를 맺고, 하나님의 길을 배우고, 필요한 힘을 얻고, 성장을 위해 노력하다 보면 자기 자신이 그런 위기를 불러일으킨 원인 가운데 하나라는 사실이 드러나게 된다. 그러면 그 문제도 아울러 해결하지 않으면 안 된다. 위기는 사라졌지만 성장이 멈추지는 않는다. 내면을 더욱 깊이 들여다볼수록 처리해야 할 문제가 더 많아진다. 처음에는 감당할 수 없었던 진리가 새로운 성장의 원동력으로 작용한다.

또한 사랑을 많이 받을수록 신뢰하는 사람들의 진실한 충고를 스스럼없이 받아들여 그릇된 일을 피할 수 있다. 어느 날 내 친구 하나가 "요즘은 자네가 그다지 사랑스러워 보이지 않아"라고 말했다. 그는 자신이 너무 직설적으로 말했다고 생각했는지 내가 그 말에 상처를 받을까봐 걱정했다. 그래서 혹시 기분이 상했느냐고 물었다. 나는 잠시 생각한 뒤에 이렇게 대답했다. "우리는 너무 가까운 사이라서 어떤 말을 해도 별로 기분이 나쁘지 않다네." 아마도 그가 내게 정말로 상처를 주는 말을 할 수 있을지도 모른다. 그러나 실제로 그런 말을 하기는 매우 어려울 것이다. 서로가 상대방을 위한다는 사실을 너무나도 잘 알고 있기 때문이다.

우리 모두는 사랑과 진리로 서로를 진솔하게 대할 수 있는 관계를 형성해야 한다. 다시 말해 우리에게는 상대방을 속속들이 잘 알고, 서로의 충고를 아무런 상처도 받지 않고 기꺼이 받아들일 수 있는 관계가 필요하다. 잠언은 "친구의 아픈 책망은 충직으로 말미암는 것이나"(잠 27:6)라고 말씀한다.

진리와 거짓을 분별하라

진리를 기꺼이 받아들일수록 진리와 거짓을 분별하는 능력이 더욱 향상된다. 하나님은 현실 속에서 살도록 우리를 창조하셨다. 현실 속에서 살아갈수록 사실과 사실이 아닌 것을 더욱 분명히 구별할 수 있다. 어둠과 빛은 서로 어울릴 수 없다(요 1:5 참조).

은행 직원들이 위조지폐 식별 훈련을 받는 방법을 살펴보면 좋은 교훈을 얻을 수 있다. 그들은 오랜 시간 동안 익숙해질 때까지 진짜 돈만을 만진다. 그 뒤에 가짜 돈을 주면 이상한 점을 금방 발견한다. 영적 성장의 경우도 마찬가지다. 진리에 깊이 잠기면 스스로와 하나님과 다른 사람들에게 정직하지 못할 때 그 점을 더 잘 알아차릴 수 있다. 또한 다른 사람이 자신에게 충실하지 못할 때도 옳게 식별할 수 있다. 물론 반대의 경우도 마찬가지다.

한 여성은 갈등을 일으키는 것이 무서워 다른 사람들이 잘못을 저질러도 무심코 지나치곤 했다. 그러다 보니 다른 사람의 잘못을 아예 보지 못하는 지경이 되고 말았다. 그런 그녀가 어느 날 영적 성장을 추구하게 되었다. 현실을 인정하고 직시하기가 고통스러웠지만 용기를 냈더니 변화가 일어나기 시작했다. 그녀는 주변 사람들과 그저 평화롭게 지내기 위해 스스로를 기만하는 삶을 살아온 것을 깨달았다. 그러자 전에는 남편이 가정의 경제 상황을 속이고 무책임하게 행동했다는 사실을 의식하지 못했지만 이제는 그 모든 것을 알게 되었다. 그녀는 남편을 사랑하는 마음으로 용기를 내 그가 올바른 삶을 살아가도록 도왔다. 그러자 남편이 돈 문제로 실수를 하거나 거짓말로 둘러댈 때 얼굴 표정만 보아도 곧 그 사실을 알아차릴 수 있었다. 그것은 두 사람 모두에게 좋은 결과를 가져왔다. 성경은 "너희가 전에는 어둠이더니 이제는 주 안에서 빛이라 빛의 자녀들처럼 행하라"(엡 5:8)고 말씀한다.

모든 형태의 진리를 받아들여라

사람들은 배우며 성장하는 방법이 제각기 다르다. 그 가운데는 어렸을 때의 경험, 지성적 활동, 취미 활동 등이 포함된다. 논리 정연한 진리를 더 쉽게 이해하는 사람들이 있고, 직관적인 진리를 더 잘 깨닫는 사람들도 있다. 지성적인 진리를 이해하는 것도 유익하지만 그보다는 모든 형태의 진리를 받아들이는 것이 더 중요하다. 그래야만 하나님이 우리 안에서 더욱 자유롭게 역사하실 수 있고, 또 성장 과정도 더욱 원활하게 진행된다.

신비와 알려지지 않은 진리를 인정하는 법을 배워라

영적 성장과 관련된 진리의 역할을 생각할 때는 우리가 알지 못하는 것은 물론 절대로 알 수 없는 신비를 인정해야 한다는 점을 잊어서는 안 된다. 모든 진리를 알고 계시는 분은 오직 하나님뿐이시다. 왜냐하면 오로지 그분만이 모든 진리를 다 감당하실 수 있기 때문이다. 사실 우리는 우리 자신과 세상에 관한 모든 사실을 알지 못하는 것을 다행으로 생각하고 하나님께 감사해야 한다. 우리가 받아들여야 할 알려지지 않은 진리가 많다. 그런 진리를 몇 가지 간추리면 다음과 같다.

- 우리의 어린 시절과 과거에 관한 모든 사실
- 우리와 관련 있는 사람들이 행한 일들에 관한 이유
- 우리가 행한 일들에 관한 이유
- 하나님이 어떤 일이 일어나게 하신 이유
- 어떤 문제를 완전히 극복하게 되는 정확한 시점

어떤 성장 체계는 모든 것을 흑백 논리로 생각하며 무슨 문제든 다 대답할 수 있다는 듯한 인상을 준다. 그러나 성경은 모르는 것을 위한 여지를 남겨두어야 한다고 가르친다.

"내가 하나님의 모든 행사를 살펴보니 해 아래에서 행해지는 일을 사람이 능히 알아낼 수 없도다"(전 8:17).

물론 우리는 솔로몬처럼 지혜를 구해야 한다(왕상 3:7-9 참조). 그러나 또한 진리로 우리를 치유하시는 사랑 많으신 하나님을 의지하는 법을 배워야 한다.

진리가 설혹 상처를 주더라도 두려워해서는 안 된다. 진리를 구하며 진리의 사람이 되어야 한다. 활동의 중요성을 다루는 다음 장에서는 진리를 구하며 성장 과정을 추구할 수 있는 방법을 살펴볼 예정이다.

성장하기 원하는 사람을 위한 조언

- 진리에 관한 자신의 생각을 점검하라. 진리가 가혹한 정죄와 비난을 가져다준다고 생각하는가? 진리를 생명을 주는 친구로 받아들이려고 노력하라.

- 영적 가르침, 성령의 감동, 신뢰할 수 있는 사람들, 상황 등을 비롯해 진리를 내면화하는 방법을 생각해 보라. 진리를 사람들과의 관계와 성장을 돕는 유익한 도구로 인정하라.

- 어떤 형태의 진리에 반감을 느끼는지 생각해 보라. 예를 들어 어떤 사람들은 상처와 약점에 관한 진리는 잘 감당하지만 이기심과 반항심에 관한 진리는 잘 받아들이지 않는다. 또 그와 반대되는 경우도 있다.

- 진리를 잘 받아들이고, 또 온유하고 겸손한 태도로 진리를 전하는 방법을 배우라. 가장 깊은 관계를 맺고 있는 사람들에게 진실을 깨우쳐주기 위해 노력하라.

성장을 돕는 사람을 위한 조언

- 진리를 성장 과정의 필수 요소이자 규범으로 받아들이는 태도를 발전시켜라. 진리로 견책만을 일삼거나 위로와 격려만을 일삼는 경향이 없도록 주의하라. 진리로 비난을 일삼거나 은혜로 방종을 부추기는 일이 없도록 조심하라. 균형을 갖추라.

- 자기 자신에 관한 고통스런 진실을 고백하게 하고, 다른 사람들의 충고와 조언을 받아들일 수 있게 인도하라. 성장하기 원하는 사람들이 진리를 들을 뿐 아니라 적극적으로 추구하도록 이끌어라.

- 성장하기 원하는 사람이 자신에 관한 특정한 진실에 관해 방어적인 태도를 취하는 경우에는 한 걸음 물러나 은혜와 위로와 동정을 베풀면서 그가 진리를 감당할 수 있을 만큼 충분한 사랑을 가지고 있는지 확인하라. 그렇게 해도 문제가 해결되지 않거든 스스로를 솔직하고 마음이 가난한 사람이 아니라 "선한 사람"으로 간주하는 경향이 있는지 살펴보라. 그런 경우라면 온유한 심령으로 그를 옳게 붙잡아주라.

- 성장하기 원하는 사람이 하나님의 신비를 인정하도록 도와라. 우리는 모든 문제에 대한 해답을 갖고 있지 않다. 또한 하나님이 하시는 일을 모두 다 예측할 수도 없다.

행동을 개시하라 : 활동의 중요성

"영적 성장은 하나님과의 적극적인 협력 관계를 통해
이루어지도록 설계되었다."

30대 부부인 글렌와 앤이 상담을 하기 위해 나(존)를 찾아왔다. 그들의 방문 목적은 무슨 큰 문제가 있어서가 아니라 서로가 관계를 잘 이끌어가고 있는지, 하나님과의 관계도 잘 맺고 있는지를 알아보기 위함이었다. 그들은 삶을 전면적으로 점검하기를 원했다. 우리는 상담을 시작했다. 부부 관계를 다룰 때마다 항상 확인할 수 있는 한 가지 사실은 두 사람이 서로 다른 인격체로 구성되어 있다는 것이다. 부부는 경험과 과거와 상처와 인생관이 서로 다르다. 따라서 서로가 상대방의 개인적 특성을 이해하지 못하면 관계가 발전해 나가기가 어렵다.

글렌과 앤의 특성은 상담을 하는 동안 더욱 분명히 두드러졌다. 그들은 특히 두 가지 큰 차이가 있었다.

첫째, 그들은 인격 문제로 고민하는 정도가 달랐다. 글렌은 몇 가지 상처와 갈등을 지니고 있었지만 그다지 심각한 편은 아니었다. 그의 상처와 갈등은 삶에 큰 영향을 미치지 않았다. 그는 자신의 약점과 감정을 솔직하게 드러내지 못하는 편이었기 때문에 필요한 경우에도 생각을 얼른 말하지 못하는 경향이 있었다. 그러나 그는 아내와 아이들을 사랑했고, 자신의 일을 좋아했으며, 교회 활동에도 적극적이었고, 좋은 친구들과 어울렸다.

앤의 상태는 그보다 좀 더 심했다. 그녀는 어렸을 때 냉정하고 자상하지 못한 부모 밑에서 자랐다. 부모는 앤을 통제하고 이용했다. 앤은 그런 성장 배경 때문에 심각한 우울증을 앓고 있었고, 선뜻 마음을 열어 사람들을 신뢰하지 못하는 경향이 있었다. 또한 그녀는 매사에 정확하지 못한 면이 있었다. 그녀는 글렌보다 더 많은 고통과 어려움을 지닌 채 살아가고 있었다. 그러나 그녀도 남편처럼 가족과 친구와 일과 교회를 사랑했다.

둘째, 글렌과 앤은 영적 성장을 추구하는 정도가 달랐다. 앤이 열심히 영적, 감정적 성장을 추구하는 동안 글렌은 소극적인 태도를 취했다.

또한 그들은 성장의 기회를 활용하는 방법도 서로 달랐다. 예를 들어 우리는 매주 만났는데 앤은 그때마다 지난번 상담을 통해 깨달은 것을 열심히 실천했다. 상담을 끝마치고 집에 돌아갈 때마다 성장을 위해 열심히 노력하는 것이 분명해 보였다.

한번은 교회 생활의 즐거움을 말하던 중이었는데, 앤이 갑자기 깊은 슬픔을 느꼈다. 우리는 다른 문제를 다루고 있었기 때문에 그녀의 감정을 깊이 살펴볼 시간이 없었다. 따라서 그저 지나가는 투로 그런 감정이 어떻게 갑자기 일어났느냐고 물었을 뿐이었다. 앤은 다음 상담 시간에 그 문제를 꺼냈다. 그녀는 지난번에 만난 뒤로 줄곧 기도하며 자신의 마음속을 살폈다. 그리고 그런 경험이 어렸을 때 고통스럽고 공허한 삶을 사는 동안 하나님만을 유일한 피난처로 알았던 사실과 관계가 있는 것을 발견했다. 자신이 사랑받지 못하고 자랐다는 사실을 의식하게 된 그녀는 그 문제를 하나님과 글렌과 다른 사람들에게 고백했고, 그들은 그녀를 염려하며 마음을 위로해 주었다.

또한 앤은 여성들을 위한 성경 공부 그룹에 참여했다. 머리로만 성경을 배우는 것으로 만족하지 않고 성경 구절이 자신의 성장에 어떤 의미가 있는지를 생각했다. 그녀는 여러 차례 용기를 내 상처가 되는 것이든 아니든 사람들에게 진실을 솔직하게 말했다. 아울러 성장을 추구하는 사람들과 함께 어울렸고, 그들은 그녀를 도와주며 올바른 길로 잘 인도했다.

그와는 대조적으로 글렌은 마음씨가 착하고 신앙심이 깊은 사람이었지만 성장 과정에 덜 적극적이었다. 그는 상담 시간에도 제때에 잘 오지 않았으며, 사업상의 이유를 들어 종종 상담을 취소했다. 또한 지난 상담에서 오갔던 대화를 잘 기억하지 못했고, 자신의 문제들을 어떤 식으로 연관시켜나가야 할지 몰랐다. 때로는 의자에 앉아 나를 물끄러미 쳐다보며 "오늘은 무엇을 논의해야 하나요?"라고 묻곤 했다.

상담이 거의 끝나갈 무렵 우리는 그동안의 성장을 다시 점검했다. 그동안 이루어진 것과 앞으로 해야 할 과제를 논했다. 앤은 많은 변화가 있었던 것으로 나타났다. 그녀는 완벽하지는 않았지만 상담을 시작하기 전과 비교할 때 상당한 발전이 있었다. 하나님과 다른 사람들과의 관계도 더욱 튼튼해졌고, 다른 사람과 갈등이 있을 때 자신의 생각과 감정을 솔직하게 드러내는 것도 훨씬 나아졌다. 그녀는 많은 결실을 거두고 있었다. 글렌도 나름대로 발전이 있었지만 그의 변화는 그렇게 뚜

렷하지 못했다. 그는 자기 주장이 좀 더 분명해졌고, 감정적으로 좀 더 친근한 사람이 되었지만 근본적으로는 전과 똑같았다. 다시 말해 삶을 주체적으로 살아가기보다 그저 흘러가는 대로 살아가는 소극적인 사람 그대로였다.

물론 글렌을 나쁜 사람으로, 앤을 좋은 사람으로 묘사하고 싶은 의도는 전혀 없다. 그러나 상처가 덜한 사람보다 상처가 더 많은 사람이 더 많은 성장을 경험한 사실은 매우 의미심장하다. 그 차이는 적극적인 참여의 정도에 달려 있었다.

하나님도 일하시고 우리도 일한다

활동, 즉 적극적인 참여와 노력은 하나님의 특성이다. 우리도 그분의 형상으로 창조되었기 때문에 그런 특성을 지니고 있다. 하나님은 자신의 일정과 과제를 끊임없이 수행해 나가신다. 그분은 자신을 원하는 사람들을 사랑하고 돕는 일을 중단하시는 법이 없다. 성경은 "여호와의 눈은 온 땅을 두루 감찰하사 전심으로 자기에게 향하는 자들을 위하여 능력을 베푸시나니"(대하 16:9)라고 말씀한다. 이는 하나님이 자신을 사랑하는 이들을 찾아 돕는 일을 적극적으로 행하고 계신다는 것을 의미한다. 하나님은 삶이 일과 사랑으로 이루어지도록 계획하셨다.

아담과 하와는 하나님과는 물론 서로 깊은 관계를 맺도록 창조되었다. 아울러 하나님은 그들에게 땅을 정복하고 다스리는 임무를 주셨다. 올바른 삶은 항상 이 두 가지 차원을 지닌다. 서로 관계를 맺고 영적으로 살아가는 사람들은 의미 있고 목적이 있는 일을 적극적으로 행한다.

그들은 감정적으로 서로 굳센 관계를 맺고, 삶을 더 풍요롭게 하는 일과 사역과 취미활동을 이루어나간다.

일과 사랑은 서로 밀접하게 관련된다. 사랑은 일의 원동력이고, 목적이자 목표다. 선한 일은 무엇이든 하나님과 다른 사람들에 대한 사랑을 진작시키는 결과를 가져다준다. 하나님과 다른 사람들을 사랑하려면 적극성과 노력이 필요하다. 신뢰할 만한 사람을 찾고, 그들에게 마음을 열고, 자신의 참 모습을 고백하고, 진리를 서로 주고받으려면 노력이 필요하다. 관계는 소극적이지 않다. 잘 알다시피 가장 귀한 관계는 많은 노력을 쏟아붓는 관계다.

영적 성장은 활동을 요구한다

활동은 성장의 필수 요소다. 영적 성장은 저절로 이루어지지 않는다. 앤의 경우에서 알 수 있듯 영적 성장은 많은 노력과 땀과 눈물을 필요로 한다. 그녀는 성장 과정에 많은 시간을 할애했다. 그녀의 노력은 귀한 결실을 맺었다.

물론 우리의 노력만으로 성장을 이룰 수 있다거나 하나님이 모든 것을 알아서 해주신다는 뜻은 결코 아니다. 때로 사람들은 적극적인 노력은 경건한 방법이 아니라고 생각한다. 그들은 '이것이 모두 나의 노력으로 되는 것인가? 혹시 하나님을 신뢰하지 않는 것은 아닌가?' 라고 궁금해한다. 하나님이 계획하신 성장 과정은 그런 두 가지 극단에 치우치지 않는다. 우리의 성화는 하나님과의 협력으로 이루어진다. 이 장에서 논의하는 대로 우리가 해야 할 일이 있고, 하나님이 하시는 일이 있다.

즉 그분은 우리의 마음을 준비시키시고 상황을 섭리하시어 성장의 결실을 거두게 하신다. 성경은 이런 협력 관계를 다음과 같이 설명한다.

"그러므로 나의 사랑하는 자들아 너희가 나 있을 때뿐 아니라 더욱 지금 나 없을 때에도 항상 복종하여 두렵고 떨림으로 너희 구원을 이루라 너희 안에서 행하시는 이는 하나님이시니 자기의 기쁘신 뜻을 위하여 너희에게 소원을 두고 행하게 하시나니" (빌 2:12-13).

우리는 구원을 이루어야 한다. 이 말은 부지런히 책임을 다해 성장을 추구해야 한다는 뜻이다. 우리가 그렇게 노력하면 하나님은 보이지 않는 신비로운 방식으로 우리 안에서 일하신다. 그분은 우리 스스로 할 수 없는 많은 일을 행하신다. 따라서 우리는 하나님을 의지해야 한다.

성장에서 활동이 차지하는 위치

하나님과의 협력 관계에서 우리가 해야 할 역할은 다양하다. 영적으로 성장하려면 해야 할 일이 많다. 우리 영혼의 깊은 곳을 성찰하며 필요한 일이 무엇인지 찾아보는 것은 어렵고도 두려운 일이다. 이 일은 하나님과 다른 사람들의 사랑과 도움을 필요로 한다. 사랑은 성장을 위한 원동력이다.

성장은 행동을 요구한다. 인간이 활동하지 않고 수동적인 태도로 모든 것을 의존하는 시기는 모태에 있는 동안뿐이다. 태아는 9개월 동안 모태의 보호 속에서 필요한 자양분을 공급받으며 형태를 갖춘다. 그러나 세상에 태어나는 순간부터는 자신의 필요를 채우기 위해 나름대로 주어진 일을 한다. 다시 말해 갓난아이는 울음으로 위로, 음식, 기저귀 교체, 따뜻함 등이 필요하다는 신호를 보낸다. 또한 팔을 펼치고, 발을 차면서 흥분감이나 불쾌감 등을 표현하고 엄마와 눈을 맞춘다. 그러면서 점점 커갈수록 필요를 채우기 위해 더 복잡한 활동을 하기 시작한다.

화해와 공정함

성장을 위해 적극적으로 노력을 기울일 때는 공정함을 따지기보다 화해에 더 많은 비중을 두어야 한다. 다시 말해 우리에게 상처를 입힌 사람이 먼저 다가오기를 기다리지 말고, 우리가 먼저 다가가 화해를 시도해야 한다. 누군가가 우리에게 잘못을 범하면 그에게 찾아가야 한다(마 5:23-24 참조). 반대로 우리가 다른 사람에게 잘못을 범했을 때도 먼저 찾아가야 한다(마 18:15 참조). 하나님은 우리를 더 이상 사랑하시지 않아도 될 이유가 충분한데도 그렇게 하지 않으시고 소원해진 관계를 되돌리기 위해 노력하신다. 그분은 공정함보다 관계를 중요시하신다.

주체적인 태도

참여와 학습, 다른 사람들에게 우리의 참 모습을 솔직하게 드러내는 것과 같은 노력을 기울이다 보면 성장 과정을 주체적으로 이끌어갈 수 있다. 성장에 소극적인 사람은 다른 사람들의 통제를 받으며 외부의 요소들이 자신의 삶을 주도하게 만드는 경향이 있다.

결혼생활에 소극적인 태도를 취했던 한 여성이 있었다. 남편은 그녀를 마음대로 통제했고, 그녀를 전혀 배려하지 않았다. 그는 아내와 아무 의논도 하지 않고 여행과 휴가 등 가족 활동을 마음대로 결정했고, 경제 문제도 모두 자기 뜻대로 했다. 그녀는 남편이 결코 변하지도 않고, 상황도 항상 그대로일 것이라고 생각하고 결혼생활의 문제를 주체적으로 해결해 나가지 못했다.

그러던 중 한 건강한 교회와 지지 그룹을 발견했다. 곧 그녀는 남편을 그대로 방치하는 한 상황이 항상 똑같을 것이라는 사실을 깨달았다. 그래서 일단 남편이 아닌 자신의 성장과 남편에 대한 자신의 태도에 초점을 맞추었다. 그런 다음 남편에게 그의 변화를 위해 노력하고 싶다는 의사를 밝히기 시작했다. 그녀는 남편이 계속 그런 식으로 모든 것을 마음대로 주장한다면 목회자의 조언을 구하든지, 아니면 경제적 문제를 남편이 모두 주관하는 것이 합당한지에 대해 상담사에게 자문을 구할 수밖에 없다고 말했다. 남편을 무조건 묵인하지 않으며 그를 사랑했고, 잔소리를 퍼붓지 않으며 그를 견책했으며, 잘못을 비난하지 않으며 그를 존중했다. 그녀는 자신이 문제의 일부라는 사실을 깨달을수록 더욱더 문제 해결에 적극적으로 노력을 기울였다. 남편은 천천히 변화되기 시작했고, 그녀를 통제하려는 태도를 버렸으며, 그녀와 더욱 친밀한 관계를 발전시켰다.

다른 사람들이 우리를 대신해 우리의 삶을 더 낫게 만들기 위해 계획을 논의하는 법은 없다. 삶이 더 낫게 개선되려면 우리가 주체적으로 노력해야 한다.

실수로부터 배우기

성장의 과정에서 때로는 실패를 경험할 수 있다. 영적 성장을 추구하다 보면 하나님과 다른 사람들과 관계를 맺는 새로운 방법(즉 사랑과 진리에 근거한 방법)을 시도하기 마련이다. 이런 방법은 예수님이 약속하신 풍성한 생명을 더 많이 누리게 할 수 있다(요 10:10 참조). 옛 삶의 방식은 더 안락할 수는 있을지 몰라도 하나님을 믿는 믿음이 아니라 종종 두려움이나 습관에 근거한다. 새 방법은 말 그대로 새로운 방법이기 때문에 불안할 수 있다. 사람들은 "장래의 유업으로 받을 땅에 나아갈새 갈 바를 알지 못하고"(히 11:8) 나아갔던 아브라함처럼 자신의 새로운 생각과 감정과 특성을 발견한다. 그들은 처음에는 그것들에 관해 잘 모르고 많은 실수를 저지른다.

몇 년 전의 일이다. 나는 내가 감정적으로 폐쇄적이라는 사실을 발견했다. 특히 나는 고민이나 어려움을 선뜻 털어놓지 못했다. 나 자신에 관해서는 거리를 두고 다른 사람들의 이야기를 들어주는 것이 더 편했다. 그러던 중 나를 사랑하는 정직한 친구들의 도움으로 나의 폐쇄적인 태도가 내게 전혀 이롭지 못할 뿐 아니라 하나님이 나를 위해 계획하신 삶에서 멀어지게 만든다는 사실을 깨닫기 시작했다. 나는 감정적으로 정직한 사람이 되기로 결심했다. 그것이 나의 영적 성장을 독려하는 확실한 길이라고 확신했다. 영적 성장에 적극적으로 임하려면 그런 노력이 꼭 필요했다.

그 뒤부터 나는 누구를 만나든(심지어는 얼굴만 조금 아는 사람일지라도) 상대방이 "요즘 어떤가요?"라고 인사말을 건네면 그 말을 액면 그대로 받아들여 사람들과의 관계와 나의 마음 상태 등을 털어놓았다. 그러자 두 가지 결과가 나타났다. 첫째, 그런 식으로 새롭게 관계를 맺기 시작하자 마음을 터놓고 다른 사람들과 대화를 나눌 수 있었다. 그 결과 서로의 관계가 더욱 깊어졌다. 사람들도 마음을 열었다. 우리는 함께 성장했다. 둘째, 그저 간단하게 인사말을 건넸을 뿐인데 내가 그런 식으로 길게 대답을 늘어놓자 사람들이 조금 불편해하는 듯했다. 그들은 그런 상황을 거북스러워했다. 지금 생각하면 그것이 관계에 도움이 된 것 같지는 않다. 내가 하는 말을 이해해 주려고 애쓰는 사람들도 있었지만 대화의 주제를 다른 곳으로 돌리는 사람들도 있었다. 또 할 말이 생각나지 않아 아무 말도 하지 않는 사람들도 있었다.

나는 그런 경험을 통해 성장을 이루었지만 동시에 감정적으로 솔직해지고 싶어 하는 열정 때문에 관계에 문제가 생긴 경우들을 해결해야 했다. 그 후로는 마음을 열어놓을 수 있는 시간과 장소와 상대를 분별하는 방법을 배웠다. 나는 그런 실수를 통해 사람들과 관계를 맺는 방식을 터득했다.

성장의 과제

성장을 추구하는 경우든 다른 사람들의 성장을 돕는 경우든 영적 성장을 촉진하는 데 무엇이 필요한지를 이해하는 것은 중요하다. 영적 성장 과정에는 많은 노력이 필요하지만 그로 인한 결실은 참으로 풍성하다.

하나님 앞에서 겸손하라

겸손해지는 것은 하나님의 관점으로 우리를 바라보는 것을 의미한다. 겸손한 사람은 스스로를 부족하게 생각하며 하나님을 의지하고 복종하는 태도를 취한다. 그때 하나님은 우리의 성장을 가장 잘 도와주실 수 있다.

성장이 필요한 부분을 찾아내라

하나님은 영적 발견과 성장의 과정을 거치도록 우리를 창조하셨다. 우리는 연약한 부분이나 상처 난 부분이나 미성숙한 부분이 어디에 있는지 찾아내야 한다.

하나님께 진리와 상황과 다른 사람들을 통해 우리의 마음을 살펴주시기를 기도해야 한다(시 139:23-24 참조). 우리는 고통을 피하려는 본성이 있으며, 평온을 깨뜨리는 것을 원하지 않는다. 그러나 영적인 사람은 끊임없이 성장을 추구한다.

성장 환경을 찾아라

식물이 좋은 토양을 필요로 하듯 우리도 영적 성장이 이루어질 수 있는 장소와 사람들을 찾는 것이 필요하다. 건강한 교회와 은혜와 진리가 풍성한 그룹을 찾아라.

다시 말해 성장을 원하는 부분과 관련해 경험도 많고 성공한 사례도 많은 교회나 그룹을 찾아야 한다. 내가 아는 한 남성은 소비 습관이 좋지 못했다. 그가 다니는 교회는 그의 과소비 습관을 고쳐주는 데 별로 큰 도움이 되지 못했다. 따라서 그는 일주일에 두 번씩 두 시간 동안 차를 몰고 다른 도시에 있는 교회를 찾아갔다. 그곳에 도움을 줄 수 있는 그룹이 있었기 때문이다. 각자 목회자의 조언을 구해 성장에 도움이 될 만한 환경을 찾아라.

진리를 구하라

하나님과 다른 사람들을 통해 자신의 문제에 관한 진리를 적극적으로 파악하라. 상황의 심각성을 축소하거나 완벽하게 보이고 싶어 하는 인간의 본성을 경계하라. 모든 문제를 그리스도의 십자가 앞에 내려놓고 솔직한 태도로 다른 사람들의 충고에 귀를 기울여라.

관계에 마음을 기울여라

사람들과 진실한 관계를 맺으려면 행동이 필요하다. 마음을 열고 자신을 솔직히 드러내는 일은 특별한 노력을 요구한다. 인간은 자기 보호 본능이 강하고 폐쇄적인 성향이 있다. 그러나 성장의 열매를 맛보려면 다른 사람들을 마음속에 받아들여야 한다.

상처와 고통을 직시하라. 하나님과 다른 사람들의 사랑과 도움을 의지해 자신의 과거와 죄와 상처를 극복하라. 그런 문제들을 관계 안에서 솔직하게 인정하고 슬퍼하고 뉘우쳐 위로를 받으라. 변화가 저절로 일어나기를 기다리지 말고 인정하기 두려운 일일지라도 정면으로 돌파하라.

성찰이 필요한 부분을 적극적으로 점검하라

그러기 위해서는 전보다 훨씬 더 솔직해져야 하고, 번거로운 생각이 들더라도 친밀한 감정을 느끼려고 노력해야 하며, 늘 피하려고만 했던 고통스런 감정까지도 기꺼이 받아들이려는 노력이 필요하다. 이런 활동은 근육이 다친 사람이 재활 치료를 받는 것과 매우 흡사하다. 손상된 근육을 회복하려면 고통스럽더라도 근육을 펴서 움직이는 노력이 필요하다.

수동적인 태도를 극복하라

영적 성장을 적극적으로 추구하지 못하는 사람들이 많다. 글렌처럼 사람들은 능동적이라기보다는 수동적인 성향이 강하다. 삶이 저절로 개선되기를 원하고, 또 사람들과의 관계에서 먼저 적극성을 띠기보다 상대방의 태도에 따라 반응하는 경향이 있다. 의존심이 강한 수동적인 사람들 가운데는 성장이 필요한 문제를 안고 있는 경우가 많다. 그들은 관계와 도움을 원하지만 단지 위로와 안전감과 소속감을 느끼는 데만 목적을 둔다. 다시 말해 관계를 문제를 해결하거나 적극적으로 책임을 다하는 삶을 사는 데 필요한 동력으로 활용하지 못한다.

수동적이고 의존심이 강한 사람들이 성장 그룹에 참여하면 처음에는 금방 생기를 띠기 시작한다. 왜냐하면 자신의 문제를 인정하고 해결하는 데 필요한 도움을 받을 수 있기 때문이다. 그들은 그룹 회원들에게서 깊은 친밀감을 느낀다. 그러나 친밀감 자체가 목적이 될 뿐 문제를 직시하고, 관계를 맺는 새로운 방법을 배우고, 옛 삶의 방식을 극복하는 것과 같은 문제와 관련해서는 괄목할 만한 성장을 이루지 못한다. 그들은 다른 사람들이 주는 사랑을 원동력으로 삼아 삶에 적극적으로 나서지 못하고 오히려 자기 보호 본능만을 강화한다. 그들은 때로 무한정 사랑만을 갈망할 뿐이다. 즉 아무리 많은 사랑을 받더라도 항상 만족하지 못한다. 이것이 수동적인 태도를 지닌 사람들의 문제다.

이 문제의 원인과 해결책을 몇 가지 제시하면 다음과 같다.

성경의 메시지에 대한 오해

하나님은 수동적인 태도를 미덕이 아닌 문제로 바라보신다. 달란트 비유(마 25:14-30 참조)에 보면 주인이 세 사람의 종에게 각기 돈을 나눠 맡기고 타국에 갔다는 이야기가 나온다. 두 사람의 종은 적극적으로 돈을 투자해 수입을 거두었지만 나머지 한 사람은 소극적으로 자신이 맡은 돈을 땅에 묻어두었다. 돌아온 주인은 세 번째 종을 엄히 꾸짖었다.

> "그러면 네가 마땅히 내 돈을 취리하는 자들에게나 맡겼다가 내가 돌아와서 내 원금과 이자를 받게 하였을 것이니라 하고 그에게서 그 한 달란트를 빼앗아 열 달란트 가진 자에게 주라 무릇 있는 자는 받아 풍족하게 되고 없는 자는 그 있는 것까지 빼앗기리라"(마 25:27-29).

주인은 왜 세 번째 종에게 그토록 화를 냈을까? 그 이유는 투자에 대한 수입이 없었기 때문이다. 하나님은 우리에게 시간과 재능과 물질을 허락하셨다. 그 목적은 하나님 나라를 확장하고, 그분과 다른 사람들과 친밀한 관계를 맺고, 열매가 풍성한 일을 이루어 영광을 돌리게 하시기 위함이다. 우리의 영혼(하나님의 투자)을 성장시키려면 용기와 적극적인 태도가 필요하다. 글렌의 경우처럼 수동적인 태도를 취하면 홀로 조용한 삶을 살아갈 수 있을지는 몰라도 하나님이 우리를 위해 준비하신 축복을 모두 받아 누릴 수는 없다.

수동적인 태도를 취하면 믿음의 모험을 감행할 수 없다. 하나님은 그런 태도를 기뻐하지 않으신다(히 10:38 참조). 그분은 우리의 일에 능동적으로 개입하신다. 하나님의 그런 태도는 우리가 그분을 근심하시게 하더라도 전혀 달라지지 않는다(엡 4:30 참조). 왜냐하면 우리의 삶 속에서 그분이 하시는 역할을 귀하게 생각하시기 때문이다.

그러나 일부 성경 교사들은 활동이 영성을 위태롭게 만든다고 가르친다. 그들은 "너희는 가만히 있어 내가 하나님 됨을 알지어다"(시 46:10)와 같은 성경 구절을 들어 행동을 하는 것은 곧 하나님을 신뢰하지 않는 증거이기 때문에 가만히 그분의 역사를 기다리는 편이 훨씬 더 낫다고 주장한다. 이런 이유로 영적으로 소극적인 태도를 취하는 사람들이 많다. 독신 남녀들은 하나님이 그분의 뜻대로 배우자를 허락해 주실 것이라고 믿고 적극적으로 데이트할 사람을 찾아 나서지 않는다. 또한 관계에 문제가 있는 사람들은 사랑으로 진리를 말하지 않고 그저 묵묵히 순응하는 태도를 취한다. 우울증으로 고통을 받는 사람들은 우울증 치료에 경험이 많은 지혜롭고 경건한 사람을 찾아 나서기보다 하나님이 도와주실 때까지 무작정 기다린다.

물론 무조건 적극성을 띤다고 해서 모든 일이 다 잘되는 것은 아니다. 성경은 활동을 멈추고 하나님의 음성에 귀를 기울여야 할 때가 있다고 가르친다. 항상 관계가 활동보다 더 중요하다. 일하느라 바빠 정신이 없었던 마르다에게 예수님이 하신 말씀이 이를 뒷받침한다(눅 10:38-42 참조). 마음속으로 하나님을 사모하고 서로의 관계에 깊은 관심을 기울일 때 성장이 이루어진다. 활동은 그 자체로는 아무 잘못이 없다. 활동이 잘못되는 이유는 관계의 목적에 이바지하기보다 관계를 대체하기 때문이다. 하나님이 우리에게 활동을 허락하신 목적은 친밀한 관계를 대체하라는 뜻이 아니라 생명의 사역에 참여하게 하시기 위함이다.

사실 수동적인 태도를 강조하는 성경 교사들의 경고가 현실이 되어 나타날 때가 적지 않다. 하나님의 역할이 있고 우리의 역할이 있다. 우리가 하나님의 역할을 하려고 하거나 그분께 우리의 역할을 강요하려고 할 때 문제가 발생한다. 전자의 경우는 영적 성장 과정에 순응하지 않고 자신의 의지로 술을 끊으려고 노력하는 사람을 예로 들 수 있고, 후자의 경우는 그저 묵묵히 입을 다문 채 누군가가 자신이 상처를 받고 있다는 사실을 알아주기를 기다리는 사람을 예로 들 수 있다.

이러한 책임과 역할의 혼동은 명확히 규명되어야 할 필요가 있다. 수많은 기적을 체험하고 하나님과 교제를 나눈 성경의 위인들을 살펴보라. 그들은 하나님을 다양한 방법으로 체험했다. "모든 것을 다 하나님께 일임하라"는 가르침은 다른 누구보다 그들에게 적용될 수 있다고 생각할지도 모른다. 그러나 그들은 또한 적극적으로 삶에 참여했고 열심히 일했다. 모세는 백성들의 법률적 문제를 심판했고, 다윗은 전투 계획을 세웠으며, 바울은 각지를 돌아다니며 복음을 전했다. 그들의 삶은 노력과 사역으로 이루어졌다. 그들은 자아도취에 빠진 사람들이 아니었다. 하나님의 신비와 거룩하심을 체험하고, 다른 사람들과 깊은 관계를 맺으며, 현실 속에서 능동적으로 살아갔다.

실패에 대한 두려움

사람들이 소극적인 이유는 실패를 두려워하기 때문이다. 그들은 실수를 저질렀을 때 느끼는 내적 고통이 너무 큰 나머지 잔뜩 움츠러든 채 무슨 결정이든 자신 있게 내리지 못한다. 대개 완벽주의를 추구하는 사람들에게서 이런 문제가 발견된다. 그들은 실수를 저지르면 모든 것이 끝장나기라도 한 듯 심한 자책감을 느낀다. 따라서 안전한 지대에 머무른 채 영적 성장을 적극적으로 추구하지 않는다.

하나님은 이런 문제를 해결하는 방법을 알고 계신다. 영적 성장에서 실수는 불가피하다. 우리는 실패를 친구로 생각해야 한다. 하나님은 우리가 자책감에 시달릴 때도 결코 우리를 정죄하거나 심판하지 않으신다(요일 3:19-20 참조). 실패는 단지 "학습 곡선"(학습 과정에서 일어나는 착오나 소요 시간 등을 제시하는 곡선-역주)을 경험하고 있다는 뜻이다. 다른 삶의 방식을 시도하다가 저지르게 되는 실수를 두려워하지 말라. 하나님은 이미 그런 실수에 대한 대가를 지불하셨다. 따라서 우리는 사랑을 잃거나 위험을 당하지 않고 안전하게 성장의 길을 계속 걸어갈 수 있다.

성장을 돕는 사람은 실패해도 괜찮다는 것, 곧 실패를 웃어넘길 수 있는 태도를 일깨워주기 위한 방법을 찾아야 한다. 자신에 관한 이야기를 들려주고, 실패가 사람들의 관계를 멀어지게 하기보다 오히려 가깝게 하는 역할을 한다는 것을 보여주라.

실패에 대한 두려움 없이 은혜 가운데 살기 시작하는 순간 우리는 진정한 자유를 경험할 수 있다. 이 자유는 더 많은 활동을 독려한다. 왜냐하면 자책감을 극복할 수 있게 해주기 때문이다.

보호를 원하는 욕구

보호를 원하는 욕구는 누군가가 우리를 보살펴주기를 바라는 욕구로서 발달 단계상 인간의 초기 욕구에 해당한다. 정도의 차이는 있지만 사람은 누구나 그런 욕구를 지니고 있다. 이 욕구가 강한 사람은 자신을 어머니처럼 돌봐줄 사람(즉 자신을 보호하고 늘 다독거려줄 수 있는 사람)을 간절히 갈망한다. 그들의 성장 배경을 보면 대개 사랑을 일관되게 받지 못하고 자란 경우가 많다. 또한 다른 사람들과 대등한 관계에서 주체적으로 관계를 맺지 못했던 사람들도 독립적인 삶을 살아갈 수 있는 자신의 능력을 신뢰하지 못하는 징후를 드러낸다.

이런 욕구는 영적 성장 과정에 소극적인 태도를 취하게 만든다. 이런 욕구를 지닌 사람들은 자기가 직접 말하지 않아도 다른 사람들이 자신의 생각과 감정을 이해해 줄 것이라고 착각한다. 그들은 도움과 구원을 혼동하는 경향이 있다. 다시 말해 다른 사람들이 문제 해결을 돕는 데 그치지 않고 아예 문제를 다 해결해 주기를 원한다.

예를 들어 남편의 무관심한 태도 때문에 상처를 받아온 한 아내는 남편이 그 사실을 스스로 깨달을 때를 기다릴 수도 있다. 그녀는 자신이 직접 남편에게 말하면 그가 자신을 사랑하지 않는다고 불평하는 뜻으로 왜곡할까봐 두려워한다. 그러나 그녀가 보호받고 싶은 욕구를 솔직하게 털어놓고 남편에게 속마음을 드러낸다면 원하는 사랑과 친밀감을 더 쉽게 얻을 수 있을 것이다.

영적 성장을 적극적으로 추구하는 데서 비롯하는 유익을 누릴 수 있기를 바란다.

물론 주의할 점이 있다. 즉 때로 적극적인 사람들은 당장의 결과를 바라는 조급성을 드러낼 수 있다. 이제 마지막 장에서는 영적 성장이 시간을 필요로 한다는 점을 살펴볼 생각이다.

성장하기 원하는 사람을 위한 조언

- 하나님은 우리의 성장을 위해 능동적으로 일하신다. 이 점을 거울삼아 성장 과정에 적극적으로 참여하라.

- 자신의 삶을 돌아보고 소극적인 태도나 두려움을 느꼈던 때가 있었는지 살펴보라. 또한 하나님이 의도하신 기회를 놓친 경우는 없었는지 점검하라. 그런 경우가 있었다면 그 원인을 생각해 보고 극복해 나가라.

- 영적 성장을 하나님이 홀로 행하시는 일로 생각하는 경향은 없는지 살펴보라. 아울러 하나님과 어떻게 협력할 수 있는지 생각해 보라. 활동을 "신령하지 못한 태도"나 "하나님을 신뢰하지 않는 태도"로 생각하는 경향이 있다면 고쳐라.

- 사람들이 먼저 다가와 용서를 빌기를 기다리지 말고 적극적으로 화해를 시도하라. 공정함을 따지기보다는 화해에 초점을 맞추라.

- 마음속에 수동적으로 보호를 원하는 욕구가 있는지 살펴보라. 그런 태도는 도움이 되지 않는다. 그런 태도를 버리고 하나님과 다른 사람들과 함께 협력해 나가는 태도를 발전시켜라.

성장을 돕는 사람을 위한 조언

- 성장하기 원하는 사람에게 활동이 사랑과 성장의 목적에 이바지한다는 것과 활동이 그런 목적과 결코 분리되어서는 안 된다는 점을 일깨워주라. 그렇지 않으면 활동은 행위를 중시하는 태도를 부추길 수 있다. 성경이 가르치는 활동과 적극성의 관계적 특성을 주지시켜라.

- 성장은 성장하기 원하는 사람이 하나님과 협력해 적극적으로 노력할 때 비로소 이루어질 수 있다는 사실을 깨우쳐주라. 교만한 소극성을 경건한 태도로 착각하는 일이 없도록 하라.

- 성장의 길에는 위험과 실수가 뒤따른다는 점을 깨우쳐주라. 또한 하나님의 은혜와 그리스도의 몸이 그런 위험을 극복하고 많은 교훈을 얻도록 도와줄 것이라는 점도 잊지 말게 하라.

- 관계의 갈등에 부딪쳤을 때는 문제의 원인이 누구에게 있든 하나님처럼 능동적으로 문제를 해결해 나갈 수 있다는 점을 일깨워주라.

추수를 기다리라:
성장의 시간

"성장의 과정에 투자하는 시간은
삶의 변화라는 열매를 가져다준다."

로빈은 결혼생활과 식습관 문제와 약간의 우울증 때문에 내게 상담을 요청했다. 처음 대화를 나누면서 나는 그녀가 경영학 석사 학위를 취득한 회계사라는 사실을 알게 되었다. 로빈은 잘 훈련된 전문가였다. 그녀는 영적, 감정적 성장 과정에 적극적으로 임했다. 성장 과정을 진지하게 받아들였고, 많은 두려움과 문제를 직시했다.

그러나 그녀는 성장 과정이 시간을 요하는 일이라는 사실을 깨달아야 했다. 예를 들어 그녀는 자신의 문제(결혼생활, 식습관, 우울증)를 해결하려면 완벽주의와 만능주의를 추구하기보다는 상처와 아픔을 인정하고 위로를 받아들여야 한다는 사실을 알게 되었다. 당시 그녀와 나눈 대화의 내용은 다음과 같다.

"자, 이제 모든 진실을 알게 되었으니 어떻게 해야 하지요?"

"지난 상처를 놓아 보내고, 강해져야 한다는 강박감을 떨쳐버리고, 약점에서 도망치기보다 차라리 그것을 인정하고 받아들이는 법을 배워야 합니다."

"좋아요. 다음에 만날 때까지 다 처리하지요. 그다음에는 또 어떻게 해야 하나요?"

"사업의 원리를 영적 성장에 적용하려고 해서는 안 됩니다. 영적 성장은 즉각적인 결과를 기대하며 프로젝트를 계획해 사업에 적용하는 것과는 전혀 다릅니다. 영적 성장은 식물이 성장하는 과정과 매우 흡사해요."

로빈은 정원 가꾸는 일을 좋아했다. 식물을 기를 때는 좋은 토양에 식물을 심고, 물과 양분을 주고, 온도와 빛을 적절히 맞추고, 병충해로부터 안전하게 보호해야 한다. 그러다 보면 한동안 아무 결과도 나타나지 않는 것 같다가 갑자기 땅 속에서 생명이 모습을 드러내기 시작한다. 나는 그녀와 그런 대화를 나누었다.

로빈은 나의 비유를 이해하고 "시간을 요하는 이런 일에 좀 더 익숙해질 필요가 있겠군요"라고 말했다. 그녀는 그 말대로 행동했다. 즉각적인 성장을 기대하는 마음을 버리고 성장 과정에 잘 적응한 덕분에 결국 원하는 결과를 얻어냈다.

사람들에게서 영적 성장에 관해 가장 흔히 듣는 질문은 "시간이 그토록 오래 걸리는 이유는 무엇인가요?"이다. 사람들은 종종 큰 기대감과 설렘으로 성장 과정을 시작한다. 그러다가 그 과정에서 원하는 결과를 쉽게 얻지 못하면 크게 실망한다. 성장 과정에서 결혼생활의 문제로 고민하는 사람들도 있고, 하나님과 다른 사람들에게 마음을 선뜻 열어 놓지 못하는 사람들도 있다. 또한 적절한 한계를 제시하지 못하는 사람들도 있고, 과거의 고통에 속박된 사람들도 있다. 영적 성장을 돕는 사람들의 경우, 성장 그룹에 참여한 사람들에게서 아무런 결실도 발견하지 못하면 방향을 잃고 혼란스러워하거나 심지어는 죄책감을 느끼곤 한다. 그들은 자신이 무엇을 잘못하고 있는지, 성장하기 원하는 사람에게 실망을 주고 있지는 않은지 궁금해하거나, 심지어는 "그토록 오래"가 어느 정도를 의미하는지조차 알지 못한다.

영적 성장은 시간이 지나면 무엇이든 결실이 있어야 한다. 그렇지 않으면 도중에 뭔가 놓친 것이 있었다는 증거다. 이 장의 목적은 영적 성장 과정에 이르는 단계와 과정의 역할을 살펴보는 데 있다.

시간의 과정

성장하기 원하는 사람들 가운데는 성경을 읽고 옳은 일을 행하면 즉각적이고 항구적인 변화가 일어날 것이라고 생각하는 사람들이 많다. 그러다가 그런 기대가 충족되지 않으면 크게 실망한다. 그들은 사실 모든 것이 하나님이 계획하신 대로 진행되고 있는데도 그분이 자신을 실망시키셨다거나 자신이 무엇인가를 잘못하고 있는 줄로 착각한다. 시간은 성장의 필수 요소 가운데 하나다.

본래 하나님은 처음 계획을 세우실 때만 해도 시간을 포함시키지 않으셨다. 왜냐하면 시간을 초월해 영원히 존재하시기 때문이다. 그분은 과거와 현재와 미래를 동시에 경험하신다(출 3:14 참조). 우리도 서로 친밀한 관계를 맺고 기쁨 속에서 영원히 살도록 창조되었다. 그러나 아담과 하와가 에덴동산에서 죄를 짓는 바람에 하나님의 창조 계획에 심각한 문제가 발생했다. 그분은 인간이 어려움에 직면한 것과 우리의 상태가 매우 심각하다는 사실을 의식하시고 문제를 해결하기 위해서는 두 가지가 필요하다고 판단하셨다. 하나는 그분의 거룩하심을 만족시킬 수 있는 속죄의 죽음이었고, 다른 하나는 피조물이 스스로 초래한 피해로부터 구원과 치유를 받는 과정이었다.

이 과정을 우리는 시간이라고 부른다. 시간은 마치 병자를 공동체로부터 격리시키듯 피조물을 영원한 상태로부터 단절시켰다. 그 덕분에 죄의 질병은 영원을 오염시키지 못했다. 피조물이 죄에서 치유되면 시간은 모든 임무를 다했기 때문에 더 이상 존재하지 않을 것이다. 그때가 되면 우리는 다시 하나님과 영원히 함께 거할 것이다. 영원한 세상에는 밤과 낮이 존재하지 않고 하나님이 친히 늘 그곳을 밝게 비추실 것이다(계 22:5 참조).

시간은 또한 개인의 삶에도 영향을 미친다. 그리스도를 영접하면 죄책이 제거되어 하나님과의 관계가 회복된다. 그러나 우리는 영적으로 다 자란 성인이 아니라 갓난아이와 같은 상태로 다시 태어난다. 따라서 어린아이처럼 성장할 수 있는 시간과 과정이 필요하다. 성장에 필요한 것들을 받아들이다 보면 어느 날 성숙한 상태로 거듭날 수 있다. "구원에 이르도록 자라게 한다"는 베드로의 말은 바로 이런 뜻이다(벧전 2:2 참조).

물론 이런 말은 기적을 부인하는 것과는 무관하다. 성경은 물론 우리의 경험을 통해 보더라도 하나님은 놀랍고 즉각적인 일들을 행하신다. 우리는 그런 기적을 구해야 한다. 그리고 하나님이 기적을 허락하시면 감사하는 마음으로 받아들여야 한다. 예를 들어 하나님은 알코올 중독이나 우울증을 즉시 없애주실 수 있다. 그러나 그와 동시에 성경은 성장을 시간이 걸리는 일로 묘사한다(막 4:26-29; 엡 2:20-21, 4:15-16; 골 2:19;

벧후 3:18 참조). 즉각적인 구원만을 강조하는 가르침은 하나님과 그분의 성장 방법을 도외시한 채 치유의 기적에만 의존해 삶의 문제를 해결하려는 사람들을 양산할 소지가 있다. 성장하기 원하는 사람은 마음으로 기적을 기대하면서 동시에 성장 과정에 많은 시간과 노력을 기울여야 한다. 하나님은 그 두 가지 방법으로 우리를 위해 일하신다.

시간이 걸리는 이유는 무엇인가?

성장을 돕는 사람은 "시간이 그토록 오래 걸리는 이유는 무엇인가요?"라는 질문을 종종 듣게 된다. 성장 과정을 전체적으로 이해하는 것도 중요하지만 그 과정이 시간을 필요로 하는 이유를 구체적으로 이해할 때 성장을 돕는 사람과 성장하기 원하는 사람 모두 유익을 얻을 수 있다. 시대가 악하기 때문에 시간을 낭비하는 것보다는 아끼는 편이 훨씬 낫다(엡 5:16 참조).

경험을 통한 학습과 지성을 통한 학습

영적 성장은 전인의 참여를 요구한다. 하나님의 사랑과 치유의 힘이 우리의 마음과 영혼과 생각에 모두 영향을 미쳐야 한다(마 22:37 참조). 이는 성장이 사실이나 개념, 또는 원리 암기나 지적인 이해를 뛰어넘는 차원을 지닌다는 것을 의미한다. 이해와 암기는 생각의 기능이다. 성장에 필요하지만 그것만으로는 충분하지 않다. 만일 지성만으로 충분하다면 성장은 지금보다 훨씬 더 빠르고, 더 분명하고, 더 간단하게 이루어질 것이다. 그런 경우라면 필요한 사실을 이해하면 즉시 치유를 받을 수 있다.

일각에서는 성장을 그런 식으로 생각한다. 사람들은 성경이나 특정한 개념을 이해하기만 하면 곧바로 성장할 수 있다고 가르친다. 물론 하나님의 길을 철저히 이해하는 것은 중요하다. 그러나 성경은 진리를 아는 것만으로는 충분하지 않다고 말씀한다(약 1:22-25, 10장을 참조하라).

성장을 지성적으로 이해하는 것 외에 또한 경험이 필요하다. 사람들은 머리로 아는 지식과 마음으로 아는 지식은 서로 큰 차이가 있다고 말한다. 간단히 말해 경험은 시간을 필요로 한다.

그룹 회원들 가운데 사랑을 받지 못하고 있는 사람이 있다고 가정해 보자. 그는 다른 사람들과 깊은 관계를 맺지 못한다. 다른 사람들을 신뢰하지도 못하고, 자신의 약점을 솔직하게 드러내지도 못한다. 그는 하나님의 은혜와 사랑과 돌보심에 관한 진리를 배울 필요가 있다. 그러나 그와 동시에 하나님의 도구인 사람들로부터 구체적으로 그를 돌보시는 하나님의 사랑을 경험해야 할 필요가 있다.

따라서 우리는 그가 사랑받지 못하는 마음을 동정과 위로를 아끼지 않을 사람들에게 솔직히 털어놓을 수 있는 안전한 환경을 제공해야 한다. 그런 환경은 그가 비난이나 정죄가 없는 안전한 상황에서 두려움과 불신을 극복할 수 있도록 도와준다.

다시 말해 다른 사람들과 깊은 관계를 맺지 못하는 마음과 그로 인한 고통을 솔직히 고백하고, 사람들로부터 그가 스스로 얻을 수 없는 친절함과 사랑을 받아들일 수 있는 기회를 제공한다. 이런 일은 단순히 몇 가지 사실을 암기하는 것보다는 시간이 훨씬 더 많이 걸리지만 성장에 꼭 필요한 필수 요건이다.

은혜와 용서를 받아들이는 과정

성장의 원리 가운데서 가장 많은 시간을 요하는 것은 하나님의 은혜와 용서를 내면화하는 과정이다. 사람들은 공로를 세워 하나님께 사랑을 받으려고 노력하거나 종교 의식을 통해 문제를 해결하는 편을 훨씬 더 자연스럽게 생각한다. 인간은 율법과 규칙을 더 좋아하는 습성이 있다. 우리는 은혜와 용서를 받아들이는 것을 부자연스럽게 생각한다. 부자연스러울수록 시간이 더 많이 걸리는 법이다.

성장 그룹에 참여했던 한 남성은 실패를 해도 하나님이 화내지 않으신다는 것을 이해하는 데 누구보다 오랜 시간이 걸렸다. 그는 자기 나름대로 온갖 노력을 기울였을 뿐 하나님과 다른 사람들과 깊은 관계를 맺지 못했다. 그는 스스로를 잘 통제할 수 있다고 생각할 때만 하나님과 그룹 앞에 자신 있게 모습을 드러내곤 했다. 그를 사랑하는 사람들은 그가 실패에 대해 솔직하게 고백하기를 원했다. 그래야만 도움을 줄 수 있었기 때문이다(갈 6:1 참조). 마침내 그는 그 사실을 깨달았다. 그러나 그렇게 되기까지는 많은 시간이 필요했다. 왜냐하면 율법이 그를 단단히 구속하고 있었기 때문이다.

성장 요소를 반복해서 접하는 과정

성장에 시간이 걸리는 또 하나의 요소는 성숙하기 위해서는 성장 요소를 단 한 번 접하는 것으로는 부족하기 때문이다. 한 가지 교훈이나 경험만으로는 충분하지 않다. 성장은 마음과 인격을 반복해서 단련함으로써 이루어진다. 성경은 이를 "연단"이라고 일컫는다. 심리학자들의 경우에는 이를 "학습 곡선"이라고 부른다.

반복이 성장에 필요한 이유는 무엇일까? 첫째, 우리의 영혼에 성장이 필요한 부분이 많기 때문이다. 따라서 한 가지 부분에서는 성장이 이루어져도 다른 부분에서는 그렇지 못할 수 있다. 예를 들어 성장 그룹 안에서 고백의 중요성을 가르친다고 가정해 보자. 마음을 쉽게 열지 못하던 한 남성이 그 중요성을 이해하고 "때로는 혼자서 딴 세상에 살고 있는 듯한 생각이 듭니다"라고 고백했다. 그 뒤로 그룹에 참여하는 시간이 더 많아지면서 그의 마음이 더 넓게 열려 스스로의 내면을 성찰하는 단계에 이르렀다. 그러자 그는 "제 안에서 공허감을 느낄 때면 마치 끝없는 심연 속으로 추락하는 듯한 느낌이 듭니다. 그럴 땐 무척 두려워요"라고 말했다. 이는 그의 성장이 좀 더 깊은 차원으로 나갔다는 증거다.

둘째, 우리가 진리와 빛을 두려워한 나머지 종종 그것을 거부하기 때문이다. 우리는 스스로에 관한 진실을 안전하게 다룰 수 있는 기회와 환경이 조성되기 전까지는 그 사실을 부인하려는 성향이 있다. 예를 들어 화를 잘 내는 남편을 둔 아내는 그 사실을 애써 부인하다가도 적당히 시간이 지나면서 자신의 심정을 솔직히 털어놓을 수 있다. 이런 태도는 우리 자신을 보호하기 위해 무화과나무 잎을 걸친 것과 관련이 있다. 그녀가 사용한 무화과나무 잎은 합리화('남편이 그렇게 나쁘지는 않아'), 죄책감('남편이 화를 낸 이유는 내가 그를 격앙시켰기 때문이야'), 또는 방어적인 희망('내가 기도하고 긍정적으로 생각하면 남편은 더 나아질 거야') 등이다. (이 주제에 관해 좀 더 자세히 알고 싶으면 『사랑하라, 숨지 말고』를 참조하라.)

셋째, 우리가 처음에는 종종 하나님의 길이 아닌 다른 길을 선택하기 때문이다. 우리 자신에게만 맡겨두면 우리는 하나님의 길을 따르기보다 스스로 삶을 이끌어나가려는 성향이 강하다. 따라서 그릇된 길을 따라 걷고 있을 때가 많다. 그러다가 성장의 원리를 배우게 되고, 그 원리는 방향을 180도 바꿀 것을 요구한다. 물 위에서 배의 방향을 바꾸려면 시간이 필요하듯 삶을 방향을 바꾸는 데도 시간이 필요하다. 더욱이 그 과정에는 온갖 시행착오와 모험이 뒤따른다.

나는 새로운 삶의 방식을 시도하면서 실패를 부끄러워하지 않고 거듭 노력을 기울인 덕분에 감정의 상처를 극복한 용기 있는 사람들을 많이 목격했다. 그들 중 한 사람이 최근 내게 이메일을 보내 자신이 항상 하나님보다는 사람들을 기쁘게 하려고 노력했다고 말했다(갈 1:10 참조). 그녀는 현재 성장의 과정을 거치고 있으며 다른 사람을 실망시킬지도 모른다는 두려움을 버리고 하나님의 방법대로 살려고 노력하고 있다. 물론 지금도 때로 진실을 말하고 싶은 마음을 억누르거나 아예 입을 다무는 습관이 남아 있지만 실패를 통해 계속 교훈을 배우고 있는 중이다. 이처럼 성장은 시간이 걸리지만 그렇게 할 만한 충분한 가치가 있다.

그룹 회원들에게 똑같은 원리를 여러 번 반복하게 만드는 것을 두려워하지 말라. 앞서 말한 대로 그들이 성장하려면 똑같은 것을 한 번 이상 반복해야 한다. 그래야만 새로운 삶의 방식이 뿌리를 내릴 수 있다.

내적인 변화와 외적인 변화

다른 사람들의 성화 과정을 돕는 사람은 마음과 삶의 내적 변화에 초점을 맞춰야 한다. 그런 변화가 있을 때 비로소 참된 인격의 성장이 이루어진다. 밖에서 안으로의 변화가 아니라 안에서 밖으로의 변화를 추구해야 한다. 마음이 변화되면 외적 삶은 자연스레 변화된다. 그러나 내적 변화는 시간을 필요로 한다.

외적인 변화, 즉 겉으로 드러난 행동에 초점을 맞추기가 쉽다. 물론 행동은 중요하다. 우리는 우리의 행동을 책임져야 한다(마 16:27 참조). 그러나 인격의 성장을 이루려면 궁극적으로는 마음에 초점을 맞춰야 한다.

성장 그룹에 참여한 한 여성은 과체중으로 고민하던 중이었다. 그녀는 체중을 줄이기 위해 다이어트와 운동을 하고, 심지어는 살 빼는 약을 복용하는 등 여러 가지 노력을 기울였지만 아무 소용이 없었다. 그러던 중 그룹에 참여하면서 자신에게 다른 사람들과 친근하고 솔직한 관계를 맺기를 두려워하는 마음이 있다는 것을 깨닫게 되었다. 그녀는 아무에게도 자신의 참 모습을 보여주려고 하지 않았다. 그녀의 과체중은 다른 사람들과 거리를 둘 수 있는 빌미를 제공했다. 그러나 시간이 지나면서 두려움을 털어놓았고 다른 사람들을 받아들이기 시작했다. 그러자 그녀의 다이어트는 실패하지 않았다. 한번 줄어든 체중이 계속 유지되었다. 내적인 변화는 시간이 더 오래 걸리지만 지속적인 효과를 발휘한다.

물론 그룹과 함께 성장을 추구하고 있거나 중독, 성적 범죄, 결혼생활의 위기 등과 같은 문제에 직면했거든 내적인 문제에만 치중하지 말고 외적 행위에도 관심을 기울여야 한다. 두 가지를 동시에 처리해야 한다. 그런 문제에 대한 경험과 지식이 많은 사람들이 있는 곳에 찾아가 위기 극복을 위한 조언을 구하는 한편 문제를 일으키는 내적 원인을 찾아내 처리하는 노력이 필요하다.

성장 과정에 소요되는 시간을 결정짓는 요인

아마도 내가 가장 자주 듣는 두 번째 질문은 "성장 과정이 얼마나 오래 걸릴지 어떻게 알 수 있나요?"일 것이다.

이 질문에 대한 첫 번째 대답은 (헨리가 1장에서 말한 대로) "대개 생각보다 더 많은 시간이 걸립니다"라는 것이다. 신속한 대답과 위로를 발견한 뒤 정상 생활을 다시 시작할 수 있으리라는 희망을 품고 성장 과정을 시작하는 사람들이 많다. 그러나 이것은 하나님의 방법이 아니다. 하나님은 성장 과정 자체를 정상 생활로 간주하신다. 시간이 지나면 문제나 고민은 해결되겠지만 성장은 한 차례의 과정으로 끝나지 않는다. 오히려 성장은 삶의 핵심이다. 우리는 "성령 안에서 하나님이 거하실 처소가 되기 위하여 그리스도 예수 안에서 함께 지어져"(엡 2:22) 간다. 따라서 그룹 회원들이 한 가지 문제가 해결되었기 때문에 모든 것이 다 끝났다고 생각하지 않도록 이끌어라. 그것은 단지 시작에 불과할 뿐이다.

그러나 구체적인 성장이나 회복에 걸리는 시간을 짐작할 수 있는 몇 가지 요소가 있다. 이들 요소를 종합하면 문제 해결까지 걸리는 시간을 대충 파악할 수 있다.

문제의 심각성

상처의 깊이와 성숙도는 사람에 따라 차이가 있다. 일반적으로 문제가 심각할수록 그것을 해결하기까지 걸리는 시간이 더 길어진다. 예를 들어 완벽주의를 추구하는 성향이 경미한 사람은 스스로를 나쁘게 생각하며 자책하는 마음을 비교적 쉽게 극복할 수 있다. 그러나 그런 성향이 매우 강한 사람은 심신이 마비될 정도로 심한 자책감에 시달릴 수 있고, 자신의 부족한 면을 생각하면 삶 전체가 산산조각이 나는 듯한 느낌에 사로잡히기 쉽다. 당연히 후자의 경우가 회복 시간이 훨씬 더 많이 걸린다.

문제의 발생 시점

그룹 회원들과 안면을 익히는 동안 그들의 문제가 언제부터 시작되었는지를 파악하라. 한번 시작된 문제의 약점은 세월이 흐르면서 계속 영향을 미치기 마련이다. 그러다 보면 문제가 발생한 시점이 불확실해진다. 대개 일찍 시작된 문제일수록 회복하는 시간이 더 많이 걸린다.

예를 들어 고통스런 이혼의 경험이 있는 남성은 쉽게 마음을 열어놓거나 다른 사람들을 잘 신뢰하지 못한다. 그는 사람들을 멀리하며 관계를 피하려는 심리를 내비친다. 언뜻 보면 이혼의 상처가 유일한 원인인 것처럼 보인다. 그러나 그의 삶을 잘 들여다보면 어렸을 적에 어머니와의 관계에 문제가 있었다는 사실이 드러난다. 다시 말해 어머니가 자식보다 다른 삶의 문제에 더 많은 관심을 기울였기 때문에 충분한 사랑을 받지 못한 것이다. 그가 다른 사람을 신뢰하지 못하는 이유는 그런 심리가 저변에서 작용하고 있는 데다가 이혼의 아픔까지 더해져 불에 기름을 붓듯 기존 심리를 악화시켰기 때문이다. 물론 그런 경우도 얼마든지 치유가 가능하다. 그러나 어린 시절에 사랑을 듬뿍 받고 자라다가 나중에 이혼을 경험한 사람보다 치유 과정이 훨씬 더 복잡하다.

가용한 자원

영적 성장은 본질상 하나님의 기적적인 역사에 속하지만 건전한 지원 체계, 건강한 교회, 좋은 자료, 적절한 리더십, 잦은 만남과 같은 요소들을 필요로 한다. 이런 요소가 많을수록 성장에 걸리는 시간이 줄어든다.

사람들의 성장을 돕는 사람은 때로 그들 가운데 대다수가 시간을 많이 할애하는데도 스스로의 약점이나 고민을 기대했던 만큼 많이 털어놓지 못하는 상황에 부딪칠 수 있다.

그런 경우는 올바른 환경이나 자료가 준비되어 있지 않기 때문이다. 즉 환경이 율법적인 경우도 있을 수 있고, 안전하지 못한 관계가 형성된 경우도 있을 수 있다. 그런 점에서 가용한 자원은 매우 중요한 요소가 아닐 수 없다.

내가 아는 한 여성은 그녀의 성장을 도울 수 있는 건전한 자원이 충분하지 않은 마을에 살고 있었다. 그녀는 마침내 좀 더 많은 도움을 얻을 수 있는 다른 마을로 거주지를 옮겼다. 최근에 그녀를 만났는데 이전과는 훨씬 달라진 모습이었다.

그녀는 이사를 결심하지 않았다면 지금과 같은 행복을 누리지 못했을 것이라고 말했다. 물론 모두에게 거주지를 옮기라는 처방을 내릴 수는 없다. 그보다는 주변에서 성장을 도울 만한 좋은 자원을 찾을 수 있게 도와야 한다.

영적 빈곤

우리는 이미 이 요소를 14장에서 살펴보았다. 여기서 말하고 싶은 것은 이 요소가 모든 성장 요소 가운데 성장의 시간에 가장 큰 영향을 미친다는 점이다. 자신의 필요를 진정으로 의식하고 하나님과 성장을 갈망하는 사람은 앞서 말한 여성처럼 스스로 능동적으로 움직일 것이다. 그는 하나님께 간절히 도움을 구할 것이고, 성경을 비롯해 성장과 관련된 건전한 자료라면 무엇이든 열심히 읽을 것이다. 또한 성장을 돕는 환경을 찾아 정기적으로 참여하는 한편, 삶의 어떤 문제도 성장을 추구하는 자신을 방해하지 못하게 할 것이다. 그는 자신의 영혼을 내비치고, 약점을 솔직히 드러내고, 위로와 견책을 받아들이고, 하나님의 길 안에서 성장하기 위해 최선의 노력을 다할 것이다. 그리고 결국에는 문제를 해결하고 성장을 이루어낼 것이다.

그런 갈망도 없고 문제도 그다지 심각하지 않은 사람의 경우 오히려 시간이 더 오래 걸릴 가능성이 높다. 그런 사람은 미온적인 태도, 책임 전가, 문제 부인, 고통 회피 등과 같은 부정적인 태도를 일삼으며 시간을 불필요할 정도로 길게 연장하는 경향이 있다. 영적 빈곤이 성장에 필요한 시간을 줄이는 데 중요한 역할을 한다는 점을 이해하도록 도와라.

과거의 역할

시간은 과거가 우리의 성장에 미치는 역할의 관점에서 보아도 매우 중요하다. 어린 시절의 경험과 이혼을 통해 관계에 상처를 받은 남성의 경우처럼 과거를 이해하는 일은 성장 과정에 매우 중요한 영향을 미친다. 이와 관련한 핵심 원리 몇 가지를 설명하면 다음과 같다.

해결되지 않은 문제가 있다는 것은 그의 영혼의 일부가 여전히 과거에 살고 있다는 것을 의미한다

어떤 사람에게 문제가 발생하면 그 자신의 일부가 분리되는 듯한 느낌이 들면서 상처받았거나 사랑받지 못한 과거의 심리 상태에 속박되기 마련이다. 분리된 그의 일부는 여전히 상처를 받았던 본래의 상태에 머문다. 겉으로 보면 성장한 것처럼 보이지만 사실 그의 일부는 여전히 뒤에 남아 외로움을 느끼거나 고통을 받거나 짓눌리는 상태에 처해 있다.

예를 들어 내가 아는 한 남성은 부모에게서 심한 꾸중과 질책을 듣고 자랐다. 그들은 그를 사랑했지만 어렸을 때 그를 따뜻하게 품어주지 못했다. 그는 자라서 직장 생활을 시작했을 때 상사의 질책을 감당할 수가 없었다. 사장에게 꾸중을 듣는 순간 핍박과 비난을 당하고 있다는 생각에 심한 외로움을 느꼈다. 그는 그룹 회원들에게 "마치 매를 흠씬 두들겨 맞고 있는 어린아이가 된 심정입니다"라고 말하곤 했다. 그의 심리 가운데는 사람들에게 인정을 받고 안전감을 느끼고 싶어 하는 어린아이와 같은 심리가 존재했다. 그것은 다 자란 성인의 심리가 아니었다. 그는 그런 심리 때문에 경력을 쌓을 수 있는 기회를 여러 차례 놓치고 말았다.

다행히도 그가 속한 그룹은 그의 문제가 과거에 뿌리를 두고 있다는 사실을 이해할 수 있게 도와주었다. 그는 공격당하고 핍박당하는 자신의 일부를 치유를 돕는 사람들에게 솔직히 털어놓았다. 그리고 어렸을 때는 물론 지금 상처를 느끼고 있는 순간에도 하나님이 늘 자신과 함께 하셨다는 사실을 깨닫게 되었다. 또한 그룹 회원들로부터 어렸을 때 받지 못했던 사랑을 받았다. 시간이 지나자 그는 사랑과 안전감을 잃지 않고서도 다른 사람들의 질책을 잘 받아들일 수 있게 되었다.

앞의 예에서 알 수 있듯 과거의 문제를 극복하기 위해 실제로 과거로 돌아갈 필요는 없다. 어떤 학파는 그렇게 할 수 있다고 주장하지만 사실상 불가능하다. "오직 오늘이라 일컫는 동안에 매일 피차 권면하여"(히 3:13)라는 말씀대로 우리가 관심을 기울여야 할 것은 오늘이다. 따라서 똑같이 되풀이되는 과거의 아픈 경험을 현재의 치유 가능한 환경 속으로 이끌어낼 수 있도록 돕고 있다고 말하는 것이 더 정확하다. 그런 환경은 아픔을 느끼는 부분이 미성숙한 상태나 상처받은 상태를 극복해 나가는 과정을 시작하도록 이끈다. 그런 과정을 거치면 과거의 상처나 미성숙한 부분이 치유되고 성숙해져 현재의 삶 속으로 자연스레 통합된다.

사람들은 스스로 의식하든 의식하지 못하든 각기 과거에 머물러 있는 부분을 지니고 있기 마련이다. 따라서 성장을 돕는 사람은 그런 부분을 찾아내 성장할 수 있도록 이끌어야 한다[이 개념을 좀 더 자세히 알고 싶으면 『맘 팩터』(The Mom Factor)를 참조하라].

영적, 감정적, 관계적 문제는 대부분 역사를 지닌다

아무 이유 없이 고통을 느끼는 사람은 없다. 양육 문제, 죄책감 문제, 신앙의 의심 등은 모두 과거에 뿌리를 두고 있다. 사람들을 이해하고 그들을 올바른 관점으로 바라보려면 그들의 역사를 알아야 한다.

사람들의 삶에서 반복되는 행동 습관이 발견될 때는 이 점을 기억하는 것이 특히 중요하다. 그런 행동 습관의 원인을 파악하면 사람들로 하여금 약점을 극복하게 하는 데 크게 도움이 된다. 종종 행동 습관을 이해하는 것만으로도 비약적인 성장을 도울 수 있다.

한 독신 여성이 성장 그룹에 찾아와 데이트를 하고 싶을 만큼 성품이 괜찮은 남성을 찾기 어렵다고 불평했다. 그녀는 남성들이 모두 권위적이고 자기 중심적이라고 말했다. 그래서 앞으로도 좋은 관계를 맺을 남성을 찾기가 불가능할 것이라고 생각했다. 그녀가 그룹에 참여해 활동하는 동안 회원 중 한 사람이 "찰린, 당신의 소극적인 성격은 역사를 지니고 있어요. 부모에서부터 교회와 직장 사장과 데이트 상대에 이르기까지 당신은 항상 시간을 보내는 방법이나 당신의 가치관을 다른 사람들이 주장하도록 허용했어요"라고 말했다. 그 말은 찰린의 삶을 바꾸어놓았다. 그녀는 삶의 태도가 얼마나 소극적이었는지를 깨달았다. 다시 말해 권위적인 남성들이 자신을 선택하도록 방치했다는 사실을 알게 되었다. 그 사실을 깨닫는 순간, 그녀는 삶을 변화시켜나갈 수 있는 힘을 갖게 되었다.

용서는 과거의 잘못이나 피해를 전제로 한다

사람들의 성장을 돕는 가장 중요한 요소는 용서다. 우리는 이 문제를 9장에서 상세히 다루었다. 용서를 베풀면 가해자의 죄를 탕감해 주고 복수심을 버린 채 자유롭게 살아갈 수 있다. 또한 용서를 받으면 우리의 죄와 죄책감에서 놓여나 하나님의 자유를 경험할 수 있다.

그러나 과거의 잘못이나 피해가 없으면 용서할 것도, 용서받을 것도 없다. 어떤 그리스도인들은 과거를 잊고 전진해야 한다고 가르친다. 그들은 "뒤에 있는 것은 잊어버리고 앞에 있는 것을 잡으려고"(빌 3:13) 나아간다는 바울의 말을 인용해 과거는 상관할 것 없이 앞만 보고 나가면 그만이라고 주장한다. 그러나 바울은 같은 대목에서 자기 의, 교만, 다른 사람들에 대한 경멸 등 자신이 처리해야 했던 과거의 문제들을 열거했다(빌 3:4-8 참조). 따라서 우리는 과거를 이해하는 것이 현실적으로는 물론 감정적으로 용서에 크게 영향을 미친다는 사실을 일깨워주어야 한다.

정신적 충격

사람들은 안전한 성장 환경을 발견하면 과거의 충격적인 경험을 떠올리게 된다. 다시 말해 사랑과 은혜와 도움을 받을 수 있는 안전한 환경이 조성되면 전에는 감당할 수 없었던 것을 감당할 수 있는 여력이 생겨난다. 과거의 충격적인 상처와 감정과 기억과 두려움은 언제라도 다시 고개를 쳐들 수 있다. 그런 일은 어제의 일이 아니라 마치 지금 일어나고 있는 것처럼 기억에 생생히 떠오른다.

이는 과거의 중요성을 입증하는 강력한 증거가 아닐 수 없다. 정신적 충격을 다시 경험하는 순간 과거와 현재는 하나가 된다. 그룹 회원들 가운데 이런 징후를 드러내는 사람을 보거든 그 분야에 특별한 경험이 있는 사람과 즉시 연결해 주어야 한다. 목표는 그런 생생한 기억을 파괴적이거나 두렵지 않은 과거의 추억으로 되돌리도록 돕는 데 있다. 정신적 충격은 적절한 도움을 제공하면 곧 해결될 수 있다. 사람들은 충격에서 벗어나 일상의 삶으로 돌아갈 수 있다.

성장의 길

하나님은 시간을 성장의 요소 가운데 하나로 활용하신다. 성장은 시간과 더불어 일정한 순서에 따라 진행된다. 그런 순서를 거치는 동안 적절한 영적 활동이 이루어진다. 성장 과정은 체계 없는 과정, 곧 우리가 알 수 없거나 이해할 수 없는 과정이 아니다. 오히려 하나님은 이 과정에서 우리의 협조를 원하신다(빌 2:12-13 참조).

필요 욕구, 또는 나쁜 열매

대다수의 사람들에게 영적 성장의 과정은 하나님과 성장의 필요성을 의식할 때나 그분의 도움이 필요한 문제가 발생했을 때 시작된다(마 7:18 참조). 이런 요인들이 성장 과정을 시작하게 만드는 이유는 우리가 필요한 것을 모두 소유하고 있지 않다는 사실을 상기시켜주기 때문이다. 그러한 것은 우리의 외부, 곧 하나님과 그분이 제공하시는 수단들을 통해 주어진다. 성장하기 원하는 사람들은 그런 징후를 모두 드러내거나 그 가운데 한 가지를 드러낼 수 있다. 예를 들어 어떤 사람은 "제 삶은 그런대로 괜찮지만 올바른 길을 걸어가고 있는지 알고 싶습니다"라고 말할 수 있고, 또 어떤 사람은 "제 힘으로 해결할 수 없는 문제가 있습니다"라고 말할 수 있다. 두 경우 모두 성장 과정을 필요로 한다.

"나쁜 열매", 즉 좀 더 깊은 영적 성장을 필요로 하는 삶의 여러 가지 문제를 몇 가지 간추리면 다음과 같다.

- 결혼생활이나 데이트 문제
- 우울증

- 의심
- 중독
- 가족 문제
- 불안
- 직업 생활의 실패
- 성가신 감정
- 과거의 상처

그러나 징후는 문제가 아니라 좀 더 깊은 영적 문제를 암시하는 증상에 불과하다는 점을 잊어서는 안 된다.

성장을 위한 관계

영적 성장은 진공 상태에서 일어나지 않는다. 영적 성장은 하나님과 신뢰할 만한 사람들과 친밀한 관계를 맺고 자신을 솔직하게 드러낼 수 있는 환경을 요구한다(전 4:9-12 참조). 마음을 열고, 문제를 털어놓고, 하나님의 길을 따르는 데 필요한 것을 받아들이려면 그런 것들을 얻을 수 있는 장소에 머물러야 한다. 성장을 돕는 사람은 그룹 회원들에게 관계의 중요성을 깊이 인식시켜야 한다. 사람들이 서로 친밀한 관계를 맺지 못하면 깊이 있는 성장이 이루어지기 어렵다.

문제의 식별

인격적인 결함이나 미성숙한 태도는 그릇된 삶의 결과나 징후를 부추기는 핵심 요인으로 작용한다. 문제의 원인을 식별하는 데 도움이 될 만한 증상을 몇 가지 간추리면 다음과 같다(이 문제와 관련해 좀 더 자세한 정보를 원한다면 『크리스천을 위한 마음코칭』를 참조하라).

- 신뢰와 유대감을 느끼지 못하는 태도
- 한계를 설정하고 거리를 두는 태도
- 다른 사람들을 통제하려는 태도
- 스스로의 잘못을 가혹하게 비난하는 태도
- 다른 사람의 실패를 가혹하게 비난하는 태도
- 성인으로서 삶에 잘 적응하지 못하는 태도

목록에서 알 수 있듯 사람들의 문제는 저마다 다르다. 우리는 사람들을 개별적으로 대해야 할 필요가 있다(살전 5:14 참조). 자아의 이미지, 상호 의존성, 그리스도 안에서의 위치 등 어떤 문제가 되었든 모든 사람을 다 똑같은 문제를 지니고 있는 것처럼 대하면 성장의 효과를 거두기 어렵다. 징후는 같아도 문제의 원인은 다를 수 있다는 사실을 기억하는 것이 중요하다. 예를 들어 우울증은 앞서 언급한 모든 증상과 깊은 관련이 있다. 따라서 겉으로 드러난 증상만을 보지 말고 근본 원인을 파헤치는 것이 중요하다.

주체의식

자신의 문제가 무엇인지 깨달았으면 그것을 책임 있게 처리해야 한다. 과거를 이해하면 자신의 잘못(문제 부인, 무조건적인 관용, 상실에 대한 두려움)과 다른 사람의 잘못(통제, 사랑을 주지 않는 태도, 거절), 그리고 타락한 세상에 살고 있는 데서 비롯하는 잘못(사랑하는 사람의 죽음, 만성적인 질병)을 식별하는 데 도움이 된다. 그러나 잘못의 소재가 어디에, 얼마나 있든 주체의식을 가지고 문제를 극복하려고 노력해야 한다. 다시 말해 자신의 삶은 곧 자신의 문제이기 때문에 스스로 성장하는 것만이 유일한 해결책이라는 점을 잊어서는 안 된다. 자신의 심리 안에서 문제의 본질과 원인을 파악하기까지는 시간이 걸릴 수밖에 없다. 따라서 그 과정을 거치는 동안에는 무엇보다 인내심이 필요하다.

회복의 과정

그런 다음에는 다른 사람들의 사랑과 도움과 지원을 통해 자신에게 없는 것을 발전시켜나가는 과정이 필요하다. 예를 들어 사람들과 관계를 잘 맺지 못하는 사람은 다른 사람들의 사랑을 받아들이는 법을 배워야 하고, 의존심이 강한 사람은 옳은 것을 용기 있게 추구할 수 있는 법을 배워야 한다. 이는 상처 난 근육을 치유하기 위해 물리 치료사를 찾는 것과 비슷하다. 영적 성장도 안전한 관계 속에서 상처받은 부분을 직시하고 그것을 극복하기 위해 열심히 노력할 때 비로소 이루어질 수 있다.

용서와 슬픔

문제를 고백하고 난 뒤에는 모든 부채감을 떨쳐버리고 변화시킬 수 없는 과거와 그 상처를 슬퍼해야 한다. 다시 말해 그동안 그런 문제로 인해 왜곡된 삶을 살아온 것을 뉘우치며 용서를 받아들이는 노력이 필요하다. 이는 문제의 해결이 상당히 많은 진보를 이루었다는 증거다.

왜냐하면 슬픔은 잃어버린 사람이나 기회 등을 놓아 보내는 일을 감당할 만한 사랑의 능력이 마음속에 충분히 형성되었다는 것을 뜻하기 때문이다.

좋은 열매

내면이 성장하면 외면적인 삶도 아울러 변화되어야 한다. 더 나은 관계가 형성되고, 감정적 경험이 더 풍요로워지고, 하나님과의 관계도 더 돈독해져야 한다. 물론 이것으로 성장 과정이 모두 끝나는 것은 아니다. 이는 모든 것이 올바른 방향으로 나아가고 있다는 신호일 뿐이다.

날로 깊어지는 성장

성장은 이 세상에서는 결코 끝나지 않는다. 하나님이 마음을 살피도록 도와주시면 성장이 필요한 부분이 계속 드러날 것이다(시 139:23-24 참조). 성장 과정은 결혼생활의 갈등이나 감정의 문제와 같은 외적인 위기와 함께 시작될 수 있다. 어떤 사람들은 그런 위기가 해결되면 성장이 끝났다고 생각한다. 그러나 지혜로운 사람은 그때부터 진정한 성장이 시작된다고 생각하고 늘 말씀에 자신을 비추어본다(약 1:23-25 참조). 그런 사람은 자신의 영혼을 더욱 깊이 살펴보고 하나님의 치유의 빛으로 자신을 더욱더 깨끗이 정화한다.

성장하기 원하는 사람을 위한 조언

- 즉각적인 결과를 바라는 조급함을 버리고 시간이 지나면서 열매를 맺는 성경적 성장 과정을 지향하라. 성장이 시간이 걸리는 이유와 시간이 성장 과정에서 어떤 역할을 하는지 이해하라.

- 행위에 근거한 성장이나 완벽주의를 추구하거나, 실속 없이 거창하기만 한 활동으로 성장에 필요한 시간을 낭비하는 경향이 있었다면 잘못을 고백하고 뉘우쳐라.

- 머리로 아는 지식에서 마음으로 아는 지식으로 발전하는 과정에서 시간이 어떤 역할을 하는지 이해하라.

- 새로운 성장 경험을 시간을 두고 거듭 반복하면서 그것이 내면화될 때까지 노력하는 사람이 되라.

성장을 돕는 사람을 위한 조언

- 성장하기 원하는 사람들이 "시간이 모든 상처를 치유한다"는 식의 사고방식을 갖지 않도록 도우라. 성장에 힘쓰지 않고 시간만 낭비한다면 영적 정체에 빠질 수밖에 없다.

- 성장의 시간을 책임 있게 사용하도록 도우라. 성장을 위해 어떤 노력을 기울이느냐에 따라 그 과정을 빠르게 할 수도 있고 느리게 할 수 있지만 그래도 성장은 항상 시간을 요구한다는 사실을 깨우쳐주라.

- 문제의 심각성과 원인, 가용한 자원, 영적 빈곤 등과 같은 요인들이 성장의 시간에 영향을 미치는 이유를 깨닫게 하라.

- 과거를 성경적 관점에서 생각하도록 이끌라. 과거를 통해 새로운 교훈을 배우고, 용서하고, 용서를 구하게 하라. 또한 과거를 잘 떠나보내고 오늘을 향해 나아가게 하라.

결론

삶을 위한 성장

일전에 한 여성을 만났다. 그녀는 오래전에 제자 사역 훈련을 받고 여성들에게 신앙의 기본 진리와 영적 훈련을 가르치기 시작했다. 당시 그녀는 한 젊은 여대생을 지도자로 양육하던 중이었다.

"일이 잘돼가나요?"

"아주 재미있습니다. 제가 계획했던 것과는 아주 달라요."

"그게 무슨 말입니까?"

"신앙의 기본 진리와 영적 훈련을 비롯해 제가 훈련받았던 훌륭한 자료들을 가르칠 생각이었지요. 그런데 제가 아무도 원하지 않는 것을 가르치는 양육자라는 사실을 뒤늦게 깨달았지 뭐예요. 이제 모든 것을 다시 배워야 할 것 같아요."

"어째서 그런가요?"

"저는 교리를 가르치려고 했어요. 그런데 그 학생은 제게 자신의 삶에 관해 말하고 싶어 했지요. 그녀는 남자친구와의 갈등에 관해 말하면서 어떻게 해야 할지 묻고 싶어 했어요. 또한 가족들과의 문제에 대해서도 알고 싶어 했지요. 저는 가만히 귀를 기울이며 그 모든 문제를 성령을 따르거나 기도하는 등 영적 활동과 연결시킬 수 있는 방법을 궁리했어요. 물론 저는 그것들이 서로 관계가 있다는 것을 알고 있고, 어떻게 서로 연결해야 하는지도 잘 알고 있지요. 하지만 그때는 미처 그렇게 할 준비가 되지 않았어요."

"무슨 말인지 충분히 이해합니다. 제가 함께 일하는 단체에서 사람들을 상대로 사역하는 이들도 똑같은 말을 하곤 합니다. 사람들은 교리만이 아니라 믿음을 현실에 적용하는 방법을 알고 싶어 해요. 저는 그런 생각이 좋다고 생각합니다. 또 마땅히 그래야 한다고 믿어요."

"그래요. 저도 그렇게 믿고, 또 그렇게 살고 있습니다. 그런데 아직 그것을 가르칠 준비가 되지 않았을 뿐이에요." 그녀는 웃으면서 말했다.

그녀가 말한 것이 우리 모두가 갈망하는 것이다. 우리는 신앙의 원리와 중요한 성경의 교리를 알고 싶어 한다. 또한 성경이 스스로와 하나님과 영적 삶에 관해 가르치는 것은 물론 영적 훈련과 정통 신앙에 관해 알고 싶어 한다. 그와 더불어 우리는 그런 진리가 세상에서 살아가는 우리의 현실과 어떤 관계가 있는지 알고 싶어 한다. 결혼 문제에서부터 우울증의 치유와 자녀 양육은 물론 여러 가지 목표 달성을 어렵게 만드는 요인을 극복하는 일에 이르기까지 실질적이고 현실적인 문제를 올바로 처리하고 싶어 한다. 한마디로 우리는 하나님을 믿는 신앙과 현실의 삶이 하나가 되기를 희망한다.

나와 대화를 나누었던 여성은 이 책에서 지금까지 논의해 온 내용을 잘 표현했다. 우리는 지금까지 창조와 죄와 구원에 관한 성경의 주요 교리를 깊이 살펴보았을 뿐 아니라 현실의 삶을 그런 교리의 빛에 비추어 생각했다. 하나님을 믿는 믿음과 성경의 교리를 삶의 문제에 적용할 때 우리의 믿음과 삶은 끊임없이 성장해 나간다.

이것이 이 책을 읽는 모든 사람을 위한 우리의 바람이다. 우리는 이 책을 즐거운 마음으로 썼고, 그 안에 담겨 있는 원리들을 실천하려고 노력한다. 우리는 스스로의 삶 속에서 날마다 그런 원리를 계속해서 배워나가고 있다. 다른 사람들에게도 이 책이 도움이 되어 스스로의 삶에서나 다른 사람들을 돕는 사역에서나 풍성한 결실을 맺을 수 있기를 바란다.

성장의 길을 계속 걸어가기 바란다. 하나님을 더 잘 알고, 그분의 가르침과 깨달은 진리를 일상생활에 적용하라. 그러면 "너희가 내 말에 거하면 참으로 내 제자가 되고 진리를 알지니 진리가 너희를 자유롭게 하리라"(요 8:31-32)는 예수님의 약속이 이루어질 것이다.

예수님의 가르침을 배우고 삶 속에서 굳게 붙잡아라. 그러면 그 가르침의 의미를 진정으로 깨우쳐 자유롭게 하나님과 다른 사람들을 사랑할 수 있을 뿐 아니라 창조된 본래의 모습을 회복하는 것은 물론 자신을 향한 하나님의 계획을 구체적으로 알게 될 것이다. 이것이 사람들이 성장하는 방법이다.

HOW PEOPLE GROW

생명의말씀사

사 | 명 | 선 | 언 | 문

> 너희가 흠이 없고 순전하여……세상에서 그들 가운데 빛들로
> 나타내며 생명의 말씀을 밝혀 (빌 2:15-16)

1. 생명을 담겠습니다.
만드는 책에 주님 주신 생명을 담겠습니다.
그 책으로 복음을 선포하겠습니다.

2. 말씀을 밝히겠습니다.
생명의 근본은 말씀입니다.
말씀을 밝혀 성도와 교회의 성장을 돕겠습니다.

3. 빛이 되겠습니다.
시대와 영혼의 어두움을 밝혀 주님 앞으로 이끄는
빛이 되는 책을 만들겠습니다.

4. 순전히 행하겠습니다.
책을 만들고 전하는 일과 경영하는 일에 부끄러움이 없는
정직함으로 행하겠습니다.

5. 끝까지 전파하겠습니다.
모든 사람에게, 땅 끝까지, 주님 오시는 그날까지
복음을 전하는 사명을 다하겠습니다.

생명의말씀사 서점안내

광화문점 110-061 종로구 신문로 1가 58-1 구세군 회관 2층
TEL. (02) 737-2288 / FAX. (02) 737-4623

강 남 점 137-909 서초구 잠원동 75-19 반포쇼핑타운 3동 2층 전관
TEL. (02) 595-1211 / FAX. (02) 595-3549

구 로 점 152-880 구로구 구로 3동 1123-1 3층
TEL. (02) 858-8744 / FAX. (02) 838-0653

노 원 점 139-200 노원구 상계동 749-4 삼봉빌딩 지하1층
TEL. (02) 938-7979 / FAX. (02) 3391-6169

분 당 점 463-824 경기도 성남시 분당구 서현동 273-1 대현빌딩 3층
TEL. (031) 707-5566 / FAX. (031) 707-4999

신 촌 점 121-806 마포구 노고산동 107-1 동인빌딩 8층
TEL. (02) 702-1411 / FAX. (02) 702-1631

일 산 점 411-370 경기도 고양시 일산구 주엽동 83번지 레이크타운 지하 1층
TEL. (031) 916-8787 / FAX. (031) 916-8788

의정부점 484-010 경기도 의정부시 금오동 470-4 성산타워 3층
TEL. (031) 845-0600 / FAX. (031) 852-6930

인터넷서점
http://www.lifebook.co.kr